Barnim G. Jeschke

Entscheidungsorientiertes Management

Barnim G. Jeschke

Entscheidungs- orientiertes Management

Einführung in eine konzeptionell fundierte,
pragmatische Entscheidungsfindung

2., überarbeitete und erweiterte Auflage

DE GRUYTER

ISBN 978-3-11-063813-4
e-ISBN (PDF) 978-3-11-063819-6
e-ISBN (EPUB) 978-3-11-063923-0

Library of Congress Control Number: 2020941498

Bibliografische Information der Deutschen Nationalbibliothek
Die Deutsche Nationalbibliothek verzeichnet diese Publikation in der Deutschen
Nationalbibliografie; detaillierte bibliografische Daten sind im Internet über
http://dnb.dnb.de abrufbar.

© 2020 Walter de Gruyter GmbH, Berlin/Boston
Umschlaggestaltung: mucella / iStock / Getty Images Plus
Satz: le-tex publishing services GmbH, Leipzig
Druck und Bindung: CPI books GmbH, Leck

www.degruyter.com

Meiner Familie

Vorwort

Vorwort zur 2. Auflage

Schön, dass die 1. Auflage dieses Buches eine so rege Resonanz hervorgerufen hat und – vor allem –, dass sie so eifrig in Lehre und Anwendung genutzt wurde! Mit der 2. Auflage verbindet sich eine Überarbeitung in dreierlei Hinsicht: strukturell, verbreiternd und vertiefend.

Strukturell haben ich den bisherigen Kapiteln ein weiteres hinzugefügt, welches sich mit entscheidungsunterstützenden Instrumenten befasst. Zur besseren Orientierung werden diese Instrumente vier unternehmerischen Erkenntnisfeldern zugeordnet: der Situationsanalyse, der Strategieentwicklung, der strukturellen Gestaltung von Unternehmensabläufen sowie dem Staffing, also der Personalentwicklung. Mit dieser Einteilung lassen sich die vorgestellten Tools einer grundsätzlichen unternehmerischen Erkenntnis-Sequenz zuordnen: Staffing follows Structure follows Strategy follows Situation!

Verbreitert wurde die Themenbearbeitung dort, wo es der inhaltlichen Herleitung sowie der praktischen Ausdeutung dienlich schien. Hierzu gehören Ergänzungen zu den Themen kollektive Entscheidungen und Verhandeln.

Eine Vertiefung hat diese Neuauflage insbesondere in Bezug auf anwendungsbezogene Ausführungen erfahren, indem zusätzliche Beispiele, Tabellen und Abbildungen eingearbeitet und Erläuterungen noch weiter expliziert worden sind. Zudem wurden zusätzliche Übungen zur Intensivierung der inhaltlichen Vermittlung mit aufgenommen.

Auch bezüglich dieser 2. Auflage bedanke ich mich herzlich für die Unterstützung aus meinem privaten Umfeld sowie für die wiederum angenehme und professionelle Zusammenarbeit mit meinen Ansprechpartnern beim De Gruyter-Verlag.

Eine Linksammlung begleitender Videos zum Buch sowie ein Web Based Training (WBT) zum Thema „Entscheidungskomplexität" finden Sie auf der Produktseite des Verlages unter https://www.degruyter.com/view/product/542867 und nachfolgend im Abschnitt „Onlinematerial zum Buch".

Aus Gründen der Lesbarkeit wird im Text auf geschlechtsbezogene Doppelformen verzichtet und stattdessen lediglich die maskuline Form verwendet. Selbstverständlich beziehen sich diese Begrifflichkeiten sowohl auf männliche wie auch auf weibliche oder diverse Geschlechtlichkeiten. Der adressierte „Entscheider" ist also stets auch die adressierte „Entscheiderin".

Eine Erkenntnis der Verhaltensforschung möchte ich dem Leser noch mit auf den Weg geben: „Wir bedauern eher jene Dinge, die wir nicht getan haben, als jene, für die wir uns entschieden [...]." (Hertwig 2019: 77).

Barnim G. Jeschke   München im August 2020

https://doi.org/10.1515/9783110638196-201

Vorwort zur 1. Auflage

Management ist keine Bestandsverwaltung. Unternehmerische Rahmenbedingungen ändern sich ständig; kritische oder auch vielversprechende Entwicklungen erzeugen fortlaufend Entscheidungsbedarfe. In einer derartig fordernden Umwelt erleichtern, beschleunigen und verbessern geeignete Analyseansätze das Entscheiden. Gleichzeitig mögen sie eine Orientierungshilfe darstellen, um als Entscheider die Transformation vom Reagieren zum proaktiven Gestalten zu vollziehen.

Der Erzeuger eines Produktes tut gut daran, sich an der anvisierten Zielgruppe zu orientieren. Für wen ist also dieses Buch gedacht, welches sich mit einem so alltäglichen Vorgang wie dem Entscheiden befasst? Während überall laufend Entscheidungen getroffen werden, fokussiere ich einerseits auf komplexe unternehmerische Entscheidungen, bei denen Intuition allein für eine der Situation angemessene Entscheidungsfindung nicht ausreicht.[1] Dieses Buch richtet sich an alle Berufstätigen, deren unternehmerische Gestaltungsspielräume die eines Sachbearbeiters überschreiten – oder in absehbarer Zukunft überschreiten sollen.

Im Sinne dieses breit angelegten Zielgruppenverständnisses gab ich Auszüge des Manuskriptes einem heterogenen Personenkreis zum Lesen und kritischen Kommentieren: Unternehmern, Senior-Managern, Eltern und Studenten. Neben Wirtschaftlern bekam ich Rückmeldungen von Medizinern, Ingenieuren und Naturwissenschaftlern. Diesem privaten Lektorat gilt mein herzlicher Dank ebenso wie meinem fachlichen Ansprechpartner Herrn Dirk Lippold sowie den beflissenen Lektoren beim De Gruyter-Verlag. Eine Linksammlung begleitender Videos zum Buch sowie weitere Zusatzmaterialien finden Sie auf der Produktseite des Verlages unter https://www.degruyter.com/view/product/480551.

Mein Dank gilt ebenso meinen Professoren-Kollegen an der FOM Hochschule. Namentlich möchte ich aus diesem Kreis hervorheben: Herrn Clemens Jäger für seine inhaltlich-strukturellen Vorarbeiten zu diesem Thema sowie Herrn Nils Mahnke, mit dem ich das SUDEST-Forschungsprojekt[2] durchführte und dessen mathematisch geprägte Denkstruktur für mich als Wirtschaftswissenschaftler eine sehr willkommene Ergänzung bedeutet.

Ich habe mich bemüht, die vielfältigen Anregungen im Sinne einer bestmöglichen Anschaulichkeit in dem Manuskript aufzunehmen. Eine Anregung vermochte ich jedoch nicht umzusetzen. Meine Frau merkte nach einer Leseprobe an, für ihren Geschmack würde das Wort „Entscheidung" zu häufig vorkommen. Manche Dinge im Leben sind leider unvermeidbar.

Barnim G. Jeschke   München im Juni 2017

---

1 Gigerenzer und Gaissmaier beschreiben Intuition als ein Urteil, welches rasch im Bewusstsein auftaucht, dessen tiefere Gründe uns jedoch nicht vollkommen bewusst sind und welches stark genug ist, um handlungsleitend zu sein (2012: 5).
2 SUDEST = Sustainable Decision Support Tool.

Onlinematerial zum Buch

Web Based Training (WBT) zum Thema „Entscheidungskomplexität"
https://ile.fom.de/eom/

Begleitende Videos
Kaufentscheidungsmodelle
https://www.youtube.com/watch?v=SWh86Oxx-No

Präsumtive Ebene des 4 × 3 Kaufentscheidungsmodells
https://www.youtube.com/watch?v=ucJL02gdFg0

Affektive Ebene des 4 × 3 Kaufentscheidungsmodells
https://www.youtube.com/watch?v=9Uyp_cpwjss

Kognitive Ebene des 4 × 3 Kaufentscheidungsmodells
https://www.youtube.com/watch?v=IhyiOIPe6Bo

Konative Ebene des 4 × 3 Kaufentscheidungsmodells
https://www.youtube.com/watch?v=3WrliSebpy4

https://doi.org/10.1515/9783110638196-202

Inhalt

Abbildungsverzeichnis

Alle Abbildungen im Buch sind, sofern nicht anders gekennzeichnet, eigene Darstellungen.

https://doi.org/10.1515/9783110638196-203

Tabellenverzeichnis

https://doi.org/10.1515/9783110638196-204

Sofern nicht anderweitig gekennzeichnet, sind die Tabellen im Buch eigene Darstellungen.

Abkürzungsverzeichnis

AHP	Analytical Hierarchy Process
AIDA	Attention, Interest, Desire, Action
B2B	Business-to-Business
B2C	Business-to-Consumer
B2C2C	Business-to-Consumer-to-Consumer
B2G	Business-to-Government
BOD	Biological Oxygen Demand
BPM	Business-Process-Management
BULKWAS	Akronym für die Vertreter des unternehmerischen Mikroumfeldes: Beeinflusser, Unternehmen, Lieferanten, Kunden, Wettbewerber, Absatzmittler, Substituierer
BUND	Bund für Umwelt und Naturschutz Deutschland e. V.
CAPM	Capital Asset Pricing Model
CMA	Content Management System
COD	Chemical Oxygen Demand
CRM	Customer-Relationship-Management
CSS	Customer-Self-Service-Portale
DACH	Deutschland (D), Österreich (A), Schweiz (CH)
DB	Deutsche Bahn
DCF	Discounted Cashflow
EEG	Erneuerbares Energiesetz
EMAS	Eco-Management and Audit Scheme
EMM	Entscheidungsmomente-Matrix
EPM	Entscheidungsphasen-Matrix
GM	Gesamtmatrix
HOAI	Honorarordnung für Architekten und Ingenieure
IRR	Internal Rate of Return (Interner Kapitalzinsfuß)
ISO	International Organization for Standardization
KI	Künstliche Intelligenz
KPI	Key Performance Indicator
KYC	Know your customer
LBV	Landesbund für Vogelschutz e. V.
MI	Market Intelligence
MIDDI	Akronym für die fünf Komplexitätsparameter: Multiplizität, Interdependenz, Diversität, Dynamik, Imponderabilität
NPV	Net Present Value (Gegenwarts- oder Barwert)
PESTEL	Akronym für die sechs Themenfelder des unternehmerischen Makroumfeldes: political, economic, social, technical, ecological, legal
PMI	Project Management Institute
POP/POS	Point of Purchase/Point of Sales
ROI	Return on Investment
SEO	Search Engine Optimization (Suchmaschinen-Optimierung)
SEU	Subjectively Expected Utility
SPOC	Single Point of Contact
SUDEST	Sustainable Decision Support Tool
USP	Unique Selling Proposition
VUCA	Akronym für: volatility, uncertainty, complexity, ambiguity
WACC	Weighted average costs of capital

https://doi.org/10.1515/9783110638196-205

1 Einführung

Bevor es mit der eigentlichen Thematik so richtig losgeht, seien ein paar didaktische Überlegungen vorangestellt, welche dem Leser beim Umgang mit dem vorliegenden Lesestoff helfen mögen.

1.1 Didaktik

Bei diesem Buch stehen vier didaktische Ziele im Vordergrund:
- *Abschätzungsleistung*: Einschätzung, welcher Informationsstand hinreichend ist, um bei begrenzten Informationsbeschaffungs- und Informationsverarbeitungskapazitäten eine hinreichende Entscheidungsgrundlage zu gewährleisten.
- *Transferleistung*: Verständnis, inwiefern konzeptionell hergeleitete Entscheidungsprozesse im eigenen unternehmerischen Entscheidungsalltag anwendbar sind.
- *Anwendungsleistung*: Fähigkeit, die vorgestellten entscheidungsunterstützenden Instrumente konkret im Berufsalltag anzuwenden.
- *Wertschöpfungsleistung*: Verbesserung der eigenen Entscheidungsfindung aufgrund der angewendeten Entscheidungssystematiken.

Das Buch ist in fünf Kapitel und somit in fünf Themenblöcke untergliedert. Nach der Einführung in die Thematik im Rahmen des ersten Kapitels widmet sich das zweite Kapitel den verschiedenen Bausteinen eines generellen Entscheidungsprozesses. Hierbei ist eine Gliederungsstruktur gewählt, welche den typischen Ablauf unternehmerischer Entscheidungen nachvollzieht und sich nicht primär nach wissenschaftstheoretischen oder wissenschaftshistorischen Strukturierungsaspekten richtet. Das dritte Kapitel beschäftigt sich mit dem situativen Entscheiden: Welche Situationen lassen bestimmte Ausprägung eines unternehmerischen Entscheidungsprozesses geraten erscheinen? Unter Bezugnahme auf die im zweiten Kapitel dargelegten Grundlagen kann nun eine differenzierte Anwendung auf spezifische Entscheidungssituationen erfolgen. Hierzu werden drei sich ergänzende Ansätze vorgestellt. Das vierte Kapitel beschreibt den Kaufentscheidungsprozess des Produktabnehmers. Die ökonomische Legitimation eines privatwirtschaftlichen Unternehmens liegt darin, Produkte anzubieten, die zu einem gewinnträchtigen Preis nachgefragt werden. Das Verständnis der Ablaufschritte bei einem Kaufprozess ist deshalb für ein Unternehmen von zentraler Bedeutung. Gleichzeitig wird bei dieser Diskussion verdeutlicht, wie und in welchen Phasen Kaufentscheidungen von unternehmerischen Vermarktungsentscheidungen beeinflusst werden können. Gegenstand des fünften Kapitels ist die Vorstellung von entscheidungsunterstützenden Instrumenten mit Bezug auf die vier Ebenen des 4S-Modells: Situation, Strategie, Struktur und Staffing. Das Glossar und

https://doi.org/10.1515/9783110638196-001

das Sachregister sollen der Navigation und dem Verständnis des Lesers dienen, mit Blick auf eine pragmatische, anwendungsorientierte Perspektive.

Textkategorien

Die Darlegung der unterschiedlichen Themenbereiche erfolgt über fünf Textkategorien:

1. *Basistext*: Der Basistext nimmt den Hauptanteil der Darlegungen für sich in Anspruch. Hier wird in die jeweilige Problematik eingeführt und deren unternehmerische Relevanz aufgezeigt. Zum Teil rekurriert das anschließende Herausarbeiten eines konzeptionellen Lösungsansatzes auf verschiedene konkurrierende oder sich ergänzende Ansätze. Bei einer solchen Diskussion steht weniger der Anspruch auf einen vollständigen wissenschaftlichen Abriss im Vordergrund, sondern vielmehr die Absicht, den facettenreichen Aspekten eines praxistauglichen Lösungsansatzes Rechnung zu tragen. Wo sinnvoll, werden für einen Themenpunkt ergänzend entscheidungsunterstützende Instrumente (Decision Support Tools) vorgestellt.

2. *Zusammenfassungen*: Textboxen mit dem Icon **!** kondensieren vorangegangene, längere Diskussionen in Form von Kernaussagen oder mittels der Schilderung von Anwendungsfällen.

3. *Beispiele*: Textboxen mit dem Icon **⚡** haben Anwendungsbeispiele zum Gegenstand. Diese Beispiele nehmen auf die unterschiedlichsten Themenbereiche des unternehmerischen Entscheidungsspektrums Bezug, um die Bandbreite der Anwendungsfelder zu verdeutlichen. Wo sinnvoll, werden diese exemplarischen Ausführungen eine konkrete Umsetzung zuvor angeführter Vorgehensweisen umfassen.

4. *Übungen*: Textboxen mit dem Icon **_i_** umfassen Aufgabenstellungen, deren Bearbeitung es dem Leser ermöglicht, die Transferleistung von Textverständnis zu Anwendungskompetenz zu überprüfen. Wo sinnvoll, werden bei dieser Textkategorie auch Lösungen skizziert.

5. *Fragestellungen*: Textboxen mit dem Icon **?** haben Fragestellungen zum Gegenstand, die sich aus Entscheidersicht mit dem jeweiligen Themenpunkt verbinden. Diese Textbox sensibilisiert für Überlegungen, die sich bei der Umsetzung ergeben.

Los geht's!

1.2 Management und Entscheiden

Unsere Welt wird schneller: Beschleunigte Informationsflüsse, raschere Innovationszyklen, vermehrter Meinungspluralismus und verkürzte Halbwertzeiten des Wissens fordern eine enge Taktung von Entscheidungen. Dieses Phänomen betrifft in besonderem Maße unternehmerische Entscheidungsträger in einem zunehmend globalisierten Marktumfeld. Welche Entscheidungskontexte sind hierbei zu unterscheiden? Welche Zielsetzungen verbinden sich mit der Entscheidungsfindung? Welche Entscheidungsregeln liegen einer nachvollziehbaren Entscheidungsfindung zugrunde? Und inwiefern bergen die Entscheidungsresultate Lernstoff für künftige Entscheidungen? Diesen Fragestellungen ist mit konzeptionell hergeleiteten und pragmatisch anwendbaren Ausführungen zu begegnen.

Auf die mit Entscheidungen einhergehenden Verantwortlichkeit weist der Philosoph Otfried Höffe hin, wenn er ausführt (2002: 51):

> Entscheidung bezeichnet den (freien) Entschluss von einzelnen oder von Gruppen, mit dem man aus verschiedenen Handlungsmöglichkeiten eine als die eigene ergreift und sich dadurch zu einem Tun oder Lassen bestimmt. Durch Entscheidungen entsteht im persönlichen und politischen Raum geschichtliche Wirklichkeit. Mit der Zurückführung seiner Handlungen auf Entscheidungen wird der Mensch zum Ursprung seines Tuns, für das er deshalb Verantwortung trägt, allerdings keine totale, da er den persönlichen und gesellschaftlichen Kontext seiner Entscheidung nicht mitsetzt [...]. Als Entscheidung ist nicht bloß der örtlich und zeitlich punktuelle Akt der Beschlussfassung zu verstehen, sondern der ganze Prozess der Entscheidungsfindung, in dem oft auf eine problemorientierte Phase die lösungsorientierte folgt. [...]

Management bedeutet Entscheidungsfindung oder, wie Pepels es ausdrückt: „Wirtschaften heißt Entscheiden." (2007: 13); somit gehört das Entscheiden zu den wesentlichen Aufgaben von Führungskräften (vgl. Malik 2013: 202). Die Notwendigkeit von Entscheidungen ergibt sich aus den gegebenen Gestaltungsräumen: Wo es Handlungsalternativen gibt, gibt es Entscheidungsbedarf! Was macht eine „richtige" Entscheidung aus? Sie sollte geeignet sein, den zugrundeliegenden Zielstellungen bestmöglich zu genügen. Solche Zielstellungen machen sich an wahrgenommenen Engpässen fest: Ein Absatzengpass fordert Vermarktungsziele ein, Ressourcenknappheit evoziert entsprechende Effizienzziele, und bei defizitären Mitarbeiterleistungen werden Motivations- und Befähigungsziele im Vordergrund stehen.

Unternehmerisches Entscheiden

Sobald jemand mit der – mehr oder weniger bewussten – Auswahl einer von mehreren Handlungsalternativen konfrontiert ist, besteht Entscheidungsbedarf (vgl. Laux/Gillenkirch/Schenk-Mathes 2018: 3). Mithin ist jeder von uns laufend mit Entscheidungsbedarfen konfrontiert. Und so stellt der Bedarf an unternehmerischer Entscheidungsfindung einen ständigen Begleiter des Manager-Alltags dar. Hierbei mag es sich um Routineentscheidungen handeln, die sich in einer Prozesslogik abbilden und größtenteils delegieren lassen – etwa das Vorgehen bei Kundenreklamationen. Andere Entscheidungen besitzen einen Einmalcharakter und können sich nicht auf einen problemspezifischen Erfahrungsfundus berufen, wie es beispielsweise bei der Erschließung neuer Absatzkanäle der Fall ist. Während Entscheidungsprozesse einem generischen Grundmuster folgen, sind zugleich situative Unterschiedlichkeiten und deren Auswirkung auf die Ausgestaltung der spezifischen Entscheidungsfindung zu beleuchten.

Was macht unternehmerisches Entscheiden aus? Hier finden Handlungsfestlegungen für eine Organisation, für ein Kollektiv statt. So kann etwa eine komplexe unternehmerische Einkaufsentscheidung über ein Buying Center abgewickelt werden, welches neben Initiator und Nutzer des Kaufgegenstandes den formalen Entscheider (etwa die Geschäftsführung), das Finanzcontrolling, den Einkauf sowie anderweitige, auch informelle Beeinflusser (etwa Meinungsführer und Gatekeeper[3]) umfasst. Entsprechend hat der Entscheidungsprozess für einen erweiterten Personenkreis nachvollziehbar zu sein. Hieraus ergeben sich:

- *Rationalitätsdruck*: Welcher Logik folgt die Entscheidung?
- *Ergebnisdruck*: War es eine gute bzw. eine richtige Entscheidung?
- *Erkenntnisdruck*: Was können wir aus der Entscheidungswirkung für künftige Entscheidungen lernen?

Unternehmerische Entscheidungen richten sich in letzter Konsequenz an der Knappheit materieller Ressourcen aus und sind daher im Regelfall materiell zu beschreiben – letztlich mit Bezug auf ihren geldwerten Effekt. Zudem wirkt eine unternehmerische Entscheidung unter Konkurrenzbedingungen; sie löst daher im Regelfall korrespondierende Entscheidungen anderer aus, auf die dann wiederum zu reagieren wäre. Insofern kommt es in der Vernetzung von Entscheidungswirkungen zu Gewinner/Verlierer-Effekten: Die Wirkung einer eigenen Entscheidung korrespondiert mit ihrer Umwelt.

Das Thema dieses Buches – „Entscheidungsorientiertes Management" – möchte zwei Welten zusammenführen: Entscheidungstheorie und Entscheiderpraxis. Über Entscheidungstheorien wurde und wird ausführlich wissenschaftlich publiziert (z. B. Dörsam 2013, Obermaier/Saliger 2013, Laux/Gillenkirch/Schenk-Mathes 2014, Bamberg/Coenenberg/Krapp 2019). Dennoch haben sich die Entscheiderpraxis und auch das hierauf ausgerichtete Beratungsgeschäft weitestgehend unbeeindruckt von diesen theoretischen Erkenntnissen aufgestellt. So fordert der Buchtitel beides ein: Einerseits sollen theoretische Grundlagen erschlossen, Überlegungen systematisiert und ein konzeptioneller Rahmen als Fundament für entscheidungsunterstützende Instrumente geschaffen werden. Andererseits gilt es, einen Konkretisierungs- und Anwendungsgrad herauszuarbeiten, der die Praxistauglichkeit der Ausführungen sowie die Verständlichkeit auch für einen nichtwissenschaftlichen Personenkreis gewährt.

---

3 Mit dem Begriff des Gatekeepers verbindet sich eine formelle oder informelle Rolle, welche in der Lage ist, Informationen zurückzuhalten oder auch prioritär weiterzuleiten. Als typisches Beispiel dient das Geschäftsleitungssekretariat.

1.3 Entscheidungscharakteristika

Das Spektrum möglicher Unternehmensentscheidungen ist breit, von regelmäßig anfallenden, operativen Routineentscheiden bis hin zu epochalen strategischen Weichenstellungen. Pfister, Jungermann und Fischer führen hierzu aus:

> Mit dem Begriff ‚Entscheidung' verbinden wir im Allgemeinen ein mehr oder weniger überlegtes Handeln. (…) Aber oft werden Entscheidungen auch rasch und ohne längeres Nachdenken getroffen, wenn beispielsweise ein Problem trivial ist und daher eine längere Beschäftigung nicht lohnt oder wenn das Problem gut bekannt ist und seine Lösung schon Routine geworden ist. (2017: 2–3)

Bestmann charakterisiert Entscheidungstypen anhand folgender Charakteristika (2009: 94 f.):
- individuelle oder kollektive Entscheidungen
- einmalige oder sich wiederholenden Routineentscheidungen
- dispositive und operative Entscheidungen

Bronner schlägt eine umfassendere Klassifizierung von Entscheidungstypen vor, welche die Charakteristika von Bestmann inkludiert (1989: 8):
- individuelle oder kollektive Entscheidungsverantwortlichkeit
- neuartige oder routinierte Entscheidung
- strategische, taktische oder operative Entscheidung
- übergreifende oder teilbereichsbezogene Entscheidung
- statische oder dynamische Entscheidung
- sichere, riskante oder ungewisse Entscheidungsgrundlage
- Initial- oder Folgeentscheidung

Konzeptrelevante Entscheidungscharakteristika

Die Ausführungen dieses Buches greifen diese Charakteristika von Bestmann und Bronner auf und thematisieren sie insbesondere im Zusammenhang mit folgenden Differenzierungsmerkmalen:
- *Individuelle versus Gruppenentscheidungen*: Wird die Entscheidung von einer Einzelperson oder durch ein Kollektiv gefällt? Und spiegelt die Entscheidung die Zielsetzung eines Individuums oder einer Organisationseinheit wider?
- *Einmalige (neuartige) versus repetitive* (routinierte) Entscheidungen: Ist der Entscheider erstmalig bzw. einmalig mit der betreffenden Entscheidungssituation konfrontiert, oder kann er auf – eigene oder fremde – Erfahrungen aus vergleichbaren Entscheidungen der Vergangenheit zurückgreifen?
- Entscheidungen in *gleichbleibenden (statischen) oder sich ändernden (dynamischen) Entscheidungsumfeldern*: So können repetitive Entscheidungen zwar auf den gleichen Sachverhalt abstellen, aber aufgrund geänderter Rahmenbedingun-

gen zu einer anderen Bewertung und Entscheidungsfindung gelangen als in der Vergangenheit.

– *Sicherheit versus Unsicherheit*: Inwiefern sind die Auswirkungen von Entscheidungsszenarien aufgrund als gesichert und bekannt anzusehender Wirkungsmechanismen vorhersehbar oder nicht vorhersehbar? Bei nicht vorhersehbaren Auswirkungen wird ferner eine riskante Entscheidung von einer ungewissen unterschieden. Risiken kann sich der Entscheider über Eintrittswahrscheinlichkeiten nähern. Diese Einschätzungen mögen objektiver (z. B. basierend auf vergangenen Statistiken) oder subjektiver (vom individuellen Erfahrungshintergrund geprägter) Natur sein. Ungewisse Entscheidungen können sich dagegen auf keinen derartigen Informationsfundus berufen.

– *Rekursive versus nichtrekursive* Entscheidungen: Das unternehmerische Entscheidungsumfeld ist von seinem Wirkungsfluss her rekursiv oder nichtrekursiv angelegt. Bei einem rekursiven Wirkungsfluss erfolgt eine kreislaufförmige Rückführung der Entscheidungsauswirkungen in das Entscheidungsumfeld. Entscheidungen stehen hier in einem sequentiellen Zusammenhang mit künftigen Wirkungsbeziehungen, die wiederum rückkoppelnde Wirkung für den Entscheider entfalten. Nichtrekursive Wirkungsflüsse hängen dagegen nur von den Eingangswerten ab; hier steht eine Entscheidung für sich, ohne weitergehende, rückkoppelnde Konsequenzen auszulösen. Dieses Differenzierungsmerkmal beinhaltet Bronners Unterscheidung von Initial- und Folgeentscheidungen, stellt diese aber in einen Kausalzusammenhang.

– *Monodimensionale versus multidimensionale* Entscheidungen: Diese Unterscheidung stellt ab auf die Zahl der herangezogenen Bewertungskriterien bei der Beurteilung und Selektion von Entscheidungsalternativen. Richten sich Entscheidungen nur nach einem Zielparameter aus oder nach einem vielschichtigeren Wertekatalog? Multidimensionale Entscheidungskriterien bergen die Möglichkeit eines Zielkonfliktes: Einzelne Kriterien können also gegenteilige Wirkungen implizieren. Dies ist beispielsweise der Fall, wenn etwa bei Investitionsentscheidungen sowohl Profitabilität als auch Sicherheit angestrebt werden.

Die von Bronner getroffenen Unterscheidungen in strategische, taktische und operative Entscheidungen sowie in übergreifende oder teilbereichsbezogene Entscheidungen bilden dagegen keinen Ausgangspunkt für die nachfolgenden konzeptionellen Überlegungen. Diese Klassifizierungen lassen sich aus den bereits berücksichtigten Unterscheidungen herleiten. Zudem bringen sie keine für die Gestaltung des Entscheidungsprozesses innewohnenden Differenzierungsnotwendigkeiten mit sich.

Unternehmerische Entscheidungen   `?`
Welches war die letzte Entscheidung, die Sie in Ihrem Unternehmen getroffen haben? Ordnen Sie diese Entscheidung ein. Handelte es sich hierbei:
a)   um eine individuelle oder eine kollektive Entscheidung?
b)   um eine einmalige oder eine repetitive Entscheidung?
c)   um eine statische oder eine dynamische Entscheidung?
d)   um eine Entscheidung unter Sicherheit oder unter Unsicherheit?
e)   um eine rekursive oder eine nicht rekursive Entscheidung?
f)   um eine monodimensionale oder eine multidimensionale Entscheidung?

Wege der Entscheidungsfindung: Beispiel Unternehmensbewertung

Unternehmerische Bewertungsansätze sind unterschiedlichsten Zwecksetzungen gewidmet, mit ihren jeweils eigenen Entscheidungsregeln. So lassen sich etwa für den Vorgang einer Unternehmensbewertung aufgrund unterschiedlicher Zwecksetzungen die unterschiedlichsten Verständnisse eines Unternehmenswertes festmachen:

- *Steuerungswert*: Wert, der zu Zwecken der internen Unternehmenssteuerung aufgrund unternehmensinterner Bewertungsregeln ermittelt wird.
- *strategischer Wert*: subjektive Bestimmung des individuellen, zukunftsbezogenen Gebrauchswertes, der neben Vermögenspositionen strategische Aspekte wie Synergiepotenziale, Gestaltungsmöglichkeiten beim Produktangebot oder vermarktungstechnische Verbundeffekte berücksichtigt.
- *objektivierter Unternehmenswert*: Wert, den ein Verkäufer mindestens verlangen muss bzw. den ein Käufer höchstens bezahlen kann, damit er sich nach der Transaktion wirtschaftlich nicht schlechter stellt als davor.
- *Marktwert*: Wert des Unternehmens am Kapitalmarkt, d. h. seine Marktkapitalisierung, ermittelt als das Produkt von Aktienpreis und Gesamtzahl der Aktien.
- *Substanzwert*: Wert als Summe der materiellen und immateriellen Vermögensgegenstände abzüglich der unternehmerischen Verbindlichkeiten.
- *Reproduktionswert*: Wert, den es bedarf, um ein Geschäft zum gegenwärtigen Zeitpunkt in der gegebenen Art von Grund auf neu zu errichten (zu reproduzieren), inklusive einer Berücksichtigung der bestehenden, mit ihrem Zeitwert berechneten materiellen und immateriellen Vermögensgegenstände (sofern betriebsnotwendig)[4].

---

4 Der Reproduktionswert-Ansatz ist ein Substanzwertverfahren, da es sich auf die bewertbare Substanz des Unternehmens bezieht, auch wenn diese gerade bei immateriellen Vermögensgütern (etwa „Reputation im Markt") nur subjektiv messbar ist. Teil der Bewertung sind bei diesem Ansatz nur Vermögensgegenstände, die aus aktueller Sicht betriebsnotwendig sind. Gezahltes Lehrgeld und kostspielige Sackgassen – wie sie in der Aufbauphase eines Unternehmens nicht untypisch sind – werden in der Bewertung nicht eingepreist.

- *Gegenwartswert*: Unternehmenswert, der sich aus den abgezinsten künftigen Liquiditätsströmen (sowohl Einzahlungs- wie auch Auszahlungsüberschüsse) herleitet.
- *Vertragswert*: Unternehmenswert, der im Rahmen vereinbarter vertraglicher Regelungen ermittelt wird, etwa in Bezug auf das Auszahlen ausscheidender Gesellschafter.
- *Schieds- oder Einigungswert*: Wert, der im Rahmen eines externen, beidseitig anerkannten Gutachtens ermittelt wird, um einen Bewertungsdissenz zu schlichten.
- *steuerlicher Wert*: Wert, der gegenüber den zuständigen Finanzbehörden als Bemessungsgrundlage für Substanzsteuern dient.
- *Liquidationswert*: Wertermittlung über die Addition der Verkaufserlöse der einzelnen Wirtschaftsgüter abzüglich der Verbindlichkeiten bzw. deren Ablösesummen.

Bei den angeführten Wertermittlungen geht es um den gleichen Bewertungsgegenstand – ein gewinnorientiertes Unternehmen. Doch so vielfältig wie die möglichen Perspektiven sind die jeweils angemessenen Wege der Entscheidungsfindung.

1.4 Kollektives Entscheiden

Unternehmerisches Entscheiden geschieht regelmäßig im Kollektiv. Und es gibt Hinweise darauf, dass der Anteil an kollektiven Entscheidungen in Unternehmen tendenziell weiter zunehmen wird:
- Konzentrationsprozesse innerhalb der Unternehmenslandschaft führen zunehmend zu geteilten Eigentumsstrukturen und somit auch zu Abstimmungsbedarfen innerhalb der Gesellschafterkreise (Grünig/Kühn 2017: 172).
- Nach Befunden von Brauchlin besteht die Tendenz, im Rahmen eines partizipativen Managements erweiterte Personenkreise in die Entscheidungsfindung mit einzubinden. Diese Erweiterung ist durch das Prestige- und Interessenvertretungsstreben der involvierten Entscheidergruppen motiviert (1990: 254).
- Trotz widersprüchlicher empirischer Befunde ist die Überzeugung verbreitet, dass kollektive Entscheidungen der Entscheidungsgüte förderlich sind, da sie ausgeglichenere, konsensfähigere Resultate unterstützen (Grünig/Kühn 2017: 172).
- Zudem lässt sich argumentieren, dass generell unser Entscheidungsumfeld pluralistischer wird und einer zunehmenden Zahl von Stakeholder-Gruppierungen Rechnung zu tragen hat. So kamen Jeschke et al. (2014) bei einer Studie zur Erschließung von Kiesabbaugebieten auf 18 Stakeholder, die sich aktiv in den Genehmigungsprozess mit einbrachten – während ein solches Projekt eine Generation zuvor nur eine Angelegenheit zwischen Kiesgrubenbetreiber, Grundeigentümer und Landratsamt gewesen wäre. Multiple Einflussgruppen werden eine kollektive Entscheidungsfindungen einfordern.

In welchen Ausprägungen treten kollektive Entscheidungen in Unternehmen auf? Der in der Tabelle 1.1 dargestellte morphologische Kasten verdeutlicht die diesbezüglichen Ausprägungsmöglichkeiten.

Tabelle 1.1: Dimensionen und Ausprägungen von Kollektiventscheidungen (Grünig/Kühn 2017: 172, in Anlehnung an Brauchlin 1990: 250–254, Nitsch 2002: 61).

Dimensionen	Ausprägungen			
Zahl der beteiligten Personen	Dyade: 2	Gruppe: 3–ca. 20		organisierte Gebilde: 20–mehrere Mio.
Art des Kollektivs	formelles Kollektiv		informelles Kollektiv	
Zielvorstellungen	völlig über- einstimmend	in den wesentlichen Punkten übereinstim- mend	in einzelnen wesent- lichen Punkten diver- gierend	völlig divergierend

Kollektive Entscheidungsträger stehen vor der Herausforderung, sich über Inhalte und Prioritäten möglicher Entscheidungsziele zu verständigen. Existierende Zielkonflikte sollten offen angesprochen und konstruktiv behandelt werden.

Kollektiver Beschlussfassungen können mittels verschiedener Regularien realisiert werden. Die üblichen Beschlussfassungs-Regeln in der Betriebswirtschaftslehre sind im Folgenden aufgeführt:

- *Einstimmige Beschlüsse*: Alle beschlussfähigen und präsenten[5] Personen oder durch Personen vertretene Institutionen haben dem Beschluss zuzustimmen; bereits eine Gegenstimme führt zur Ablehnung des Beschlusses.
- *Qualifizierte Mehrheit*: Hier sind über 75 % der beschlussfähigen und präsenten Stimmen oder Gesellschaftsanteile ausschlaggebend für eine Beschlussfassung – wie etwa vonnöten bei Satzungsänderungen deutscher Kapitalgesellschaften.
- *Absolute Mehrheit*: Diese Mehrheit bedingt, dass der Beschuss mehr Stimmen oder Anteile auf sich vereint als alle anderen beschlussfähigen und präsenten Stimmen oder Anteile, unter Berücksichtigung der Stimmenthaltungen oder der neutralen Anteile.
- *Einfache Mehrheit*: Diese Mehrheit bedingt, dass der Beschluss mehr Stimmen oder Anteile auf sich vereint als alle anderen Stimmen und Anteile in ihrer Gesamtheit, unter Nichtberücksichtigung etwaiger Stimmenthaltungen oder etwaiger neutraler Anteile.
- *Qualifizierte Minderheit*: Als Gegenstück zur qualifizierten Mehrheit betrifft die qualifizierte Minderheit mehr als 25 % der präsenten Stimmen oder Anteile bei

---

5 Unter „Präsenz" versteht man die beschlussfähigen Personen, welche bei der Abstimmung über einen Beschluss persönlich oder über eine Bevollmächtigung anwesend sind. Aktionäre, beispielsweise, die einer Hauptversammlung fernbleiben und auch keine Person oder Institution bevollmächtigen, sind für dort gefasste Beschlüsse nicht präsent.

einer Abstimmung. Mit dieser Minderheit können etwa Satzungsänderungen bei deutschen Kapitalgesellschaften verhindert werden.
– *Dominante Minderheit*: Dieses Regularium gestattet einer definierten Minderheit – im Zweifelsfall einer einzelnen Person – nach Diskussion und Anhörung des Meinungsspektrums einen Beschluss zu fassen.

Vroom und Yetton postulieren verschiedene Managementstile, die eine unterschiedliche Einbindung von Mitarbeitern bei der Entscheidungsfindung zum Gegenstand haben (1976). Sie unterscheiden hierbei zwischen autoritären, beratenden und kollektiven Managementstilen:
– *Autoritär I*: Ein Manager trifft die Entscheidung allein, unter Bezugnahme auf die ihm momentan zur Verfügung stehenden Informationen.
– *Autoritär II*: Ein Manager trifft die Entscheidung allein, hat zuvor jedoch von seinen Mitarbeitern Information eingeholt und damit seine Informationsgrundlage erweitert.
– *Beratend I*: Ein Manager trifft die Entscheidung allein, hat sich zuvor jedoch mit seinen Mitarbeitern in Einzelgesprächen beraten, also deren Meinungsbild eingeholt.
– *Beratend II*: Ein Manager trifft die Entscheidung allein, hat sich zuvor jedoch Ideen- und Lösungsvorschläge – etwa im Rahmen eines hierfür angesetzten Arbeitstreffens – von seinen Mitarbeitern eingeholt.
– *Kollektiv*: Ein Team von Manager und Mitarbeitern trifft die Entscheidung nach gemeinsamer Diskussion – etwa im Rahmen eines hierfür angesetzten Arbeitstreffens – gemeinsam.

Russel-Jones stellt die Machtposition des Managers der Intensität der gemeinsamen Interessen gegenüber und leitet hieraus eine Matrix mit den Entscheidungsfindungs-Varianten „Verhandlung", „Urteilsverfahren", „Autorität" und „Zusammenarbeit" ab, dargestellt in der Tabelle 1.2.

Tabelle 1.2: Situative Varianten der Entscheidungsfindung (in Anlehnung an Russel-Jones 2000 und Anderl 2012: 314).

		gemeinsame Interessen Manager/Mitarbeiter	
		gering	groß
Manager-Macht	gering	Urteilsverfahren	Zusammenarbeit
	groß	Verhandlung	Autorität

Bei dem in der Tabelle 1.2 abgeleiteten Urteilsverfahren werden Entscheidungen aufgrund einer geringen Machtbasis und einem fehlendem Interessenkonsens an Dritte – etwa einer Schlichtungsstelle – ausgelagert, bei gegenseitigem Anerkennen der dort getroffenen Entscheidung. Ist der Interessenkonsens dagegen gewährleistet, so ist eine Zusammenarbeit anzustreben. Im Kontext einer großen Machtbasis bei zugrundeliegendem Interessendissens würde der Manager dagegen Verhandlungen anstreben. Und wenn ein Manager mit großer Machtbasis von einem Interessenkonsens ausgehen kann, so wird er autoritär seine Entscheidungen durchzusetzen trachten.

Grünig und Kühn argumentieren, warum kollektive Entscheidungen dazu neigen, die *schlechteren* Entscheidungsergebnisse hervorzubringen (2017: 174–177):

– Das Streben des Einzelnen nach Konformität innerhalb des Kollektivs mindert Kreativität und den Willen, sich konträr miteinander auseinanderzusetzen.

– Die Anonymität des Kollektivs führt dazu, dass das Verantwortungsbewusstsein des Einzelnen innerhalb des Kollektivs tendenziell abnimmt.

– Gleichzeitig erhöht diese Anonymität die Risikobereitschaft des Einzelnen.

– Häufig mindert sich auch die Motivation des Einzelnen aufgrund von Verwässerungseffektiven innerhalb des Kollektivs.

– Vermindertes Verantwortungsbewusstsein, geringere Motivation und höhere Risikobereitschaft führen zu Einschränkungen der Wahrnehmung beim Einzelnen.

Der von De Bono (2010) vorgestellte „6 Denkhüte"-Ansatz ist geeignet, die Wertigkeit eines mit kollektiver Entscheidungsfindung verbundenen Meinungspluralismus' herauszuarbeiten und somit den vorgenannten potenziellen Defiziten zu begegnen. Dabei stehen die sechs Hüte für sechs grundsätzliche Ansichtstypen, die es miteinander zu vereinbaren gilt, wobei De Bono für diese perspektivische Reise eine bestimmte Reihenfolge vorschlägt:

1. Weißer Hut: Welche Fakten, Zahlen und objektive Informationen sind für eine Situationsbewertung heranzuziehen?
2. Gelber Hut: Wie ist die Situation bei optimistischer Sicht zu beurteilen?
3. Schwarzer Hut: Wie ist die Situation bei negativer Sicht zu beurteilen?
4. Grüner Hut: Was würde bei einem kreativen Neuanfang anders entschieden werden?
5. Roter Hut: Wie würde man nach Bauchgefühl bzw. nach Intuition entscheiden?
6. Blauer Hut: Wie ist das Problem am besten zu lösen, um gegenüber der Gegenwart eine Verbesserung zu erzielen?

1.5 Verhandeln

Verhandlungssituationen stellen besonders anspruchsvolle Entscheidungssituationen dar. Ausgangspunkt sind – zumindest teilweise – konfliktäre Zielsetzungen zwischen den Verhandlungspartnern. Allerdings müssen Verhandlungen kein „Nullsummen-Spiel" (Zero-Sum-Game) sein, wie etwa beim Schachspiel, wo die Schwäche des einen Spielers spiegelbildlich die Stärke des anderen bedeutet. In der unternehmerische Verhandlungsrealität werden dagegen Situationen vorherrschen, bei denen die Präferenzstrukturen keine spiegelbildlichen Gegensätze bilden. Dies bedeutet, dass bei Kompromissen der Nutzenentgang bei der einen Partei nicht dem Nutzengewinn der anderen entspricht.

Idealtypischer Weise stellt ein Verhandlungsprozess darauf ab, die Bereiche auszuloten, in denen der eine Verhandlungspartner mit einem möglichst geringen (subjektiv wahrgenommenen) Nutzenentgang der anderen Partei einen möglichst hohen (ebenfalls subjektiv wahrgenommenen) Nutzengewinn gewähren kann, um im Gegenzug andere Verhandlungspositionen als Gegenleistung durchsetzen zu können. Im Extremfall kann es hier im Rahmen der Kompromissfindung zum gemeinsamen Verwirklichen von Nutzengewinnen kommen (Win-Win-Situation).

Das Abgleichen verhandlungsrelevanter Präferenzstrukturen setzt ein aktives Auseinandersetzen mit der gegnerischen Position voraus. In diesem Sinne haben die Verhandlungspartner abwechselnd Sender und Empfänger zu sein. Als Sender übermittelt der Verhandelnde seinen Standpunkt, will überzeugen und zu Reaktionen motivieren, die der Erreichung seiner Ziele entgegenkommt. Als Empfänger erwartet er Informationen, die ihm dienlich bei der Entscheidungsfindung sind (vgl. Weisbach 2000).

Das Ziel der Verhandlung ist die Einigung. Dies setzt voraus, dass eine Einigung von beiden Verhandlungspartnern als nutzbringender eingeschätzt wird als die Alternative des Nichteinigens. Als „rote Linie" bezeichnet man die Grenze zwischen Einigen und Nichteinigen: Wird diese rote Linie überschritten, gilt eine Einigung als inferior – ein Nichteinigen, inklusiver etwaiger Eskalationsszenarien – wird vorgezogen.

Der fruchtbare Verlauf einer unternehmerischen Verhandlung bedarf einer gewissenhaften Vorbereitung. Im Folgenden wird daher der idealtypische Ablauf einer unternehmerischen Verhandlung dargestellt.

1.5.1 Ablauf unternehmerischer Verhandlungen

Erbacher (2011) unterscheidet beim multipersonellen Verhandlungsprozess fünf Phasen, die im Folgenden näher beleuchtet werden sollen:
1. die Vorbereitungsphase
2. die Kontaktierungsphase
3. die Kernphase
4. die Vereinbarungsphase sowie
5. die Umsetzungs- und Pflegephase.

Vorbereitungsphase

In der Vorbereitungsphase (Phase 1) gilt es, nicht nur die eigene Entscheidungssituation, sondern auch die der Gegenseite zu analysieren. Gerade bei unternehmerischen Verhandlungssituationen ist zudem ein Verhandlungsteam zusammenzustellen und ein Verhandlungsplan zu erarbeiten, der die beidseitigen Verhandlungsaspekte und -szenarien umfasst:
– Was soll verhandelt werden – und was explizit nicht?
– Welches Bild hat der Verhandlungspartner von einem – und welches sollte er haben?

- Wie lauten die konkreten eigenen Verhandlungsziele?
- Welches sind die Minimalziele im Sinne einer roten Linie, die für eine Einigung nicht zu überschreiten ist?
- Welche Handlungsalternativen gibt es, wenn die Verhandlung fehlschlägt?

Des Weiteren ist das Verhandlungsteam zu bestimmen und in seiner Arbeitsweise festzulegen. Hierzu gehören Überlegungen wie Funktion und Arbeitsfähigkeit des Verhandlungsteams (etwa zeitliche Verfügbarkeit), eine transparente Aufgabenverteilung, die harmonische Repräsentation des Teams nach außen sowie ein symmetrisches Größenverhältnis zwischen Team und gegnerischer Verhandlungsdelegation. Bei komplexeren[6] Verhandlungen ist die Ernennung eines Teamleiters zu empfehlen, welcher alle Handlungen der Teammitglieder organisiert, moderiert und koordiniert. Zudem kann zu einer professionellen Verhandlungsvorbereitung gehören, dass die sozialen Rollen der Teammitglieder während der Verhandlung festgelegt werden. So mögen Teammitglieder als „schweigsame Könige" auftreten oder sich mit einem anderen Teammitglied über eine Rollenverteilung „Good Cop/Bad Cop" verständigen.

Der Verhandlungsplan umfasst die Minimal- und Maximalziele des Endergebnisses sowie die Teilziele auf dem Weg dorthin. Zudem ist die Reihenfolge festzulegen, in der die verschiedenen Verhandlungsaspekte im Verhandlungsverlauf zur Sprache kommen sollen. Hierbei sind grundsätzlich zwei Ansätze vorstellbar. Zum einen könnte man die Verhandlung bewusst mit einem leicht abzuhandelnden Nebenaspekt beginnen, um durch einen „Quick Win" ein positives Momentum für den weiteren Verhandlungsverlauf zu erwirken. Allerdings gibt es auch Gründe für ein umgekehrtes Vorgehen: Wenn der gesamte Verhandlungserfolg von einem besonders kontroversen Aspekt abhängt, dann könnte dieser auch prioritär an den Beginn der Verhandlung gestellt werden. Was nützen schließlich kleine Verhandlungserfolge, wenn der entscheidende Aspekt noch nicht zur Sprache gekommen ist – und dann vielleicht im Verlauf der Verhandlung nicht mehr mit einem ausreichen Zeitbudget thematisiert werden kann?

Bei komplexeren Verhandlungen bietet es sich an, die Verhandlungen zu simulieren, um sich besser auf gegnerische Argumente einstellen zu können. Durch Rollenspiele werden Perspektiven, mögliche Reaktionsweisen und Schwächen des Verhandlungspartners sichtbar, und die Verhandlungstaktik kann auf diese Erkenntnisse ausgerichtet werden. Die Verhandlungsvorbereitung beinhaltet auch das Zusammenstellen von Überzeugungsmaterial zur Stärkung der eigenen bzw. zur Schwächung der gegnerischen Position. Zur Analyse der Gegenseite können Aspekte wie die wirtschaftliche Stärke, Arbeitsweise, Ansehen, Kompetenz; Selbstbild, bisherige Erfahrungen des Unternehmens mit dem betreffenden Verhandlungspartner, Wertvorstellungen und Einstellungen zur Verhandlung, persönliche Einstellungen und Werdegang sowie das mit der Verhandlung verknüpfte Interesse des Verhandlungspartners gehören.

---

6 Auf den Komplexitätsbegriff wird ausführlich im Rahmen des Unterkapitels 3.1 eingegangen.

Sofern Verhandlungen nicht fernmündlich stattfinden, ist zudem der Verhandlungsort zu wählen. Hier gilt grundsätzlich, dass ein Heimspiel – also das Abhalten der Verhandlung in den eigenen Örtlichkeiten – potenziell von Vorteil ist. Vor Ort kann man die Gastgeberrolle nutzen, um sich zu inszenieren, man ist in vertrauter Umgebung weniger Ablenkungen ausgesetzt und kann auf Ressourcen vor Ort zurückzugreifen. Im Detail bezieht sich die örtliche Gestaltung auch auf die Ausstattung des Verhandlungsraumes, inklusive der Sitzordnung, der technischen Ausstattung, der Verpflegung und der Zeitabläufe. Gute Kommunikationsbedingungen gewährleisten effiziente Abläufe und Professionalität; zudem sollten sich die Hauptansprechpartner gegenübersitzen. Bei sachbezogenen, faktenlastigen Verhandlungsgegenständen mögen Präsentationen über den Projektor eine angemessene Diskussionsgrundlage gewähren; geht es dagegen eher um emotionale Themen, so sollten sich die Verhandlungspartner (tief) in die Augen schauen können.

Kontaktierungsphase

Als Resultat einer gewissenhaften Vorbereitungsphase kann man bei der Kontaktierung des Verhandlungsgegners entsprechend planvoll auftreten – natürlich unter Wahrung einer gewissen situationsbedingten Flexibilität.

Grundsätzlich ist das Herstellen einer positiven, angenehmen und ergebnisbezogenen Atmosphäre dienlich für die spätere Verhandlung. Hierbei gilt es, sogenannte „Recency-Effekte" zu berücksichtigen: Hiernach werden kurzfristig zurückliegende Ereignisse gegenüber längerfristig zurückliegenden überproportional für eine Situationsbewertung herangezogen. Wenn es beispielsweise in einer angespannten Beziehung unlängst ein erstes Zeichen der Besserung gegeben hätte, dann würde dieses für die Verhandlungsatmosphäre besonders dienlich sein.

Die Kontaktierungsphase ist geeignet, die Inhalte der eigenen Vorbereitungsphase mit den Planungen der Gegenseite abzugleichen. Hierzu gehört die Kenntnis über das Verhandlungsteam der Gegenseite. Ganz bedeutend hierbei: Sitzt Entscheidungskompetenz mit am Tisch, so dass Beschlüsse gefasst und die zugrundeliegenden Zielsetzungen verfolgt werden können?

Ein weiterer wesentlicher Punkt der Kontaktierungsphase ist das Abgleichen der Verhandlungsinhalte und das Abstimmen einer Verhandlungs-Agenda, inklusive dem hierfür benötigten Kompetenz- und Zeitbedarf. Zudem sollte ausgelotet werden, ob bestimmte Aspekte bereits im Vorfeld der Verhandlung geklärt werden können, und welcher Informationsbedarf zum Zeitpunkt der Verhandlung verfügbar sein sollte.

Kernphase

Die Diskussion über Inhalte und Details der angestrebten Absprache bildet die Kernphase der Verhandlung. Da der Verhandlungsverlauf vom Verhalten beider Verhandlungsgegner abhängt, sind Verlauf und Ergebnis der Kernphase nur bedingt planbar.

Insofern ist bei der Anwendung der Verhandlungstaktik sowie bei der Bewertung von eigenen und gegnerischen Präferenzstrukturen Flexibilität erforderlich.

Für einen effektiven Verlauf der Verhandlung ist es bedeutsam, Teilergebnisse schriftlich festzuhalten – etwa in einem Ergebnisprotokoll oder an einem Flipchart – und diese Verhandlungsthemen in der Folge nicht mehr in Frage zu stellen, auch wenn es bei nachfolgenden Themen zu Einigungsschwierigkeiten kommen sollte. Eine Ausnahme ist nur für den Fall zulässig, dass beide Parteien einvernehmlich den bereits beschlossenen Verhandlungspunkt nochmals zu revidieren trachten. Der Verhandlungsverlauf, insbesondere die Beschlüsse, sollten möglichst noch während der Verhandlung protokolliert und gemeinsam verabschiedet werden. Eine Protokollierung, die anschließend erst im Umlaufverfahren von den Verhandlungspartnern gesichtet, ausgedeutet, kommentiert und dann letztlich beschlossen wird, ist dagegen zu vermeiden.

Sollte es im Rahmen der Kernphase bei bestimmten Themen zu keiner Einigung kommen, so ist dieser Umstand – inklusive der Beweggründe – ebenfalls zu protokollieren, möglichst zusammen mit einem gemeinsamen Entschluss, wie mit dem zugrundeliegenden strittigen Thema in der Folge umzugehen ist, etwa durch Beibringung zusätzlicher Informationen, durch Einbeziehung eines Dritten oder auch durch die Gewährung einer definierten Bedenkzeit.

Vereinbarungsphase

Die objektive, eindeutige und präzise formulierte, konsensuale Explizierung des gemeinsam Vereinbarten ist naturgemäß das zentrale Produkt einer Verhandlung. Insofern ist dieser abschließenden Verrichtung genügend Zeit einzuräumen. Die abgestimmten Verhandlungsergebnisse sollten so detailliert wie möglich ausformuliert und von beiden Verhandlungspartnern in dieser Form gutgeheißen werden. Falls bestimmte Aspekte des Verhandlungsergebnisses noch nicht fixiert werden können, so ist dies herauszustellen und mit Blick auf das künftige Vorgehen zu kommentieren. Es kann identitätsstiftend sein, wenn die gemeinsam gefassten Beschlüsse an Ort und Stelle von den Verhandlungsführern unterschrieben werden. Auch wenn von einer solchen Unterschrift keine Rechtsverbindlichkeit ausgeht, so steht sie doch für die persönliche Einbindung und Verpflichtung des Unterzeichnenden.

Oftmals werden Verhandlungsergebnisse Gegenstand nachfolgend auszuarbeitender schriftlicher Verträge sein. In diesem Fall sollten die dargelegten Verhandlungsergebnisse geeignet sein, um Juristen die Umsetzung der Verhandlungsergebnisse im Rahmen eines Vertragsentwurfes zu ermöglichen. Ergibt sich die Frage, welche Seite das Entwerfen eines Vertragsentwurfes übernimmt, so bietet es sich an, sich diese Rolle anzueignen; die Kontrolle über den Erstentwurf eines Vertrages wird es dem hier aktiven Verhandlungspartner eher ermöglichen, das Verhandlungsprotokoll in seinem Sinne auszudeuten und seine Vorstellungen vertraglich zu fixieren.

Das Ende einer Vereinbarungsphase ist der Anfang einer neuartigen Beziehung zum Verhandlungspartner. Insofern sollten vergangene Ressentiments dann auch wirklich der Vergangenheit angehören und die Verabschiedung gleichzeitig für den Auftakt eines beidseitig gewünschten (denn sonst hätte es keine Einigung gegeben) Neubeginns stehen.

Umsetzungs- und Pflegephase

Bei der Umsetzung von über Verhandlungen Vereinbartem – etwa einem verhandelten Vertrag – zeigt sich, ob die Verhandlungen von beiden Seiten getragen werden. Fühlt sich dagegen einer der Verhandlungspartner übervorteilt, so ist die Wahrscheinlichkeit hoch, dass sich dies in Form einer nicht vereinbarungsgemäßen Umsetzung niederschlägt. Sofern ein Verhandlungspartner vereinbarte Inhalte aus Sicht des anderen Verhandlungspartners nicht vereinbarungsgemäß umsetzt, sollten solche Missstände unverzüglich angesprochen und nach Möglichkeit behoben werden. Anhaltende Vertragsbrüche sind zu dokumentieren und etwaigen vereinbarten Korrekturmechanismen zuzuführen. Ein gesundes Grundprinzip für den Umgang miteinander lautete, selbst das zu tun, wozu man sich verpflichtet hat. Dass es dennoch eine gewisse Logik gibt, sich *nicht* an vereinbarte Regeln zu halten (zu „defektieren"), wird im Rahmen der Spieltheorie im Unterkapitel 2.5.4 erörtert.

Bei ausverhandelten Verträgen, die sich auf sehr komplexe Sachverhalte beziehen, etwa ein Großbauprojekt, wird die vertragliche Regelung regelmäßig über Nachträge den aktuellen Entwicklungen und Erfordernissen angepasst. Zudem ist es bei solchen Sachverhalten üblich, die operativen Prozesse der Umsetzung über Prozessbeschreibungen – zum Beispiel zusammengefasst in einem Projekthandbuch – von den Inhalten, den Zeitabläufen und den Zuständigkeiten her zu detaillieren.

Zu einer konstruktiven Umsetzung vereinbarter Inhalte gehört auch die Beziehungspflege. Ziel ist es, ein Vertrauensverhältnis aufzubauen und beizubehalten und somit auch eine Basis für künftiges Miteinander zu schaffen.

1.5.2 Verhandlungsstil nach dem Harvard-Konzept

Gibt es einen grundsätzlich erprobten Verhandlungsstil, der am ehesten erfolgversprechend ist? Das aus dem „Harvard Negotiation Project" resultierende Harvard-Verhandlungskonzept nimmt eine solche Rolle für sich in Anspruch (vgl. im Folgenden Fisher und Brown 1988, Fisher, Ury und Patton 2004). Unterschieden wird hierbei in *hartem* und *weichem* Verhandlungsstil. In der Tabelle 1.3 werden die wesentlichen Unterschiede dieser beiden Verhandlungsperspektiven einander gegenübergestellt.

Dieser Verhandlungsstil lässt sich auf zwei Beziehungsfelder anwenden, 1. auf sachliche Inhalte sowie 2. auf die zwischenmenschliche Beziehung. Ein *harter* Verhandler würde mithin sowohl auf inhaltliche wie auf beziehungsmäßiger Ebene den

Tabelle 1.3: Weicher und harter Verhandlungsstil (in Anlehnung an Fisher, Ury, Patton 2004).

Weiches Verhandeln	Hartes Verhandeln
Verhandlungspartner als Freunde	Verhandlungspartner als Gegner
Ziel: Übereinkunft	Ziel: Sieg
Konzessionen zur Beziehungsverbesserung	Konzessionen als Voraussetzung der Beziehung
Vertrauen zu anderen	Misstrauen gegenüber anderen
bereitwillige Änderung der Position	Beharren auf eigener Position
Angebote werden unterbreitet	es erfolgen Drohungen

Konflikt suchen, da der Verhandlungspartner gemäß eines undifferenzierten Feindbildes sowohl zwischenmenschlich wie auch sachlich als schädigender Gegner wahrgenommen wird. Der *weiche* Verhandler suchte hingegen sowohl inhaltlich wie auch zwischenmenschlich die Kooperation.

Das Harvard-Verhandlungskonzept lässt sich zusammenfassen mit „hart in der Sache, weich im Ton". Demnach verstehen sich die Verhandlungsteilnehmer als Problemlöser, mit dem Ziel, ein vernünftiges, effizient und gütlich erreichtes Ergebnis zu realisieren. Die involvierten Menschen und die gegenständlichen Probleme werden dabei getrennt behandelt. Das Agieren konzentriert sich auf Interessen, nicht auf (emotional aufgeladene) Positionen. Basierend auf einer umfangreichen Fallstudien-Basis postulieren Fisher, Ury und Patton (2004) für ihr Verhandlungskonzept vier Grundsätze:

1. Menschen und Probleme sind getrennt voneinander zu behandeln, indem eine gute Beziehung hergestellt wird, um Sachfragen gemeinsam anzugehen.
2. Die Verhandlung sollte sich auf Interessen konzentrieren, indem die Interessen des anderen herausgefunden werden, um mit diesen bestmöglich umzugehen.
3. Die Verhandlungspartner sollten Optionen entwickeln, indem kreativ gedacht wird, um möglichst gemeinsam vorteilhafte Lösungen (Win/Win-Situationen) zu erarbeiten.
4. Die Verhandlungspartner sollten neutrale, von beiden Seiten akzeptierte Beurteilungskriterien vereinbaren, an denen sich Angebote und Forderungen orientieren können.

Verhandeln

a) Welche Phasen lassen sich bei einem Verhandlungsprozess unterscheiden?
b) Wie wird der Verhandlungsgegner bei einem weichen und bei einem harten Verhandlungsstil wahrgenommen?
c) Welche beiden Beziehungsfelder unterscheidet das Harvard-Verhandlungskonzept?
d) Welche vier Grundsätze verbinden sich mit dem Harvard-Verhandlungskonzept?
e) Was war Ihre letzte Verhandlungssituation?
f) Inwiefern haben Sie die vier Grundsätze des Harvard-Verhandlungskonzeptes bei dieser Verhandlung bereits berücksichtigt – und inwiefern nicht?

2 Entscheidungsprozess

In diesem Kapitel werden die einzelnen Phasen eines Entscheidungsprozesses vor-gestellt und in den nachfolgenden Unterkapiteln eingehender betrachtet. Diese Betrachtungen sind generischer Natur, beziehen sich also auf grundsätzliche Mecha-nismen, ohne Bezugnahme auf situationsspezifische Besonderheiten oder Schwer-punktsetzungen. Eine solche Differenzierung ist dann Gegenstand des anschließen-den dritten Kapitels.

2.1 Phasen des Entscheidungsprozesses

Ausgang einer Entscheidung ist das Entscheidungsumfeld, aus dem heraus Ent-scheidungsbedarfe entstehen, welche die Bedeutung und Wirkung der Entscheidung mittelbar oder unmittelbar beeinflussen. Die Entscheidung selbst ist eine bewusste Handlungsfestlegung innerhalb eines Gestaltungsraums. Ein solcher Gestaltungs-raum ergibt sich, wenn mindestens zwei Entscheidungsalternativen bestehen. Die Bewertung der Entscheidungsalternativen wird anhand eines oder mehrerer Entschei-dungskriterien vorgenommen. Die Gegenüberstellung von Entscheidungsalternativen und Entscheidungskriterien beschreibt die Entscheidungssituation. Die Ausdeutung einer solchen Entscheidungssituation erfolgt auf Grundlage eines oder mehrerer Ent-scheidungsziele. Diese Ausdeutung sollte – sofern Nachvollziehbarkeit und Recht-fertigung der Entscheidungsfindung angestrebt sind – aufgrund einer geeigneten Entscheidungsregel erfolgen. Der Entscheidungsprozess (oder auch synonym die „Entscheidungsfindung") bezeichnet das Zusammenspiel von Entscheidungsumfeld, Entscheidungszielen, Entscheidungssituation, Entscheidungsregeln und der resul-tierenden Entscheidungswirkung.

Abbildung 2.1 illustriert die verschiedenen Phasen des unternehmerischen Ent-scheidungsprozesses nebst Rückkoppelungseffekten. Aus einer dynamischen Umfeld-situation heraus ergeben sich Entscheidungsbedarfe: Das Vermarktungsverhalten ei-nes Konkurrenzunternehmens verlangt nach einer Antwort, sich abzeichnende recht-liche Vorgaben müssen umgesetzt werden, oder neue Erkenntnisse über Trends bei der Kundennachfrage geben Impulse für künftige Produktentwicklungen.

Um einen Entscheidungsbedarf ausdeuten zu können, bedarf es der Zugrundele-gung von Entscheidungszielen, denn ohne Zielsetzungen ist kein zielgerichtetes, mit-hin rationales Verhalten möglich. In den unternehmerischen Zielen kommt das Werte-system zum Ausdruck, mit dem konkreten Entscheidungssituationen zu begegnen ist. Auch diese Phase des Entscheidungsprozesses steht unter dem mittelbaren oder un-mittelbaren Einfluss von Größen des Unternehmensumfeldes. Im Umkehrschluss wür-de eine Entkontextualisierung von Zielsetzungen zu einem Unternehmenskurs füh-ren, der sich loslöste von Gegebenheiten, Herausforderungen und Notwendigkeiten des unternehmerischen Umfeldes.

https://doi.org/10.1515/9783110638196-002

Makroumfeld

Mikroumfeld

Entscheidungs-
umfeld

Entscheidungs-
bedarf?

Entscheidungs-
ziele

Wertesystem?

Entscheidungs-
situation

Entscheidungs-
logik?

Entscheidungs-
regeln

Entscheidungs-
umsetzung?

Entscheidungs-
Wirkung

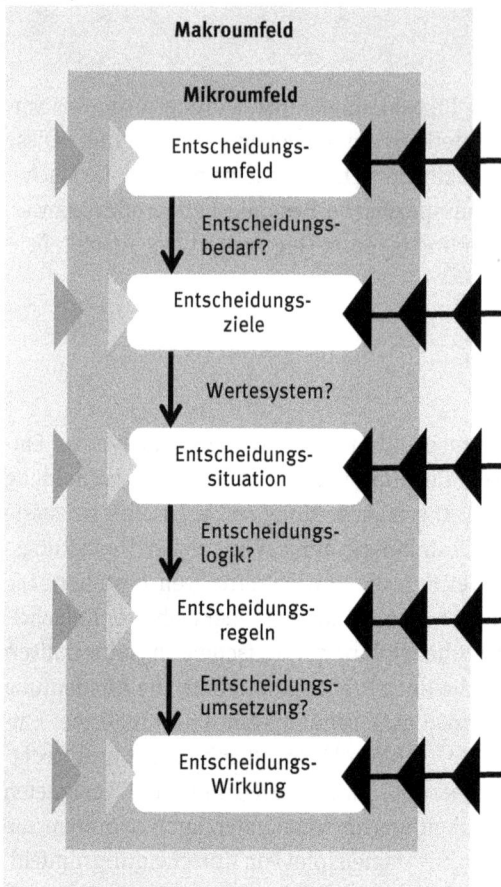

Abbildung 2.1: Phasen
des unternehmerischen
Entscheidungsprozesses.

Eine Entscheidungssituation wird durch Entscheidungsalternativen und Entscheidungskriterien beschrieben. Die Wahl und Gewichtung der herangezogenen Kriterien korrespondiert mit dem unternehmerischen Wertesystem, in welchem letztlich die angestrebte Positionierung des Unternehmens in seinem Umfeld zum Ausdruck kommt. Die gegenständlichen Entscheidungsalternativen wiederum leiten sich direkt oder indirekt aus dem unternehmerischen Entscheidungsumfeld her.

In einem Unternehmen hat der Umgang mit einer Entscheidungssituation nachvollziehbar zu sein, mit einer kollektiv konsensfähigen Entscheidungslogik. Entscheidungsregeln schaffen eine Legitimationsgrundlage, vorausgesetzt, dass sie den Sachverhalt angemessen zu würdigen vermögen. Und Entscheidungsregeln determinieren die Entscheidung und werden sich dabei auch an Einflüssen aus dem Entscheidungsumfeld orientieren. So wird beispielsweise ein unsicheres wirtschaftliches und rechtliches Unternehmensumfeld für Sicherheitsdenken und Risikomanagement sensibilisieren und diese Überlegungen in den Entscheidungsregeln verorten.

Entscheidungsregeln führen zu Entscheidungen, und Entscheidungen entfalten eine Entscheidungswirkung. Ob die Entscheidungswirkung den Erwartungen und Planungen entspricht, hängt von der Umsetzung der Entscheidung ab. Umsetzen bedeutet letztlich, dass eine übergeordnete Entscheidung in viele Unterentscheidungen heruntergebrochen wird. Diese sollten konsistent mit den ursprünglichen Entscheidungszielen sein und nicht etwa durch Partikularinteressen verwässert oder umdefiniert werden.

Neben diesem endogenen Erfordernis wird die Güte der Entscheidungsumsetzung durch das Entscheidungsumfeld beeinflusst. Kräfte aus dem Unternehmensumfeld können den Erfolg von Entscheidungen begünstigen oder auch vereiteln. So führten etwa langandauernde Streiks bei Fluggesellschaften und der Deutschen Bahn zu einer deutlichen Zunahme des Geschäftsvolumens bei Fernbusreisen (Fernbusse.de 2018). Die gewonnenen Kunden blieben dem Fernbusreiseverkehr auch nach Beendigung der Streikphase überwiegend treu, sodass der positive Markttrend andauerte. Vor diesem Hintergrund werden sich Expansionspläne eines Fernbusreiseunternehmens erfolgreicher umsetzen lassen als ohne diesen politischen Rückenwind.

Im unternehmerischen Kontext wird die Auswirkung einer Entscheidung selten einen Endpunkt darstellen, sondern wiederum neue Entscheidungsbedarfe auslösen und somit rekursiv angelegt sein. Gerade bei einer systematischen Analyse der Entscheidungswirkung sollten sich Rückschlüsse ziehen lassen, inwiefern die angewandten Entscheidungsregeln, die definierte Entscheidungssituation, die zugrunde gelegten Entscheidungsziele oder das wahrgenommene und interpretierte Entscheidungsumfeld den Entscheidungserfolg begünstigt oder belastet haben. Diese Rückkoppelung wird sich jedoch nicht nur auf den unternehmerischen Entscheidungsprozess beziehen. Entscheidungswirkungen beziehen sich auf Entscheidungsbedarfe, die sich aus dem Entscheidungsumfeld herleiten. Insofern wirkt eine Unternehmensentscheidung auch auf die externen Stakeholder des Unternehmens ein.

In der Summe werden unternehmerische Einzelentscheidungen zudem das Potenzial haben, das makroökonomische Unternehmensumfeld zu beeinflussen. Sollten beispielsweise Investitionsaktivitäten auf breiter Front zurückgehen, so werden sich die wirtschaftspolitischen Stakeholder des betroffenen Wirtschaftsraumes überlegen, inwiefern mit geeigneten Maßnahmen eine Attraktivitätssteigerung des Investitionsumfeldes erwirkt werden kann.

Decidophobie

Unter „Decidophobie" versteht man eine ausgeprägte Furcht davor, Entscheidungen zu treffen. Wenn die Verantwortung für die eigenen Erfolge oder Misserfolge als erdrückend erlebt wird, dann kann dies zu einer Entscheidungsangst mit einhergehender Entscheidungsblockade führen (vgl. Salecl 2011: 1–8). Im Diagnoseklassifikationssystem der Medizin wird die Decidophobie als spezifisch isolierte und nicht angeborene Phobie eingeordnet. Unter Bezugnahme auf den vorgestellten Entscheidungsprozess lassen sich die Ursprünge für eine solche Angst bei den verschiedenen Entscheidungs-phasen verorten:

- Decidophobie mag ihren Ursprung in der Phase *Entscheidungsumfeld* haben, wenn dieses als unüberschaubar bzw. diffus wahrgenommen wird, etwa, weil man als Neueinsteiger in einem bestimmten Themenbereich noch keine struktu-relle Orientierung gewonnen hat.
- Die Phase der *Entscheidungsziele* kann Entscheidungsängste begründen, wenn die Organisation oder auch das Individuum keine Klarheit über die zugrundelie-genden Absichten haben (getreu Goethes „zwei Herzen in meiner Brust"), etwa, weil man die resultierenden Konsequenzen nicht einzuschätzen vermag.
- In der Phase *Entscheidungssituation* können Entscheidungsängste auftreten, weil man die in Frage kommenden Alternativen nicht festzulegen vermag. Gerade beim Ehrgeiz einer optimalen Entscheidung kann einen Entscheider die Angst, werti-gere Alternativen nicht eruiert zu haben, blockieren.
- Die *Entscheidungsregeln* spezifizieren die Logik, mit der innerhalb der zugrundlie-genden Alternativen gewählt wird. Wenn die in Frage kommende Entscheidungs-regel nicht klar ist – etwa bei einem schlecht gebrieften Mitarbeiter – dann kann dies Decidophobie auslösen: Bevor ich falsch entscheide, entscheide ich lieber gar nicht!
- Letztlich können auch Defizite beim Umgang mit der *Entscheidungswirkung* Ent-scheidungsblockaden auslösen. Werden meine Resultate vom Vorgesetzten oder den Kollegen als positiv oder negativ wahrgenommen? Wenn diese Unklarheit ei-nen Entscheider sehr belastet, dann mag er gar nicht erst eine Entscheidungswir-kung hervorrufen wollen.

Decidophobie im unternehmerischen Kontext ist noch weitestgehend unerforscht. Er-forschenswert wäre zum Beispiel die Fragestellung, ob Entscheider bei kollektiven Entscheidungen, bei einer größeren entscheidungsbezogenen Erfahrung, bei einer ge-ringeren Entscheidungsreichweite oder bei gut strukturierten und formalisierten Ent-scheidungen weniger zur Decidophobie neigten.

? **Entscheidungsangst**
a) Welche Phasen können beim Entscheidungsprozess unterschieden werden?
b) Denken Sie an eine vergangene Situation, bei der Ihnen das Entscheiden ungewöhnlich schwergefallen ist. Worin war diese Entscheidungsblockade begründet?
c) In welcher Phase der vorgenannten Entscheidungsprozesse waren die Gründe für eine solche Entscheidungsblockade schwerpunktmäßig verortet?

2.2 Entscheidungsumfeld

Das Entscheidungsumfeld ist der Kontext, aus dem heraus Entscheidungssituationen entstehen. Diese materialisieren sich durch faktische oder potenzielle Ereignisse im Umfeld. Solche Ereignisse sind entscheidungsrelevante Vorkommnisse oder Sachverhalte, auf die der Entscheider einen mehr oder minder großen Einfluss hat und welche seine Entscheidungsfindung beeinflussen bzw. in Zukunft beeinflussen könnten. Der Entscheider hat eine mehr oder weniger konkrete Vorstellung hinsichtlich der Bedeutung sowie der Eintrittswahrscheinlichkeit eines bestimmten Ereignisses.

Beim unternehmerischen Entscheidungsumfeld sind Makroumfeld und Mikroumfeld voneinander abzugrenzen, wie in den nachfolgenden Unterkapiteln näher erläutert wird. Zunächst soll jedoch das *Stakeholder-Mapping* als Grundlage der Umfeldanalyse thematisiert werden.

2.2.1 Stakeholder-Mapping

Für Personen bzw. Personengruppen, welche eine Relevanz für das Unternehmen haben, hat Freeman den Begriff des „Stakeholders" eingeführt, der im Deutschen auch mit *Interessengruppe* oder *Anspruchsgruppe* übersetzt wird.[7] Freeman sieht Stakeholder als „those groups without whose support the organization would cease to exist" (1984: 31). Diese Begriffsdeutung ist allerdings irreführend. Einerseits geht es vielfach nicht um Unterstützung, sondern um das Überwinden oder Integrieren von Stakeholder-Widerständen. Zum anderen müssen Stakeholder nicht notwendigerweise ein existenzbedrohendes Potenzial gegenüber dem Unternehmen aufweisen, wie die nachfolgende Diskussion ausführt. Eine zweckdienlichere Definition liefert Staehle, wonach Stakeholder dann unternehmensrelevant sind, sobald diese „als entscheidende und als positiv oder negativ sanktionierende Handlungsträger die Macht besitzen, auf den Fortbestand der Organisation einzuwirken, die also aufgrund von Austauschbeziehungen mit der betrachteten Organisation in Interaktion stehen." (1987: 153).[8]

Die Gesamtheit der für den Entscheider relevanten Stakeholder wird als „Stakeholder-Map" und deren Beschreibung anhand entscheidungsrelevanter Merkmale als „Stakeholder-Mapping" bezeichnet. Der Stakeholder ist von den Unternehmensaktivitäten mittelbar oder unmittelbar, faktisch oder potenziell in seinen Interessen betroffen. Der englische Begriff „at stake"[9] drückt aus, dass die Unternehmensaktivitä-

---

[7] Tatsächlich wird die erste dokumentierte Anwendung dieses Begriffs bereits 1963 einem internen Memorandum des Stanford Research Institute zugeschrieben, jedoch inhaltlich noch nicht in konzeptioneller Tiefe ausgedeutet.

[8] Staehle spricht von „Interessengruppen", was als Synonym zum Stakeholder zu verstehen ist.

[9] Das Englische „something is at stake" lässt sich mit „etwas steht auf dem Spiel" übersetzen.

ten interessengeleitete Ansprüche des Stakeholders betreffen. Gerade die potenziellen, faktisch noch nicht greifbaren Auswirkungen von Stakeholder-Verhalten auf ein Unternehmen oder auch umgekehrt, die potenziellen Auswirkungen von Unternehmensplänen auf bestimmte Stakeholder, sind geeignet, sich dem unternehmerischen Radar zu entziehen. Hier ist eine antizipative Sichtweise gefordert, um gegenüber der Stakeholder-Map vom Reagieren zum proaktiven Gestalten zu finden.

Je nachdem, ob die Interessen des Stakeholders konträr oder im Konsens mit unternehmerischen Zielsetzungen stehen, wird dessen Einfluss für das Unternehmen als negativ oder positiv zu bewerten sein. Ebenso sind differenzierte Mischformen, mit sowohl unterstützenden wie auch entgegengerichteten Beziehungselementen, möglich. Eine Umpolung von Interessen kann zudem im Beziehungsverlauf stattfinden, verbunden mit einem Wandel der Beeinflussungsrichtung. Insbesondere durch ein bewusstes, aktives Auseinandersetzen des unternehmerischen Entscheiders mit dem jeweiligen Stakeholder eröffnen sich Möglichkeiten der Beziehungsgestaltung im Sinne des Unternehmens. Auf ein solches Stakeholder-Management geht das Unterkapitel 5.1.2 näher ein.

Stakeholder liefern einen Beitrag für das Unternehmen und verbinden diesen mit Ansprüchen (vgl. Ulrich/Fluri 1995). So werden bestimmte Beiträge aus Sicht der betrieblichen Wertschöpfung wünschenswert sein: das Eigenkapital der Gesellschafter, die Arbeitskraft der Mitarbeiter, die vertragsgemäße Lieferung der Lieferanten, die Rechtssicherheit des Geschäftsstandortes, die Markentreue des Kunden, die Lärmtoleranz der Anwohner. Im Falle von aus Unternehmensperspektive unerwünschten Beiträgen besteht ein erhöhtes Risiko, dass Stakeholder nicht rechtzeitig wahrgenommen oder in der Interaktion vernachlässigt werden. Als Resultat ist das Unternehmen dann überrascht von Bürgerprotesten, schlechter Presse oder dem Wegbrechen der Kundschaft.

Stakeholder sollten auf einer Detaillierungsebene erfasst und beschrieben werden, welche ihrer Rolle gegenüber dem Unternehmen gerecht wird. Die in der Literatur immer wieder angeführte Erfassung von Stakeholdern etwa durch Sammelbezeichnungen wie *Politik* oder *Gesellschaft* ist wenig geeignet, um konkrete Handlungsimplikationen für unternehmerische Entscheidungsprozesse abzuleiten. So können sich hinter *Politik* Einflussfelder von Gemeinderat über Regierungsbezirk, Landespolitik, Bundespolitik, Europapolitik bis hin zu einer paneuropäischen politischen Ebene wie der Nato verbergen. Ebenso verhält es sich bei einem Stakeholder wie der *Gesellschaft*: Ist hiermit der Wähler gemeint, bestimmte bürgerliche Interessengruppen, Anwohner, die Presse oder auch bürgerliche Extremisten? Aus Entscheidersicht ist der jeweilige Stakeholder so zu definieren, dass gegenüber dem betroffenen Unternehmen von einem homogenen Interessen- und Verhaltenspool ausgegangen werden kann. Stakeholder sollten also gegenüber dem Unternehmen vergleichbare Interessen haben uns mit diesen in vergleichbarer Art umgehen.

Stakeholder sind für ein Unternehmen von unterschiedlicher Bedeutung. Entsprechend unterschiedlich fällt auch der unternehmerische Ansatz gegenüber den verschiedenen Stakeholdern aus. Da es in der Beziehung zum Stakeholder um das Hervorbringen und Durchsetzen von Ansprüchen geht, lässt sich das Wesen der spezifischen Beziehung zwischen Stakeholder und unternehmerischem Entscheidungsträger anhand zweier Aspekte beschreiben (vgl. Jeschke 1993: 118 ff.):

– Welches Einflusspotenzial hat der Stakeholder gegenüber dem Unternehmen und umgekehrt das Unternehmen gegenüber dem Stakeholder (Machtrelationen)?
– Welche Risiken verbindet der Stakeholder mit den Unternehmensaktivitäten und umgekehrt das Unternehmen mit den faktischen oder potenziellen Stakeholder-Aktivitäten (Aggressivitätsrelationen)?

Bei beiden Aspekten geht es nicht nur um absolute, sondern auch um relationale Größen: Die Positionen beider Partien werden hinsichtlich ihrer Intensitäten miteinander verglichen und dadurch relativiert. Vor dem Hintergrund einer differenzierten Stakeholder-Betrachtung erscheint es wenig sinnvoll, von Unternehmen pauschal eine Beachtung oder gar eine Befriedigung „aller" Stakeholder-Interessen einzufordern. Dies ist insofern realitätsfern, als dass solche Interessen nicht per se als moralisch geboten anzusehen sind.

Zudem werden sich die verschiedenen Stakeholder-Ansprüche bezüglich des gleichen Sachverhaltes oftmals widersprechen. Sind beispielsweise On-shore-Windparks ökologisch sinnvoll oder nicht? Einerseits verbindet sich mit ihnen die Erschließung einer regenerativen Energiequelle. Andererseits bedeuten solche Windparks einen Eingriff in das Landschaftsbild und in den Flugraum von Vögeln und Fledermäusen sowie eine Beeinträchtigung der Lebensqualität für die Anwohner. Analog wird die ökologische Sinnhaftigkeit größerer Wasserkraftwerke zu hinterfragen sein, nachdem Befunde zu einer massiven Freisetzung von Methan durch die Verrottung von gefluteter Biomasse bekannt wurden.

Ein Beispiel für widersprüchliche Auswirkungen im sozialen Bereich mag das Festhalten am subventionierten Braunkohleabbau in Deutschland geben. Als sozialer Nutzen wird hier seit Jahrzehnten der Erhalt von Arbeitsplätzen angeführt. Dem steht ein sozialer Nutzenentgang für das „Schutzgut Mensch" entgegen, der sich auf eine Minderung der natürlichen Umweltqualität, aber auch auf die Belastung des Steuerbürgers bezieht.

Unternehmen stehen bezüglich bestimmter Stakeholder – etwa Lieferanten, Kunden oder Arbeitnehmern – in Konkurrenz zueinander. Die einzelne Beziehungsgestaltung erfolgt nicht autonom, sondern im Wechselspiel mit anderen Beeinflussern. In einer solchen Situation kann man es nicht allen recht machen – neben den Stakeholder-Fokus tritt dann der Wettbewerber-Fokus (Freeman et al. 2010: 118).

? Stakeholder
a) Aufgrund welcher Überlegungen würde ein Entscheider eine Person, eine Personengruppe oder eine Institution als „Stakeholder" einstufen?
b) Was ist unter einer unternehmerischen „Stakeholder-Map" zu verstehen?
c) Was ist unter einem unternehmerischen „Stakeholder-Mapping" zu verstehen?
d) Welchen Einfluss können Stakeholder auf Unternehmensentscheidungen grundsätzlich ausüben?
e) Warum und zu welchem Zeitpunkt sollte sich ein Entscheider mit den Interessen eines Stakeholders auseinandersetzen?

2.2.2 Makroumfeld

Auf der Makroebene sind die Themenbereiche angesiedelt, welche als übergeordnete Rahmenbedingungen auf das einzelne Unternehmen einwirken. Dies geschieht im Regelfall einseitig: Das Makroumfeld beeinflusst die Mikroökonomie, ohne eine wesentliche rückkoppelnde Wirkung des einzelnen Unternehmens auf diese Umstände. Als Ausnahmen zu dieser Regel mögen das Umfeld prägende „Trendsetter" oder stark dem Lobbyismus verschriebene Großunternehmen gelten.

PESTEL

Das Makroumfeld lässt sich gemäß dem PESTEL-Akronym in sechs Themenfelder untergliedern:
- **P**olitical: politisches Umfeld
- **E**conomic: wirtschaftliches Umfeld
- **S**ocial: soziokulturelles Umfeld
- **T**echnical: technisches Umfeld
- **E**cological: ökologisches Umfeld
- **L**egal: rechtliches Umfeld

Das *politische* Umfeld beinhaltet beispielsweise die Förder- und Subventionspolitik gegenüber Unternehmen, angesiedelt auf lokaler, regionaler, nationaler oder auch übernationaler Ebene (z. B. EU-Richtlinien). Das *wirtschaftliche* Umfeld kommt zum Ausdruck in volkswirtschaftlichen Finanzindikatoren wie Inflation, Währungsstabilität, Arbeitslosenzahlen oder Entwicklung des Bruttosozialproduktes. Dieses Umfeld bildet den ökonomischen Rahmen für einzelne betriebswirtschaftliche Tätigkeiten. Das *soziokulturelle* Umfeld umfasst gesellschaftliche Präferenzen und Trends und kann somit wichtige Informationen etwa für die vertrieblichen Aktivitäten eines Unternehmens hervorbringen: Welche Ausgestaltung, Verfügbarmachung und Bewerbung eines Produktangebots werden sozial am ehesten wertgeschätzt? Das *technische* Umfeld beinhaltet Aspekte wie technische Standards oder auch die technische Infrastruktur, etwa in Bezug auf Verkehrswege, Telekommunikation oder auch auf technische Richtlinien. Das *ökologische* Umfeld hat die volkswirtschaftlichen Aspekte der natürlichen Umwelt zum Gegenstand, etwa mit Blick auf ein nationales Energieversorgungskonzept oder auf Umweltschutzrichtlinien. Und das *rechtliche* Umfeld schließlich ist Gegenstand des Rechtsrahmens. Aus Unternehmersicht sind hier zum Beispiel Verbraucherrechte, Organschaftsrechte oder auch die Regulierung des internationalen Bankwesens zu nennen.

Bezüglich dieser sechs Umfelder des Makroumfeldes gilt, dass Aspekte des einen Umfeldes häufig inhaltlich und chronologisch mit Entwicklungen und Perspektiven eines anderen Umfeldes verknüpft sind. Insofern kann das Wissen über ein Umfeld helfen, Zusammenhänge in anderen, wirkungsmäßig verbundenen Umfeldern rechtzeitig zu überschauen und zu antizipieren. Beispielsweise führen soziokulturelle Trends (z. B. die vermehrte Kommunikation über das Internet) zu einer politischen Diskussion (z. B. über Datensicherheit). Diese politische Diskussion kann wiederum in rechtliche Rahmenbedingungen münden (z. B. Vorschriften bezüglich der Sicherheitsstandards bei Internetdiensten) und in der Folge das technische Umfeld prägen (z. B. neue Wege der Datenkodierung). Schließlich werden solche technischen Möglichkeiten auch wirtschaftliche Implikationen haben, etwa auf das Wachstum oder auch auf den Geschäftsverlauf betroffener Branchen.

Die geografischen Grenzen eines Entscheidungsumfelds haben mit dem Aktions- und Planungsradius des einzelnen Unternehmens zu tun. Allerdings sollten sich lokal oder national tätige Unternehmen darüber im Klaren sein, dass eine zunehmend globalisierte, international miteinander verknüpfte Welt oftmals eine überraschende Fernwirkung entfaltet. So mögen fernab verortete politische Konflikte unverhofft auch den Heimatmarkt betreffen.

Bei der Betrachtung der jeweiligen Umfeldthemen ist neben der Bestandsaufnahme vor allem die Ausdeutung künftiger Entwicklungsszenarien von Bedeutung. Je mehr sich ein Unternehmen als kontinuierlicher Beobachter seiner relevanten Themen versteht, desto eher wird es in der Lage sein, solche Entwicklungen rechtzeitig zu erkennen und sich hierauf einzustellen. Dabei stehen hinter jedem Thema des Entscheidungsumfeldes letztlich konkrete Institutionen, Personengruppen oder auch einzelne Personen. Hier gilt es, die Themen zu entanonymisieren. Konkret sollte sich ein Unternehmen mit den persönlichen Protagonisten solcher Themen vertraut machen, um gegenwärtige oder künftige Implikationen für das einzelne Unternehmen besser einschätzen zu können. Mithin geht es darum, für das Makroumfeld ein unternehmensspezifisches Stakeholder-Mapping durchzuführen.

Erschließung des Makroumfeldes

In der Tabelle 2.1 sind die sechs Makroumfelder näher beschrieben, indem jedem Feld mögliche Themenbereiche sowie beispielhafte Personengruppen bzw. Institutionen zugeordnet sind: die Makro-Stakeholder.

Tabelle 2.1: PESTEL-Makroumfelder.

Makroumfeld	Themenbereiche z. B.	Stakeholder z. B.
politisch (political)	Subventionen, Förderungen, Steuern, Abgaben, Gebühren, Energiepolitik, Tarifautonomie, Immigrationspolitik, globale Entwicklungstendenzen, partei-politische Entwicklung	Gemeinderat, Landratsamt, Bundes-/Landesministerien, Bundes-/Landesregierung, EU-Instanzen, Gewerkschaften, Behörden, politische Parteien/Stiftungen
wirtschaftlich (economic)	Kaufkraft, Zinsen, Währungsstabilität, Inflation, Arbeitsmarkt/Arbeitslosigkeit, Urbanisierung, Schwellenlandentwicklung, Konjunktur, Kapitalmarktentwicklung	Wirtschaftsverbände, Berufskammern, Steuerzahler, Arbeitnehmer, Verbraucher, Branchen
soziokulturell (social)	Religion, Wertewandel, Lebensstil/-standard, Konsumgewohnheiten, Modegeschmack, Bildungsniveau, Lebenserwartung, Arbeitsmentalität, Spareigung, Bevölkerungswanderung/-entwicklung	Verbraucherschutzorganisationen, Bürgerinitiativen, organisierte Minderheiten, Meinungsführer, Massenmedien, Fachpresse, Kirchen, humanitäre Vereinigungen
technisch (technical)	technische Richtlinien/Standards, technische Infrastruktur (Verkehr, Telekommunikation, Digitalisierung, Energie), Innovationszyklen, Substitutionstechnologien	Forschungsstätten, Ausbildungsstätten, Technologieanbieter, Messeveranstalter
ökologisch (ecological)	Umweltauflagen/-abkommen, Entsorgungswege, Recyclingtechnologien, ökologische Sensibilität, Wassermanagement, Bodendegradation, Luftqualität, Klima, Biodiversität, Erderwärmung	Umweltbehörden, Umweltschutzorganisationen, Anbieter von Umwelttechnologien
rechtlich (legal)	Gesetze, Rechtsprechung, Richtlinien, Normen, Regulierungen, Datenschutzfragen, Sozialgesetzgebung, Verbraucherschutz	Gesetzgebung (Legislative), ausführende Gewalt (Exekutive), Rechtsprechung (Judikative) auf regionaler/nationaler/supranationaler Ebene

2.2.3 Mikroumfeld

Das Mikroumfeld umfasst die betriebswirtschaftlichen Interaktionspartner eines Unternehmens. Einen konzeptionellen Anknüpfungspunkt stellen die fünf Marktkräfte (5 Forces) dar, wie sie 1980 als Eckpfeiler der Wettbewerbsintensität durch Porter beschrieben wurden (Porter 1980: 4 ff., 1995: 25 ff., 2008), bestehend aus Lieferanten, Kunden, Wettbewerbern, neuen Anbietern sowie Substitutionsprodukten. Dieser traditionelle Managementansatz klammert das Makroumfeld weitestgehend aus.

Während die Stakeholder des Mikroumfeldes typischerweise in regelmäßiger Interaktion mit den betrieblichen Entscheidern stehen, treten Stakeholder des Makroumfeldes gegenüber dem Unternehmen häufig nur punktuell in Erscheinung und zudem nicht interaktiv, sondern einseitig auf das Unternehmen einwirkend. Im Resultat entspricht diese Kategorisierung von Stakeholdern in Mikro- und Makro-Zugehörigkeit der von Clarkson getroffenen Unterscheidung in primäre und sekundäre Gruppen (1995: 106): Während die primären Gruppen wesentlich für das operative Überleben des Unternehmens sind, stehen die sekundären Gruppen mit diesem in einer indirekten, mittelbaren Beziehung.[10]

Bei einem rein betriebswirtschaftlichen Stakeholder-Fokus sind Überraschungen aus dem Makroumfeld vorprogammiert. Zudem können sich die Themen des Makroumfeldes rasch zu Themen des Mikroumfeldes entwickeln. Entsprechend zwingend ist der Anpassungsprozess gegenüber einem erweiterten Umfeldbezug (vgl. Bestmann 2009: 77). Zudem scheint bei einer dynamischen Stakeholder-Sicht die bei den 5 Forces vollzogene Unterscheidung in etablierte und neue Wettbewerber nicht schlüssig. Als „neue Anbieter" sind neu in den Markt eintretende Wettbewerber zu verstehen, die sich zwar umsatzmäßig noch nicht am Markt etabliert haben, welche aber technisch-funktionale Innovationen aufweisen und deshalb aufgrund ihres Absatzpotenzials ernst zu nehmen sind. Hier stellt sich die Frage, warum dann nicht auch neue Lieferanten und neue Kunden gesondert herauszustellen wären. Es erscheint dagegen innvoller, bei den jeweiligen Stakeholdern stets zwischen gegenwärtigen und potenziellen Wirkungsprofilen zu unterscheiden.

Die mithin auf vier reduzierten Mikroumfelder von Porter sind zu ergänzen um etwaige Absatzmittler – Einzelhändler, Großhändler, Agenten, Handelsvertreter –, welche eine deutlich vom Endabnehmer abgrenzbare Rolle übernehmen. Ein weiteres Mikroumfeld stellen die Beeinflusser (Influencer) dar. Hierbei handelt es sich um Meinungsmultiplikatoren, die nicht als Kunde in Erscheinung treten, deren angebotsbezogene Einschätzungen jedoch Einfluss auf die Wahrnehmung von Unternehmen und Produkt ausüben. Während es eine derartige Einflussnahme stets gegeben hat, etwa über mediale Testberichte oder über geachtete Meinungsführer, so hat deren Intensität in Zeiten einer exponentiell anwachsenden Nutzung von sozialen Medien wie etwa Instagram deutlich zugenommen. Gerade in modeaffinen Konsumgüterbereichen sind die Influencer mit Ihren zahlreichen *Followern* zu einer beträchtlichen Größe des Mikroumfeldes avanciert.

Zudem erlebt der individuelle Entscheider sein eigenes Unternehmen ebenfalls als Teil des Mikroumfeldes. Auch hier wird das Gefüge von Sparten, Abteilungen und Hierarchieebenen unterschiedliche Interesseneinheiten hervorbringen, welche vom einzelnen Entscheider zu berücksichtigen sind. Die Organisationsgrenzen – also das Verständnis, was als „intern" anzusehen ist – sind nicht immer klar gezogen. Beispielsweise wird der Mehrheitseigentümer eines Unternehmens zweifelsohne als ein

---

10 Die Art der Beziehung (direkt/indirekt bzw. mikro-/makroökonomisch) ist als Kategorisierungskriterium dienlicher als eine Unterscheidung in mehr oder weniger bedeutsame Stakeholder-Gruppen. Schließlich können indirekt Einfluss nehmende Stakeholder zeitweise von existenzieller Bedeutung sein.

Teil des Unternehmens anzusehen sein. Was ist aber mit Minderheitsgesellschaftern, etwa Kleinaktionären eines börsennotierten Großunternehmens? Ab welchem Beteiligungsanteil wird ein interner Status begründet? Letztlich geht es bei der Qualifizierung relevanter Stakeholder darum, aus Entscheidersicht das derzeitige oder künftige Einflusspotenzial des Stakeholders einzuschätzen, um über die Bewertung im Rahmen der Stakeholder-Map zu befinden.

Mithin ergeben sich sieben Mikroumfelder, akronymisch auch als „BULKWAS" benennbar:

- *Beeinflusser*: multiplikative Meinungsführer, welche die Wahrnehmung des Produktangebots und/oder des Unternehmens prägen.
- *Unternehmen*: die Organisation, aus der heraus der Entscheider unternehmerisch agiert; dies betrifft auch nicht gewinnorientierte Unternehmen oder öffentliche Organisationen.
- *Lieferanten*: die Anbieter von Rohstoffen, Komponenten, fertigen Erzeugnissen oder Diensten, welche das Unternehmen zur Erstellung seines Produktangebots (Güter, Dienstleistungen, Rechte) benötigt. Die Verhandlungsmacht der Lieferanten wird beeinflusst durch Angebot und Nachfrage, durch Produktionskosten sowie durch die Preis/Nachfrage-Elastizität[11] der belieferten Unternehmen und Endabnehmer.
- *Kunden*: der Nachfrager (privat, gewerblich, öffentlich) des unternehmerischen Produktangebots. Die Verhandlungsmacht der Abnehmer wird ebenfalls beeinflusst durch Angebot und Nachfrage, durch das Kundenverhalten sowie durch deren Preis/Nachfrage-Elastizität.
- *Wettbewerber*: die Anbieter von Produkten, welche mit dem Produktangebot des Unternehmers konkurrieren, deren Vermarktungsaktivitäten also Auswirkungen auf die Geschäftslage des Unternehmens haben. Die Verhandlungsmacht der Wettbewerber wird beeinflusst durch Marktstrukturen, durch die Anzahl der Marktteilnehmer, die Marktgröße sowie das Marktwachstum.
- *Absatzmittler*: rechtlich selbstständige Vertriebspartner, die als Verbindungsglied zwischen dem Produzenten eines Produktangebots und dessen das Produkt nutzenden Kunden fungieren. Die Verhandlungsmacht der Endabnehmer wird beeinflusst durch die Absatzstrukturen und den Zugang zum Endabnehmer: Je näher der Händler im Vergleich zum Unternehmen am Endabnehmer ist, desto größer stellt sich die Macht des Händlers dar.
- *Substitutionsprodukte*: Produktangebote, welche sich technisch vom unternehmerischen Angebot unterscheiden, welche jedoch von ihrer Funktionalität her vom Kunden als Befriedigungsalternativen zum unternehmerischen Produktan-

---

11 Die Preis/Nachfrage-Elastizität stellt anteilige Veränderungen des Angebotspreises anteiligen Veränderungen beim Produktabsatz gegenüber. Bei einer hohen Preis/Nachfrage-Elastizität würden Preisänderungen überproportionale Absatzänderungen nach sich ziehen, bei einem unelastischen Preis/Nachfrage-Verhalten wäre die Absatzreaktion entsprechend unterproportional.

gebot wahrgenommen werden. Das Berücksichtigen von Substitutionseffekten gewährleistet, dass der Produktanbieter seinen Wettbewerbsfokus nicht unbotmäßig auf herkömmliche Technologien verengt und sich somit künftigen Marktentwicklungen verschließt. Ein Beispiel wäre die Substitution von Compact Disks als Tonträger durch die Möglichkeiten von Download- und Streaming-Angeboten. Der Substitutionseffekt ist umso größer, je höher sich die Innovationsdynamik des betroffenen Bedürfnisbereiches darstellt.

Analog zu den Stakeholdern des Makroumfeldes sind auch beim Mikroumfeld die Stakeholder in hinreichendem Detail zu erfassen. So mag beim Umfeld „Kunde" zwischen Neukunden, Stammkunden und Key Accounts (Schlüsselkunden) zu unterscheiden sein. Aber auch bei einem einzigen Kunden kann es sich anbieten, den Stakeholder-Begriff auszudifferenzieren. So wird für einen Projektsteuerer der Bauherr eines großvolumigen öffentlichen Bauprojektes den einzigen Kunden darstellen. Bei näherer Betrachtung mögen sich hier allerdings verschiedene Interessencluster herausbilden. So könnte innerhalb der Organisation des Bauherrn die Oberbauleitung primär an einem fristgerechten Bauablauf interessiert sein. Das Finanzcontrolling legt dagegen Wert auf die Einhaltung des Projektbudgets bzw. auf Kosteneinsparungen. Der Aufsichtsrat des Bauherrn mag dagegen vor allem ein Augenmerk auf die Revisionssicherheit haben. Im Regelfall werden solche Partikularinteressen in Konkurrenz zueinanderstehen. Für den unternehmerischen Entscheider heißt es deshalb, diesen Interessen bzw. diesen Stakeholdern differenziert im Entscheidungsprozess Rechnung zu tragen und diese im Zweifelsfall als eigene Stakeholder zu definieren und zu behandeln.

Umgekehrt mag es opportun sein, Stakeholder aufgrund ihrer Interessenverwandtschaft zusammenzufassen und aus Unternehmenssicht als eine Anspruchseinheit zu begreifen. Ein Beispiel wäre das Zusammenfassen von Umweltschutzgruppen zu einem Stakeholder-Komplex aufgrund homogener Interessenprofile.

In der Tabelle 2.2 sind die sechs Mikroumfelder näher beschrieben, wiederum erläutert durch zugeordnete Themenbereiche sowie beispielhafte Stakeholder.

Mit immer elaborierteren Möglichkeiten der Informationstechnologie sollten auch die Möglichkeiten, sich über Stakeholder insbesondere der Mikroumfelder zu informieren, weiter zunehmen. Ansätze der Big-Data-Analyse stellen darauf ab, über definierte Zielgruppen quantitativ und qualitativ immer differenziertere Datenmengen zusammenzutragen und via Algorithmen so aufzuarbeiten und zu interpretieren, dass bessere Entscheidungsgrundlagen geschaffen werden. So wie etwa in der Meteorologie Big-Data-Analysen zu immer besseren Kausalanalysen und Prognoseleistungen führen (Evers 2017: 122–123), so sind diese ebenfalls geeignet, betriebswirtschaftliche Wirkungsvernetzungen zu identifizieren und zu quantifizieren. Im Rahmen einer empirischen Studie ermitteln Bange, Grosser und Janoschek, dass 69 % der befragten Unternehmen, die Big-Data-Berichtsstrukturen implementiert haben, meinen, hierdurch über bessere strategische Entscheidungsgrundlagen zu verfügen. 54 % dieser Firmen

Tabelle 2.2: BULKWAS-Mikroumfelder.

Mikroumfeld	Themenbereiche z. B.	Stakeholder z. B.
Unternehmen	Absatzzahlen, Liquiditäts-/Ergebnissitua-tion, Besteuerung, Produktentwicklung, Arbeitsproduktivität, Prozesseffizienz, Arbeitsunfälle	Geschäftsleitung, Betriebsrat, Sparten/Abteilungen, Mitarbeiter, Auszubildende, Kontrollgremium, Gesellschafter (inkl. Muttergesellschaft), Tochtergesellschaften
Lieferanten	Lieferzeiten, Qualität, Innovationen, Zahlungsbedingungen	Lieferanten, Kreditinstitute, Hausbanken
Kunden	Kundenloyalität, Abwanderungsrate, Markenwert, ABC-Struktur	Neukunden, Stammkunden, ehemalige Kunden, Nutzer
Wettbewerber	Innovationen, Preisstellung, Mergers/Akquisitionen, Kooperationen	Marktführer, Marktfolger, Nischen anbie-ter, neue Anbieter
Absatzmittler	Handelsspannen, Logistik, Lagerhaltung, IT-Systeme, Zahlungsbedingungen	Einzelhandel, Großhandel, Agenten, Handelsvertreter, Internet-Vertriebsplatt-formen
Beeinflusser	Produktbewertungen, Erfahrungsberich-te, Modebesprechungen	Stiftung Warentest, Influencer etwa bei Instagram, Fachjournalisten
Substitution	Bedürfnisstruktur, Innovatorenverhalten, Technologieentwicklung	Anbieter substituierender Produkte, Innovatoren

geben an, operative Prozesse besser gestalten zu können und immerhin 54 % dieser Befragungsgruppe meinen, ihre Kunden nunmehr besser zu verstehen (2015).

Die Gesamtheit von Makro- und Mikro-Umfeldern mit den dort verorteten Stake-holdern konstituiert das unternehmerische Entscheidungsumfeld. Hierbei werden

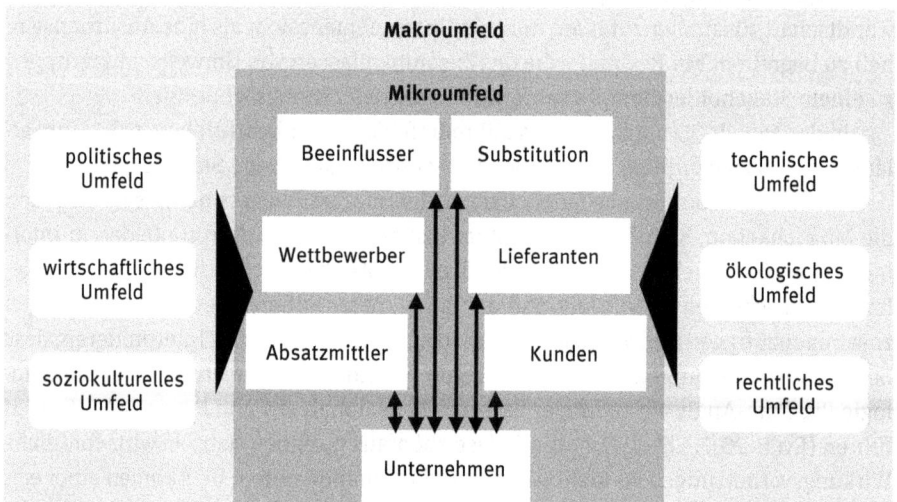

Abbildung 2.2: Unternehmerisches Entscheidungsumfeld.

Makrothemen im Regelfall einseitig auf das Unternehmen einwirken, während es zu Vertretern der Mikrofelder typischerweise Wechselbeziehungen gibt.

Die Abbildung 2.2 illustriert das Zusammenspiel von Makro- und Mikrothemen im unternehmerischen Entscheidungsumfeld. Ereignisse aus diesen Umfeldern werden laufend Entscheidungsbedarfe für das einzelne Unternehmen begründen und dieses Unternehmen mit der Frage konfrontieren, wie es sein Umfeld angemessen beobachten und auswerten kann.

Analyse des unternehmerischen Entscheidungsumfeldes

a) Welche Ereignisse aus dem Makro- und dem Mikroumfeld Ihres Unternehmens könnten für Sie als Entscheider bedeutsam sein?

b) Inwiefern sind diese Ereignisse für Ihr Unternehmen gegenwärtig von konkreter Bedeutung (Status)?

c) Inwiefern könnten diese Ereignisse für Ihr Unternehmen künftig von Bedeutung sein (Szenarien)?

d) Inwiefern lassen sich diese Ereignisse konkreten Stakeholdern zuordnen?

Nutzen Sie zur Aufgabenbearbeitung die folgende Tabelle:

übergeordnetes Mikro-/Makroumfeld:			
konkreter Ereignisbereich:			
Ereignis:	derzeitige Bedeutung:	künftige Bedeutung:	Stakeholder:

2.2.4 Analyse des Unternehmensumfelds

Die im Lichte einer zu fällenden Entscheidung vorstellbaren Szenarien werden als „Zustandsraum" bezeichnet. Werden die Szenarien des Zustandsraums den in Frage kommenden Entscheidungsalternativen gegenübergestellt, so ergibt sich eine Ergebnismatrix. Das generelle Schema einer solchen Ergebnismatrix ist in der Tabelle 2.3 dargestellt.

Tabelle 2.3: Ergebnismatrix.

	Zustand 1	Zustand 2	...	Zustand n
Alternative 1	Ergebnis 1–1	Ergebnis 1–2	...	Ergebnis 1–n
Alternative 2	Ergebnis 2–1	Ergebnis 2–2	...	Ergebnis 2–n
...	...	...	...	...
Alternative m	Ergebnis m–1	Ergebnis m–2	...	Ergebnis m–n

Das einzelne Ergebnisfeld steht für die Konsequenzen, welche sich für eine bestimmte Entscheidungsalternative bei einem bestimmten Zustand ergäben. Voraussetzung einer solchen systematisierenden Betrachtung ist die eingehende Analyse des Unternehmensumfeldes.

Neben der internen Unternehmensanalyse stellt die Analyse der externen Mikro- und Makroumfelder den zentralen Teil einer strategischen Informationsgrundlage dar. Eine solche Analyse führt drei Stoßrichtungen zusammen:

1. Die *interne Analyse* des Unternehmens (Mikroumfeld: Unternehmen) stellt auf die verfügbaren oder potenziell darstellbaren Ressourcen ab („Resource-based View"). Bei dieser „Inside-out-Perspektive" sind die tangiblen und intangiblen Leistungsstärken eines Unternehmens impulsgebend für eine erfolgreiche Positionierung im Wettbewerbsumfeld. Die Analyse folgt der Frage: Was kann das Unternehmen derzeit oder aufgrund seines Ressourcenpotenzials in absehbarer Zukunft leisten?

2. Die Analyse des *Mikroumfeldes* (Mikroumfelder: Lieferant, Kunde, Absatzmittler, Wettbewerber, Beeinflusser und Substitution) ist Gegenstand der offensichtlichen oder latenten Kundenbedürfnisse („Market-based View"). Bei dieser „Outside-in-Perspektive" werden unternehmerische Erfolgsfaktoren aus den Marktanforderungen abgeleitet. Die Analyse folgt letztlich der Frage: Welche Art von Bedürfnisbefriedigung möchte der Endabnehmer?

3. Die Analyse des *Makroumfeldes* ist den begünstigenden oder bedrohenden Rahmenbedingungen gewidmet, und zwar in Bezug auf Leistungserbringung und Leistungsnutzung. Analog zu den obigen, etablierten Begrifflichkeiten kann man hier von einem „Context-based View" sprechen. Eine diesbezügliche Analyse geht der Frage nach: Welche Rahmenbedingungen beeinflussen das Zusammenspiel von unternehmerischer Leistungserbringung und kundenseitiger Leistungsnutzung?

Erfolgreiches unternehmerisches Agieren und eine professionelle strategische Planung können nur in der Schnittmenge dieser drei Stoßkräfte stattfinden. Technisch hochwertige Produkte, die der Markt nicht möchte, werden genauso wenig zum Erfolg führen wie Marktbedürfnisse, welche die – etwa rechtlichen oder politischen – Rahmenbedingungen nicht zulassen. Und ein Kunde wird in einem freien Markt keinem Unternehmen seine Käuferloyalität schenken, welches existierende Bedürfnisse mit qualitativ minderwertigen Produkten zu bedienen trachtet. Mithin ist das Aktionsfeld eines Unternehmens durchaus begrenzt. Es bezieht sich auf die Wertschöpfung, die der Kunde will, die das Unternehmen konkurrenzfähig darstellen kann und die konform ist mit den Rahmenbedingungen des Makroumfeldes. Die Abbildung 2.3 veranschaulicht diesen Sachverhalt und den sich hieraus ergebenden unternehmerischen Handlungsbereich.

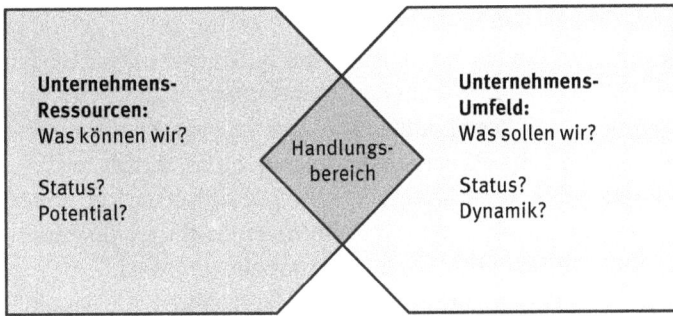

Abbildung 2.3: Unternehmerischer Handlungsbereich.

Als hilfreiche Systematik unterscheidet Schmalen (1992) beim Entscheidungsumfeld endogene (unternehmensinterne) und exogene (unternehmensexterne) Faktoren, welche deterministisch (bestimmbar) oder stochastisch (unwägbar) wirken. Hieraus erstellt er die in der Tabelle 2.4 wiedergegebene Matrix und leitet vier unternehmerische Entscheidungsparameter ab. So sind die verfügbaren Produktionskapazitäten sowie der bei der Fertigung anfallende Ausschuss beides unternehmensinterne Größen, wobei erstere bestimmbar und letztere Unwägbarkeiten unterworfen ist. Steuersätze und Absatzmengen stellen dagegen unternehmensexterne Größen dar. Hier sind erstere verbindlich vorgegeben und letztere unterliegen Unwägbarkeiten.

Tabelle 2.4: Beispiele unternehmerischer Entscheidungsparameter (Schmalen 1992: 35).

	deterministisch	stochastisch
endogen	Produktionskapazität	Ausschussmenge
exogen	Steuersätze	Absatzmenge

Wie ist das unternehmerische Entscheidungsumfeld in angemessener Weise zu beobachten und zu evaluieren? Einerseits sollten für das Unternehmen wichtige Entwicklungen und Potenziale rechtzeitig erkannt und dem unternehmerischen Entscheidungsprozess zugeführt werden. Andererseits gilt es, sich auf die wesentlichen Ereignisse zu konzentrieren, um nicht strategischen Fokus und Handlungsfähigkeit einzubüßen. Letztlich geht es um eine prozedurale Rationalität bei der unternehmerischen Umfeldanalyse, um die Kernfragen eines strategisch-antizipativen Managements: Welche Umfeldaspekte sind tatsächlich unternehmensrelevant? Und welcher Informationsaufwand ist angemessen, um über die Analyse dieser Umfeldaspekte eine bessere Entscheidungsgrundlage zu erwirken?

Strategisch-antizipatives Management

Welche Ebenen einer strategischen Unternehmensplanung können unterschieden werden, und was bedeutet dies für die Wahrnehmung des unternehmerischen Entscheidungsumfeldes? Mit Bezug auf Ansoff (1980, 1984) unterscheidet Kreilkamp fünf Entwicklungsphasen der strategischen Unternehmensplanung (1987: 12 ff.):

1. *Finanzplanung*: Die Finanzplanung schreibt vergangene Erfahrungen fort. Finanzielle Ziele werden im Sinne einer kostenminimierenden Produktionsorientierung postuliert und im Rahmen einer operativen Budgetkontrolle überwacht.

2. *Langfristplanung*: Die Langfristplanung prognostiziert kurz-, mittel- und langfristige unternehmerische Wachstumsperspektiven über eine Bezugnahme auf vergangene Entwicklungstrends. Neben Trendfortschreibungen finden auch diskontinuierliche Entwicklungstendenzen Eingang in die Analyse.

3. *Strategische Planung*: Der strategischen Planung liegt eine Kunden- bzw. Marktorientierung zugrunde. Mit der bewussten Umsetzung der angestrebten Marktpositionierung soll künftigen Markttrends Rechnung getragen werden.

4. *Strategisches Management*: Im Gegensatz zur strategischen Planung beruft sich das strategische Management auf eine umfassende Einbindung aller Unternehmensbereiche zur Schaffung langfristig gültiger Wettbewerbsvorteile.

5. *Strategisch-antizipatives Management*:[12] Der strategisch-antizipative Ansatz setzt ein frühzeitiges Erkennen und Bewerten umfeldbedingter Chancen und Risiken voraus. Die systematische Erfassung von Frühwarnsignalen und ein tiefgehendes Verständnis von Umweltdiskontinuitäten ermöglichen die flexible Ausrichtung der Unternehmensressourcen (vgl. Reinhardt 1984).

Die strategische Planung ist auf den Stakeholder „Kunde" fokussiert, gespeist durch eine auf das unternehmerische Mikroumfeld ausgerichtete Marktforschung. Das Analyseverständnis eines strategisch-antizipativen Managements ist dagegen breiter angelegt und setzt ein umfassendes Monitorisieren des Unternehmensumfeldes voraus. Nach Ackermann (1975: 61 ff.) umfasst dieser Management-Ansatz drei Aktionsfelder:

- Beobachten und Bewerten von Umweltveränderungen (policy).
- Ausrichten der Unternehmenspolitik auf diese bewerteten Erkenntnisse (learning).
- Planen und Umsetzen von Entscheidungen, die geeignet sind, auf die Umweltgegebenheiten und -perspektiven angemessen einzuwirken (commitment).

Wood (1991a, 1991b) postuliert drei strategisch-antizipative Analysekonzepte. Diese Konzepte bauen aufeinander auf, indem die oben angeführten Aktionsfelder mit einem unterschiedlichen Problemfokus Anwendung finden:

---

12 Während Kreilkamp von „strategischem Management mit Frühaufklärung" spricht, soll der prägnantere Begriff des „strategisch-antizipativen Managements" zur Anwendung kommen (siehe Jeschke 1993: 11).

1. Umweltanalyse
2. Stakeholder-Management
3. Issues-Management

Monitorisieren des Unternehmensumfeldes   ⓘ
a) Welche der fünf vorgestellten Arten von strategischer Unternehmensplanung herrscht in Ihrem Unternehmen vor?
b) Oder finden verschiedene Planungsarten für verschiedene Unternehmensumfelder parallel Anwendung?
c) Welche Bereiche des Unternehmensumfeldes werden sporadisch, welche regelmäßig beobachtet und analysiert?
d) Halten Sie die bisherige Monitorisierung für optimal oder gäbe es Optimierungspotenzial? Wo?

Umweltanalyse[13]

Das zentrale Anliegen der Umweltanalyse ist es,

> (...) für das Unternehmen relevante externe Trends und Ereignisse frühzeitig aufzuspüren, deren Entwicklung kontinuierlich zu beobachten und die damit verbundene zukünftige Einflussnahme auf die Unternehmenspolitik einzuschätzen. Im Rahmen der Umweltanalyse wird somit eine Informationsbasis für die strategische Entscheidungsfindung geschaffen. (Jeschke 1993: 17)

Nach Fahey und Narayanan (1986) lassen sich bei dem Konzept der Umweltanalyse vier Phasen unterscheiden:
1. Systematisches Beobachten des relevanten Unternehmensumfeldes sowie das Erkennen (potenziell) relevanter Umweltgeschehnisse (scanning).
2. Weiterverfolgen der (potenziell) relevanten Umweltgeschehnisse und die fortlaufende Analyse der diesbezüglichen Entwicklungsverläufe aus der Sicht des unternehmerischen Entscheiders (monitoring).
3. Vorhersagen künftiger Wirkungen der weiterverfolgten Geschehnisse auf die unternehmerische Wertschöpfung (forecasting).
4. Bewertung alternativer unternehmerischer Verhaltensweisen als Antwort auf die vorhergesagten Wirkungsszenarien (assessment).

Insbesondere die letzten beiden Phasen der Umweltanalyse – „forecasting" und „assessment" – bedingen eine kritische Auseinandersetzung mit den eigenen un-

---

13 Der Umweltbegriff bezieht sich in diesem Zusammenhang nicht im engeren auf die Ökologie, sondern im weiteren, systembezogenen Sinne auf das unternehmerische Umfeld. Jain (1984) sowie Lester und Water (1989) verwenden den Begriff „environmental scanning", Wood (1991a) dagegen den Begriff „environmental assessment". Beide Begrifflichkeiten greifen jedoch zu kurz, da sie nur einzelne Phasen der Umweltanalyse umschreiben: Mit dem „scanning" verbindet sich die anfängliche Phase einer breit angelegten Informationsgewinnung, mit dem „assessment" der sich abschließende Bewertungsprozess.

ternehmerischen Ressourcen und setzen somit eine Unternehmensanalyse voraus. Als Ausgangspunkt einer Umweltanalyse sollte das jeweilige Unternehmen also bereits eine Positionierung innerhalb seiner Umgebung vorgenommen haben, mit einem Verständnis, welche unternehmerischen Ressourcen im Wettbewerbsvergleich über- und unterdurchschnittlich ausgeprägt sind.

Der initialen Phase des „scanning" bzw. des Environmental Scanning kommt für den gesamten Prozess der Umweltanalyse eine große Bedeutung zu. Hier erfolgt der Input für die nachstehenden Analysephasen. Es gilt, den richtigen Mittelweg zu finden zwischen einer aufmerksamen Betrachtung der Unternehmensumwelt und einer ausufernden Anhäufung nicht mehr zu bewältigender Datenmengen, die aufgrund fehlender Fokussierung rasch zu einer Informationsüberflutung führen können.

Scholz (1987) beschreibt, wie ein Environmental Scanning je nach Bedarfslage fallweise (außerplanmäßig), periodisch oder kontinuierlich angelegt sein kann. In der Tabelle 2.5 werden diese drei Methoden näher beschrieben. Dies erfolgt mit Blick auf deren jeweilige Auslöser, die typischen Suchbereiche und Zeitbezüge, die perspektivische Ausrichtungen sowie die herangezogenen Informationsquellen (Suchmedia).

Tabelle 2.5: Grundformen des Environmental Scanning (Scholz 1987: 26, in Anlehnung an Fayeh/ King 1977: 63 und Fahey/King/Narayanan 1981: 33).

	Environmental-Scanning-Methode		
	fallweise	periodisch	kontinuierlich
Auslöser	Krise	Planungsphasen	Problembewusstsein
Suchbereich	spezielle Ereignisse	Ereignisbereich	Umwelt-(Sub-)System
Zeitbezug	Vergangenheit	Gegenwart	Zukunft
Ausrichtung	Reaktion	Antizipation	Antizipation
Suchmedium	Ad-hoc-Studien	aktualisierte Studien	strukturiertes Suchsystem

Stakeholder-Management[14]

Während sich die Umweltanalyse auf mikro- und makroökonomische Themenfelder bezieht, hat das Stakeholder-Management den konkreten Umgang mit definierten Personengruppen bzw. Institutionen zum Gegenstand. Der Fokus bezieht auch unternehmensinterne Stakeholder mit ein, bezieht sich also auf das Entscheider- und nicht auf das Unternehmensumfeld. Im Sinne dieses personenbezogenen Ansatzes bemerkt Reinhardt: „(...) changes do not happen accidentally; they are 'made' by people and guided by people's interests." (1984: 27).

Die Personalisierung der Themenfelder ermöglicht gegenüber der Umweltanalyse einen konkreteren Zugang zu Akteuren und Interessenlagen. Thematisierte z. B. ei-

---

14 Vgl. z. B. Mitroff (1983), Freeman/Reed (1983) und Freeman (1984).

ne Umweltanalyse die Verschlechterung der Qualität von Berufsanfängern, so setzte sich Stakeholder-Management mit den diesbezüglich relevanten Berufskammern und Ausbildungsinstitutionen auseinander (siehe Jeschke 1993: 19). Statt einer Anpassung an Umweltgegebenheiten strebt ein Stakeholder-Management die aktive Auseinandersetzung mit anderen Interessen und Ansprüchen an, verbunden mit einer ebenso aktiven Mitgestaltung der gegenständlichen Beziehungen.

In welchen Ablaufschritten sollte ein Unternehmen sein Stakeholder-Management vollziehen? Für diesen Management-Ansatz unterscheidet Wood drei Ablaufphasen (1990: 90 ff.):

1. *Analyse*: Herausarbeiten der Stakeholder-Positionen in Bezug auf das unternehmerische Planen und Handeln (setting strategic direction)
2. *Strategien*: Festlegung von strategischen Handlungsmustern gegenüber den betreffenden Stakeholdern (formulating strategies)
3. *Implementierung* und *Monitorisierung*: Umsetzung und Kontrolle der geplanten Stakeholder-Strategien (implementing and monitoring)

Fifka und Adaui sind noch spezifischer in der Ausarbeitung eines praxisorientierten Ansatzes gegenüber unternehmerischen Stakeholdern. Sie postulieren sechs Verfahrensschritte, welche die dreigliedrige Struktur von Wood weiter explizieren (2015: 78 ff.):

1. *Stakeholder-Identifikation*: „(...) a systematic approach to stakeholder identification is recommended." (Fifka/Adaui 2015: 79)
2. *Stakeholder-Bewertung*: „(...) a selection process, whose purpose it is to determine the stakeholders with whom a dialogue is to be held. The main criteria for the selection will be the importance of the stakeholder to the organization." (Fifka/Adaui 2015: 80)
3. *Stakeholder-Dialog*: „Stakeholder dialogue offers a tool to engage people in serious discussion, and a designed and facilitated process for groups to initiate dialogue with those persons and institutions that have a stake in their activities (...). Dialogue (...) means that stakeholder input should be acknowledged and thoughtfully considered." (World Business Council for Sustainable Development 2010)
4. *Interpretation* und *Umsetzung*: „(...) the company needs to identify the issues which are crucial for the stakeholders as well as for the company. (...) a company needs to find ways and means of how to pursue the set goal at a strategic level." (Fifka/Adaui 2015: 82)
5. *Erfolgsmessung*: Die eingeleiteten Maßnahmen gilt es, in geeigneten Zeiträumen auf ihre Wirksamkeit hin zu überprüfen; dies setzt eine Operationalisierung der postulierten Unternehmensziele voraus.
6. *Rückkopplung*: Die Maßnahmen und Auswirkungen des Stakeholder-Managements gilt es, den betroffenen Stakeholdern rückzumelden und somit die Grundlage für ein künftiges Miteinander zu schaffen.

Issues-Management[15]

Den Empfehlungen zur Gestaltung von Stakeholder-Beziehungen haftet eine gewisse Unverbindlichkeit sowie ein gewisser Abstraktionsgrad an, da Interaktionsmuster nicht themenspezifisch konkretisiert werden (vgl. Fässler 1989: 321 f.). Eine solche Konkretisierung verbindet sich mit dem Ansatz des Issues-Management: Er ist nicht personen-, sondern problemorientiert.

Eine *Issue* kann als Streitpunkt oder als konfliktäres Thema beschrieben werden. Hainsworth deutet diesen Begriff aus wie folgt: „(...) an issue may be defined as a point of conflict between an organization and one or more of its publics. An issue arises as a consequence of some action taken, or proposed to be taken, by one or more of these parties." (1990: 33). Issues-Management ist also Gegenstand eines konkreten, kritischen Themas. Es kann als ein Ansatz angesehen werden, welcher auf Themenbereichen einer Umfeldanalyse rekurriert, diese im Sinne eines Stakeholder-Managements personalisiert, um dann einen themenspezifischen Handlungsansatz zu entwickeln. Von den drei Ansätzen eines strategisch-antizipativen Managements trägt das Issues-Management dem Informations- und Analysebedarf des unternehmerischen Entscheiders am zweckdienlichsten Rechnung. Mit Heath und Nelson ist festzustellen: „If you don't manage issues, issues will manage you" (1986: 9, Kursivdruck weggelassen).

Welche Ablaufschritte hat das unternehmerische Issues-Management zum Gegenstand? Beim "Issues Management Process Model" von Jones und Chase (1979) werden die folgenden Ablaufphasen unterschieden:
1. Konfliktidentifizierung (issue identification)
2. Konfliktanalyse (issue analysis)
3. Handlungsoptionen (issue change strategy options)
4. Umsetzung (issue action program)

Demnach geht es zunächst darum, konfliktäre Themen zu orten und in Bezug auf das eigene Unternehmen zu bewerten. Sofern das Unternehmen zu dem Schluss kommt, dass das jeweilige Konfliktthema einen Entscheidungsbedarf auslöst, werden die konkreten Handlungsoptionen herausgearbeitet. Mit der unternehmerischen Verhaltensfestlegung beginnt die Umsetzungsphase. Je nach Komplexität und Zeithorizont des gegenständlichen Issues-Management wird eine Monitorisierung kurzfristig oder längerfristig angelegt sein und die Entwicklung des betreffenden Streitthemas verfolgen, auswerten und schließlich an den Entscheider rückkoppeln.

In den U.S.A. ist Issues-Management seit Jahrzehnten politische Realität: Viele US-amerikanische Großkonzerne betreiben in Washington D. C. ansässige Büros, um

---

15 Chase (1977) hat aus den eher fragmentarischen Ansätzen für eine strukturierte und systematische organisationale Konflikthandhabung (z. B. Schutz 1958, Muench 1960, Fisher 1964 und Walton 1965) einen „Issue Management"-Ansatz entwickelt. In der Literatur hat sich aber der pluralisierende Begriff des „Issues-Management" durchgesetzt.

rechtzeitig gesellschaftlichen und insbesondere politischen Einfluss auf strittige, für sie relevante Themen nehmen zu können, bis hin zum Entwurf von Gesetzesvorlagen.

Die Abbildung 2.4 zeigt die Entwicklungsstufen in Richtung einer situativ-proaktiven Unternehmensführung auf. Diese Stufen machen sich fest an dem unternehmerischen Verständnis eines systematischen Interessenmanagements gegenüber seinem Entscheidungsumfeld.

Ausgangspunkt der in der Abbildung 2.4 aufgezeigten Entwicklungsphasen ist ein *reaktives* Unternehmen, welches sich durch die jeweilige Faktenlage unter Handlungsdruck setzen lässt. Auf Grundlage von Unternehmens- und Umweltanalyse kann die Transformation zu einem *antizipativen* Unternehmen vonstattengehen. Durch die aktive Beziehungsgestaltung eines Stakeholder-Managements wandelt das Unternehmen zudem eine introvertierte Rolle in eine extrovertierte, bei der fordernden Stakeholdern – auch über das engere Marktumfeld hinaus – durch Interaktion begegnet wird. Die Einführung eines themenspezifischen Issues-Managements führt in

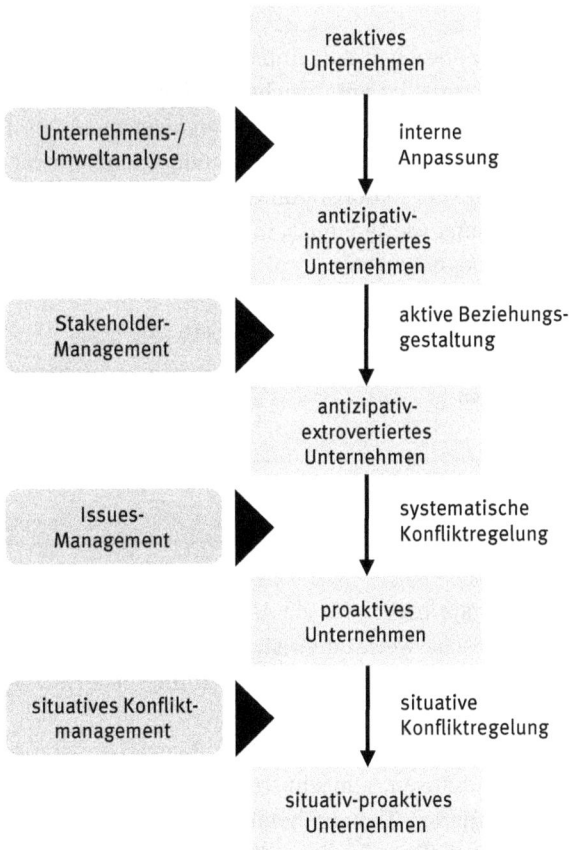

Abbildung 2.4: Umfeldbezogene Entwicklungsstufen der Unternehmensführung (in Anlehnung an Jeschke 1993: 30).

einem weiteren Entwicklungsschritt zu einem systematischen Umgang mit konfliktären Ansprüchen, als Ausdruck einer *proaktiven* Unternehmensphilosophie. Sofern diese Konfliktregelung einer situativen Logik folgt, welche sich kontextspezifisch auf den jeweiligen Antagonisten einstellt, könnte darüber hinaus von einem *situativ-proaktiven* Unternehmen gesprochen werden: Aus einer systematischen – aber stereotypen – wird eine *situative* Konfliktregelung.

Risikomanagement

Ein strategisch-antizipatives Management hat Entscheidungsbedarfe zu identifizieren und Entscheidungssituationen herauszuarbeiten. Es ist eine Frage des Risikomanagements, ob aus Unternehmenssicht kritische und potenziell gefährdende Themen rechtzeitig wahrgenommen werden und ob diesen Themen mit angemessenen Entscheidungsprozessen begegnet wird. Letztlich ist es die Kernvoraussetzung für den Umgang mit unternehmerischem Risiko, dass die entsprechenden Sachverhalte herausgearbeitet, vertiefend ausgedeutet und den gestaltbaren Risikoaspekten planerisch begegnet wird.

Das Risikomanagement wird themenbezogen von unterschiedlicher Intensität sein, von einer punktuellen Auseinandersetzung mit unsicheren Themen bis hin zu einer fortlaufenden Auseinandersetzung. Die Intensität des Risikomanagements wird aber auch davon abhängen, ob dem Unternehmen relativ wenige, überschaubare Entscheidungsalternativen vorliegen, oder ob der Aktionsraum vielfältiger ist und durch den Entscheider erst noch herausgearbeitet werden muss. In der Tabelle 2.6 werden die beschriebenen Zusammenhänge näher beleuchtet.

Tabelle 2.6: Entscheidungsprofile und Risikomanagement (übersetzt von Jeschke 2015: 649).

| | | Entscheidungsalternativen | |
		diskret	nicht diskret
Zeit-muster	punktuell	spezifische Entscheidungsunterstützung	fokussiertes Risikomanagement
	fortlaufend	fokussiertes Risikomanagement	umfassendes Risikomanagement

Die Typisierung der Tabelle 2.6 wurde ursprünglich für ein Asset-Management im Finanzbereich entwickelt. Ein solches, typischerweise langfristig angelegtes Investment wird entweder selektive, auf spezifische Themen bezogene Entscheidungsbedarfe ausmachen oder auch fortlaufend begleitende.

Grundsätzlich sind Entscheidungsalternativen entweder klar abgrenzbar herauszuarbeiten, oder sie sind in einem eher diffusen, schlecht strukturierbaren Möglichkeitsraum angesiedelt. Die klar strukturierten Themen benötigen mit Blick auf ein unternehmerisches Risikomanagement lediglich eine sporadische Entscheidungsunterstützung. Anders wird es sich mit Situationen verhalten, in denen sich Entscheidungsalternativen fortlaufend ergeben oder in denen Themen zwar nur punktuell auftreten, diese aber erst noch zu erschließen sind. In beiden Fällen wird ein Unternehmen gut daran tun, sein Risikomanagement zu fokussieren und innerhalb dieses Fokus' schnell eine Kompetenz aufzubauen. Ein umfassendes, weitreichenderes Risikomanagement wird dann geboten sein, wenn ein Unternehmen kontinuierlich mit komplexen, unstrukturierten Entscheidungsmöglichkeiten konfrontiert ist, und die Konsequenzen der jeweiligen Entscheidung weitreichend sind.

Ein weitverbreitetes Risikomanagement-Tool besteht in der Gegenüberstellung der Wirkungsintensität eines jeweiligen Risikos mit der Wahrscheinlichkeit seines Eintreffens. Die Tabelle 2.7 gibt eine solche Gegenüberstellung als Matrix wieder und zeigt die sich hieraus ableitenden Risikomanagement-Strategien auf.

Tabelle 2.7: Risikoanalyse-Diagramm (in Anlehnung an Andler 2012: 317).

		Auswirkungen des Risikos		
		gering	mittel	hoch
	hoch	baldiges Handeln notwendig	sofortiges Handeln erforderlich	sofortiges Handeln erforderlich
Wahrscheinlichkeit des Eintretens	mittel	Monitorisieren	baldiges Handeln notwendig	sofortiges Handeln erforderlich
	gering	Monitorisieren	Monitorisieren	baldiges Handeln notwendig

Wie in der Tabelle 2.7 dargestellt, sind als Risikomanagement-Strategien je nach Risikoanalyse entweder Monitorisieren (ohne Handlungsdruck), ein baldiges Handeln sowie ein sofortiges Handeln angeraten.

Risikomanagement bei einer Liegenschaftsverwaltung (Großmarkt)

Ein fortlaufendes Risiko für die Liegenschaftsverwaltung eines Großmarktes ist der Ausfall von Mieteinnahmen durch Leerstand oder durch Zahlungsverzug bei Mietern. Der Aktionsraum, mit welchem diesem Risiko begegnet werden kann, ist vielfältig und facettenreich, inklusive Maßnahmen im Vertragsmanagement, in der Mieterbewerbung, in der Ausgestaltung des Vermietungsangebots sowie bei der Konditionenpolitik. Insofern wird sich der Verwalter einer solchen Liegenschaft mittels eines umfassenden Risikomanagements mit diesem Themenbereich auseinandersetzen. Anders wird es sich bei punktuell auftretenden, klar strukturierten Themen verhalten. Beispielsweise fordern neue Brandschutzverordnungen eine bauliche Nachrüstung. Hierbei ist etwa zwischen zwei alternativen Vorgehensweisen zu unterscheiden: Gefragt ist eine spezifische Entscheidungsunterstützung unter Hinzuziehen eines Brandschutzexperten.

Ein fokussiertes Risikomanagement ist dauerhafter angelegt als ein spezifisches. So wird etwa regelmäßig nach Auszug eines Mieters zu entscheiden sein, ob die Mietfläche unverändert angeboten oder funktional umgebaut werden soll. Die diesbezüglichen Abwägungen sind klar strukturiert und sollten durch eine dauerhaft abrufbare Expertise geleitet sein.

Als weiteres Entscheidungsprofil für ein fokussiertes Risikomanagement ist die Situation zu nennen, bei der ein Thema zwar nur sporadisch auftritt, dann aber eine umfassende Expertise benötigt wird, um die Handlungsoptionen zu eruieren. So wären beim Großmarkt etwa Einzelfälle von nächtlichem Vandalismus zu beklagen. Während der Umgang mit einer solchen Problematik keinen Kerninhalt der Liegenschaftsverwaltung darstellt, so ist ihr doch mit einer im Unternehmen verankerten Expertise zu begegnen, welche geeignete Maßnahmen und hiermit einhergehende Kosten/Nutzen-Relationen auf dem Radar behält.

Wie kann ein Unternehmen das richtige Gespür für faktische oder potenzielle Ereignisse entwickeln, indem so viele Informationen wie nötig herausgearbeitet werden, ohne dabei die Reaktionszeiten des Unternehmens unbotmäßig zu verlängern? Ein solches Erkunden des unternehmerischen Umfeldes folgt grundsätzlich den nachstehenden Fragestellungen:

–   Welche Themen aus welchem Unternehmensumfeld (Makro- bzw. Mikroumfeld) sind grundsätzlich relevant für die Unternehmensentscheidungen?
–   Welche Zustände könnten durch ein bestimmtes Ereignis innerhalb eines solchen Themas entstehen?
–   Wie können diese – faktischen oder potenziellen – Zustände aus Sicht des unternehmerischen Entscheiders näher kategorisiert werden, etwa in Bezug auf
    a)   Bedeutungsrichtung (z. B. im Konflikt/im Konsens mit den Unternehmenszielen)?
    b)   Bedeutungsschwere (z. B. geringe/mittlere/starke/extrem starke Bedeutung)?
    c)   Eintrittswahrscheinlichkeit (z. B. geringe/mittlere/hohe Wahrscheinlichkeit)?
–   Welche Unternehmensziele verbinden sich mit dem betreffenden Ereignis und den resultierenden Zuständen?
–   Welche unternehmerischen Entscheidungsbedarfe ergeben sich aktuell oder potenziell?
–   Welche Stakeholder sind Treiber des betreffenden Ereignisses? Inwiefern lässt sich eine Beziehung zu diesen Stakeholdern aufbauen und gestalten?
–   Sollte das Monitoring einmalig auf ein bestimmtes Ereignis ausgerichtet sein oder fortlaufend geschehen?

Bedingte Wahrscheinlichkeiten

Für eine elaborierte Betrachtung realistischer Eintrittswahrscheinlichkeiten – als Grundlage eines fundierten Risikomanagements – hat der Mathematiker und Statistiker Thomas Bayes bereits im 18. Jahrhundert mit seinen Ausführungen zu bedingten Wahrscheinlichkeiten einen wichtigen Beitrag geleistet (Bayes 1763). Hierbei geht es darum, wie eine Wahrscheinlichkeitsberechnung durch die Bezugnahme auf wirkungsmäßig gekoppelte andere Wahrscheinlichkeiten valider berechnet werden kann.

Ausgangspunkt der Betrachtungen ist eine zunächst a priori angenommene Wahrscheinlichkeit („probability") $p(A)$. Eine weitere, wirkungsmäßig gekoppelte

Wahrscheinlichkeit p(B) wird nun mit in die Betrachtungen einbezogen, um somit die bedingte Wahrscheinlichkeit zu berechnen, also die a posteriori Wahrscheinlichkeit, dass das Ereignis A eintritt unter Einbeziehungen von Kenntnissen zu Ereignis B: p(A|B). Für zwei Ereignisse A und B mit p(B) > 0 lässt sich die Wahrscheinlichkeit von A unter der Bedingung, dass B eingetreten ist – „p(A|B)" – durch die Wahrscheinlichkeit von B unter der Bedingung, dass A eingetreten ist – p(B|A) – errechnen wie folgt:

$$p(A|B) = \frac{p(B|A) \times p(A)}{p(B)}$$

Lohnen sich Prüfungsvorbereitungen?
Ein Entscheider bereitet sich mit 50 %-iger Wahrscheinlichkeit gewissenhaft auf eine anstehende Prüfung vor; mit 50 %-iger Wahrscheinlichkeit gelingt ihm dies nicht, da berufliche Reisetätigkeiten dem entgegenstehen (Ereignis A). Prüfungsstatistiken zeigen, dass bei einer gewissenhaften Vorbereitung die Prüfung mit 90 %-iger Wahrscheinlichkeit bestanden wird. Gelingt eine gewissenhafte Prüfungsvorbereitung dagegen nicht, so wird die Prüfung mit einer Wahrscheinlichkeit von 30 % nicht bestanden (Ereignis B). Abbildung 2.5 stellt die Verknüpfung der Eintrittswahrscheinlichkeiten dieser beiden Ereignisse dar.

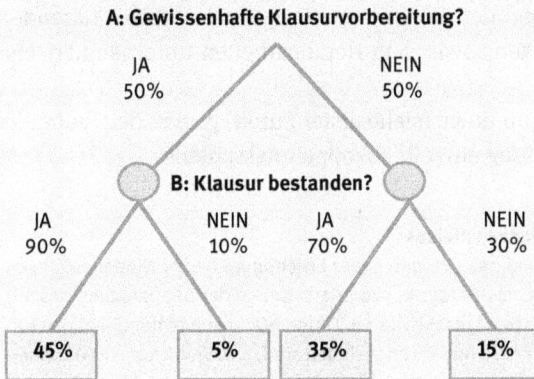

A: Gewissenhafte Klausurvorbereitung?

JA 50%   NEIN 50%

B: Klausur bestanden?

JA 90%   NEIN 10%   JA 70%   NEIN 30%

45%   5%   35%   15%

Abbildung 2.5: Verknüpfung Eintrittswahrscheinlichkeiten der Ereignisse A und B.

Schrittweise lassen sich nun die Werte der anzuwendenden Bayes-Formel erschließen:
-   Es ist bekannt, dass sich der Entscheider mit 50 %-iger Wahrscheinlichkeit gewissenhaft vorbereitet, somit gilt: p(A) = 50 %.
-   Gemäß der Darstellung in Abbildung 2.5 kann berechnet werden, mit welcher Wahrscheinlichkeit der Entscheider durch die Prüfung fallen wird, nämlich durch Addition der Wahrscheinlichkeiten, dass mit und ohne gewissenhafte Vorbereitung die Prüfung nicht bestanden wird, somit gilt: p(B) = 5 % + 15 % = 20 %.
-   Es ist bekannt, dass der Entscheider trotz gewissenhafter Vorbereitung mit einer 10 %-igen Wahrscheinlichkeit durch die Prüfung fallen wird, somit gilt: p(B|A) = 10 %.

Mit welcher bedingten Wahrscheinlichkeit p(A|B) hatte sich nun ein durch die Prüfung gefallener Entscheider gewissenhaft vorbereitet? Es gilt die Bayes-Formel: p(A|B) = p(B|A) × p(A)/p(B); unter Berücksichtigung der oben angeführten Werte gilt also: p(A|B) = (10 % × 50 %)/20 % = 25 %. Es ist also damit zu rechnen, dass sich 25 % der durchgefallenen Prüflinge gewissenhaft auf die Prüfung vorbereitet hatten und 75 % dies nicht taten.

Organisatorische Verortung der Umfeldanalyse

Bei der Verortung innerhalb der Aufbauorganisation eines Unternehmens ist zu beachten, dass die Erkundung des unternehmerischen Umfeldes nicht in der Verantwortung eines abgegrenzten Unternehmensbereiches sein sollte, sondern vielmehr ein integraler Bestandteil der operativen und strategischen Entscheidungsebene. Schließlich sensibilisiert gerade die laufende Managementpraxis für kritische, potenziell entscheidungsrelevante Themen. Dennoch können und sollten diese integrativen Bemühungen von einer zentralen Kompetenzstelle aus verwaltet, koordiniert und methodisch unterstützt werden.

Die Ablauforganisation bei der Analyse des unternehmerischen Entscheidungsumfeldes hat sich ebenfalls auf die integrative Natur eines solchen Erkenntnisgewinnes auszurichten. Idealtypisch durchläuft diese Analyse vier Phasen:

1. *Briefing Top-down*: Für welche Ereignisse und Abläufe soll sensibilisiert werden? Mit welcher Analyse- und Berichts-Methodik ist das Monitoring des Unternehmensumfeldes zu realisieren?
2. *Umsetzung Bottom-up*: Identifikation durch die betroffenen operativen Unternehmensbereiche und Berichterstattung an übergeordnete Unternehmensbereiche.
3. *Verarbeitung* und *Auswertung* der Berichterstattungen, inklusive klärendem Nachfassen und Detaillierungen sowie dem Herausarbeiten unternehmerischer Entscheidungsbedarfe.
4. *Aktualisierung* des Briefings Top-down (siehe erster Punkt) gemäß den laufenden Erkenntnissen und somit Bildung einer Rückkoppelungsschleife.

⚡ Systematische Analyse des Unternehmensumfeldes

Ein global tätiger Anbieter von Fast-Food hat sich neben der Errichtung eigener Niederlassungen vor allem auf den Ausbau seines Franchise-Netzes konzentriert. Neben der Beobachtung des Mikroumfeldes (Kundenbedürfnisse, Wettbewerbsaktivitäten, Lieferantenmanagement) legt das Unternehmen Wert auf Themen, die in Makroumfeldern angesiedelt sind, z. B. Ernährungsgewohnheiten, Tierschutzthemen oder auch Aspekte des Arbeitsrechtes. Von der Firmenzentrale aus werden alle Franchisenehmer jedes Quartal schriftlich zu diesem Themenkreis befragt.

Die Auswertung der Antworten erfolgt zentral, besonders bedeutsame Themen werden vertiefend weiterverfolgt. So bilden sich, wo nötig, für bestimmte Themen Arbeitsgruppen, die Hintergrundinformationen erarbeiten, auch unter Einbeziehung von Franchisenehmern und Kunden. Erkenntnisse aus diesen Reflexionen führen zu Aktionsprogrammen, die sich einerseits auf die unternehmerische Positionierung gegenüber diesen Themen bezieht, andererseits auf konkrete Handlungspläne, etwa in Bezug auf Sortimentsänderungen oder der Lieferantenauswahl. Mit der Umsetzung dieser Handlungspläne werden neue Realitäten aktiv mitgestaltet und begründen somit auch einen Teil der Umfelddynamik, welche dann wiederum fortlaufend beobachtet und ausgewertet wird.

2.3 Entscheidungsziele

Das Entscheidungsumfeld ist der Nährboden für unternehmerischen Entscheidungsbedarf, hieraus erwachsen unternehmerische Optionen und Handlungsfestlegungen. Zielsetzungen stellen dabei die Richtschnur für die Bewertung der unternehmerischen Entscheidungsleistung dar: Das Entscheidungsumfeld zeigt die Notwendigkeiten und die gebotenen Themen für strategische Zielsetzungen auf.

Operationale Entscheidungsziele sind wiederum die Grundlage für das konkrete Ausdeuten spezifischer Entscheidungssituationen in nachgelagerte, für die Umsetzung relevante Unterentscheidungen und Handlungsmuster. Im Folgenden wird zunächst die Operationalisierung von Zielen thematisiert, um dann auf die unterschiedlichen Zielebenen einzugehen.

2.3.1 Zieloperationalisierung

Entscheidungsziele stellen den wertemäßigen Bezugsrahmen für Entscheidungsprozesse dar. Einerseits sollen solche Zielstellungen den Entscheidungsprozess fordern und ihm eine angemessene Bedeutung zukommen lassen. Zum anderen haben die Zielstellungen messbar (operational) zu sein, um ex-post als Bewertungsmaßstab zu taugen. Grundsätzlich ergeben sich bei der Postulierung und Bewertung von Zielstellung und Zielerreichung die folgenden Fragestellungen:
- Welche Entscheidungsalternativen kommen aufgrund der Zielsetzung in Betracht?
- Wie sind die betrachteten Entscheidungsalternativen mit Blick auf die Erreichung der zugrundeliegenden Entscheidungsziele zu bewerten?
- Welche Entscheidungsregel ist geeignet, um zur Auswahl der zielgerichteten Entscheidungsalternative zu gelangen – und somit zu einer „rationalen" Entscheidung?
- Wie ist nach Umsetzung der Entscheidung die Entscheidungswirkung zu beurteilen? Folgende Erkenntnisse sind hier vorstellbar:
  - Der Entscheidungsprozess kann als zufriedenstellend bestätigt werden.
  - Die zugrunde gelegten Entscheidungsziele sind für vergleichbare künftige Entscheidungen zu revidieren.
  - Die Auswahl der in Betracht gezogenen Entscheidungsalternativen ist für vergleichbare künftige Entscheidungen zu revidieren.
  - Die Geeignetheit der angewandten Entscheidungsregel ist für vergleichbare künftige Entscheidungen zu revidieren.
  - Die Umsetzung der getroffenen Entscheidung – letztlich durch nachgeordnete Folgeentscheidungen – ist für vergleichbare künftige Entscheidungen zu revidieren.

Dieser Fragenkomplex ist als eine generische Checkliste anzusehen, um die Güte des realisierten Entscheidungsprozesses systematisch zu hinterfragen. Sowohl die Aufstellung der Zielsetzungen wie auch die Auswertung der Zielrealisation sollten auf die angeführten Ebenen des Entscheidungsprozesses Bezug nehmen.

Parameter der Zieloperationalisierung

Der Geeignetheit und Klarheit von Entscheidungszielen kommt eine Schlüsselrolle für den nachfolgenden Entscheidungsprozess zu. Um eine belastbare Leitfunktion für die unternehmerische Entscheidungsfindung ausüben zu können, sollten diese Ziele vollständig, konsistent sowie operational sein.

Neumann-Cosel schlägt die Operationalisierung von Zielen aufgrund der drei Dimensionen Zielgegenstand, Zielerreichungsgrad sowie zeitlicher Horizont vor (1983: 13). In Erweiterung dieser Aufstellung soll mit der „Zielverantwortlichkeit" insbesondere Kollektivzielen eine vierte Dimension hinzugefügt werden. Diese vier für das Operationalisieren von Unternehmenszielen unabdingbaren Parameter werden nachfolgend näher beschrieben:

- *Zielgegenstand*: Der Zielgegenstand bezieht sich auf die möglichst eindeutig zu beschreibenden Zielinhalte.
- *Zielerreichungsgrad*: Zu welchem – möglichst objektiv messbarem – Ausmaß soll der Zielgegenstand realisiert werden? Als Möglichkeiten des Zielausmaßes kommen Extremierung („Ziel so weit wie möglich erreichen") oder Begrenzung („Ziel genau bzw. mit Mindest- oder Höchstwert erreichen") in Frage (Rehkugler/Schindel 1990: 4).
- *Zeithorizont*: Bis wann sollen die Zielgegenstände in der vorgesehenen Weise realisiert werden? Das Anführen eines Zeithorizontes erfolgt entweder über die Spezifikation eines präzisen Zeitpunktes oder über die Nennung eines Zeitraumes.
- *Verantwortlichkeiten*: Sofern für die Zielerreichung nicht nur einzelne Personen verantwortlich sind (und gerade bei unternehmerischen Entscheidungen wird dies typischerweise der Fall sein), sind die Rollen der involvierten Personen für die Zielerreichung klarzustellen. Es ist hierbei zwischen verschiedenen Arten der Verantwortlichkeit zu unterscheiden, etwa in Bezug auf Beaufsichtigung, Budget, Umsetzung und Informationen bzw. Berichterstattung.

⚡ Operationalisierung von Unternehmenszielen
Zielgegenstand eines Unternehmens sei das Finanzziel einer Nettoumsatzsteigerung (d. h. der Umsatz bereinigt um Preisnachlässe sowie abzuführender Mehrwertsteuer) im deutschen Absatzmarkt. Als Minimalziel wird eine Steigerung des Nettoumsatzes um 5,0 % für das nächste Geschäftsjahr postuliert. Der Vertriebsleiter ist letztlich verantwortlich für das genannte Finanzziel und erhält hierzu auch die entsprechenden Gestaltungsspielräume (budgetär, inhaltlich, weisungstechnisch); der Geschäftsführer ist vom Vertriebsleiter monatlich zu informieren.

Operationalisierte Ziele können nur dann als Grundlage zur unternehmerischen Leistungsmessung und zum unternehmerischen Lernen dienen, wenn sie realistisch und belastbar sind. Realismus setzt voraus, dass die Analyse des unternehmerischen Entscheidungsumfeldes in den wesentlichen Inhalten die Wirklichkeit widerspiegelt. Ohne ein solches Wissen verkommen Ziele zu deklaratorischen Ansagen ohne Umsetzungsbezug – mit einem entsprechend negativen Demotivierungspotenzial.

Qualitative und quantitative Ziele

Quantitative Ziele lassen sich von ihrem Erreichungsgrad her numerisch ausdrücken, so etwa Finanzziele wie Umsatzentwicklung oder Ergebnissoll. Beispiele für nichtfinanzielle, jedoch ebenfalls direkt quantifizierbare Ziele wären Vertriebsziele wie die Zahl der zu eröffnenden Verkaufsstätten, Qualitätsziele wie der prozentuelle Produktionsausschuss oder auch der anteilige Krankenstand bei den Mitarbeitern.

Andere, qualitative Zielgegenstände werden dagegen auf eine indirekte Indizierung zurückgreifen müssen. Versucht ein Unternehmen zum Beispiel, seinen Ruf als Arbeitgeber (Employer Branding) zu verbessern, so sind etwa die Zahl der Initiativbewerbungen, Fragebogenauswertungen unter Arbeitssuchenden oder die arbeitsvertragliche Abschlussquote bei den hofierten Bewerbern dienlich, um einen solchen Zielgegenstand zu operationalisieren. Eine objektive Messung der Zielerreichung ist bei qualitativen Zielen schwieriger, da zunächst eine Übersetzung auf eine quantifizierbare Ebene stattzufinden hat. In Zeiten der fortschreitenden Digitalisierung von Geschäftsvorgängen gibt es jedoch zunehmend aussagekräftige Möglichkeiten der Datenauswertung, um qualitative Zielinhalte zu operationalisieren. In diesem Sinne sollte es das unternehmerische Bestreben sein, auch qualitative Zielsetzungen durch aussagekräftige Bezugsgrößen zu quantifizieren (vgl. Kirchgräßner 1983: 18). Ein diesbezüglicher unternehmerischer Ehrgeiz ist wichtig, da ein Ziel ohne Messbarkeit seine Aufgabe als Steuerungsgröße verfehlt, getreu der überlieferten Erkenntnis: „What you cannot measure, you cannot manage!"

Effektive Zielsetzung

Ziele – und somit auch Unternehmensziele – sollten Ansporn und Leitlinie sein. Probst und Haunerdinger postulieren Anforderungen für Projektziele (2007: 167 f.). Was auf dieser operativen Ebene gilt, kann inhaltlich größtenteils analog – wenn auch mit formulierungstechnischen Adjustierungen – für unternehmerische Entscheidungsziele gelten. Mithin sollten solche Zielsetzungen den folgenden Anforderungen genügen:

- Gesetzte Ziele sollten herausfordernd, aber erreichbar sein. Sofern im Umsetzungsverlauf Umstände eintreten, welche die Zielerreichung unmöglich erscheinen lassen, ist die Zielsetzung zeitnah zu revidieren.
- Wer die Ziele erfüllen soll, sollte auch bei deren Erarbeitung eingebunden worden sein. Dies wird sich bei strategischen Unternehmenszielen nicht personenbezogen umsetzen lassen. Dennoch hat ein Bottom-up-Prozess die Entstehung der

Zielfestlegung mit Informationen der operativen Ebene zu speisen und somit den Belangen der Umsetzungsebene Rechnung zu tragen.

- Das Einhalten der Zielsetzung ist die Handlungsprämisse, nicht deren Über- oder Unterschreitung. Dies schließt nicht aus, dass widrige oder besonders begünstigende Umstände in eine Bewertung der Zielsetzung einfließen und ggf. zu einer Zielanpassung führen.
- Zielsetzungen sind frühzeitig mit geeigneten Maßnahmen zu unterfüttern; dies unterscheidet sie von Visionen. Nur mit nachvollziehbar zielgerichteten Maßnahmen wird sich die Realisierbarkeit der Zielsetzung allen Beteiligten erschließen und Motivationspotenziale freisetzen.
- Es darf nur eine Zielsetzung geben, die für alle verbindlich ist. Dies schließt nicht aus, dass diese Ziele auf den unterschiedlichen Umsetzungsebenen zu einem unterschiedlichen Grad detailliert und inhaltlich ausgedeutet werden.
- Die vereinbarte Planungsperiode ist für alle involvierten Personen verbindlich. Diese Verbindlichkeit kann nur durch eine formale Zieländerung abgelöst werden. Eine individuelle Auslegung des vorgegebenen Zielhorizontes würde die Durchsetzbarkeit kollektiver Ziele dagegen unmöglich machen.
- Das System aus Ober- und Unterzielen sollte stimmig sein – bis hin zu vergütungsrelevanten Leistungsaspekten. Diese Forderung nach innerer Konsistenz ist in der Unternehmenspraxis eine Herausforderung. Wenn jedoch die Einkommens- und Karriereperspektiven eines Mitarbeiters nicht in Zusammenhang mit den Leistungsanforderungen seiner Abteilung stehen – oder diese nicht die übergeordneten Unternehmensziele aufgreifen, dann wirken Motivationskräfte gegen- und nicht miteinander.
- Der Grad der Zielerreichung muss für die Zielverantwortlichen transparent sein. Gerade bei subjektiven, qualitativ basierten Zielsetzungen bedarf es entsprechender Kommunikationsanstrengungen.
- Das Überschreiten von Meldegrenzen oder definierte leistungsrelevante Vorkommnisse sind zu eskalieren, also an eine definierte, hierarchisch höhere Stelle zu berichten. Ohne einen derartigen Berichtsmechanismus werden Fehlentwicklungen zu spät von der für ein Korrektiv qualifizierten Unternehmensinstanz wahrgenommen.
- Abweichungen sind keine Schuldzuweisungen, sondern Auslöser für einen Lernprozess. Je eher über Abweichungen debattiert wird, desto früher und wirksamer kann der gemeinsame kollektive Lernprozess einsetzen.

2.3.2 Unternehmerische Zielebenen

Der unternehmerische Wertekanon manifestiert sich auf verschiedenen, jeweils sich bis auf Stellenebene weiter konkretisierenden Planungs- und Entscheidungsebenen. Für eine praxisnahe Konzeptionierung sollen einerseits die Wirkungsebenen, andererseits die jeweiligen Unternehmensebenen unterschieden werden.

Unternehmensziele gemäß Wirkungsebene

Ziele sind ein Ausgangspunkt, gleichzeitig aber auch ein Teil der Umsetzungsplanung. Sie müssen hierbei mit Blick auf Konkretisierungsgrad, Eindeutigkeit und Kontrollierbarkeit immer umsetzungstauglicher heruntergebrochen werden, um ihrem pragmatischen Weisungscharakter gerecht zu werden.

Im unternehmerischen Kontext sind sachliche von finanziellen Zielgegenständen zu unterscheiden. Zwischen beiden besteht eine Mittel/Zweck-Beziehung: Das Erreichen von Sachzielen ist die Voraussetzung zur Erreichung der Finanzziele. Finanzziele sind mithin weiter herunterzubrechen, um mittels Sachzielen für die operative Ebene übersetzt zu werden. Das Erreichen dieser Sachziele bildet die Grundlage für einen Soll/Ist-Vergleich der Zielerreichung sowie einer Analyse etwaiger Fehleinschätzungen oder Fehlleistungen.

Herunterbrechen von Unternehmenszielen

Die angestrebte Nettoumsatzsteigerung im deutschen Absatzmarkt um 5,0 % für das nächste Geschäftsjahr soll insbesondere erwirkt werden durch korrespondierende Sachziele wie etwa dem Einführen neuer Produkte, der Ausweitung der bisherigen Vertriebskanäle sowie dem Lancieren einer neuen Werbekampagne. Konkret werden zwei Neuprodukteinführungen geplant sowie die Einführung eines e-Commerce-Vertriebskanals, begleitet von einer über Neue Medien getragenen Werbekampagne.

Hierzu sollen das erste Neuprodukt pünktlich zur Frühjahrsmesse und das zweite Neuprodukt pünktlich zum Beginn des Weihnachtsgeschäfts lanciert worden sein. Die E-Commerce-Verkaufsplattform sowie die Internet-basierte Werbekampagne sind zeitgleich mit dem zweiten Neuprodukt freizuschalten, da dieses Produkt ausschließlich für den Internet-Verkauf gedacht ist. Jedes dieser Sachziele ist hinterlegt mit einer Projekt- und Budgetplanung, welche von den involvierten Personen gemeinsam verabschiedet worden sind, und die vom Vertriebsleiter als realistisch befunden wurde.

Entscheidungsziele gemäß Unternehmensebene

Entscheidungsziele sind auf verschiedenen Hierarchieebenen des Unternehmens angesiedelt, ausgehend von einer Unternehmensvision über das Unternehmensleitbild hin zu Zielen, welche das gesamte Unternehmen betreffen. Diese werden dann typischerweise weiter runtergebrochen auf Ziele der einzelnen Geschäftsbereiche sowie letztlich auf die Ziele der umsetzenden Funktionsbereiche. Die verschiedenen Zielebenen werden im Folgenden skizziert:

- *Unternehmensvision*: Visionen haben einen szenarischen Charakter und dienen dem Bewusstwerden – nicht der Umsetzung – organisationaler Änderungsbestrebungen und eines realisierbaren Zukunftsbildes. Auf der strategischen Entscheidungsebene wird die Kompatibilität mit Unternehmensvisionen natürlich eine Rolle spielen, etwa bei der Fokussierung auf künftige Expansionsfelder oder Akquisitionsziele. Aufgrund ihrer Unverbindlichkeit gewährt dieser Werteebene ein hohes Identifikationspotenzial. Diese Unverbindlichkeit gilt es jedoch, für den weiteren Planungsprozess weiter auszudeuten und zu konkretisieren.

- *Unternehmensleitbild*: Das Leitbild arbeitet Schlüsselwerte sowie Differenzierungsbestrebungen heraus und definiert hieraus ableitbare Wettbewerbsziele. Trotz der Konkretisierung des mit der Unternehmensvision verbundenen Wertesystems wird ein Unternehmensleitbild keine Bezugsgröße für anstehende Unternehmensentscheidungen darstellen, da hierfür der Konkretisierungsgrad zu gering ist.
- *Unternehmensziele*: Unternehmensziele bilden den Leitstern für Entscheidungen, welche die gesamte Organisation betreffen. Auf dieser Zielebene sind die Unternehmenswerte hinreichend operationalisiert, um bei Entscheidungssituationen, welche das gesamte Unternehmen betreffen, konkret anzuleiten.
- *Geschäftsbereichsziele*: Diese Zielebene schlüsselt Unternehmensziele für den jeweiligen Geschäftsbereich auf. Während Unternehmensziele im Regelfall nach außen gerichtet sind – etwa in Bezug auf Lieferanten, Kunden oder Wettbewerber – sind Geschäftsbereichsziele nach innen gerichtet: Was ist innerhalb der Organisation zu tun, um die postulierte Außenwirkung zu ermöglichen?
- *Funktionsbereichsziele*: Auf dieser Ebene werden Geschäftsbereichsziele auf die Rolle der jeweiligen Unternehmensfunktion heruntergekliniert. So leiten sich beispielsweise die Ziele eines Funktionsbereiches „Marketing" aus den Zielen des zugehörigen Geschäftsbereiches ab: in Bezug auf Umsatz- und Marktanteilsziele, auf Preis- und Deckungsbeitragsziele oder auch in Bezug auf Unabhängigkeitsziele – beispielsweise gegenüber Lieferanten oder Händlern. So wird etwa ein vom Geschäftsbereich vorgegebenes Target-Costing[16] für den Entwicklungs- und Produktionsbereich oder für das Finanzcontrolling andere Implikationen haben als bei einer zugrunde gelegten Zuschlagskalkulation.
- *Individualziele*: Letztlich erfolgt der Umgang mit unternehmerischen Zielsetzungen über die einzelnen involvierten Personen, Mitarbeiter oder extern eingebundene Kräfte. Die Intensität und die Ausrichtung des persönlichen Einsatzes macht sich an den zugrundeliegenden Individualzielen fest: Gibt es eine Bonusregelung, welche bestimmte Anreize setzt? Inwiefern prägt das individuelle Wertesystem, etwa mit Blick auf Einsatzbereitschaft und Selbstdisziplin, die Prioritätensetzung der einzelnen Person? Unterschieden werden können hier intrinsische von extrinsischen Motivationsstrukturen.

Während sich das unternehmerische Wertesystem bereits in Unternehmensvision und Unternehmensleitbild manifestiert, wird als erste konkretisierende Zielebene typischerweise die Ebene der Unternehmensziele einen konkreten Weisungscharakter für unternehmerische Entscheidungen haben.

---

16 Unter „Target-Costing" (Zielkostenrechnung) wird ein marktbezogenes Kostenmanagement verstanden, bei dem über eine Verkaufspreisvorgabe ein verbindlicher Kostenrahmen für die Produktrealisierung bestimmt wird (z. B. Seidenschwarz 1993, Horváth/Niemand/Wolbold 1993).

Beispiel eines unternehmerischen Zielsystems

Unternehmensvision: Angebotsqualität ist unser oberstes Gebot!

Unternehmensleitbild: Wir wollen uns durch qualitativ hochwertige Güter und kundenorientierte Dienstleistungen am europäischen Markt als Qualitätsführer etablieren.

Unternehmensziel: Über sämtliche Geschäftsbereiche hinweg soll der wertmäßige Anteil der Rückabwicklungen und Retouren im europäischen Absatzmarkt bis zum Ende des nächsten Geschäftsjahres unter 3,0 % betragen.

Geschäftsbereichsziel: Für den Geschäftsbereich XY sollen die Rückabwicklungen noch binnen des laufenden Geschäftsjahres mindestens halbiert werden.

Funktionsbereichsziel: Die Fertigung des Geschäftsbereiches XY automatisiert die Ausgangskontrolle mit dem Ziel, ab dem nächsten Geschäftsjahr keine Produkte mit Verarbeitungsfehlern mehr zu versenden.

Individualziel: Der Fertigungsleiter ist aufgrund einer Bonusregelung hoch motiviert, die Ausgangskontrolle so schnell wie möglich zu optimieren und somit den Anteil von Produkten mit Verarbeitungsfehlern gegen null zu fahren.

Strategische Ziele befassen sich mit der langfristigen Positionierung eines Unternehmens bzw. der entsprechenden Unternehmenseinheit in ihrem Wettbewerbsumfeld. Es geht also um die Außenwirkung eines Unternehmens, als Resultat langfristig angelegten unternehmerischen Handelns. Die operative Zielebene betrifft dagegen die Innenwirkung des Unternehmens bzw. der Unternehmenseinheit, um die strategisch postulierte Außenwirkung zu ermöglichen, um also Strategieziele umzusetzen.

Grundsätzlich gilt: Je höher Entscheidungsziele auf der hierarchischen Unternehmensebene angesiedelt sind, desto eher werden sie strategischen Charakter haben. Dennoch sind auf jeder hierarchischen Unternehmensebene sowohl strategische wie auch operative Zielsetzungen anzutreffen. Auf jeder Unternehmensebene wird es mithin das Wechselspiel von beabsichtigter Außenwirkung und sich hieraus ergebender Innenwirkung geben. Ohne diese kausale Verknüpfung würde eine Organisationsebene entweder Deklaration ohne Umsetzung oder Umsetzung ohne Zwecksetzung betreiben.

Für das Aufstellen strategischer Zielsetzungen stellen sich im Kern drei Fragen:

1. Welche unternehmerischen Leistungsbereiche sind kritisch für die künftige Konkurrenzfähigkeit des Unternehmens bzw. für die künftige Profilierung des entsprechenden Unternehmensbereiches?

2. Welche konkrete Leistung soll in Bezug auf die Unternehmensumwelt – etwa den Kunden oder den Lieferanten – und den betreffenden Leistungsbereich – etwa dem Kundenservice oder der Qualitätskontrolle beim Lieferanten – erbracht werden?

3. Welche qualitativen und quantitativen Zielsetzungen ergeben sich für die langfristige Ausrichtung der Unternehmensressourcen?

Welcher Zeitraum als „langfristig" anzusehen ist, hat mit der Dynamik des betreffenden Marktes zu tun. Wenn die Firmen Boeing und Airbus ihre Strategien für den

Langstrecken-Passagierverkehr festlegen und dabei entweder auf kleinere Flugzeug-typen mit Zwischenlandebedarf (Boeing 787/„Dreamliner") oder auf Großflugzeuge ohne Zwischenlandebedarf setzen (Airbus A380), dann wird eine solche Strategie einen Zeitraum von deutlich mehr als 10 Jahre umfassen. Strategien in der Halbleiter-industrie sind dagegen kurzfristiger angelegt, da sie viel kürzeren Innovationszyklen Rechnung zu tragen haben.

Den operativen Zielen liegen dagegen nach innen gerichtete Steuerungsaspekte zugrunde. Im Kern beziehen sich diese auf folgende Fragestellungen:
– Welche Ressourcenanforderungen ergeben sich aufgrund der postulierten strate-gischen Zielsetzungen?
– Sind diese Ressourcen bereits im Unternehmen vorhanden oder müssen sie noch bereitgestellt werden?
– Welche Investitions- und Budgeterfordernisse ergeben sich aus den geplanten Ressourcenanforderungen?
– Welche operative Umsetzungsplanung ergibt sich aus den Erfordernissen der Ziel-erreichung, mit Blick auf heruntergebrochene Aktivitäten, Verantwortlichkeiten, Budgeterfordernisse und Zeitabläufe?

Die Tabelle 2.8 stellt beispielhaft ein Gefüge von Zielsetzungen für einen Funktions-bereich „Marketing" (der in diesem Beispiel auch Vertriebsaktivitäten umfasst) dar. Konkret werden der jeweilige Zielgegenstand, die bezügliche Zielebene sowie die Mes-sung der entsprechenden Zielerreichung angeführt. Die beschriebenen Ziele sind auf verschiedenen Unternehmensebenen angesiedelt. Sie haben dabei stets zwei Ansprü-chen zu genügen: Zum einen müssen hierarchisch untergeordnete Ziele Stimmigkeit gegenüber hierarchisch übergeordneten Zielen aufweisen. Zum anderen sollten die postulierten Finanzziele einer Unternehmensebene in einem stringenten Kausalzu-sammenhang mit den ermöglichenden Sachzielen stehen.

In der nachfolgenden Abbildung 2.6 wird ein unternehmerisches Zielsystem sche-matisch dargestellt, wobei die nicht handlungsleitenden Ebenen der Unternehmens-vision und des Unternehmensleitbildes ausgeklammert worden sind. Das Schema der Abbildung 2.6 basiert auf folgenden Strukturierungsansätzen:
– Die Ziele sind auf der gesamten Unternehmensebene, auf Geschäftsbereichsebene sowie auf der Funktionsbereichsebene angesiedelt.
– Auf jeder dieser drei Unternehmensebenen kommt die beabsichtigte Außenwir-kung durch strategische Ziele zum Ausdruck, während die hierbei angestrebte Innenwirkung über operative Ziele fixiert wird.
– Innerhalb der jeweils zugrunde liegenden strategischen und operativen Zielberei-che gibt es wiederum eine kausale Verknüpfung von ermöglichenden Sachzielen und resultierenden Finanzzielen.
– Die Umsetzung der organisationalen Ziele ist durch die Individualziele der in die jeweilige Zielerreichung involvierten Personen geprägt.

Tabelle 2.8: Zielbeispiele für einen Funktionsbereich „Marketing".

Zielgegenstand	Zielebene	Messbarkeit
Umsatzrendite des Unternehmens > 8,0 % für das dritte Geschäftsjahr	strategisches Finanzziel für das gesamte Unternehmen	quantitativ: direkt messbar
Erhöhung der Kostensensibilität bei allen Mitarbeitern binnen des laufenden Geschäftsjahres	strategisches Sachziel für das gesamte Unternehmen	qualitativ: messbar über Mitarbeiterumfragen vor/nach den Kommunikationsmaßnahmen
Umsatzrendite des Geschäftsbereiches XY > 6,0 % für das dritte Geschäftsjahr	strategisches Finanzziel für den Geschäftsbereich XY	quantitativ: direkt messbar
Nettoumsatz des Geschäftsbereiches XY von > 30 Mio. EUR binnen der nächsten drei Geschäftsjahre	strategisches Finanzziel für den Funktionsbereich „Marketing" des Geschäftsbereiches XY	quantitativ: direkt messbar
Ausweitung des Produktprogrammes um 3 Designvarianten bis Ende des nächsten Geschäftsjahres	strategisches Sachziel für den Funktionsbereich „Marketing" des Geschäftsbereiches XY	quantitativ: direkt messbar
Realisierung jeder neuen Designvariante mit einem Entwicklungsbudget von < 180.000 EUR	operatives Finanzziel für den Funktionsbereich „Marketing" des Geschäftsbereiches XY	quantitativ: direkt messbar
Verpflichtung eines geeigneten externen Designers bis Jahresmitte des ersten Geschäftsjahres	operatives Sachziel für den Funktionsbereich „Marketing" des Geschäftsbereiches XY	bedingt quantitativ: Kriterienkatalog zum Verständnis von „geeignet"?
zwei Trainingsmaßnahmen für den gesamten Außendienst bis Ende des nächsten Geschäftsjahres	operatives Sachziel für den Funktionsbereich „Marketing" des Geschäftsbereiches XY	quantitativ: direkt messbar, ggf. mit Kriterienkatalog zum Anspruch des Trainings
Modernisierung der Werbematerialien und Erweiterung um zusätzliche Designvarianten bis Ende des nächsten Geschäftsjahres	operatives Sachziel für den Funktionsbereich „Marketing" des Geschäftsbereiches XY	qualitativ: Was bedeutet „Modernisierung"? Bewertung anhand von Pre-Tests bei Kunden
Motivation des involvierten Projekt-Teams durch eine Bonuszahlung bei sach- und termingerechter Fertigstellung der Werbematerialien	Individualziel innerhalb des Funktionsbereiches „Marketing" des Geschäftsbereiches XY	quantitativ: termingerechte Fertigstellung der abgenommenen Werbematerialien

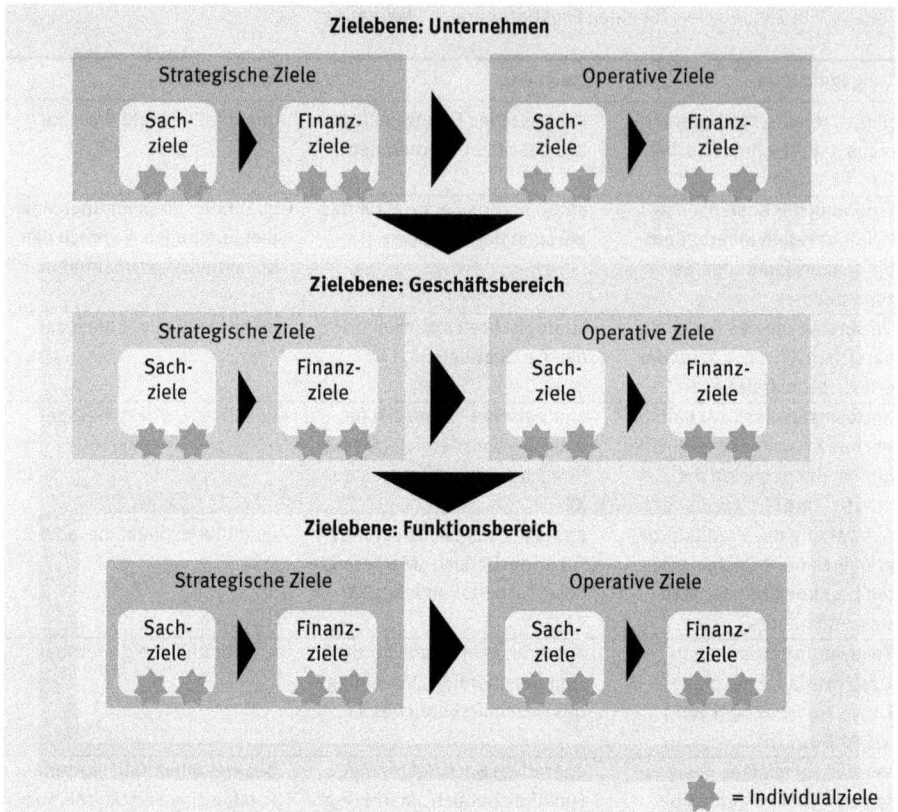

Abbildung 2.6: Unternehmerische Zielebenen.

Das Wirkungsgefüge dieses Zielsystems folgt einer vierteiligen Logik:

1. Ziele auf der Funktionsbereichsebene leiten sich ab aus Zielen der Geschäftsbereichsebene; diese wiederum leiten sich ab aus den Zielen der Unternehmensebene.
2. Operative Ziele leiten sich ab aus strategischen Zielen.
3. Finanzziele leiten sich ab aus Sachzielen.
4. Individualziele überlagern organisationale Ziele.

Key Performance Indicator

Sofern unternehmerische Zielinhalte mit Gestaltungs- und Beeinflussungsfreiräumen bestimmter Mitarbeiter(gruppen) in Verbindung gebracht werden können, nehmen sie den Stellenwert von personenbezogenen Leistungsindikatoren (Performance Indicators) ein. Die aus Unternehmenssicht bedeutsamsten dieser Indikatoren werden Schlüsselleistungsindikatoren oder auch Key Performance Indicators (KPI) genannt.

KPIs können sich sowohl auf finanzielle wie auch auf sachliche Zielinhalte beziehen. Als Schlüsselindikatoren sind sie entweder als Einzelgröße von herausragender Bedeutung für die unternehmerische Zielerreichung, oder sie stellen ein Aggregat aus einer Zahl einzelner Leistungsindikatoren dar (z. B. als Durchschnittswert).

Ein KPI wird nur in Ausnahmefällen durch die Leistung einzelner Mitarbeiter geprägt. Dennoch stellt er die weitestgehende Annäherung von Unternehmenszielen an die individuelle Mitarbeiterleistung dar. Es kann eine gesunde Übung sein, die spezifischen KPIs mit den betroffenen Mitarbeitern offen und kritisch zu diskutieren und im Zweifelsfall auch anzupassen. Derartige Diskussionen schärfen das gegenseitige Leistungsverständnis und setzen Identifikationspotenziale frei. Regelmäßig wird hier mitarbeiterseitig das Argument angeführt werden, dass ein vorgeschlagener KPI nur unzureichend in der Lage wäre, die persönliche Arbeitsleistung abzubilden oder dass sich ein solcher KPI teilweise dem Einfluss des betreffenden Mitarbeiters entziehen würde. Hier kann sich der Vorgesetzte offen für Alternativvorschläge zeigen – wobei unstrittig sein sollte, dass der Beitrag eines Mitarbeiters, in jedem Falle aber eines Managers (also eines Mitarbeiters mit operativen oder strategischen Gestaltungsspielräumen) aufgrund von Indikatoren messbar, bewertbar und vergleichbar zu sein hat. Die Frage „Wie ist die Leistung des einzelnen Mitarbeiters objektiv zu erfassen?" kann im Interesse des Unternehmens nicht unbeantwortet bleiben.

KPI-bezogene Vermarktungsoptimierung bei Zalando[17]
Die Online-Verkaufsplattform Zalando hat ihre zentralen KPIs über die Jahre permanent weiterentwickelt und hierbei sowohl auf bereits bestehende wie auch auf eigens entwickelte Schlüsselindikatoren zurückgegriffen. So wurde aus den „Customer Attributed Costs" (CAC) die "Cost per Order" (CPO), abgelöst zunächst von dem "Customer Attributed Value" (CAV), dann abgelöst vom "Marketing Return on Invest" (MROI), gefolgt vom "Incremental Customer Lifetime Value" (iCLV) und zuletzt ersetzt durch den "Engagement Point Index" (EKPI). Hierbei gilt als radikale Devise: „What you cannot measure does not exist!" Die Aussagekraft eines KPI steht dabei in direktem Zusammenhang mit einer sinnvollen, vermarktungsgerechten Allokation des Werbebudgets:
- Wie können Internet-Kunden aufgrund ihres digitalen Verhaltens vermarktungsrelevant beschrieben und unterschieden werden?
- Welche Werbemaßnahmen sind für die verschiedenen Käufertypen geraten?
- Wie kann der Erfolg der – zumeist digitalen – Werbemaßnamen gemessen und die Verwendung des Marketing-Budgets optimiert werden?

So wird bei Zalando beispielsweise die Geeignetheit alternativer Marketingkanäle für das Auslösen von Bestellungen über den KPI „Cost per Order" (Marketingkosten pro Bestellvorgang) bestimmt. Für die Weiterentwicklung dieses Indikators soll künftig das jeweilige Bestellvolumen berücksichtigt werden.

---

17 Diese Ausführungen beziehen sich auf Informationen, welche im Rahmen einer Fachkonferenz am 19.05.2016 in Zürich seitens der „Lead Marketing Intelligence" von Zalando vorgestellt wurde.

2.3.3 Organisations- und Individualziele

Unternehmen sind ein Kollektiv von Individuen. Individuen haben ihr eigenes Wertesystem, und es ist daher nicht im Vornherein zu erwarten, dass diese Individualziele deckungsgleich mit den Zielen der Organisation sind. Nun könnte argumentiert werden, dass einem Arbeitnehmer das Wohl seines Arbeitgebers auch aus Eigennutz wichtig wäre, und er sich deshalb die hierzu für sinnvoll befundenen Unternehmensziele zu eigen machte. Doch bei näherer Betrachtung ist aus verschiedenen Gründen Skepsis angebracht.

Potenzielle Dominanz von Individualzielen

Verschiedene Mechanismen begründen eine potenzielle Dominanz von Individualzielen über Organisationsziele. So ist innerhalb der Organisation das Zielsystem häufig nicht stimmig und dies möglicherweise ganz bewusst. So mag bei einem Automobilhersteller beim Einführen eines neuen Fahrzeuges das Finanzcontrolling insbesondere auf das Einhalten des angestrebten Kostenrahmens achten. Die Entwickler werden das neue Fahrzeug dagegen vor allem mit technisch anspruchsvollen Innovationen ausstatten wollen. Dem Vertrieb hingegen ist an einer aufwändigen Werbekampagne und einem aggressiven (d. h. relativ günstigen) Einführungspreis gelegen. Der gemeinsame Nenner dieser drei Partikularinteressen wird vermutlich den gesündesten Kompromiss darstellen.

Auch sind Organisationsziele den Mitarbeitern häufig gar nicht bekannt oder zumindest nicht zu einem Konkretisierungsgrad, um als Leitfunktion für die tägliche Arbeit zu fungieren. Inwiefern sollte beispielsweise ein deklariertes Kundenbindungsprogramm bei Kulanzregelungen Anwendung finden und somit die Kosten bei den Rückabwicklungen negativ beeinträchtigen?

Manche Mitarbeiter eines Unternehmens mögen sich nicht mit den ihnen bekannten Unternehmenszielen identifizieren. Dies ist intrinsisch oder extrinsisch begründet. Intrinsisch hielte ein Mitarbeiter beispielsweise Personalkosteneinsparungen (die ihn selbst betreffen) für den falschen Weg, um das Unternehmen im Wettbewerbsumfeld stärker zu positionieren. Extrinsisch mag einem Außendienstmitarbeiter die Einführung eines erklärungsbedürftigen neuen Produktes missfallen, da hier überproportional viel Arbeitszeit aufzuwenden ist, die man anderweitig für den Umsatz der etablierten Produkte – und für die Sicherung der eigenen Umsatzprovision – aufwenden könnte.

Wie kann diesem Dilemma begegnet werden? Idealerweise sollten Unternehmensziele so umsichtig herausgearbeitet und so transparent kommuniziert werden, dass sich die Mitarbeiter in hohem Maße mit diesen Zielen identifizieren und somit hinreichend intrinsisch motiviert sind, in Stimmigkeit mit extrinsischen Anreizen. Mit zunehmender Unternehmensgröße und geschäftlicher Vielfältigkeit wird eine solche Identität jedoch schwerer aufzubauen bzw. aufrecht zu erhalten sein.

Als Antithese zu einer idealistischen Sichtweise könnte hinterfragt werden, warum ein Mitarbeiter besondere Anstrengungen im Sinne der Unternehmensziele unternehmen sollte, wenn sich dies weder auf seine Vergütung noch auf seinen Karrierepfad auswirkte. Hier ist ergänzend an extrinsische Motivationsmechanismen zu appellieren. Extrinsische Anreize sind dabei nicht nur variable, leistungsabhängige Vergütungsbestandteile. Doch diese haben den direktesten Wirkungsbezug, vorausgesetzt, dass sich die Gratifikationen auf dem Mitarbeiter zurechenbare und von diesem beeinflussbare Sachverhalte beziehen. Eine Bonusregelung, die sich pauschal auf das gesamthafte Unternehmensergebnis bezieht, entfaltet eine solche Motivationswirkung dagegen nicht.

Aber auch tätigkeitsspezifische, variable Vergütungsbestandteile können nur dann unterstützen, wenn sie differenziert auf die jeweilige Zielsetzung abstellen. So sind etwa umsatzabhängige Bonuszahlungen kontraproduktiv, wenn sich das erklärte Unternehmensziel auf die Steigerung der Profitabilität (im Sinne von Stückdeckungsbeiträgen) bezieht: Hier werden Vertriebsmitarbeiter aufgrund der bestehenden Incentivierungsregelung dazu neigen, mit Preissenkungen oder anderen margenschädlichen Vergünstigungen den Verkauf zu stimulieren, statt auf Preisstabilität zu bestehen. Ein weiteres, typisches Beispiel aus dem Vertrieb: Vertriebsmitarbeiter, welche eine Zusatzvergütung für die Neukundenakquise erhalten, werden ihre Schaffenskraft nicht schwerpunktmäßig auf die Pflege des bestehenden Kundenstammes ausrichten, sondern die mitunter kostspielige Kundenanwerbung in den Mittelpunkt ihrer Bemühungen stellen.

Doch auch wenn eine direkt leistungsbezogene Zusatzvergütung aus tarifrechtlichen oder sonstigen Gründen nicht durchsetzbar ist, kann eine Verknüpfung von personenbezogenen Beiträgen zur unternehmerischen Zielerreichung – etwa über KPIs – mit extrinsischen Anreizen verknüpft werden. Voraussetzung ist, dass derartige Leistungserwartungen gegenüber dem betreffenden Mitarbeiter in aller Klarheit kommuniziert werden und dass sie Karriererelevanz erhalten. Folglich haben sie auch zentraler Gegenstand eines regelmäßigen Leistungsrückblicks zu sein, etwa im Rahmen des jährlichen Personalgesprächs.

Die Bedeutung von transparenten, ausführlich kommunizierten oder gar gemeinsam diskutierten und erarbeiteten unternehmerischen Zielvorstellungen sollte nicht unterschätzt werden. Ein fehlendes Zielverständnis verhindert ein rationales (im Sinne von „zielgerichtetes") Mitarbeiterverhalten sowie eine tiefergehende Identifikation mit dem eigenen Unternehmen. Sobald es keinen stringenten Zusammenhang zwischen dem für den Gestaltungsbereich des betreffenden Mitarbeiters relevanten Zielaspekt und der Beurteilung und letztlich der Gratifikation der Mitarbeiterleistung gibt, wird Humankapital nicht optimal eingesetzt.

Neben der formellen, im Regelfall verschriftlichten Kommunikation existiert in Gruppen stets eine informelle Parallelwelt, welche auch unbewusste Motivation begründet (Chlupsa 2017). Im AFS Orientation Handbook findet sich hierfür die anschauliche Metapher des Eisbergs (Zaremba 1984): Der kleinere Anteil der Botschaften wird formell über Richtlinien, Protokolle oder eben auch verschriftlichte organisationale Zieldeklarationen kommuniziert, stellt also Teil der sichtbaren Eisbergspitze dar. Unter der Wasseroberfläche befindet sich dagegen der informell angelegte Bereich an gelebter Praxis und kultureller Ausdeutungen (die „normative Kraft des Faktischen"). Als „Titanic-Effekt" kann in diesem Zusammenhang verstanden werden, wenn die Beachtung formeller Botschaften mit den informell gelebten konfligiert und zu einer sozialen Havarie führt.

⚡ Titanic-Effekt

Ein BWL-Student tritt sein erstes Praktikum an, bei einem Cash'n'Carry-Großmarkt in der Delikatessen-Abteilung. Er versteht sich auf Anhieb gut mit dem Abteilungsleiter, ist sichtlich beeindruckt von dessen profunden Weinkenntnissen und darf gleich am ersten Tag eingesandte Delikatess-Beprobungen zum Testen mit nach Hause nehmen. Hochmotiviert entschließt sich der Praktikant am nächsten Morgen, seine einzige Krawatte umzubinden. Bereits am Vormittag ist er erstaunt und verwirrt über die Zurückhaltung und Unfreundlichkeit der anderen Mitarbeiter, die ihm am Vortag noch so offen und freundlich begegnet waren. Als mittags keiner auf die Idee kommt, ihn mit in die Kantine zu nehmen, vertraut er sich einer Praktikanten-Kollegin an. Was war passiert? Einem ungeschriebenen Gesetz folgend war das Tragen einer Krawatte ausschließlich dem Abteilungsleiter vorbehalten. Gemäß diesem Verhaltenskodex wurde der Bekleidungseinfall des Neupraktikanten als arrogante Anmaßung gewertet: eine Havarie der Zielsetzungen unterhalb der Wasseroberfläche.[18]

Abstimmung von Zielsetzungen mittels SPOC-Ansatz

Individuelle Wahrnehmungen können organisationale Zielsetzung überlagern. Angesichts von Partikularinteressen und Interpretationsdynamik ist eine Deckungsgleichheit von Unternehmens- und Individualzielen der involvierten Mitarbeiter keine Selbstverständlichkeit.

SPOC steht für „Single Point of Contact" und meint die Bündelung der Kommunikation einer Organisationseinheit nach außen und innen über eine einzelne Person. Die Einbindung einer solchen Schnittstelle ermöglicht es Abteilungen oder Projektteams, innerhalb ihrer Einheit Zielsetzungen und Handlungsprämissen abzugleichen. Diese Bündelung erfordert für die Mitglieder der betreffenden Organisationseinheit, sich untereinander über Handlungsmotive und Bewertungskriterien zu verständigen: Individualziele werden in Kollektivziele transformiert.

Die Rolle des SPOC ist anspruchsvoll, gerade in personalstärkeren Organisationseinheiten. Es gilt, interne Meinungen aufzunehmen, zu hinterfragen und mit den Organisationszielen abzugleichen. Analog ist mit den von außen herangetragenen Erwartungshaltungen zu verfahren:

– Sind diese konsistent?
– Spiegeln diese die übergeordneten Kooperationsziele wider?
– Sind diese für die betroffene Organisationseinheit umsetzbar?

---

18 Soviel zu meiner ersten einschlägigen Berufserfahrung.

Im Regelfall geht die SPOC-Position mit einer hierarchischen Höherstellung oder zumindest mit einer „primus inter pares"-Rolle in der Organisationseinheit einher. Aber auch innerhalb formal gleichgestellter Gruppenmitglieder ist eine solche Schnittstellenfunktion vorstellbar, sollte dann jedoch mit einer charismatischen Superiorität des SPOC einhergehen (welche natürlich auch bei einem hierarchisch höhergestellten SPOC wünschenswert und sinnvoll wäre).

Mit einer SPOC-Struktur werden Kommunikationswege gebündelt und in ihrer Anzahl reduziert. Natürlich bleiben auch bei einer solchen Struktur informelle Informationsflüsse auf dem „kleinen Dienstweg" bestehen. Formale Entscheidungsprozesse sollten jedoch ausschließlich über die SPOC-Schnittstelle stattfinden. Die Abbildung 2.7 zeigt schematisch die Kommunikationsflüsse zwischen zwei Organisationseinheiten mit jeweils vier Mitgliedern, und zwar a) vor Einführung einer SPOC-Struktur und b) nach Einführung einer SPOC-Struktur. Die Rolle des SPOC ist in der Abbildung blau hervorgehoben.

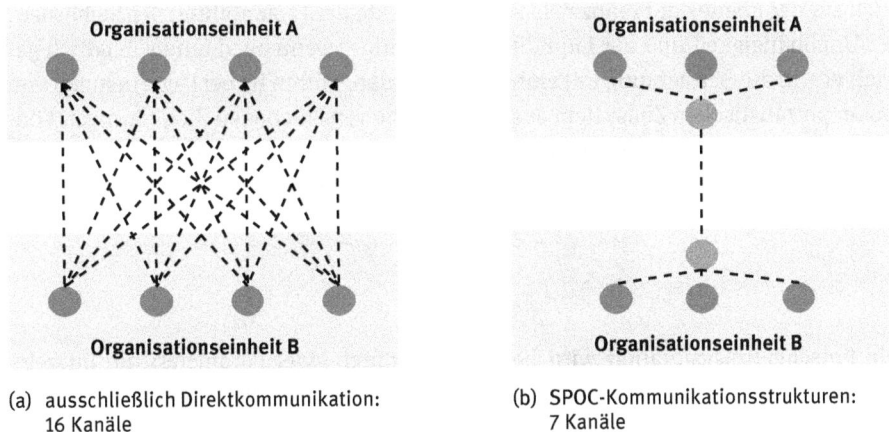

(a) ausschließlich Direktkommunikation:
16 Kanäle

(b) SPOC-Kommunikationsstrukturen:
7 Kanäle

Abbildung 2.7: Kommunikationsflüsse mit und ohne SPOC-Struktur.

Ohne eine SPOC-Struktur würde jedes Mitglied einer Organisationseinheit potenziell mit jedem anderen Mitglied der anderen Organisationseinheit auf Grundlage seiner individuellen Zielinterpretation kommunizieren. Es ergäben sich somit zwischen den Einheiten sechszehn (4×4) denkbare Kommunikationskanäle, die den Anspruch haben sollten, im Einklang mit den übergeordneten Zielen der Organisationseinheit zu stehen. Mit der SPOC-Struktur ergibt sich lediglich ein Kommunikationsfluss zwischen den Einheiten sowie jeweils drei Kommunikationsflüsse innerhalb der beiden Einheiten, insgesamt also sieben Kommunikationsflüsse; die Zahl der Kommunikationskanäle hat sich mehr als halbiert. Wenn jeder Kommunikationsfluss mit einem bestimmten Zeitaufwand behaftet ist, etwa einem einstündigen Arbeitstreffen wöchentlich, dann wird schnell klar, dass die angeführten Abstimmungsvorteile mit beträchtlichen Zeit- und Kosteneinsparungen einhergehen.

Pluralistische Unternehmensziele

Unternehmensziele bilden den Wertekanon einer Organisation ab. Sie stellen die Bewertungsgrundlage von Entscheidungsalternativen dar und schränken Entscheidungsräume ein. Prinzipien und Werte kommen durch abstrahierende Ziele zum Ausdruck. Es liegt in der Natur von Zielen, direkt gekoppelt zu sein an die Analyse konkreter Handlungsimplikationen – andernfalls würde man von „Wünschen" sprechen. Ohne eine konative Ausdeutung sind Wünsche jedoch wenig geeignet, konkrete Entscheidungen hervorzubringen. Werden Zielvorstellungen dagegen mit konkreten Umsetzungsmustern verbunden, spricht man von „Absichten". Ohne unternehmerische Absichten würde es keine Bewertungsansätze für Entscheidungssituationen geben, mithin auch keinen Maßstab, nach dem die Entscheidungsgüte beurteilt werden könnte. Durch Ziele werden Entscheidungen im Sinne einer Nutzenmaximierung eingesetzt.

Ein Unternehmen wird nie nur ein Ziel verfolgen. Das kausale Zusammenspiel von Finanz- und Sachzielen wurde bereits im Unterkapitel 2.3.2 angesprochen. Aber auch auf der Ebene der Finanzziele werden Aspekte der Profitabilität, der Sicherheit, der Unabhängigkeit und der Liquidität gleichzeitig – wenn auch unterschiedlich gewichtet – in die Betrachtung mit einbezogen werden. Mithin ist bei Unternehmen von einem pluralistischen Zielsystem auszugehen. Die verschiedenen Zielsetzungen können in einem Mittel/Zweck-Verhältnis (Kausalbeziehung) oder in einem gleichrangigen Verhältnis zueinanderstehen (Komplementärbeziehung).

2.4 Entscheidungssituation

Die Entscheidungssituation wird beschrieben durch zwei Parameter: die für relevant erachteten Entscheidungsalternativen (Aktionsraum) sowie die zur Beurteilung dieser Alternativen herangezogenen Entscheidungskriterien (Bewertungsraum). Entscheidungssituationen können durch die Gegenüberstellung dieser beiden konstituierenden Parameter in einer zweidimensionalen Matrix dargestellt werden. Die Matrixfelder geben dann Auskunft darüber, wie die jeweilige Alternative in Bezug auf ein bestimmtes Bewertungskriterium abschneidet.

2.4.1 Entscheidungsalternativen

Alternativen sind die Voraussetzung für Entscheidungsbedarf. Im unternehmerischen Kontext stellen Entscheidungsalternativen Optionen unternehmerischen Handelns innerhalb der gegebenen Unternehmensressourcen dar (Heine 1976: 51). Diese Optionen können sich auf folgende Ebenen beziehen:
- Objekte
- Regeln

- Handlungen
- Strategien

Bei *objektbezogenen* Entscheidungen handelt es sich um materielle oder immaterielle, in sich geschlossene und somit abgrenzbare Gegenstände der unternehmerischen Bedürfnisbefriedigung. Hierzu können etwa der Vergleich von möglichen Finanzanlagen oder von potenziellen Firmenstandorten, die Auswahl eines geeigneten Lieferanten oder miteinander konkurrierende Verpackungskonzepte zählen. Stets wird es darum gehen, mit diesen Objekten Aspekte der unternehmerischen Wertschöpfung zu bedienen. Grundsätzliche Auswahlkriterien sind geeignet, den Aktionsraum des Entscheiders auf die relevanten Objekte zu reduzieren. Ein Beispiel zu einer privaten Einkaufsentscheidung mag diesen Vorgang illustrieren: So wird einen bei einem Schuhkauf nicht das gesamte Sortiment interessieren, sondern man wird beispielsweise nach schwarzen Herrenstiefeln der Größe 43 schauen – und somit den Aktionsraum des Schuhkaufs definieren.

Sofern sich Entscheidungsalternativen auf *Regeln* beziehen, geht es nicht mehr um eine gegenständlich abgrenzbare Bedürfnisbefriedigung, sondern um Bewertungs- und Analysemuster, welche Entscheidungsprozesse in ihren Grundlagen beeinflussen. Die konkreten Auswirkungen eines einmal festgelegten Regelwerkes zeigen sich erst in der künftigen Anwendung auf aktuelle Sachverhalte; somit weisen Entscheidungen über Regeln einen höheren Abstraktionsgrad auf. So haben etwa Banken mit der Einführung von KYC-Standards eine veränderte Bewertungsgrundlage für ihre Kreditvergabeentscheidung eingeführt, mit konkreten und weitreichenden Auswirkungen auf künftige Kundenbeziehungen.[19] Zur Disposition stehende Regeln mögen eher mechanistisch ausgelegt sein, mit bewusst geringen Interpretations- und Gestaltungsspielräumen – etwa Sicherheitsregeln bei Feueralarm. Andere Regeln werden sich dagegen auf einen weniger ausdifferenzierten Verhaltenskodex beziehen, wie es beispielsweise bei einer Losung wie „Der Kunde kommt zuerst" der Fall wäre.

Stehen alternative *Handlungen* zur unternehmerischen Entscheidung an, so sind unvernetzte (nichtrekursive) von vernetzten (rekursiven) Handlungen zu unterscheiden. Unvernetzte Handlungen stehen in keinem Kausalzusammenhang mit anderen Wirkungsfeldern. So wird die Entscheidung, ob ein Unternehmen die Weihnachtsfeier in Restaurant A oder Restaurant B begeht, vermutlich keine weiteren Entscheidungsbedarfe nach sich ziehen. Anders bei vernetzten Handlungen. Hier gilt es, bei der Bewertung verschiedene Zeithorizonte und sequentielle Wirkungsabhängigkeiten zu berücksichtigen. Beispielsweise entscheidet sich ein Agrarchemiehersteller für eine si-

---

19 KYC = „Know your Customer": weltweit anerkanntes Prinzip und Instrumentarium zur Bekämpfung von Geldwäsche und Terrorismusfinanzierung, welches in Deutschland erst mit der 3. EG-Geldwäscherichtlinie seine vollständige Bedeutung erlangte (Wohlschlägl-Aschberger 2011: 207). Durch Vergewisserung über die Identität des Kunden, den Geschäftshintergrund und die Mittelherkunft soll die Durchführung anonymer Transaktionen unterbunden werden.

gnifikante Preissenkung eines weit verbreiteten Herbizids. Spätestens zur nächsten Saison – also binnen eines halben Jahres[20] – wird die Konkurrenz auf diese Preismaßnahme reagiert haben, was wiederum zu einem veränderten Mikroumfeld und somit zu einem erneuten Entscheidungsbedarf beim betreffenden Herbizidanbieter führt. Handlungsentscheide sind auf der Grundlage von Entscheidungszielen zu treffen. Die Legitimation, über Handlungsalternativen entscheiden zu können, muss nicht zwingend bedeuten, dass dieser Entscheider auch zur betreffenden Handlung selbst legitimiert ist. So wird die Compliance-Abteilung eines Großunternehmens ein allzu großzügiges Weihnachtsgeschenk für Stammkunden ablehnen, ohne auf akzeptable Alternativ-Gratifikationen verweisen zu müssen.

Handelt es sich bei den Entscheidungsalternativen um die Bewertung unterschiedlicher *Unternehmensstrategien*, so sind vernetzte Handlungskomplexe Gegenstand der Betrachtung. Eine strategische Entscheidung wird eine längere zeitliche Festlegung bedeuten und zahlreiche Auswirkungen auf verschiedene Stakeholder aus den Entscheidungsumfeldern mit sich bringen. Beispielsweise möchte ein Ingenieurbüro sein Wertschöpfungsspektrum erweitern und zusätzliche HOAI-Leistungsphasen anbieten; dies soll nicht durch organisches Wachstum, sondern durch eine geeignete Akquisition geschehen. Die Wahl einer solchen Strategie wird zumindest das Unternehmen, die betroffenen Kunden und die in den neu angebotenen Leistungsphasen am Markt tätigen Konkurrenten betreffen und zu Reaktionen herausfordern: Das Mikroumfeld wird sich in der Folge ändern, mit rückkoppelnder Wirkung auf künftige Entscheidungsbedarfe des betreffenden Ingenieurbüros und mit nachgelagerten Handlungsbedarfen.

Neumann-Cosel benennt das Spektrum an Entscheidungsalternativen als Alternativenraum, Entscheidungsraum oder Aktionsraum (1983: 17). Der letztere Begriff soll im Folgenden Anwendung finden. Ein Aktionsraum kann eine diskrete oder auch eine quasi unendliche Zahl an Alternativen aufweisen. So mag sich ein Unternehmen zwischen drei von der Fachkompetenz her infrage kommenden Werbeagenturen im Rahmen einer Präsentation zu entscheiden haben. Das Werbebudget selbst wird dagegen deutlich mehr denkbare Alternativen in Form der Budgethöhe aufweisen. Entscheidungsalternativen mögen bekannt und zwingend – oder durch das Unternehmen erst herauszuarbeiten sein. Da die Definition der in die nähere Betrachtung kommenden Handlungsalternativen gleichzeitig den Gestaltungsrahmen des Entscheiders absteckt, setzt das Herausarbeiten in Betracht kommender Alternativen ein fundiertes Zielverständnis voraus.

Schmalen beschreibt eine „Anspruchsanpassungstheorie", die bei einer unvollständigen Alternativenübersicht des Entscheiders zur Anwendung kommt (1992: 142):

---

20 Das Herbizid lässt sich sowohl auf Sommer- wie auf Wintergetreide anwenden.

Die Suche wird beendet, wenn man eine Entscheidungsalternative entdeckt hat, deren voraussichtlicher Zielbetrag das Anspruchsniveau des Suchers befriedigt. Findet man allerdings trotz intensiver Suche keine befriedigende Entscheidungsalternative, dann wird man sein Anspruchsniveau senken, die Suche abbrechen und die bisher gefundene beste Alternative realisieren. Stellt sich hingegen unerwartet schnell eine befriedigende Entscheidungsalternative ein, wird man sein Anspruchsniveau erhöhen und weitersuchen.

Eine solche Anspruchsanpassung mag sowohl auf individuelle wie auf unternehmerische Entscheider zutreffen. In jedem Fall sollte der Entscheider bei der Festlegung seines Aktionsraumes einen systematischen Ansatz wählen, der den gegebenen Umständen in nachvollziehbarer Weise Rechnung trägt. Ein differenziertes Verständnis der zugrunde liegenden Zielsetzung (und somit des Anspruchsniveaus) ist dabei eine Grundvoraussetzung. Hansson (2005), als Vertreter der deskriptiven Entscheidungstheorie, beschreibt das Paradoxon, dass Menschen häufig schlechtere Entscheidungen treffen, wenn sie mit einer höheren Anzahl an Entscheidungsalternativen konfrontiert sind.

Bestimmen des Aktionsraumes

Ein Entscheider verfügt über 10.000 EUR auf seinem Sparkonto. Die Bank bietet ihm die Möglichkeiten, das Geld in Beteiligungen an 3 Unternehmen anzulegen, und zwar mit den folgenden Mindesteinlagen:
- Beteiligungsbetrag Unternehmen A: 10.000 EUR
- Beteiligungsbetrag Unternehmen B: 5.000 EUR
- Beteiligungsbetrag Unternehmen C: 3.000 EUR

Innerhalb des verfügbaren Budgets kann der Entscheider die drei Beteiligungsoptionen beliebig kombinieren. Was ist der Aktionsraum des Entscheiders, d. h., welche Anlagealternativen sind aus Entscheidersicht denkbar?

Lösung: Es ergeben sich die folgenden denkbaren Anlagealternativen:
1. Sparkonto: 10.000 EUR
2. Beteiligung A: 10.000 EUR
3. Beteiligung B: 5.000 EUR, Sparkonto: 5.000 EUR
4. Beteiligung C: 3.000 EUR, Sparkonto: 7.000 EUR
5. Beteiligung B: 5.000 EUR, Beteiligung C: 3.000 EUR, Sparkonto: 2.000 EUR
6. Beteiligung B: 2x: 10.000 EUR
7. Beteiligung C: 3x: 9.000 EUR, Sparkonto: 1.000 EUR
8. Beteiligung C: 2x: 6.000 EUR, Sparkonto: 4.000 EUR

2.4.2 Entscheidungskriterien

Entscheidungskriterien definieren die Bewertungsparameter für die Auswahl der geeigneten Alternative; sie definieren den Bewertungsraum der jeweiligen Entscheidung. Die Kriterien sollten in Einklang mit den Entscheidungszielen stehen, sollten diese situationsspezifisch ausdeuten und in Entscheidungskonsequenzen überführen. Sofern die Bewertung der Entscheidungsalternativen nur über ein einziges Kriterium erfolgt, liegt eine monodimensionale Entscheidungssituation vor. Bei mehreren Kriterien spricht man von einer multidimensionalen oder multikriteriellen Entscheidungssituation.

Anteneh unterscheidet als multikriterielle Formen von Entscheidungen einerseits Entscheidungen mit multiplen Zielsetzungen, andererseits Entscheidungen mit multiplen Attributen (1993: 13). Letztere fordern ebenso einen differenzierten Bewertungseinsatz ein, welcher die Nutzenpotenziale der unterschiedlichen Attribute für die Erreichung der zugrunde liegenden Entscheidungsziele analysiert. Beispielsweise sollen für ein Unternehmen Lagerkapazitäten bereitgestellt werden. Die Bewertung von Alternativen erfolgt einzig nach dem Ziel der Kostenminimierung (Kosten pro Volumeneinheit pro Zeiteinheit). Allerdings weisen die alternativen Lagermöglichkeiten bezüglich dieses Alleinkriteriums vielfältige Attribute auf: Kosten treten in Form von investiven Bau- oder Umbautätigkeiten auf, in Form von unterschiedlichen Personalkosten, laufenden Betriebskosten oder auch Kosten für erforderliche Ausgleichsflächen.

2.5 Entscheidungsregeln

Aus einem Entscheidungsumfeld heraus entstehen Entscheidungsbedarfe. Diese konkretisieren sich in Form von Entscheidungssituationen, deren Bewertungskriterien unternehmerische Zielsetzungen zugrunde liegen. Von einem unternehmerischen Entscheider wird erwartet, dass seine Entscheidung zielkonform erfolgt und dass diese Entscheidung auch für andere Personenkreise nachvollzogen werden kann. Rationalität und Nachvollziehbarkeit werden gewährleistet durch die Bezugnahme auf Entscheidungsregeln. Entscheidungsregeln beinhalten Analyse- und Bewertungsmuster, welche eine Anwendungslogik für das Entscheiden liefern. Entscheidungsregeln stellen somit das Verbindungsglied dar zwischen gegebener Entscheidungssituation und getroffener Entscheidung.

Dieser Themenkomplex wird in fünf Teilen erschlossen: Das Unterkapitel 2.5.1 ist den grundsätzlichen Theorieansätzen gewidmet, denen Entscheidungsregeln verpflichtet sein können. Nach dieser Orientierung behandelt das Unterkapitel 2.5.2. für das Erklären von Entscheiderverhalten geeignete Entscheidungstheorien. Wo nicht aufgrund einer objektiv-quantitativen Logik entschieden werden kann, greifen Heuristiken. Diese sind Gegenstand des Unterkapitels 2.5.3. Im Unterkapitel 2.5.4 werden dann konkrete Entscheidungsregeln für verschiedene Entscheidungskonstellationen vorgestellt. Schließlich befasst sich das Unterkapitel 2.5.5 mit der menschlichen Irrationalität, also mit psychologischen Anomalien, die einer streng rationalen Entscheidungsfindung im Wege stehen und die gleichzeitig Erklärungsmuster liefern für die häufig anzutreffenden Differenzen zwischen der Theorie und Praxis des Entscheidens.

2.5.1 Theorieansätze

Die theoretischen Grundlagen für praxisorientierte unternehmerische Entscheidungsregeln sind Gegenstand der angewandten Entscheidungstheorie. Diese widmet sich der Unterstützung des Entscheidungsprozesses (Entscheidungshilfe) sowie der eigentlichen Anwendung (Entscheidungstraining). Gespeist wird die angewandte Entscheidungstheorie einerseits von der normativen Entscheidungstheorie, welche theoretisch maßgebende Strukturen und Wirkungsweisen postuliert, andererseits von der psychologischen Entscheidungsforschung, welche tatsächliche Sachverhalte empirisch erfasst und beschreibt.

Kornmeier (2007: 46 ff.) unterscheidet bei der wissenschaftlichen Forschung zwischen deskriptiven, analytischen, prognostischen und normativen Ergebnisaussagen. Eine systematischere und für das Entscheidungsmanagement geeignetere Herleitung von Aussagetypen differenziert zunächst deskriptive (beschreibende) und normative (maßgebende) Ansätze.[21] Normative Ansätze deklarieren die postulierten Verhaltensweisen als gerechtfertigt und geboten (Albert 1965: 183 ff.). Sie lassen sich weiter unterscheiden in evaluative (wertende) und präskriptiven (weisende) Ansätze. Entscheidungsrelevante Theorieansätze können zudem gemäß Ihrem Anwendungsspektrum untergliedert werden in spezifische und generische Ansätze. Spezifische Ansätze haben sich methodisch auf einen bestimmten Anwendungsrahmen spezialisiert. Entsprechend festgelegt ist der hiermit verbundene Erkenntnisrahmen. Generische Ansätze offenbaren dagegen eine grundsätzliche Anwendbarkeit mit einem entsprechend weiten Erkenntnisfeld.

Deskriptive Ansätze

Mit deskriptiven Ansätzen verbindet sich die objektive Darstellung unternehmerischer Wirkungs- und Leistungsprofile. Diese Darstellung erfolgt ohne Wertung und ohne das Ableiten von Handlungsimplikationen oder Handlungsgeboten. Mit deskriptiven Ansätzen verbindet sich das Ziel, „empirisch gehaltvolle Hypothesen über das Verhalten (...) im Entscheidungsraum zu formulieren, mit deren Hilfe bei Kenntnis der jeweiligen Ausgangssituation Entscheidungen prognostiziert werden können (Laux/Gillenkirch/Schenk-Mathes 2018: 17). Deskriptive Ansätze sind vergangenheitsbezogen. Sie helfen dem Entscheider, das Erarbeiten einer Informationsbasis zu strukturieren und zu systematisieren und somit künftige Entscheidungen vorzubereiten.

Als beispielhafter Vertreter eines spezifisch-deskriptiven Ansatzes zeigt eine Carbon-Footprint-Analyse für definierte Einheiten (vom Individuum zur Organisation bis hin zur Volkswirtschaft) die Emission von Treibhausgasen auf. Hierbei geht es um ei-

---

21 Bezüglich deskriptiver und normativer Ansätze von entscheidungsunterstützenden Instrumenten, speziell in Bezug auf ein unternehmerisches Nachhaltigkeitsmanagement, siehe auch Jeschke/Mahnke (2013b: 8 ff.).

ne – grundsätzlich wertfreie – Bestandsaufnahme mit einem thematisch klar fokussierten Anwendungsbezug (Emissionen ausgedrückt als CO_2-Äquivalente). Eine Anwendung etwa auf andere ökologische Parameter ist dagegen methodisch nicht vorgesehen (vgl. Kranke 2010).

Das Bezugsfeld generisch-deskriptiver Ansätze ist dagegen weniger restriktiv. Einen solchen thematisch nicht festgelegten Beschreibungsansatz liefern Verfahren wie die Cross-Impact-Analyse (vgl. Asan/Bozdag/Polat 2004, näher ausgeführt im Unterkapitel 5.3.2) oder das Stakeholder-Mapping (näher ausgeführt im Kapital 3.2.1).

Evaluative Ansätze

Als normativer Ansatz sind evaluative Ansätze maßgebend und somit verankert im zugrunde gelegten Wertesystem. Zudem sind sie retrospektiv, beziehen sich also auf vergangene Zeiträume. Künftige Entscheidungshilfen können somit über evaluative Ansätze nicht direkt herausgearbeitet werden. Insbesondere in einem dynamischen Unternehmensumfeld und bei länger zurückliegenden Erfahrungszeiträumen wird es kaum möglich sein, vergangene Bewertungen extrapolierend auf künftige Entscheidungssituationen zu transferieren. Allerdings scheint das unreflektierte Fortschreiben vergangener Gewissheiten ein menschlicher Reflex zu sein, eine verhaltenspsychologische Anomalie, die als „Induktion" bezeichnet wird (siehe Anhang).

Evaluative Ansätze ermöglichen einen strukturierten, vergangenheitsbezogenen Vergleich unternehmerischer Gestaltungsergebnisse, entweder mit Stichtags- oder Periodenbezug. Während hierdurch eine wertvolle Basis für künftige Entscheidungen geschaffen werden kann, vermag es ein evaluativer Ansatz nicht, differenziert zukunftsgerichtete Gestaltungsaussagen herauszuarbeiten. Ein typischer unternehmerischer Anwendungsfall wäre die Evaluation eines Personal-Auswahlverfahrens (Assessment Centers).

Als spezifisch-evaluative Ansätze, welche wertend auf eine vergangene Leistungsperiode Bezug nehmen, können etwa themenfokussierte Audits gelten. So wird ein Öko-Audit den ökologiebezogenen Leistungsstand einer Untersuchungseinheit retrospektiv erfassen (vgl. Jahnke 1995). Auch Methoden zur Unternehmensbewertung – wie etwa die Multiplikator-Methode – sind auf spezifische Entscheidungssituationen ausgerichtet (vgl. Coenenberg/Schultze 2002, Ernst/Schneider/Thielen 2012).

Zu generisch-evaluativen Ansätzen gehören etwa die zahlreichen Aktienindices, unter den nachhaltigkeitsorientierten Indices etwa der Global 100, der Dow Jones Sustainable Index oder auch der Global Challenges Index. Diesen Indices ist gemein, dass sie insbesondere bei börsennotierten Unternehmen anhand eines festgelegten Kriterienkatalogs und einer anschließenden Bewertungsaggregation mittels Indexbildung angewendet werden. Methodisch erfolgt jedoch keine Branchenfestlegung, womit der Bewertungsansatz auf ein breites Spektrum von Unternehmen anwendbar ist. Thematisch weitergefasst wären auch Ansätze wie etwa eine ISO 9000 ff.-Zertifizierung nebst nachfolgenden Audits.

Präskriptive Ansätze

Präskriptive Ansätze sind auf zukunftsbezogene Gestaltungsaussagen ausgerichtet: Künftige Wirkungsbilder werden beurteilt, als projizierte Konsequenz unternehmerischer Gestaltungsalternativen. Mit präskriptiven Aussagen verbinden sich Vorschriften oder Gebote für künftiges Handeln. Als Beispiel können unternehmerische Investitionsentscheidungen dienen. Wie könnte der unternehmerische Entscheidungsprozess angelegt sein, um künftigen Szenarien und Wirkungsgefügen im Sinne der zugrunde liegenden Zielsetzungen Rechnung zu tragen?

Theorieansätze

Sozialwissenschaftliche Theorieansätze können beschreibend oder weisend sein. Bei den beschreibenden oder *deskriptiven* Ansätzen findet eine wertungsfreie Darstellung vergangener Sachverhalte statt. Dagegen bewerten *evaluative* Theorieansätze die vergangenen unternehmerischen Verhaltensweisen – und gleichen diese ab mit einem zu präferierenden Verhaltensprofils. Sofern Theorieansätze eine solche Weisung nicht retrospektiv vornehmen, sondern mit künftigen Handlungsempfehlungen verbinden, spricht man von maßgebenden oder *präskriptiven* Theorieansätzen.

Spezifisch-präskriptive Ansätze gestatten innerhalb eines methodisch festgelegten Entscheidungsraumes die Projektion künftiger Unternehmensszenarien und bieten somit eine direkte Unterstützung für Unternehmensentscheidungen. Auf künftiges, verbesserndes Handeln ausgerichtete Ansätze wären etwa das „Eco-Management and Audit Scheme" (EMAS, www.emas.de) oder auch Öko-Checklisten (vgl. Bihr/Deyhle 2000), deren Absicht ein themenspezifischer, aktueller Erfüllungsgrad ist, verbunden mit einer klaren Weisungsbotschaft für künftige Bestandsaufnahmen.

Als generisch-präskriptive Ansätze können etwa systemtheoretisch fundierte Ansätze wie die System Dynamics (Forrester 1977) – methodischer Impulsgeber für die Befunde und Empfehlungen für den ersten Bericht 1972 an den Club of Rome – angesehen werden. Im Gesamtkontext der Systementwicklung werden hier Entscheidungswirkungen für einzelne Systemteilnehmer (wie Unternehmen) simuliert und somit präferierende Entscheidungsmuster herausgearbeitet. Weitere Vertreter generisch angelegter Ansätze zur unternehmerischen Entscheidungsunterstützung wären etwa die SWOT-Analyse (Yoffie/Kwak 2001) sowie das Analyse- und Planungsverfahren der Balanced Scorecard (Kaplan/Norton 1992).

In der Tabelle 2.9 werden die Arten theoretischer Ansätze, welche grundsätzlich zur Unterstützung unternehmerischer Entscheidungen geeignet sind, anhand der Parameter „Aussageart" und „Anwendungsspektrum" dargestellt und jeweils durch beispielhafte Vertreter illustriert.

Tabelle 2.9: Kategorisierung entscheidungsunterstützender Ansätze (in Anlehnung an Jeschke/ Mahnke 2013a: 9 ff.).

		Anwendungsspektrum	
		spezifisch	generisch
Aussageart	deskriptiv	z. B. Carbon-Footprint-Analyse	z. B. Cross-Impact-Analyse, Stakeholder-Mapping
	evaluativ	z. B. Öko-Audits, Multiplikator-Methode	z. B. ISO 9000 ff., Global 100-Aktienindex
	präskriptiv	z. B. Eco-Management and Audit Scheme (EMAS), Öko-Checklisten	z. B. SWOT-Analyse, Balanced Scorecard, System Dynamics

2.5.2 Entscheidungsmodelle

Ein Modell ist durch drei Merkmale gekennzeichnet (Stachowiak 1973: 131 ff.):
1. Abbildung eines Originalsachverhalts
2. Reduzierung der Darstellung auf die wesensrelevanten Attribute
3. Zwecksetzung im Sinne einer wertschöpfenden Erkenntnis

Entscheidungsmodelle können somit eine konzeptionelle Grundlage für anwendungsorientierte Entscheidungsregeln darstellen. Im Folgenden werden vier Entscheidungsmodelle vorgestellt und in ihrer jeweiligen Praxisrelevanz reflektiert: das Modell des Homo oeconomicus, das Subjectively-Expected-Utility-Theorie, die Prospect-Theorie sowie die Satisficing-Theorie.

Modell des Homo oeconomicus

Die klassische Entscheidungstheorie postuliert als wirtschaftswissenschaftliches Menschenbild den „Homo oeconomicus". Ein Anwendungsverständnis dieses Menschenbildes wird im Rahmen der neoklassischen Kapitalmarkttheorie vor allem bezüglich der Abläufe auf Finanzmärkten entwickelt, unterfüttert durch finanzmathematische Entscheidungsmodelle. Mit dem Homo oeconomicus verbinden sich vier zentrale Eigenschaften:
1. Gewinnmaximierung
2. zweckrationales Handeln
3. vollkommene Markttransparenz
4. unverzügliche Reaktionen

Demnach werden unternehmerische Entscheidungen ausschließlich mit dem Ziel der Ergebnismaximierung getroffen. Nach diesem Primat richten sich die herangezogenen Entscheidungsregeln konsequent und ausnahmslos aus. Die Beurteilung von Entscheidungssituationen erfolgt zudem bei vollständiger Informationsgrundlage für alle involvierten Personen, deren Handeln ohne Zeitverzögerung den übrigen involvierten

Personen offenbar wird. Es gibt Bestrebungen, das Modell des Homo oeconomicus zu erweitern und ihn als „Nutzenmaximierer" auch für ein multidimensionales Werte-system zu qualifizieren (Pennekamp 2012). Eine solche Betrachtung verwässert jedoch das Grundprinzip dieses Modells, der ausschließlichen Ausrichtung auf eine kommer-zielle Wertdimension. Mit Verweis auf einen in der Realität im Regelfall breiter aufgefä-cherten Nutzenanspruch verkündet dann auch Snower: „Adieu, Homo oeconomicus" (2014: 24).

Wie realitätsnah ist ein solches Modell und welche Wirkungsweisen würden sich hieraus ableiten? Eine rein egozentrisch-materiell ausgerichtete Entscheidungsfin-dung steht im grundsätzlichen Widerspruch zu modernen Führungsansätzen. So scheint neben der analytischen Intelligenz vor allem die emotionale Intelligenz geeig-net zu sein, um in sozialen Gebilden wie Unternehmen angemessene Entscheidungen zu finden und durchzusetzen. Nach Goleman (1996) umfasst diese emotionale Intelli-genz fünf Dimensionen: Selbstreflektion, Selbstkontrolle, Motivation, Empathie und soziale Kompetenz. Keine dieser Dimensionen steht in direkter Korrelation mit einer unternehmerischen Gewinnmaximierung.

Und doch bietet das Modell des Homo oeconomicus die Grundlage für vielfälti-ge reale Investitionsentscheidungen, und die theoretischen Modellannahmen lassen sich durchaus in der Praxis finden. So ist eine Intraday-Handelssoftware ausschließ-lich an kurzfristigen Gewinnen ausgerichtet und kann hierzu in Realzeit auf eine Vielzahl entscheidungsrelevanter Informationen zurückgreifen. Aber auch länger-fristige Investmententscheide berufen sich zum Teil schwerpunktmäßig auf Rendi-teerwartungen, etwa bei rein preisgetriebenen Ausschreibungsverfahren. Und das Internet führt „e-Shopper" nah an die theoretische Prämisse von Markttransparenz und schnellen Reaktionszeiten heran.

Modell der Subjectively Expected Utility

Die Subjectively-Expected-Utility-Theorie (SEU) nach Edwards (1954) gilt als Basis-Theorem der nutzenorientierten Entscheidungslehre. Gegenstand dieses präskripti-ven Ansatzes ist die Maximierung des subjektiv erwarteten Entscheidernutzens. Hier-nach wählt der Entscheider die Entscheidungsalternative mit dem höchsten subjekti-ven – also individuellen – Nutzen. Dieser Nutzen wird mehrdimensional verstanden, setzt sich also aus verschiedenen Nutzenaspekten zusammen, vergleichbar mit ver-schiedenen Entscheidungskriterien und somit in Kontrast zur Theorie des Homo oeco-nomicus, welcher nur Gewinnmaximierung als die einzige Nutzendimension kennt. Der Nutzen ist hier zu verstehen als subjektive Bewertung einer möglichen Konse-quenz der gewählten Entscheidungsoption: Der Entscheider wählt die Option mit dem subjektiv maximalen erwarteten Nutzen. Diese Nutzenbetrachtung hat nicht den An-spruch, direkt beobachtbar bzw. messbar (und damit objektivierbar) zu sein. Ein posi-tiver Nutzen ist Ausdruck eines persönlichen Gewinns, ein negativer Nutzen steht für einen persönlichen Verlust.

Die Realisierung der verschiedenen Nutzenarten erfolgt mit einer subjektiv veranschlagten Eintrittswahrscheinlichkeit. In seiner einfachsten Form heißt dies, dass die mögliche Konsequenz einer bestimmten Entscheidungsalternative mit einer angenommenen Wahrscheinlichkeit eintritt und sich damit für den Entscheider ein bestimmbarer – positiver oder negativer – Nutzen assoziiert. Statt also, wie beim Homo oeconomicus, vollkommene Informationsstände zu unterstellen, wird jedem Entscheider eine individuelle Einschätzung der nutzenbezogenen Eintrittswahrscheinlichkeiten unterstellt. Entsprechend werden Entscheider individuell entscheiden und nicht einem allgemeingültigen Wertekodex folgen.

Rechnerisch ist der zur Bewertung einer Entscheidungsalternative herangezogene SEU-Wert die Summe der verschiedenen mit dieser Alternative assoziierten Nutzenwerte gewichtet mit den Wahrscheinlichkeiten ihres Eintretens. Es ergibt sich folgende Berechnungsformel:

$$SEU_i = \sum_{j=1}^{n} p_j \cdot u_j$$

Hierbei gilt:

SEU_i = Gesamtnutzen der Entscheidungsalternative i

p_j = subjektive Eintrittswahrscheinlichkeit („probability") der Nutzenkomponente j im Falle der Entscheidungsalternative i

u_j = positiver oder negativer, subjektiv veranschlagter Nutzen („utility") der Nutzenkomponente j im Falle der Entscheidungsalternative i

n = Zahl der bewertungsrelevanten Nutzenkomponenten

Die Annahme eines multidimensionalen Kriterienfeldes bei individuell geprägten Einschätzungsmustern scheint die Realität unternehmerischen Entscheidens für den überwiegenden Anteil von Entscheidungssituationen besser abzubilden als die einseitige Entscheidungslogik des Homo oeconomicus. Dabei setzt die SEU-Theorie einen rationalen Entscheider voraus, der alle möglichen Alternativen kennt und einzuschätzen vermag. Eine Nutzenmaximierung gemäß der vorgestellten Formel setzt vier rationale Prinzipien voraus (vgl. Ahmed et al. 2014: 85):

- Transitivität: Wenn ein Nutzen u_x einem Nutzen u_y vorgezogen wird, und u_y wird dem Nutzen u_z vorgezogen, dann folgt, dass u_x dem Nutzen u_z vorgezogen wird.
- Monotonie: Entweder wird mehr oder weniger von einer bestimmten Nutzenkomponenten bevorzugt.
- Unabhängigkeit: Die Nutzenpräferenzen der einzelnen Nutzenkomponenten sind unabhängig voneinander, interkorrelieren also nicht.
- Äquivalenz: Unabhängig von der zeitlichen Abfolge sind gleiche Nutzenwerte miteinander vergleichbar.

Prospect-Theorie

Die von Kahneman und Tversky (1979) vorgestellte Prospect-Theorie ist als präskriptiver Ansatz um eine weitere Annäherung an die Entscheiderrealität bemüht. Gegenüber dem SEU-Erwartungsnutzenmodell soll der Entscheiderpsychologie insbesondere dadurch entsprochen werden, dass Eintrittswahrscheinlichkeiten keinen expliziten Anteil an der Nutzenbewertung haben. Eine Nutzenermittlung über eine Gewichtung von Eintrittswahrscheinlichkeiten erfolgt somit nicht. Dagegen findet die Verrechnung von Eintrittswahrscheinlichkeiten und Nutzenwerten implizit statt und schlägt sich beim Entscheider in einem gesamthaften Nutzenbild nieder: Statt subjektiver Eintrittswahrscheinlichkeiten findet der Entscheider zu einer subjektiven Gesamtbedeutung des jeweiligen Nutzenaspekts, zu einer subjektiven Rationalität. Tendenziell wird bei einer solchen impliziten Berücksichtigung von Wahrscheinlichkeiten kleinen Wahrscheinlichkeiten ein überproportionales Gewicht gegeben (während sich diese im Rahmen des SEU-Modells rechnerisch marginalisieren würden).

Ein weiteres Differenzierungsmerkmal der Prospect-Theorie ist die Unterscheidung zwischen subjektiven und objektiven Nutzenaspekten. Als objektive Nutzenaspekte werden insbesondere finanzielle Konsequenzen von Entscheidungen angesehen. Diese können wertmäßig eindeutig beziffert werden und für den Entscheider entweder eine Gewinn- oder eine Verlustsituation ausmachen. Allerdings wird diese objektiv bestimmbare, monetarisierte Gewinn- oder Verlustsituation beim Entscheider zu einem individuellen (subjektiven) Ermessen hinsichtlich des hiermit verbundenen Nutzenzuwachses oder -verlustes führen. Insofern ist jedem Entscheider seine individuelle Nutzenfunktion zu eigen, mit subjektiv gewähltem Bezugspunkt. Dieser Referenzpunkt legt individuell fest, ab wann ein positiver oder ein negativer Nutzen bzw. Nutzenentgang gilt. Somit kann ein identischer finanzieller Verlust bei zwei verschiedenen Entscheidern zu unterschiedlichen subjektiven Nutzenwerten führen: Den einen schmerzt der gleiche Verlust, etwa von 100 EUR, mehr als den anderen.

Diese Theorie geht von zwei Entscheidungsphasen aus. In der ersten Phase – der „Editing-Phase" – werden Gewinn- und Verlustmöglichkeiten in Bezug auf einen neutralen, individuellen „Referenzpunkt" identifiziert, quasi als nutzenneutraler Ausgangspunkt. In der zweiten Phase, der „Evaluations-Phase", werden die Entscheidungsalternativen anhand zweier Bewertungsskalen miteinander verglichen: Die eine Skale bezieht sich auf den objektiven monetären Nutzen oder Nutzenentgang, welcher mit der jeweiligen Alternative einher ginge. Die andere Skale bezieht sich dagegen auf die subjektive Nutzenwahrnehmung, welche mit der jeweiligen Alternative einher geht.

Die Abbildung 2.8 illustriert die Bewertungslogik der Prospect-Theorie. Ergebnisse oberhalb des als Zentrum des Darstellungskreuzes angelegten Referenzpunktes empfindet der Entscheider als positiven Nutzen. Analog werden Ergebnisse unterhalb des Referenzpunktes als negativer Nutzen kodiert. Die individuellen Wertfunktionen verlaufen risikofreudig oder risikoavers bzw. risikoscheu. Die Wertfunktion kann zudem im Verlauf abschnittweise wechseln und somit Schwellenwert-Effekte zum Ausdruck bringen. Die Prospect-Theorie basiert allerdings grundsätzlich auf der Annahme, dass Entscheider im Gewinnbereich zur Risikoaversion neigen. Sichere positive Ergebnisse werden unsicheren überproportional vorgezogen. Im Verlustbereich tendieren Entscheider dagegen zur Risikofreude.

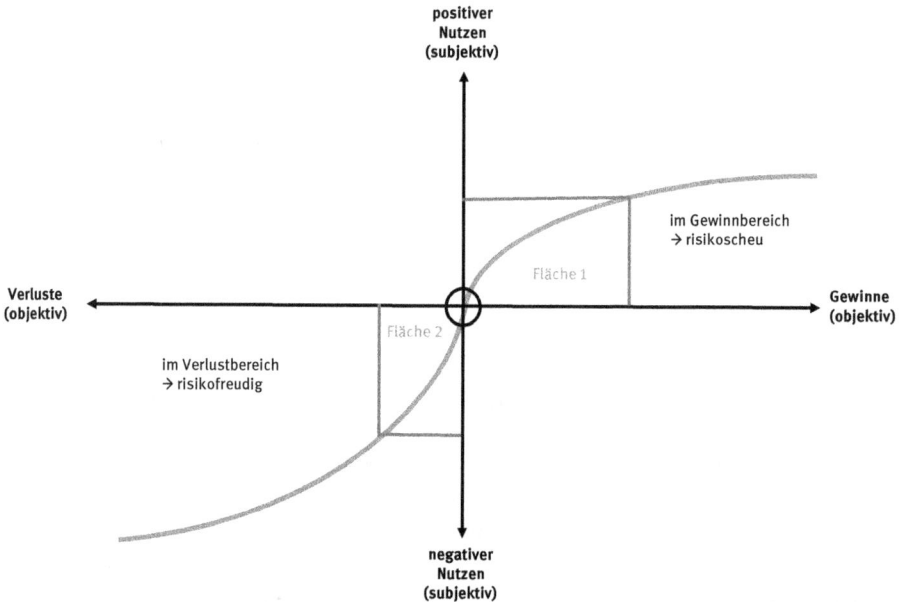

Abbildung 2.8: Nutzenlogik der Prospect-Theorie (in Anlehnung an Kahnemann und Tversky 1979: 279).

Je größer die in der Abbildung 2.8 dargestellte positive Nutzenfläche, desto größer der empfundene Nutzen – analog verhält es sich mit der negativen Nutzenfläche. Der Entscheider wird der Entscheidungsalternative zuneigen, welche die kleinste negative oder die größte positive Nutzenfläche erwarten lässt. Beispielsweise kann eine Entscheidung entweder den Nutzengewinn der Fläche 1 oder den Nutzenentgang der Fläche 2 zur Konsequenz haben. Die Fläche des Nutzengewinns ist größer als die Fläche des Nutzenentgangs. Folglich wird die Entscheidung grundsätzlich als positiv indiziert sein. Im Vergleich zum SEU-Modell geht die Prospect-Theorie zwar auch von multidimensionalen Entscheidungsräumen aus, differenziert hier jedoch zwischen objektiven und subjektiven Nutzenaspekten, um diesen in einer gesamthaften Bewertungslogik Rechnung zu tragen, statt einzelne Nutzenbetrachtungen miteinander zu verrechnen.

Satisficing-Theorie

Simon (1957) entfernt sich mit seinem Ansatz des *Satisficing*[22] von der Entscheider-prämisse einer optimalen Entscheidung. Stattdessen nutzt der Entscheider seine begrenzten Informationen, Zeitressourcen und intellektuellen Kapazitäten, um eine für ihn akzeptable Entscheidung zu treffen. Der Weg zu einem solchen Kompromiss trägt dem Umstand Rechnung, dass eine Verbesserung der Informationslage mit Aufwand zu tun hat und insofern abzuwägen ist. Der subjektiv angestrebte optimale Informationsstand wird daher im Regelfall nicht dem maximalen Informationsstand entsprechen. Ausgangspunkt ist vielmehr ein individueller Mindestanspruch an Befriedigung, der dann mit der aktuellen Entscheidungssituation abgeglichen wird.

Gemäß Simon existiert ein „Optimieren" in der Realität nicht; stattdessen würde ein Entscheider „genügend gute" Alternativen präferieren. Marshall (1998) befindet die Anwendungsmöglichkeiten des Satisficing-Modells für geeignet, das tatsächliche Verhalten innerhalb eines Unternehmens zu beschreiben.

Schwarzfahren oder nicht? Was indizieren die verschiedenen Entscheidungstheorien?
Ein Fahrschein im öffentlichen Nahverkehr einer Großstadt kostet 5,00 EUR. Wird man beim Schwarzfahren erwischt, so ist eine Strafe in Höhe von 50,00 EUR zu bezahlen und zudem ein Fahrschein zu lösen. Dem Entscheider eröffnen sich zwei Entscheidungsalternativen: 1. einen Fahrschein zu lösen und 2. *keinen* Fahrschein zu lösen („schwarzfahren").

1. Zu welchen Überlegungen und Entscheidungen würde ein Entscheider auf Grundlage der drei Entscheidungsmodelle jeweils gelangen: a) Homo oeconomicus, b) SEU-Modell und c) Prospect-Theorie?
2. Inwiefern führen die unterschiedlichen Modellprämissen der drei Ansätze zu unterschiedlichen Überlegungen und Entscheidungsergebnissen?
3. Wie würden Sie persönlich sich entscheiden, etwa heute auf dem Nachhauseweg?
4. Inwiefern werden Ihre persönlichen Überlegungen durch eines oder mehrere der drei Entscheidungsmodelle abgebildet?

Lösungsansatz (zur 1. Frage):
a) *Homo oeconomicus*: Eine zentrale Information zur Bewertung ist die Eintrittswahrscheinlichkeit, mit der ein Fahrgast kontrolliert wird, mit der ein Schwarzfahrer auf der jeweiligen Strecke also überführt wird. Vor dem Hintergrund totaler Markttransparenz wäre diese Wahrscheinlichkeit objektiv gegeben und bekannt. Sofern die Wahrscheinlichkeit < 9,1 % ist (das Verhältnis von 5,00 EUR zu 55,00 EUR, also „5 / 55"), würde sich der Homo oeconomicus zum Schwarzfahren entscheiden, bei höherer Wahrscheinlichkeit des Überführtwerdens jedoch zum Lösen eines Fahrscheins. Warum? Die Entscheidungsalternative „regulär bezahlte Fahrt" kostet den Entscheider 5,00 EUR. Die Alternative des Schwarzfahrens führt mit einer Wahrscheinlichkeit „x" (im Falle des Erwischtwerdens) zu Kosten in Höhe von 55,00 EUR (Strafzahlung zuzüglich des nachzulösenden Fahrscheins) und mit einer residualen Wahrscheinlichkeit von „(1 − x)" zu Fahrtkosten in Höhe von 0,00 EUR. Bei einer Ereigniswahrscheinlichkeit von 9,1 % sind beide Alternativen rechnerisch gleichwertig, da der gewichtete, negative Nut-

---

22 Der Begriff „Satisficing" steht für einen Gegenentwurf zum „Optimizing", indem die Entscheiderzufriedenheit („Satisfaction") als Maßstab herangezogen wird.

zen von 55,00 EUR, die dem überführten Schwarzfahrer an Kosten entstehen, den alternativen Fahrtkosten von 5,00 EUR entsprechen: 55,00 EUR × 0,091 = 5,00 EUR × 1.000. Zu diesem Verhaltensmuster würde ausnahmslos jeder Entscheider finden, da sich alle Entscheider bei gleicher Zielstellung auf den gleichen, transparenten Wahrscheinlichkeitswert und auf die gleiche Nutzenkalkulation bezögen.

b) *SEU-Modell*: Neben dem rein finanziellen Nutzenaspekt sind weitere entscheiderrelevante Nutzenaspekte vorstellbar wie etwa „Scham beim Erwischtwerden" oder „schlechtes Gefühl wegen amoralischen Verhaltens". Eine objektiv-faktische Wahrscheinlichkeit des Kontrolliertwerdens ist nicht bekannt und wird individuell (subjektiv) veranschlagt. Die Schwelle zum Schwarzfahren wird gegenüber der Logik des Homo oeconomicus deutlich höher sein, da dieses Verhalten neben der Möglichkeit der Strafzahlung mit weiteren, moralisch geprägten negativen Nutzenaspekten behaftet ist. Zudem wird es bei Zugrundelegung dieses Entscheidungsmodells nicht zu einem allgemeinen Verhaltensmuster kommen, sondern zu individuellen Einschätzungen hinsichtlich der beiden Entscheidungsalternativen. Für ein Rechenbeispiel werden drei relevante Nutzenarten angenommen: der finanzielle Nutzen „u_f", der moralische Nutzen „u_m" (schlechtes Gewissen) sowie der zeitliche Nutzen „u_z" (durch Fahrtunterbrechung zur Aufnahme der Personalien). Beim regulären Erwerb eines Fahrscheins könnte die Nutzenberechnung für „SEU_{zahlen}" (ausgedrückt in Euros als Geldäquivalent) folgendermaßen aussehen: $SEU_{zahlen} = (p_f × u_f) + (p_m × u_m) + (p_z × u_z) = (100\,\% × -5,00\,EUR) + (0\,\% × -20,00\,EUR) + (0\,\% × -10,00\,EUR) = -5,00\,EUR$. Im Fall des regulären Fahrscheinerwerbs würde ein Entscheider mithin von einem negativen Nutzen in Höhe von −5,00 EUR ausgehen, basierend auf den mit 100 %iger Wahrscheinlichkeit entrichteten Fahrpreis in der Höhe von 5,00 EUR. In moralischer und zeitlicher Hinsicht wird diese Option dagegen keinen Negativnutzen erbringen, die betreffenden Eintrittswahrscheinlichkeiten betragen deshalb 0 %. Wie könnte bei der Schwarzfahroption die Nutzenberechnung „$SEU_{schwarz}$" aussehen? $SEU_{schwarz} = (p_f × u_f) + (p_m × u_m) + (p_z × u_z) = (10\,\% × -55,00\,EUR) + (10\,\% × -20,00\,EUR) + (10\,\% × -10,00\,EUR) = -8,50\,EUR$. Bei dieser Option geht der Entscheider von einer 10 %igen Eintrittswahrscheinlichkeit des Erwischtwerdens aus. Somit sind der Fahrpreis nebst Strafzahlung nur mit einer solchen Wahrscheinlichkeit zu entrichten. Ebenso wird der angenommene negative moralische und zeitliche Nutzen mit dieser Wahrscheinlichkeit veranschlagt. Im Resultat würde der beispielhafte Entscheider sich für das reguläre Lösen eines Fahrscheins entscheiden, da bei dieser Option der negative Nutzen geringer ausfällt als bei der Alternative. Diese Einschätzungen sind subjektiv. Sollten also Eintrittswahrscheinlichkeiten oder Nutzengrößen anders veranschlagt werden (etwa, weil der Zeitfaktor keine Rolle spielt), dann würde die Einschätzungen entsprechend anders ausfallen.

c) *Prospect-Theorie*: Die Überlegungen zur Wahrscheinlichkeit einer Fahrgastkontrolle spielen keine Rolle für den Bewertungsansatz. Stattdessen geht es bei der Entscheidungsfindung darum, ob der Entscheider risikofreudig oder -avers ist und welchen Stellenwert die jeweiligen finanziellen Konsequenzen für den Entscheider im Gesamtbild der gegenständlichen Nutzenaspekte einnehmen. Wie beim SEU-Modell gibt es hier individuell geprägte und nicht allgemeingültige Verhaltensmuster. Hierbei werden relativ unwahrscheinliche Ereignisse entscheidungsleitender sein als beim SEU-Modell und zudem der personen- oder auch situationsbezogene Risikotyp des Entscheiders eine Rolle bei der Alternativenauswahl spielen. Vorstellbar ist beispielsweise, dass sich ein Fahrgast, der sein Geld vergessen hat (und deshalb die Fahr eigentlich gar nicht antreten dürfte), aber dringend eine zeitgerechte Anfahrt zum Flughafen benötigt, situationsbedingt risikofreudiger verhält als unter normalen Umständen.

2.5.3 Entscheidungsheuristiken

Bei der Entscheidungsfindung können quantitativ-systematisierende bzw. numerisch-iterative von heuristischen Ansätzen unterschieden werden. Zu Letzteren scheint der Mensch aufgrund analytischer Limitationen und gegebener Informationsintransparenz zu neigen.

Heuristische Entscheidungsregeln sind Strategien, die das Finden von Lösungen zu Problemen ermöglichen sollen, zu denen kein geeigneter, systematischer Algorithmus bekannt ist. Derartige „Faustregeln" dienen der kognitiven Entlastung. Sie ermöglichen es, schnell und auf der Grundlage bruchstückhaften Wissens Schlussfolgerungen zu ziehen, die – obwohl nicht logisch zwingend – in vielen Kontexten angemessen und nützlich sind. Andererseits können diese Schlussfolgerungen in anderen Kontexten zu systematischen Fehleinschätzungen führen. Feigenbaum und Feldmann führen hierzu aus (1963: 6):

> A heuristic (…) is a rule of thumb, strategy, trick, simplification, or any other kind of device which dramatically limits search for solutions in large problem spaces. Heuristics do not guarantee optimal solutions; in fact, they do not guarantee any solution at all; all that can be said for a useful heuristic is that it offers solutions which are good enough most of the time.

Heuristiken weisen als komplexitätsreduzierende, methodische Lösungsverfahren folgende Eigenschaften auf (vgl. Imboden/Leibundgut/Siegenthaler 1978: 303 ff.):
-   Potenzielle Lösungen werden vom Suchprozess ausgeschlossen, was zu einer Reduzierung des Lösungsaufwandes führt.
-   Im Gegensatz zu klassisch-analytischen und numerisch-iterativen Verfahren gibt es keine Lösungsgarantie.
-   Im Gegensatz zu willkürlichen Entscheidungsverfahren kommen selektiv wirkende Entscheidungsprinzipien zum Einsatz.

Beispiel Bankenfusion

Seidel (2013) diskutiert die Anwendung heuristischer Lösungsmethoden für den Entscheidungskomplex einer Bankenfusion. Als Entscheidungskomplex mit vielfältigen subsumierten Entscheidungsbedarfen ist diese Thematik gut geeignet, um die Rolle von Heuristiken beispielhaft zu illustrieren.

Bei der Problemstrukturierung bezieht sich Seidel auf eine Systematik von Reiss (1990), welche drei Aufgabengruppen unterscheidet:
1. Orientierungsheuristiken stellen darauf ab, das Verhalten von beteiligten und betroffenen Stakeholdern im Sinne der unternehmerischen Zielsetzungen zu beeinflussen.
2. Kontingenzheuristiken sind geeignet, das Feld der Problemlösungsmöglichkeiten einzugrenzen oder somit Problemkomplexität zu reduzieren.
3. Strukturierungsheuristiken stellen ab auf die Strukturierungslogik des Umsetzungsprozesses, etwa der Orientierung an einer Ablauf- oder einer Aufbauorganisation.

Jeder der obigen Aufgabenbereiche ist gekennzeichnet durch Gestaltungsräume mit den entsprechenden Entscheidungsalternativen. Die Tabelle 2.10 weist den Aufgabenbereichen und deren Unterbereichen heuristische Entscheidungsmethoden zu, welche für eine Bankenfusion als Regelwerk zur Anwendung kommen könnten. Innerhalb eines gesamthaften Entscheidungskomplexes werden mithin die Rollen einzelner Heuristiken voneinander abgegrenzt.

Tabelle 2.10: Umsetzungsheuristiken für Bankenfusion (Seidel 2013: 13).

Orientierungsheuristiken	▸ Kontingenzheuristiken	▸ Strukturierungsheuristiken
Führung Ziel/Weg-Heuristiken Weg/Ziel-Heuristiken	Abstimmung Outside/In-Heuristiken Inside/Out-Heuristiken	Synthese Integrations-/Differenzierungs-Heuristiken Differenzierungs-/Integrations-Heuristiken
Einführung Akkomodationsheuristiken Assimilationsheuristiken	Analyse Kontextorientierte Heuristiken Strukturorientierte Heuristiken	Formalstrukturierung Ganzheitliche Heuristiken Elementaristische Heuristiken Ablauforientierte Heuristiken Aufbauorientierte Heuristiken
Spezifikation Konkretisierungsheuristiken Abstraktionsheuristiken		

Nach Seidel (2013: 13 ff.) subsumieren die Orientierungsheuristiken drei Unterthemen: die Bestimmung des Führungsverhaltens, die Gestaltung von Einführungsprozeduren sowie die Spezifikation von Problemzusammenhängen. Die Kontingenzheuristiken umfassen Abstimmungs- und Analyseheuristiken. Bei Strukturierungsheuristiken unterscheidet Seidel zwei Unterkategorien, Synthese- und Formalstrukturierungsheuristiken.

Die einzelnen Heuristiken, welche den beispielhaften Entscheidungskomplex einer Bankenfusion durch ihre Regellogik zu unterstützen vermögen, werden nachstehend skizziert:

- Orientierungsheuristik/Führung: *Ziel/Weg-Heuristik* – Hier wird zunächst das Ziel festgelegt, um dann zu bestimmen, wie und mit welcher Ressourcenallokation dieses Ziel erreicht werden kann.
- Orientierungsheuristik/Führung: *Weg/Ziel-Heuristik* – Zunächst werden die Maßnahmen festgelegt, etwa die Gestaltung der Kommunikationswege, woraus sich die Möglichkeiten ergeben und als Ziele konkretisieren. Dieses Vorgehen ist opportun, wenn schnelles Handeln geboten ist.
- Orientierungsheuristik/Einführung: *Akkomodationsheuristik* – Hier steht eine schnelle Problemlösung im Vordergrund; aufbauend auf dieser kann im nächsten Schritt eine langfristig belastbare (systemgerechte) Lösung geschaffen wer-

den. So mag die Umstellung der Arbeitszeit von festen Zeiten auf Gleitzeit eine kurzfristige Problemlösung darstellen, die es nachfolgend in eine systemgerechte Lösung zu überführen gilt, etwa im Sinne einer den Umständen angepassten Kundenbetreuung.

- Orientierungsheuristik/Einführung: *Assimilationsheuristik* – Bei dieser Regellogik geht es primär darum, systemgerechte Lösungen zu generieren. Vor der Lösung von Einzelproblemen (etwa in Projektteams) steht das Erarbeiten ganzheitlicher Lösungen durch die Führungsebene (etwa über Szenariobildung).
- Orientierungsheuristik/Spezifikation: *Konkretisierungsheuristik* – Hier erfolgt die Spezifizierung der unternehmerischen Orientierungsphase von der allgemeinen zur speziellen Lösung. Auf dieser Grundlage werden dann konkretisierende Details angegangen. So können etwa im gegenständlichen Fall einer Bankenfusion allgemeine Aussagen, Pressemitteilungen oder Informationsschriften geeignet sein, Mitarbeiterängsten zu begegnen und Chancen aufzuzeigen, um die Sachverhalte in einer nachgelagerten Phase zu konkretisieren.
- Orientierungsheuristik/Spezifikation: *Abstraktionsheuristik* – Hier erfolgt die Spezifizierung über die Bearbeitung von Detailfragen, um sich hieraus einer Gesamtlösung zu nähern. Mit Detaillösungen lassen sich Quick-Wins[23] realisieren und somit Motivationspotenziale erschließen.
- Kontingenzheuristik/Abstimmung: *Outside/In-Heuristik* – Hier erfolgt die Abstimmung zunächst über zentrale strategische Kontextvariablen, z. B. die übergeordneten Unternehmensziele, bevor man sich Fragen der operativen Umsetzung widmet. So passt sich etwa die Struktur der Projektarbeit den strategischen Rahmenbedingungen an.
- Kontingenzheuristik/Abstimmung: *Inside/Out-Heuristik* – Bei dieser Abstimmungsheuristik werden zunächst strukturelle Fragen der Konzeptgestaltung geklärt, etwa Belange der Projektorganisation. Nachgelagert widmet man sich dann generellen Fragen etwa der Strategie oder der Organisationsstruktur. Diese Abstimmungslogik kann mit Geschwindigkeitsvorteilen im weiteren Prozessverlauf einhergehen.
- Kontingenzheuristik/Analyse: *kontextorientierte Heuristik* – Hier werden zunächst generelle und nachfolgend detailliertere Fragestellungen betrachtet. Eine derartige schrittweise Fokussierung kann bei knappen Ressourcen sinnvoll sein, da ein grundsätzliches Verständnis der Markt- und Wettbewerbssituationen hilfreich für die Ressourcenallokation ist.
- Kontingenzheuristik/Analyse: *strukturorientierte Heuristik* – Hier nähert sich die Analyse über eine Betrachtung der operativen Strukturen den strategischen Überlegungen.

---

23 Unter einem „Quick-Win" versteht man einen kurzfristig realisierbaren, allgemein als positiv wahrgenommenen Wirkungseffekt, der einem verändernden Handeln zurechenbar ist.

- Strukturierungsheuristik/Synthese: *Integrations/Differenzierungs-Heuristik* – Diese Syntheseheuristik stellt die Integration in den Vordergrund der Betrachtungen des Fusionsprojektes, hiernach erfolgt die Ressourcenverteilung. Konsens und Zustimmung etwa der Meinungsführer in der Belegschaft wird als Grundlage für weiterführende Planungen angesehen. Die frühzeitige Klarheit über Ziele und Wünsche relevanter Stakeholder wird als wichtige Voraussetzung für die konkrete Maßnahmenplanung und -umsetzung angesehen (vgl. Müller-Stewens/Lechner 2011: 240 f.).
- Strukturierungsheuristik/Synthese: *Differenzierungs/Integrations-Heuristik* – Bei dieser Heuristik erfolgt zunächst die Ressourcenverteilung, um sich hierauf gründend der Integration zu widmen.
- Strukturierungsheuristik/Formalstrukturierung: *ganzheitliche Heuristik* – Ganzheitlich angelegte Strukturierungsheuristiken streben eine umfassende Betrachtung aller Veränderungsgrößen an, unter Einbeziehung des denkbaren Lösungsspektrums. Detaillösungen werden in einem nachgelagerten Schritt erarbeitet.
- Strukturierungsheuristik/Formalstrukturierung: *elementaristische Heuristik* – Diese Heuristik sucht im Detail nach Lösungen, um diese dann auf das Gesamtunternehmen zu übertragen. So erwähnt etwa Todeschini, dass die Entwicklung einer Unternehmensvision auch die Sichtweise ausgewählter Kunden und anderer externer Stakeholder zu berücksichtigen hat (2012: 28).
- Strukturierungsheuristik/Formalstrukturierung: *ablauforientierte Heuristik* – Bei dieser Heuristik werden zunächst Prozesse definiert und organisatorische Folgefragen im Nachgang gelöst.
- Strukturierungsheuristik/Formalstrukturierung: *aufbauorientierte Heuristik* – Bei dieser Strukturierungslogik steht zunächst die Klärung organisatorischer Detailfragen, etwa Zuständigkeiten, im Vordergrund, um im Anschluss die Prozesse hieran auszurichten. So mag ein ausgewogenes Kommunikationskonzept die Grundlage darstellen für die spätere Prozessgestaltung.

2.5.4 Konkrete Entscheidungsregeln

Sowohl die im Unterkapitel 2.5.2 erörterten Entscheidungsmodelle wie auch die im Unterkapitel 2.5.3 dargelegten Entscheidungsheuristiken liefern grundsätzliche Ansätze einer jeweiligen Entscheidungslogik und somit den Bezugsrahmen für eine konkrete Entscheidungsfindung. Diese Ansätze sind jedoch nicht geeignet, um dem unternehmerischen Entscheider eine direkt umsetzbare Unterstützung zu gewähren. Diesem Anspruch widmet sich dieses Unterkapitel 2.5.4.

Die normativen (maßgebenden) Entscheidungsregeln können entweder auf ein einziges Bewertungskriterium („monodimensional", etwa die Ertragsmaximierung beim Aktienhandel) oder auf mehrere Kriterien („multidimensional", etwa bei der Auswahl eines Produktionsstandortes) ausgerichtet sein. So wird sich etwa ein auf

Kursgewinne und Dividenden ausgerichteter Shareholder-Ansatz monodimensional darstellen, während ein Stakeholder-Ansatz über ein multidimensionales Zielsystem der Diversität dieses Zielgruppengeflechts Rechnung tragen wird (vgl. Rausch 2011).

Zum anderen beziehen sich Entscheidungsregeln auf unterschiedliche Annahmen hinsichtlich der Planungssicherheit des Entscheiders. Bei einer bekannten entscheidungsrelevanten Informationslage wird von „sicheren" Entscheidungen gesprochen. Sollte das Materialisieren entscheidungsrelevanter Informationen unsicher sein, sich diese Unsicherheit aber durch (objektive oder subjektive) Eintrittswahrscheinlichkeiten erwägen lassen, spricht man von „riskanten" Entscheidungen. Entscheidungen schließlich, deren zugrunde liegende Annahmen durch nichtquantifizierbare Unwägbarkeiten gekennzeichnet sind, werden „ungewisse" Entscheidungen genannt. Ungewissen Entscheidungssituationen steht kein statistischer Erfahrungsschatz zur Verfügung, Eintrittswahrscheinlichkeiten können mithin nicht postuliert werden.

Die Tabelle 2.11 führt exemplarisch Entscheidungsregeln für sichere, riskante und ungewisse Entscheidungssituationen an, die sich entweder monodimensional auf ein Zielkriterium oder multidimensional auf mehrere Zielkriterien beziehen. Als handlungsleitende Regeln sind diese von der Aussageart her präskriptiv und vom Anwendungsspektrum her generisch angelegt. Die angeführten Entscheidungsmodelle werden nachfolgend beschrieben.

Tabelle 2.11: Entscheidungsregeln nach Wägbarkeit und Zieldimension (in Anlehnung an Vahs/ Schäfer-Kunz 2007: 69).

		Zieldimension	
		monodimensional	**multidimensional**
Wägbarkeit	**sicher**	lineare Programmierung Return-on-Investment	Goal Programming Polaritäten-Tool Nutzwertanalyse lexikografische Reihenfolge
	riskant	Erwartungswert-Maximierung Bernoulli-Prinzip Gegenwartswert Ertragswertverfahren WACC Entscheidungsbaumanalyse	Paarvergleiche Analytic Hierarchy Process
	ungewiss	Minimax/Maximax-Regeln Minimum-Regret-Regel Optimismus/Pessimismus-Regel Gleichwahrscheinlichkeits-Regel Spieltheorie/Gefangenendilemma	Perspektiven[3]-Ansatz Nominales Gruppen-Tool Kartesische Koordinaten Cynefin-Framework

Monodimensionale Entscheidungsregeln bei Sicherheit

Monodimensional ausgerichtete Entscheidungen bei sicherer Datenlage lassen sich beispielsweise mittels linearer Programmierung erfassen und unterstützen. In diese Kategorie von Entscheidungsregeln fallen auch bestimmte finanzmathematische Bewertungsansätze wie etwa der Return on Investment (ROI). Bei diesen Ansätzen setzt das Ableiten einer Entscheidungsgrundlage die Verfügbarkeit der für die Berechnung relevanten Daten voraus; diese Daten werden als gesichert angesehen und somit nicht hinsichtlich etwaiger Eintrittswahrscheinlichkeiten reflektiert.

Lineare Programmierung

Bei diesen Entscheidungsregeln herrscht Berechenbarkeit und Vorhersehbarkeit. So wird eine Kapitalgesellschaft – nach vollständiger Einreichung der benötigten Unterlagen – die anstehende Entscheidung der Finanzbehörde bezüglich zu erhebender Körperschafts- und Gewerbesteuern nachvollziehen und im Vorfeld berechnen können. Weitere Beispiele wären die Optimierung von Logistikkosten aufgrund verbindlicher Dienstleistungsangebote oder auch das Erarbeiten von Einstiegs- und Ausstiegs-Signalen bei einem Software-unterstützten Intraday-Tradingsystem.

Zur Illustration dieser analytischen Entscheidungsregel dient ein Beispiel von Bertsimas und Freund (2004: 328–330). Die Entscheidungssituation stellt sich folgendermaßen dar. Zwei Produkte I und II durchlaufen die Kostenstellen A, B und C. Die Produkte beanspruchen in unterschiedlicher Weise die Kapazitäten dieser Kostenstellen. Die beiden Produkte werden zu festgelegten Preisen verkauft, wobei Absatzobergrenzen existieren. Aufgrund der in Tabelle 2.12 zusammengefassten Situation soll bestimmt werden, welche Produktarten in welchen Mengen zu produzieren und zu verkaufen sind, um ein Gewinnmaximum zu realisieren.

Bei dieser monodimensionalen, durch sichere Entscheidungsbedingungen gekennzeichneten Entscheidungssituation gibt es einen eindeutigen Weg zur analytischen Entscheidungsfindung. Dieser Weg beinhaltet die zwei Absatz- und die drei Produktionsrestriktionen sowie die Optimierung innerhalb des sich ergebenen Aktionsraums. Als gewinnmaximierende Konstellation können so die Fertigung von 12 Stück des Produktes I sowie 9 Stück des Produktes II ermittelt werden. Bei diesem Ergebnis kann bei einem Umsatz von 5.940 USD ein Gewinn von 2.460 USD erwirtschaftet werden – ohne die gegebenen Restriktionen zu verletzen. Unabhängig vom individuellen Entscheider und von subjektiven Einschätzungen wird diese Entscheidung Bestand haben – es sei denn, dass sich die Zielsetzungen oder die produkt- und kostenstellenbezogenen Parameter ändern.

Tabelle 2.12: Bestimmung der optimalen Absatz- und Produktionslösung (in Anlehnung an Bertsimas/Freund 2004: 328).

Angaben zu den Produkten			
Produkt	**Verkaufspreis**	**Variable Kosten**	**Absatzmaximum**
I	USD 270	USD 140	15 Stck./Tag
II	USD 300	USD 200	16 Stck./Tag
Angaben zu den Kostenstellen			
Kostenstelle	**Kapazität**	**Zeit Produkt I**	**Zeit Produkt II**
A	27 St./Tag	1,5 Std./Stck.	1,0 Std./Stck.
B	21 Std./Tag	1,0 Std./Stck.	1,0 Std./Stck.
C	9 Std./Tag	0,3 Std./Stck.	0,5 Std./Stck.

Return-on-Investment

Der Return-on-Investment (ROI) drückt das Verhältnis des Periodenergebnisses zum eingesetzten Kapital aus. Diese Kapitalverzinsung bezieht sich auf das Ergebnis der Gewinn- und Verlustrechnung. Weitere Kriterien oder auch Eintrittswahrscheinlichkeiten werden nicht betrachtet. Der ROI wird als Prozentzahl ausgedrückt und errechnet sich gemäß der nachstehenden Formel:

$$ROI = (E/GK) \cdot 100$$

wobei gilt:

ROI = Return on Investment

E = Ergebnis (Gewinn oder Verlust) des Unternehmens für die betrachtete Periode (typischerweise das Geschäftsjahr)

GK = bereitgestelltes Gesamtkapital (Eigenkapital und Fremdkapital)

Als Rechenbeispiel möge ein Photovoltaik-Park mit 1 MW Kapazität dienen. Der Kapitalbedarf für dieses Investment beträgt 1.000.000 EUR. Für die folgenden Geschäftsjahre wird von einem Jahresüberschuss (Gewinn) von 100.000 EUR ausgegangen. Der ROI errechnet sich nun wie folgt: ROI = (100.000 EUR/1.000.000 EUR) · 100 = 10 %.

Multidimensionale Entscheidungsregeln bei Sicherheit

Multidimensionale Entscheidungsregeln tragen dem Umstand Rechnung, dass zugrunde liegende Zielsetzungen oftmals facettenreicher sind und sich nicht auf eine Zieldimension reduzieren lassen.

Goal Programming

Der Ausgangspunkt des Goal Programming ist das Bestreben, die Abweichungen von gesetzten quantitativen Zielen zu minimieren (Charnes/Cooper 1961: 215 ff.). Demnach ist diejenige Alternative vorzuziehen, welche mit der geringsten Gesamtabweichung einhergeht, wobei sich die Abweichungen sowohl auf Über- wie auch auf Untererfüllung der gesetzten Ziele beziehen (Obermaier 2013: 56). Um die Zielabweichungen gemäß ihrer relativen Bedeutung gewichten zu können, sind sowohl ordinale als auch metrische Informationen zur Zielerreichung erforderlich. Die Nutzenabwägung erfolgt bei dieser Methode indirekt über die Abweichungen der gesetzten Ziele und nicht direkt über deren Zielerreichung selbst (Tabucanon 1988: 61).

Polaritäten-Tool

Die Entscheidungsunterstützung mittels eines Polaritäten-Tools bietet sich an, wenn eine überschaubare Zahl von Alternativen (typischerweise unter sechs) anhand zahlreicher Kriterien zu bewerten sind, ohne hierbei belastbar quantifizieren zu können (vgl. Andler 2012: 303–304). Vom Ablauf her werden in tabellarischen Form die einzelnen herangezogenen Kriterien Zeile für Zeile für die verschiedenen Alternativen bewertet; dies geschieht anhand einer Nominalskala. Eine solche Skala könnte beispielsweise die fünf Nominalkategorien „sehr gut" – „eher gut" – „mittel" – „eher schlecht" – „sehr schlecht" umfassen. Während sich eine solche Skalierung nicht für eine mathematische Interpretation eignet, so können die Bewertungen als Kurven grafisch dargestellt und die Unterschiede innerhalb der zu untersuchenden Alternativen herausgearbeitet werden. Von der Bewertungsmechanik her entspricht das Polaritäten-Tool einer qualitativ angelegten Nutzwertanalyse, da hier auf numerisch abbildbare Bewertungen und auch auf einen Gewichtungskoeffizienten verzichtet wird und stattdessen die grafische Analyse der Alternativenprofile im Vordergrund steht.

Die Tabelle 2.13 illustriert die Anwendung des Polaritäten-Tools anhand eines Beispiels. Während die Leistungsprofile der verschiedenen Alternativen grafisch dargestellt werden können, führt diese Entscheidungsregel nicht zu einem numerischen Bewertungsindex.

Nutzwertanalyse (Scoring-Modell)

Die Nutzwertanalyse – auch Scoring-Modell oder Punktbewertungsverfahren genannt – ist eine Gewichtungsmethode, bei der die verschiedenen Zielkriterien gemäß ihrer vergleichsweisen Bedeutung gewichtet werden. Die Gewichtungen sind normiert, summieren sich also zum Wert von 1,00. Die resultierenden, metrisch zu erfassenden Zielerreichungsgrade werden mit diesen Gewichten verrechnet, um zu einer gesamthaften Nutzenbewertung zu führen. Dieses Verfahren geht von einem sicheren Eintreten der bewertungsrelevanten Sachverhalte aus, verzichtet also auf die Betrachtung von Eintrittswahrscheinlichkeiten.

Tabelle 2.13: Polaritäten-Tool: Vergleich zweier Produktangebote (in Anlehnung an Andler 2012: 304).

Kriterien	sehr schlecht	eher schlecht	mittel	eher gut	sehr gut
Preis					
Kundendienst					
Kompatibilität					
Produktlebenszyklus					
Garantie und Haftung					
Zahlungsbedingungen					
Kernfunktionen					
Alternativen:	Produkt 1		Produkt 2		

Dieser Verrechnungsansatz setzt voraus, dass die Ziele untereinander grundsätzlich als substitutiv angesehen werden können. Wenn bei einer Investition beispielsweise das Renditeziel mit 0,5, das Sicherheitsziel mit 0,25 und das Liquiditätsziel ebenfalls mit 0,25 gewichtet wird, dann könnte eine hochrentable, dennoch hochriskante Anlage den Vorrang bekommen. Der Entscheider hat hier festzulegen, in welchem Ausmaß die Übererfüllung eines Zieles die Untererfüllung eines anderen Zieles im Gesamtblick zu kompensieren vermag. Sollte es dagegen Mindestsicherheits- oder Mindestliquiditätserfordernisse geben, so würde dies als Rahmenbedingungen in die Gewichtungsmethode miteinzubringen sein.

Die Nutzwertanalyse ist ein einfaches Instrument, um multidimensionale Entscheidungssituationen zu evaluieren und eine Entscheidungsalternative zu selektieren. Die resultierende Aussage ist maßgeblich von dem herangezogenen Kriterienkatalog und der vorgenommenen Bewertung abhängig. Beides sollte die vorangestellten Entscheidungsziele widerspiegeln. Ein aus Entscheidersicht unvollständiger Kriterienkatalog wird zu einem verzerrten Bewertungsergebnis führen. Ebenso würden Abhängigkeiten (Interkorrelationen) zwischen einzelnen Kriterien zu einer Überbewertung (im Sinne einer Mehrfachbewertung) solcher Charakteristika führen.

Insbesondere bei qualitativen Kriterien hat eine weitest mögliche Operationalisierung stattzufinden, sodass die Inhalte eines solchen Kriteriums allgemein nachvollziehbar sind; dies kann durch eine weitere Ausdifferenzierung der zuzuordnenden Aspekte erfolgen. Insofern ist die Nutzwertanalyse mit Augenmaß anzuwenden und nicht unreflektiert oder mechanistisch für die endgültige Entscheidungsfindung heranzuziehen. Zudem sollte eine für den Bewertungsgegenstand angemessene Bewertungsskala verwendet werden. Gerade bei nur geringen Ergebnisunterschieden – typischerweise bei Punktdifferenzen von unter 10 % – sind weitere Bewertungsverfahren zu bemühen.

Im Detail durchläuft die Anwendung einer Nutzwertanalyse folgende Schritte:[24]

1. Festlegung der gegenständlichen Zielsetzung
2. Identifikation der Entscheidungskriterien nebst etwaigen Nebenbedingungen (etwa Mindesterfordernissen): Geeignet für eine sinnvolle Handhabung sind 3–8 Kriterien. Wie bereits weiter oben ausgeführt, sollten diese Kriterien möglichst eigenständig sein und nicht mit anderen Kriterien interkorrelieren.
3. Gegebenenfalls Operationalisierung der Kriterien über Unteraspekte: Das jeweilige Kriterium sollte weitestgehend objektiv nachvollziehbar sein; deshalb mag es bei nicht eindeutigen Kriterien Sinn machen, diese durch Unteraspekte weiter zu beschreiben.
4. Gewichtung der Kriterien: Die Gewichte summieren sich zum Wert 1,00, somit kann jede einzelne Kriteriengewichtung als prozentualer Anteil des Gesamtbildes verstanden werden. Eine Möglichkeit, die Gewichtungen zu ermitteln, stellt der paarweise, matrizengestützte Kriterienvergleich dar. Ein Paarvergleichswert von „1" drückt hierbei „gleichgewichtete" Kriterien aus, ein Wert von „0" ein geringer zu gewichtendes und ein Wert von „2" ein höher zu gewichtendes Kriterium. Die aufsummierten Zeilenwerte werden dann normiert[25], um somit die Gewichtung des jeweiligen Kriteriums zum Ausdruck zu bringen (vgl. Herbig 2016: 12–13).
5. Skalierung des Bewertungsspektrums: Es kann mit wenigen diskreten Bewertungskategorien oder auch mit einer kontinuierlichen Skala gearbeitet werden. Bewährt hat sich für den Regelfall eine fünfstufig-diskrete, bipolare Likert-Skala.[26] Ansteigende Punktwerte sollten durchgehend für eine ansteigende Bewertungsgüte stehen: Je höher, desto besser.
6. Identifikation der Entscheidungsalternativen: Für einen überschaubaren Bewertungsprozess sind maximal 8 Alternativen in Betracht zu ziehen, gegebenenfalls nach einem Vorauswahlverfahren.
7. Bewertung jeder einzelnen Entscheidungsalternative aufgrund der gewählten Skala.
8. Berechnung der Bewertungsergebnisse für jede einzelne Alternative durch Aufsummieren der einzelnen Produkte von Kriteriumsbewertung und -gewichtung (den Teilnutzwerten).

---

24 In Anlehnung an Hanusch (2011: 177 f.).

25 Die Normierung wird erreicht durch eine Division von Zeilen- und Spaltensummen. Hierdurch summieren sich die normierten Werte auf 1,00 bzw. 100 %, während die normierten Werte der einzelnen Kriterien jeweils für einen Anteil an dieser Summe stehen.

26 Eine solche Skala hat Extrema als jeweilige Endpunkte (bipolar), z. B. „sehr gut/sehr schlecht"; zwischen diesen Extrema gibt es endlich viele (diskrete) Bewertungsmöglichkeiten, im Falle einer fünfstufigen Skala derer fünf.

9. Feststellen des Endergebnisses durch Gegenüberstellung der einzelnen Alternativenbewertungen: Hier sollten nur größere Abweichungen der Punktwerte (> 10 %) für die Ausdeutung klarer Präferenzen stehen. Sofern die Differenzen weniger als 10 % betragen, ist das Verfahren gegebenenfalls weiter zu verfeinern, die Alternativenauswahl nochmals zu überdenken – oder auch zu konstatieren, dass es bezüglich der Entscheidungsalternativen keine eindeutige Präferenz gibt.

Die Tabelle 2.14 gibt eine beispielhafte Anwendung der Nutzwertanalyse wieder. Hierbei geht es um die Gegenüberstellung zweier möglicher Firmenstandorte A und B. Der Standort A ist in einem ländlichen Gewerbegebiet angesiedelt, mit relativ geringen Investitionskosten und relativ geringen laufenden Kosten (etwa aufgrund einer niedrigen Gewerbesteuer) – beide Positionen sind hier zusammengefasst als Kriterium „Kosten". Standort B liegt innerhalb der Grenzen einer attraktiven Großstadt, verbunden mit höheren Vollkosten, aber auch mit einer besseren Verkehrsanbindung und einer größeren entfernungsmäßigen Nähe zu wichtigen Lieferanten. Das Kriterium „Lieferantennähe" könnte beispielsweise näher operationalisiert werden, indem alle Lieferanten gemäß ihrer Bedeutung in A-, B- oder C-Status unterschieden werden, um dann gemäß ihrer streckenmäßigen Nähe zum jeweiligen Standort gewichtet und bewertet zu werden.

Tabelle 2.14: Nutzwertanalyse für „Produktionsstandorte A und B".

Standortkriterien	Unteraspekte	Gewichtung	1	2	3	4	5	Ergebnis
			Bewertung (-- ↔ ++)					
Verkehrsanbindung	Anbindung Flugplatz, Schiene, Wasserweg, Autobahn, Transportkosten	0,20		A		B		Standort A: 0,20·2
Lieferantennähe	ABC-Status und Nähe 50 km, 50–500 km, > 500 km	0,10		A			B	+0,10·2 +0,35·5
Kosten (einmalig und laufend)	Grundstückskosten, Gewerbesteuern, laufende Gebühren, Subventionen	0,35	B				A	+0,20·3 +0,15·4 =3,55
Arbeitsmarkt	Nähe zu Hochschulen, Berufsschulen, Konkurrenten, Kosten/Qualität der Arbeitskräfte	0,20			A	B		Standort B: 0,20·4 +0,10·5
Lebensqualität	Situation Krippe, Kindergarten, Schulen; Freizeit-/Kulturangebot	0,15				A B		+0,35·1 +0,20·4 +0,15·4 =3,05
		Σ 1,00						

Im Beispiel der Tabelle 2.14 wäre der Standort A mit einem Punkteergebnis von 3,55 gegenüber dem Standort B mit 3,05 Punkten zu bevorzugen. Die anteilige Punktedifferenz liegt bei über 10 %, ist also grundsätzlich als aussagekräftig anzusehen. Würde aber beispielsweise das Kriterium der Kosten geringer gewichtet, entstünde ein anderes Bewertungsbild. Den Grundannahmen der Nutzwertanalyse ist daher besondere Aufmerksamkeit zu widmen.

Lexikografische Reihenfolge

Diesem Ansatz liegt eine Rangfolge von Zielen zugrunde. Sofern nun die Anwendung des ersten Zieles zu keiner Entscheidung – also zu keiner Bevorzugung einer Entscheidungsalternative – führt, wird das nächstpriotäre Ziel herangezogen. Dieses Verfahren vollzieht sich, bis sich eine zu präferierende Alternative herauskristallisiert hat (Bamberg/Coenenberg 2004: 54). Der lexikografischen Reihenfolge liegt kein substitutives, sondern ein ordinales Zielverständnis zugrunde. Die verschiedenen, voneinander unabhängigen Ziele sind nicht miteinander vergleichbar und qualifizieren sich mithin nicht für einen Gewichtungsansatz.

Dieser Bewertungsansatz ist anfällig, wenn eine von zwei Alternativen ein übergeordnetes Ziel nur geringfügig besser erreicht als die andere Alternative – dann allerdings bei der Erreichung des nachgeordneten Zieles deutlich schlechter abschneidet. Zudem sollte klargestellt sein, dass die vorrangigen Zielsetzungen tatsächlich von dominanter Bedeutung sind. So würde etwa die vorrangige Bezugnahme auf eine Abschlussnote („nur Kandidaten mit einer Note <= 2,0 kommen in die engere Wahl") ohne Berücksichtigung der spezifischen Prüfinhalte sowie der jeweils notengebenden Institution im Zweifelsfall durchaus geeignete Kandidaten von der weiteren Erwägung ausschließen.

Die Tabelle 2.15 stellt die Bewertungslogik der lexikografischen Reihenfolge schematisch dar, wobei zwei unterschiedlich priotäre Zielkriterien A und B herangezogen werden.

Tabelle 2.15: Alternativenbewertung mittels lexikografischer Reihenfolge.

Zielpriorität	Zielkriterium	Alternativenbewertung	Zielerreichung	Entscheid
1.	Kriterium A	Alternative A	+	Alternative A wird bevorzugt aufgrund besserer Erreichung des priotären Kriteriums A
1.	Kriterium A	Alternative B	–	
2.	Kriterium B	Alternative A	–	
2.	Kriterium B	Alternative B	+	

Kandidatenauswahl mittels lexikografischer Reihenfolge

Der Lehrstuhl einer Universität schreibt eine Vollzeitstelle für einen wissenschaftlichen Mitarbeiter (interne Doktorandenstelle) aus. Der zuständige Professor weist seine Mitarbeiter an, unter den Bewerbern mittels lexikografischer Reihenfolge eine vorschlagsweise Auswahl zu treffen, unter Berücksichtigung von drei Zielkriterien:

1. akademische Abschlussnote
2. Englischkenntnisse (Literaturquellen wie auch angestrebte Veröffentlichungen sind zumeist englischsprachig)
3. Persönlichkeit.

Unter den fünf Bewerbern ergibt sich folgendes Bewertungsbild:

Kandidat	Abschlussnote	Englischkenntnisse	Persönlichkeit
Kandidat A	2,0	+	++
Kandidat B	1,0	++	+
Kandidat C	1,0	−−	++
Kandidat D	1,0	+	++
Kandidat E	1,0	++	−−

a) Die Mitarbeiter gehen zunächst davon aus, dass die Abschlussnote oberste Priorität hat, gefolgt von den Englischkenntnissen und dann der Persönlichkeit. Welcher Kandidat würde ausgewählt werden?

b) Den Mitarbeitern kommen Zweifel, ob nicht vielleicht die Persönlichkeit wichtiger als die (erlernbaren) Englischkenntnisse sein könnten. Wie würde der Kandidatenentscheid unter dieser Prämisse ausfallen?

Lösung zu a): Kandidat B wird ausgewählt.

Kandidat	Priorität 1: Abschlussnote	Priorität 2: Englischkenntnisse	Priorität 3: Persönlichkeit
Kandidat B	1,0	++	+
Kandidat E	1,0	++	−−
Kandidat D	1,0	+	++
Kandidat C	1,0	−−	++
Kandidat A	2,0	+	++

Lösung zu b): Kandidat D wird ausgewählt.

Kandidat	Priorität 1: Abschlussnote	Priorität 2: Persönlichkeit	Priorität 3: Englischkenntnisse
Kandidat D	1,0	++	+
Kandidat C	1,0	++	−−
Kandidat B	1,0	+	++
Kandidat E	1,0	−−	++
Kandidat A	2,0	++	+

Monodimensionale Entscheidungsregeln bei Risiko

Unter Risiko entscheiden heißt, dass für künftige, wirkungsrelevante Ereignisse stochastische Betrachtungen möglich und sinnvoll sind. Das Auftreten dieser Ereignisse kann mit nachvollziehbaren – objektiv oder subjektiv hergeleiteten – Eintrittswahrscheinlichkeiten ausgedrückt werden. In diesem Abschnitt geht es insbesondere um monodimensionale Entscheidungsfindungen, die sich auf ein Einzelziel beziehen.

Erwartungswert-Maximierung (Bayes-Prinzip)

Bei der Erwartungswert-Maximierung, auch Bayes-Prinzip genannt, geht es um die Maximierung des theoretischen, probabilistischen Erwartungswertes: Diejenige Alternative ist optimal, deren um die Eintrittswahrscheinlichkeiten gewichteten Ergebniswerte aller denkbaren Szenarien die größte Summe und damit den maximalen Erwartungswert des Zielparameters aufweist. Die entsprechende Formel zur Ermittlung der Erwartungswerte lautet:

$$EW_i = \sum_{j=1}^{n} p_j \cdot u_j$$

wobei gilt:

EW_i = Erwartungswert der Entscheidungsalternative i

p_j = Eintrittswahrscheinlichkeit („probability") des Szenarios j im Falle der Entscheidungsalternative i

u_j = positiver oder negativer Nutzen („utility") beim Szenario j im Falle der Entscheidungsalternative i

n = Zahl der bewertungsrelevanten Szenarien

Bei dieser Entscheidungsregel unterliegen Eintrittswahrscheinlichkeiten dem subjektiven Urteil des individuellen Entscheiders. Unwahrscheinliche Zustände üben aufgrund ihrer geringen Gewichtung entsprechend nur einen marginalen Einfluss aus. Diese Regelungslogik steht für Risikoneutralität und ist unter anderem Grundlage für die Kalkulation des Erwartungsnutzens beim SEU-Modell.

Tabelle 2.16: Beispiel zur Erwartungswert-Maximierung.

	Szenario 1 p = 40 %	Szenario 2 p = 25 %	Szenario 3 p = 35 %	Σ
Alternative 1	−3 NE (−3 · 0,40 = −1,20)	3 NE (3 · 0,25 = 0,75)	6 NE (6 · 0,35 = 2,10)	1,65
Alternative 2	1 NE (1 · 0,40 = 0,40)	2 NE (2 · 0,25 = 0,50)	3 NE (3 · 0,35 = 1,05)	1,95
Alternative 3	2 NE (2 · 0,40 = 0,80)	2 NE (2 · 0,25 = 0,50)	2 NE (2 · 0,35 = 0,70)	2,00

Die Tabelle 2.16 illustriert diese Entscheidungsregel an einem Rechenbeispiel. Ausgangspunkt sind drei Alternativen, deren Ergebnisse bei Eintreten dreier denkbarer Szenarien untersucht werden. Als Entscheidungsregel unter Unsicherheit können diesen Szenarien Eintrittswahrscheinlichkeiten zugeordnet werden. Die in den Tabellenzellen angegebenen Ergebniswerte bringen die jeweiligen Nutzeneinheiten „NE" zum Ausdruck, wobei gelten soll: Je höher der Wert, desto höher der Nutzen.

Die Anwendung der Erwartungswert-Maximierung würde – wenn auch knapp – zur Wahl der Alternative 3 führen, da diese den höchsten Erwartungswert aufweist. Die ermittelten Erwartungswerte sind insofern theoretisch, als dass ihr genaues wertmäßiges Eintreffen ausgeschlossen ist. So würde der Erwartungswert bei der Alternative 1 („1,65") bei keiner der drei Szenarien zu erwarten sein, in dieser Höhe also nie eintreffen. Das gleiche trifft für die Alternative 2 zu. Lediglich bei der präferierten Alternative 3 stimmen Erwartungswert und Szenarien-bezogene Resultate ausnahmsweise überein, da jedes Szenario hier das gleiche Ergebnis hervorbringt, somit entsprechen diese Einzelergebnisse auch dem gewichteten Durchschnittsergebnis.

Bernoulli-Prinzip (Erwartungsnutzentheorie)

Dieses auf Anregungen von Daniel Bernoulli zurückgehende Prinzip erweitert die Erwartungswert-Maximierung um eine Risikopräferenzfunktion, als Ausdruck der Risikoneigung des Entscheiders. Demnach gibt es im Falle eines risikoneutralen Entscheiders keinen Unterschied hinsichtlich einer Erwartungswert-Maximierung gemäß dem Bayes-Prinzip. Dagegen wächst bei einem risikofreudigen Entscheider der Nutzenwert überproportional mit dem Verbessern des Ergebnisses – und entsprechend unterproportional mit einem Verschlechtern dieses Ergebnisses. So spielte beispielsweise ein risikofreudiger Entscheider in der Lotterie, obwohl der (risikoneutrale) Erwartungswert unter dem Einsatz für das Spiellos liegen wird (ansonsten wäre die Lotteriegesellschaft bald insolvent). Bei einem risikoaversen Entscheider verhält es sich gegenteilig: Der Nutzenwert steigt unterproportional mit einer Ergebnisverbesserung. Diesen psychologischen Reflex machen sich etwa Versicherungsgesellschaften zunutze, welche Geschäfte versichern, deren statistisch erwarteter (durchschnittlicher) Nutzenentgang unterhalb der eingeforderten Prämie angesiedelt sein wird (ansonsten wäre die Versicherungsgesellschaft bald insolvent). Somit ermittelt das Bernoulli-Prinzip den subjektiven Nutzenerwartungswert; folgerichtig wird das Bernoulli-Prinzip auch Erwartungsnutzentheorie genannt.

Vom Ablauf her wird eine Entscheidung nach dem Bernoulli-Prinzip in zwei Schritten getroffen. In einem ersten Schritt erfolgt die Abbildung der subjektiven Nutzenvorstellungen des Entscheiders durch eine Nutzen- oder Präferenzfunktion Φ. Die diesbezügliche Formel für die Bewertung einer Alternative n bei zugrundeliegenden Szenarien i lautet:

$$\Phi(A_n) = \sum_{x=1}^{i} w(x_i) \cdot u(x_i)$$

wobei gilt:

ΦA_n = erwarteter Nutzen einer Alternative n
x_i = mögliches Ergebnis i der Alternative n
$w(x_i)$ = Eintrittswahrscheinlichkeit des Ergebnisses x_i
$u(x_i)$ = Nutzenwert des Ergebnisses x_i

In einem zweiten Schritt wird nun diese Nutzenfunktion auf alle vorliegenden Alternativen angewendet und die Alternative mit dem höchsten Nutzenerwartungswert ermittelt. Der Nutzenwert einer jeweiligen Alternative entspricht gemäß dem Bernoulli-Prinzip der Nutzenerwartung, welche das Ergebnis dieser Alternative beim Entscheider evoziert. So mag eine für einen bestimmten Preis erhältliche Mahlzeit in Zeichen großen Appetits eine ungleich höhere Nutzenerwartung auslösen, als die gleiche Mahlzeit aus der Perspektive eines rundum Gesättigten.

Da die Ausgestaltung der Nutzenfunktion nicht festgelegt ist, ist das Bernoulli-Prinzip in seiner Anwendung sehr flexibel. Eine lineare Nutzenfunktion steht für einen risikoneutralen Entscheider; die Entscheidung fällt in diesem Fall wie bei einer Erwartungsnutzwert-Maximierung aus. Ein konkaver Verlauf der Nutzenfunktion bringt eine risikoaverse Entscheiderdisposition zum Ausdruck: Steigende Ergebniserwartungen würden unterproportionale Nutzenzuwächse mit sich bringen. Dagegen brächte ein konvexer Verlauf der Nutzenfunktion die Risikofreude des Entscheiders zum Ausdruck: Zunehmende Ergebniserwartungen führen zu überproportionalen Nutzenerwartungen – und umgekehrt.

In der Tabelle 2.17 werden neutrale, risikoaverse und risikofreudige Nutzenerwartungs-Maximierungen im Sinne des Bernoulli-Prinzips zahlenmäßig abgebildet.

Die Ausgangslage für die in der Tabelle 2.17 vorgenommene Alternativenbewertung sind die erwarteten Ergebnisse für die beiden Alternativen, hergeleitet aus den Ergebnissen bei jedem der drei angeführten Szenarien, gewichtet mit der Eintrittswahrscheinlichkeit des jeweiligen Szenarios. Diese Ergebniserwartungen werden nun über die jeweils zugrundeliegende Risikoneigung des Entscheiders bewertet:

– Bei dem *risikoneutralen* Entscheider steigen und fallen die Nutzenerwartungen proportional mit dem Ergebniswert. Im Beispiel der Tabelle 2.17 wird von einem konstanten Verhältnis von „1:1" ausgegangen, der Ergebniswert in Euro entspricht somit vom Betrag her dem Nutzenwert in Nutzeneinheiten („NE"). Beim Beispiel fiele die Wahl auf Alternative 2.

– Bei dem *risikoaversen* Entscheider werden negative Ergebniswerte stärker gewichtet als positive. So wird das Negativergebnis der Alternative 1 bei Eintreten des Szenarios 1 mit einem Ergebnis/Nutzen-Verhältnis von „1:3" besonders hoch gewichtet, während bei dieser Alternative ein mittleres Ergebnis (3 EUR) mit einem Verhältnis von „1:1,00" sowie ein besonders positives Ergebnis (6 EUR) lediglich in einem Verhältnis von „1:0,75" gewichtet wird. Im Ergebnis fiele die Wahl bei dieser Nutzenfunktion auf die Alternative 2; dies ist insbesondere der Fall, da der risikoaverse Entscheider das Verlustszenario der Alternative 1 besonders hoch gewichtet und somit die Nutzenerwartung dieser Alternative stark reduziert.

– Bei einem *risikofreudigen* Entscheider werden schlechtere Ergebnisse geringer als bessere gewichtet. So erfährt das Negativszenario 1 der Alternative 1 mit dem Ergebnis/Nutzen-Verhältnis „1 : 0,75" eine relativ geringe Gewichtung, während das positive Ergebnis des Szenario 3 mit einem Verhältnis von „1 : 2,50" relativ hoch gewichtet wird. Im Resultat fiele die Wahl eines über diese Nutzenfunktion beschriebenen risikofreudigen Entscheiders auf Alternative 1, da hier die Szenarien mit den höheren Ergebnissen locken.

Tabelle 2.17: Beispiel zur Erwartungsnutzentheorie.

NE = Nutzeneinheit	Szenario 1 p = 40 %	Szenario 2 p = 25 %	Szenario 3 p = 35 %	Nutzen-erwartung
Gemeinsame Ausgangslage für die beiden Alternativen A1 und A2				
A1 Ergebnis 1	−3 EUR	3 EUR	6 EUR	
erwartetes Ergebnis 1	(−3 · 0,40 = −1,20)	(3 · 0,25 = 0,75)	(6 · 0,35 = 2,10)	
A 2 Ergebnis 2	2 EUR	2 EUR	2 EUR	
erwartetes Ergebnis 2	(2 · 0,40 = 0,80)	(2 · 0,25 = 0,50)	(2 · 0,35 = 0,70)	
Entscheider mit risikoneutraler (linearer) Nutzenfunktion				
A1 Verhältnis Ergebnis/Nutzen	1 : 1,00	1 : 1,00	1 : 1,00	
erwarteter Nutzen 1	−1,20 · 1,00 = −1,20 NE	0,75 · 1,00 = 0,75 NE	2,10 · 1,00 = 2,10 NE	1,65 NE
A 2 Verhältnis Ergebnis/Nutzen	1 : 1,00	1 : 1,00	1 : 1,00	
erwarteter Nutzen 2	0,80 · 1,00 = 0,80 NE	0,50 · 1,00 = 0,50 NE	0,70 · 1,00 = 0,70 NE	2,00 NE
Entscheider mit risikoaverser Nutzenfunktion				
A1 Verhältnis Ergebnis/Nutzen	1 : 3,00	1 : 1,00	1 : 0,75	
erwarteter Nutzen 1	−3,60 NE	0,75 NE	1,58 NE	−1,27 NE
A 2 Verhältnis Ergebnis/Nutzen	1 : 1,25	1 : 1,25	1 : 1,25	
erwarteter Nutzen 2	1,00 NE	0,63 NE	0,88 NE	1,52 NE
Entscheider mit risikofreudiger Nutzenfunktion				
A1 Verhältnis Ergebnis/Nutzen	1 : 0,75	1 : 1,00	1 : 2,50	
erwarteter Nutzen 1	−0,90 NE	0,75 NE	5,25 NE	5,10 NE
A 2 Verhältnis Ergebnis/Nutzen	1 : 0,80	1 : 0,80	1 : 0,80	
erwarteter Nutzen 2	0,64 NE	0,40 NE	0,56 NE	1,60 NE

Tendenziell scheinen Menschen übrigens mit zunehmendem Alter risikoaverser zu werden. Kindel (2019: 130) merkt hierzu an:

> Im Laufe des Lebens nimmt die Offenheit für Neues ab. Mit den Jahren stehen wir Risiken immer skeptischer gegenüber. Allerdings gibt es Ausnahmen von dieser Regel. Besonders in zwei Lebensphasen ist die individuelle Risikobereitschaft veränderbar, haben Forscher festgestellt: Bis zum Alter von rund 30 Jahren und ab etwa 65 sind Menschen eher bereit, Risiken einzugehen – also in Zeiten, die oft ohnehin von Umbrüchen und prägenden Ereignissen wie Berufsbeginn oder Renteneintritt gekennzeichnet sind.

Die Annahme einer Orientierung des Entscheiders an ergebnisinduzierten Nutzenerwartungen bei individueller Nutzenfunktion wurde sowohl in der Betriebswirtschaftswie in der Volkswirtschaftslehre aufgegriffen – so etwa im Versicherungswesen, in den Behavioral Economics, in spieltheoretischen Zusammenhängen oder auch bei der Ausdeutung der Prospekt-Theorie.

Gegenwartswert (Nettobarwert)

Monodimensionale Entscheidungen sind weit verbreitet bei der finanzmathematisch geleiteten Bewertung von Investitionsalternativen oder auch von Unternehmensbereichen oder ganzen Unternehmen. Dies bedeutet nicht, dass Investitionsentscheide nur aufgrund eines Entscheidungskriteriums getroffen werden. Die betreffende Entscheidungsregel verdichtet jedoch alle herangezogenen Entscheidungsaspekte auf einen Bewertungsparameter – um dann in Kombination mit anderen Entscheidungsregeln die unternehmerische Bewertung von Investitionsmöglichkeiten zu befruchten.

Als weitverbreitete Ansätze für eine Bewertung von Investitionsentscheidungen werden im Folgenden der über Discounted Cashflows (DCF) ermittelte Gegenwartswert (Nettobarwert), das Ertragswertverfahren sowie der Weighted Average Cost of Capital (WACC) erläutert. Diese Ansätze repräsentieren nur einen kleinen Teil der existierenden Verfahren; sie sind jedoch gut geeignet, um die typische finanzmathematische Entscheidungslogik zu illuminieren.

Bei der Entscheidungsregel des Gegenwartswertes wird der Wert einer Investitionsentscheidung anhand der im Zeitverlauf zu erwartenden, periodenbezogenen Auszahlungen (Liquiditätsabfluss) sowie Einzahlungen (Liquiditätszufluss) ermessen (Ernst/Schneider/Thielen 2012: 27). Typischerweise wird zu Beginn des betrachteten Investitionszeitraums die Auszahlung der Investition stehen, wobei auch Auszahlungen über mehrere Perioden vor- und darstellbar sind. Planungsgemäß wird sich diese investive Auszahlung im Zeitverlauf über Einzahlungsströme amortisieren. Im Blickpunkt stehen also nicht Ergebnis- sondern Liquiditätswerte. Die Ein- und Auszahlungsströme werden mit ihrem Gegenwartswert (auch Nettobarwert oder Net Present Value, NPV) veranschlagt, mittels Abzinsung (Diskontierung) auf ihren Gegenwartswert. Aufgrund dieser Diskontierung sind weiter in der Zukunft erwartete Zahlungsströme weniger relevant für die Bewertung als früher erwartete.

Die Höhe des Diskontzinssatzes hängt einerseits vom angenommenen Zinssatz für risikofreie Geldanlagen ab, als Ausdruck der Opportunitätskosten der Kapitalbereitstellung. Andererseits wird die Höhe der Abzinsung von dem unterstellten Risiko abhängen, mit dem man die Realisierung der zugrundliegenden Finanzplanung behaftet sieht. Theoretisch lässt sich dieses Risiko weiterhin untergliedern in einen systematischen und einen unsystematischen Risikoanteil, die gemeinsam das Gesamtrisiko definieren. Das systematische Risiko bezieht sich auf das nicht diversifizierbare Marktrisiko, welches somit alle Unternehmen eines Marktes gleichermaßen betrifft. Das unsystematische Risiko macht sich dagegen an den unternehmensspezifischen Risiken fest. Ein optimales Anlageportfolio würde demnach nur das (systematische) Marktrisiko aufweisen.

Je höher demnach die Verzinsung für risikofreie Geldanlagen ausfällt, desto höher sind die Opportunitätskosten für eine Geldbindung bei der betreffenden Investition – und desto höher der Diskontzinssatz. Und je höher die vorstellbaren Abweichungen der tatsächlich eintreffenden Finanzwerte im Vergleich zu der zugrunde gelegten Planung, desto höher der Risikoabschlag in Form der Diskontierung. Finanzmathematisch wird Risiko also verstanden als Abweichung vom Erwartungswert.

So arbeitete etwa die Finanzplanung für einen Solarpark in einem Rechtsstaat mit verbürgter Vergütungsregelung (etwa in Form von Einspeiseregelungen im Rahmen des Erneuerbaren Energiegesetzes, EEG) mit einem Diskontzinssatz von ca. 5 %, während für Finanzplanungen von Technologie-Startups Abschläge von 30–40 % üblich sind. Der Gegenwartswert einer Investition wird gemäß folgender Formel berechnet:

$$NBW = CF_0 + \sum_{t=1}^{n} (CF_i / (1 + r)^t)$$

wobei gilt:
NBW = Nettobarwert oder Gegenwartswert
CF_0 = Cashflow der Periode „0": anfängliche Auszahlung, also typischerweise ein Negativwert (Investition)
t = „term": betrachtete Perioden,[27] von Periode „1" (typischerweise die ersten 12 Monate) bis zur letzten betrachteten Periode „n"
CF_j = Cashflow der Periode „i": positiver oder negativer Cashflow (Einzahlungs- oder Auszahlungsüberschuss) der Periode i
r = „rate" bzw. Diskontzinssatz: gleichbleibend für alle Perioden

---

27 Typischerweise werden Cashflow-Schätzungen für 3–6 Jahre vorgenommen, in Ausnahmefällen – z. B. beim Bau von Kraftwerken – aber auch für deutlich längere Zeiträume. Der über die betrachtete Periode hinaus zu veranschlagende Wert einer Investition wird als „Terminal Value" oder auch als „ewige Rente" bezeichnet und auf Grundlage des Cashflows der letzten differenziert geplanten Periode berechnet und zum Gegenwartswert diskontiert. Berechnet wird der diskontierte Terminal Value (TV) gemäß folgender Formel: $TV = (CF_t / (r - g)) / (1 + r)^t$ wobei CF = Cashflow, t = letzte differenziert geplante Periode, r = „rate": Diskontzinssatz, g = „growth": ewige Wachstumsrate der Cashflows nach den differenziert geplanten Perioden.

Der Abzinsungssatz, bei dem sich ein Gegenwartswert von „null" ergäbe, wird als „interner Kapitalzinsfuß" (Internal Rate of Return, IRR) bezeichnet. Dieser Wert drückt den anteiligen, zeitgewichteten Rückfluss von Auszahlungsströmen über Einzahlungsströme aus.

Bei der Tabelle 2.18 wird der Gegenwartswert als Entscheidungskriterium beispielhaft angewendet. Hierbei geht es um den Vergleich von drei alternativen Investments mit unterschiedlichen Ausschüttungen zum Ende eines jeden von drei zu betrachtenden Geschäftsjahren.[28] Typischerweise beziehen sich Berechnungen des Gegenwartswertes auf Liquiditätsströme (Cashflows), so dass es sich auch im Beispiel bei der Investition um eine Auszahlung und bei den Ausschüttungen um Einzahlungen bzw. um Einzahlungsüberschüsse handeln soll.

Tabelle 2.18: Beispiel für die Ermittlung des Gegenwartswertes.

	Investment t_0	Liquidität t_1	Liquidität t_2	Liquidität t_3	Gegenwartswert bei r = 8 %
Alternative 1	−8.000 EUR	3.000 EUR	4.000 EUR	5.000 EUR	2.180 EUR
Alternative 2	−8.000 EUR	3.000 EUR	4.000 EUR	6.000 EUR	2.970 EUR
Alternative 3	−4.700 EUR	2.000 EUR	3.000 EUR	4.000 EUR	2.900 EUR

Über die Ermittlung des Gegenwartswertes kristallisiert sich bei dieser Entscheidungsregel die Alternative 2 als die zu präferierende heraus. Dies gilt im Zusammenhang mit dem gewählten Diskontzinssatz von 8 %. Würden höhere Zinssätze gewählt werden, dann würde dies die Alternative 2 im Vergleich zu den anderen beiden Alternativen schlechter dastehen lassen, da insbesondere die hohe Ausschüttung zum Ende des dritten Geschäftsjahres in Höhe von 6.000 EUR stärker abgezinst werden würde – und somit weniger zum Gegenwartswert beitrüge.

Die Berechnung der obigen Werte kann mittels eines Excel-Rechenblatt vorgenommen werden. In einer deutschsprachigen Version würde die Formel hierzu folgendermaßen lauten:

$$=NBW(r; CFt_1 : CFt_3) + CFt_0$$

wobei gilt:

NBW   = Nettobarwert: Formelkürzel bei Excel
r = Zuweisung der Zelle, in welcher der Diskontzinssatz steht
$CFt_1 : CFt_3$ = Zuweisung der Zellen, in welchen die Ausschüttungen des ersten bis
                dritten Geschäftsjahres stehen
CFt_0 = Zuweisung der Zelle, in welcher die Anfangsinvestition steht

---

28 Bei diesem Beispiel erfolgen keine Ausschüttungen über den Dreijahreszeitpunkt hinaus, so dass hier auf die Ermittlung des Terminal Values (auch ewige Rente genannt) verzichtet werden kann.

Berechnung Gegenwartswert nach dem DCF-Ansatz

Drei Investitionsvorhaben werden über eine Periode von vier Jahren miteinander verglichen. Nach diesen vier Jahren sind von den jeweiligen Investitionen keine weiteren Zahlungsströme – und somit auch kein Terminal Value – mehr zu erwarten.

Die folgenden Erwartungswerte werden für die Einzahlungs- bzw. Auszahlungsüberschüsse der drei Investitionsvorhaben angenommen:

in EUR	Einzahlungs- bzw. Auszahlungsüberschüsse				
	t = 0	t = 1	t = 2	t = 3	t = 4
Investition A	−800.000	200.000	240.000	260.000	340.000
Investition B	−800.000	300.000	280.000	220.000	200.000
Investition C	−550.000	200.000	200.000	180.000	180.000

Über das Risikoniveau der Investitionen – und somit über einen angemessenen Diskontsatz – herrscht Uneinigkeit. Deshalb sollen die Bewertungen mit unterschiedlichen Diskontsätzen durchgeführt werden. Welche Gegenwartswerte und welche Bewertungsrangfolgen ergeben sich:

a) bei einer Diskontierung aller drei Investitionsvorhaben zu 8,0 %?

b) bei einer Diskontierung aller drei Investitionsvorhaben zu 15,0 %?

c) bei einer Diskontierung des ersten (für weniger riskant befundenen) Investitionsvorhabens zu 8,0 % sowie der beiden anderen Investitionsvorhaben zu 15,0 %?

Lösung zu a)

Investition 1:

$-800.000 + ((200.000/(1,08)^1) + (240.000/(1,08)^2) + (260.000/(1,08)^3) + (340.000/(1,08)^4)))$
= 47.253 EUR (2. Präferenz)

Investition 2:

$-800.000 + ((300.000/(1,08)^1) + (280.000/(1,08)^2) + (220.000/(1,08)^3) + (200.000/(1,08)^4)))$
= 39.482 EUR (3. Präferenz)

Investition 3:

$-550.000 + ((200.000/(1,08)^1) + (200.000/(1,08)^2) + (180.000/(1,08)^3) + (180.000/(1,08)^4)))$
= 81.848 EUR (1. Präferenz)

Lösung zu b)

Investition 1:

$-800.000 + ((200.000/(1,15)^1) + (240.000/(1,15)^2) + (260.000/(1,15)^3) + (340.000/(1,15)^4)))$
= −79.262 EUR (3. Präferenz)

Investition 2:

$-800.000 + ((300.000/(1,15)^1) + (280.000/(1,15)^2) + (220.000/(1,15)^3) + (200.000/(1,15)^4)))$
= −68.406 EUR (2. Präferenz)

Investition 3:

$-550.000 + ((200.000/(1,15)^1) + (200.000/(1,15)^2) + (180.000/(1,15)^3) + (180.000/(1,15)^4)))$
= −3.590 EUR (1. Präferenz)

Lösung zu c)

Investition 1:

$-800.000 + ((200.000/(1,08)^1) + (240.000/(1,08)^2) + (260.000/(1,08)^3) + (340.000/(1,08)^4)))$
= 47.253 EUR (1. Präferenz)

Investition 2:

$-800.000 + ((300.000/(1,15)^1) + (280.000/(1,15)^2) + (220.000/(1,15)^3) + (200.000/(1,15)^4)))$
$= -68.406\,\text{EUR}$ (3. Präferenz)

Investition 3:

$-550.000 + ((200.000/(1,15)^1) + (200.000/(1,15)^2) + (180.000/(1,15)^3) + (180.000/(1,15)^4)))$
$= -3.590\,\text{EUR}$ (2. Präferenz)

Somit würde die Berechnung des Gegenwartswertes bei einem Diskontzinssatz von 8,0 % die dritte Investition präferieren, vor der ersten und schließlich der zweiten Investition. Anders sieht die Rangfolge bei einer Diskontierung mit 15,0 % aus; hier wird ebenfalls die dritte Investition präferiert, gefolgt von der zweiten und schließlich der ersten Investition, bei der die höheren Einzahlungsüberschüsse eher in der Zukunft liegen und aufgrund des hohen Diskontzinssatzes nur mit unterproportionaler Wirkung in die Bewertung einfließen. Alle drei Investitionen weisen bei diesem höheren Diskontzinssatz negative Gegenwartswerte auf. Dies bedeutet, dass jeder dieser drei Investitionen einen internen Kapitalzins (IRR) von < 15,0 % aufweist. Wird die erste Investition mit einem geringeren Diskontzinssatz abgezinst als die beiden anderen Investitionen, so wird diese erste Investition als die Beste bewertet, gefolgt von der dritten und schließlich von der zweiten Investition.

In der deutschsprachigen Version der Tabellenkalkulations-Software Excel lautet die Formel zur Berechnung der obigen Rechenbeispiele übrigens:

Gegenwartswert = CF_0 + NBW(Diskontsatz;CF_1;CF_2;CF_3;CF_4)

Weighted Average Costs of Capital (WACC)

Beim WACC-basierten Bewertungsansatz erfolgt die Diskontierung der Cashflows im Sinne des DCF mithilfe eines Zinssatzes, der die gewichteten durchschnittlichen Kapitalkosten des betreffenden Unternehmens widerspiegelt. Insofern erfolgt hier die Bestimmung eines liquiditätsbasierten Gegenwartswertes bei einer systematischen Herleitung des Diskontzinssatzes. Dieser risikoadjustierte Zinssatz wird nach folgender Formel berechnet:

$$\text{WACC} = (EK/GK \cdot r_{ek}) + (FK/GK \cdot (r_{fk} \cdot (1 - t)))$$

wobei gilt:

EK = Eigenkapital
FK = Fremdkapital
GK = Gesamtkapital
r_{ek} = Eigenkapitalkosten (ermittelt über Capital-Asset-Pricing-Modell, CAPM)[29]
r_{fk} = Fremdkapitalkosten (ermittelt über die vorhandenen Schuldenpositionen)

---

29 Die Renditeerwartung der Eigenkapitalgeber (r_{ek}) wird auf Basis des CAPM berechnet (Sharpe 1964). Die Erwartung bezieht sich auf ein einzelnes Investment unter Berücksichtigung eines Marktportfolios sowie einer risikolosen Anlagemöglichkeit. Die zugrunde liegenden Modellannahmen beinhalten: 1. homogene Erwartungen und gleicher Informationsstand, 2. ein Ein-Perioden-Modell, 3. Aktienpreise können nicht durch einzelnen Investor beeinflusst werden, 4. risikofreie Investitionsmöglichkeit zum Zinssatz r_{fk}, 5. keine Transaktionskosten und kostenlose Informationen, 6. keine t   = „taxes": Steuersatz des Investors (durch Zinsaufwand bedingte Steuerersparnis wird über einen korrigierten Kostensatz nach Steuern berücksichtigt)

Mithin wird zur Ermittlung des WACC die langfristige, vom Bewerter anzusetzende, optimale Eigenkapitalquote mit den – über das CAPM zu schätzenden – Eigenkapitalkosten sowie die langfristig optimale Fremdkapitalquote mit den steuerbereinigten Fremdkapitalkosten verrechnet und beide resultierenden Produkte addiert. Hierbei ergibt sich allerdings ein Zirkelbezug als methodisches Defizit: Bedingung für die WACC-Ermittlung ist die Bekanntheit der Marktwerte für Eigen- und Fremdkapital, sodass eine optimale Kapitalstruktur gewählt und für die Berechnung herangezogen werden kann. Beide Marktwerte sind aber wiederum Ergebnis der WACC-Berechnung.

WACC-Ermittlungen

a) Berechnung der Eigenkapitalkosten über das CAPM zur Ermittlung des WACC

Informationen:

- Rendite 10-jährige Bundesanleihe zum Bewertungsstichtag: 4 %
- Beta der zu bewertenden Aktie: 1,3 (steigt/fällt bei Marktbewegungen also 30 % stärker als das Marktportfolio)
- langjährige Durchschnittsrendite des Marktportfolios am Bewertungsstichtag: 10 %
- Risikoprämie des Aktienmarktes demnach: 10 % – 4 % = 6 % p.a.

Lösung zu a):

$r_{ek} = r_{fk} + \beta \cdot (r_m - r_{fk}) \Rightarrow$

$r_{ek} = 4\% + 1,3 \cdot (10\% - 4\%) \Rightarrow$

$r_{ek} = 11,80\%$

b) Berechnung des zur Diskontierung zukünftiger Cashflows anzuwendender WACC

Informationen:

- Rendite 10-jährige Bundesanleihe zum Bewertungsstichtag: 4 %
- Beta der zu bewertenden Aktie: 1,45 (steigt/fällt bei Marktbewegungen 45 % stärker als das Marktportfolio)
- langjährige Durchschnittsrendite des Marktportfolios am Bewertungsstichtag: 10 %
- Fremdkapitalkosten: 7,6 %
- Unternehmenssteuersatz: 40 %
- optimale langfristige Kapitalstruktur: 75 % Eigenkapital, 25 % Fremdkapital

Lösung zu b):

$WACC = (EK/GK \cdot (r_{fk} + \beta \cdot (r_m - r_{fk}))) + (FK/GK \cdot (r_{fk} \cdot (1 - t)) \Rightarrow$

$WACC = 75\% \cdot (4\% + 1,45 \cdot (10\% - 4\%)) + (25\% \cdot 7,6\% \cdot (1 - 40\%)) \Rightarrow$

$WACC = (9,525\% + 1,14\%) \Rightarrow$

$WACC = 10,67\%$

Marktimperfektionen wie Steuern. Die erwartete Eigenkapitalrendite setzt sich gemäß nachstehender Formel aus dem risikolosen Zinssatz, der Risikoprämie des Marktes sowie aus dem unsystematischen Betafaktor der individuellen Anlage zusammen: CAPM $r_{ek} = r_{fk} + \beta \cdot (r_m - r_{fk})$ wobei gilt: r_{ek} = erwartete Eigenkapitalrendite, r_{fk} = risikoloser Zins (Fremdkapitalrendite), β = Maß für Korrelation der Wertentwicklung der Anlage mit der des Marktportfolios (dort: $\beta = 1$), r_m = Rendite des Aktienmarktportfolios, $r_m - r_f$ = Risikoprämie des Aktienmarktes.

Finanzmathematische, auf einen Zielwert ausgerichtete (monodimensionale) Entscheidungsregeln sind eine Realität. Aufgrund der vielfach theoretischen Modellannahmen sollte die Anwendung jedoch im Regelfall kombinativ mit anderen Entscheidungsregeln geschehen. So gehen etwa die Kapitalwertmethoden von einem passiven und statischen Unternehmerbild aus. Erfolgreiches unternehmerisches Entscheiden sollte jedoch für das genaue Gegenteil stehen: für eine Nutzung von Marktopportunitäten und einer aktiven Gestaltung von Engpasssituationen, statt einer Fortschreibung aktueller Planungsannahmen für einen gegebenen Planungszeitraum. Der Umstand, dass Gestaltungsspielräume und Flexibilität bei den Entscheidungen der Bewertungsmodelle keine Berücksichtigung finden, müsste zu einer systematischen Unterbewertung führen. Allerdings gilt dies nur unter einer wesentlichen Voraussetzung: dass Entscheidungen professionell getroffen werden.

Entscheidungsbaumanalyse

Bei der Entscheidungsbaumanalyse geht es darum, hierarchisch strukturierte Entscheidungsoptionen transparent zu machen und mit Bezug auf eine Zieldimension zu bewerten. Auf einer ersten Ebene sind die Alternativen einer anfänglichen Entscheidungssituation angeführt, deren Auswirkungen dann wiederum zu Alternativen (Verästelungen) der nachgelagerten Entscheidungsebene führen. Diese nachgelagerte Entscheidungssituation führt wiederum zu einer nachgelagerten Ebene etc.

Ziel der Entscheidungsbaumanalyse ist es, die Auswirkung alternativer Entscheidungsergebnisse über mehrere Entscheidungsebenen hinaus zu simulieren, um Rückschlüsse für die anstehende Entscheidung der ersten Ebene zu erlangen. Als monodimensionale Entscheidungsregel erfolgt die Entscheidung anhand eines einzelnen Zielkriteriums. Voraussetzung zur rechnerischen Verwertbarkeit hat dieses Kriterium unmittelbar oder mittelbar quantifizierbar zu sein. Eine unmittelbare Quantifizierung ist beispielsweise bei finanziellen Kriterien (etwa der zu erwartende Ertrag oder das Jahresgehalt) gewährleistet. Mittelbare Quantifizierungen sind bei qualitativen Kriterien erforderlich. Werden die Alternativen des Entscheidungsbaumes etwa mit Blick auf die resultierende Lebensqualität analysiert, so könnte der resultierende Grad an Lebensqualität über eine metrische oder auch eine nominale Skala zu Ausdruck gebracht werden.

Der Ablauf einer Entscheidungsbaum-Analyse stellt sich dar wie folgt:

1. Definition des Entscheidungsziels: Um welchen Entscheidungswert geht es, und wie kann dieser erfasst (operationalisiert) werden? Beispiele sind etwa das Jahreseinkommen als Ergebnis eines zu simulierenden Karrierepfades oder auch der Gegenwartswert einer längerfristigen Investition, die verschiedene Entwicklungsphasen durchläuft.

2. Definition der Ausgangslage: Welche Alternativen sind Gegenstand der aktuell anstehenden Entscheidungssituation? Für die Analyse geeignet ist ein Set von maximal vier Entscheidungsalternativen. Diese alternativen Optionen sollten sich ge-

genseitig ausschließen, sodass es keine Überschneidungen zwischen den Optionen gibt (vgl. Andler 2012: 294).

3. Auf der nachfolgenden zweiten Ebene werden die Entscheidungsalternativen aufgezeigt, die sich jeweils aus der Wahl der vorgelagerten Alternative ergeben. Auch hier sind nicht mehr als vier Alternativen zu unterscheiden. Sofern sich für einen Entscheidungspfad keine alternativen Szenarien mehr ergeben, endet dieser Ast des Entscheidungsbaumes. Insgesamt sollte der Entscheidungsbaum nicht mehr als fünf Entscheidungsebenen umfassen.

4. Den einzelnen sich ergebenen Entscheidungsalternativen werden nun Eintrittswahrscheinlichkeiten zugeordnet. Die Verrechnung (Multiplikation) der Eintrittswahrscheinlichkeiten eines Astes gibt dann Auskunft über die final resultierende Eintrittswahrscheinlichkeit eines Endszenarios. Sofern die verschiedenen Optionen keiner Eintrittswahrscheinlichkeit unterliegen, da sie sich mit hinreichender Gewissheit realisieren lassen, werden die Optionen als gegeben angesehen und eine probabilistische Betrachtungsweise entfiele auf der betreffenden Ebene, hier würde von einer Eintrittswahrscheinlichkeit von 100 % ausgegangen werden.

5. Jedes Szenario am Ende des jeweiligen Astes wird hinsichtlich des Zielwertes evaluiert. Der Erwartungswert eines jeden Szenarios wird ermittelt durch das Gewichten (Multiplizieren) des Zielwertes mit der jeweiligen Eintrittswahrscheinlichkeit.

6. Letztliches Ergebnis der Entscheidungsbaumanalyse ist das Herausarbeiten des Entscheidungsstrangs mit dem höchsten erwarteten Zielerreichungswert. Der Beginn dieses präferierten Entscheidungstrangs gibt dann Auskunft über die Alternative, die bei der anstehenden Entscheidung zu selektieren wäre.

Entscheidungsbaumanalyse

Benennen Sie eine Entscheidungsalternative, die sich für eine Entscheidungsbaumanalyse eignete. Die gegenständliche Entscheidung sollte nachgelagerte, probabilistische Auswirkungen (Eintrittswahrscheinlichkeiten) und Entscheidungsbedarfe aufweisen, im Sinne des oben dargestellten Ablaufschemas.

Die Abbildung 2.9 illustriert den Aufbau eines Entscheidungsbaumes anhand eines fiktiven Beispiels aus der beruflichen Karriereplanung. In der beispielhaften Karriereplanung der Abbildung 2.9 steht der Entscheider vor drei Entscheidungsalternativen, die sich gegenseitig ausschließen:

1. Er kann weiterhin seinen jetzigen Beruf bei seinem derzeitigen Arbeitgeber verfolgen.

2. Er kann ein Master-Studium in Vollzeit beginnen, einhergehend mit einer Berufsunterbrechung.

3. Er kann sein Master-Studium berufsbegleitend beginnen und parallel bei seinem derzeitigen Arbeitgeber weiterarbeiten.

		Jahresgehalt /TEUR	Gewichteter Wert /TEUR	
	Status Quo	50	42,50	
	Beförderung	60	6,00	52,00
	neuer Arbeitgeber	70	3,50	
	Status Quo	50	4,00	
	Beförderung	60	24,00	
	neuer Arbeitgeber	80	25,60	
	Status Quo	45	7,70	62,90
	Beförderung	50	1,00	
	neuer Arbeitgeber	55	0,60	
	Status Quo	60	2,30	
	Beförderung	75	28,10	
	neuer Arbeitgeber	85	28,70	
	Status Quo	50	9,40	73,05
	Beförderung	55	2,80	
	neuer Arbeitgeber	60	0,75	

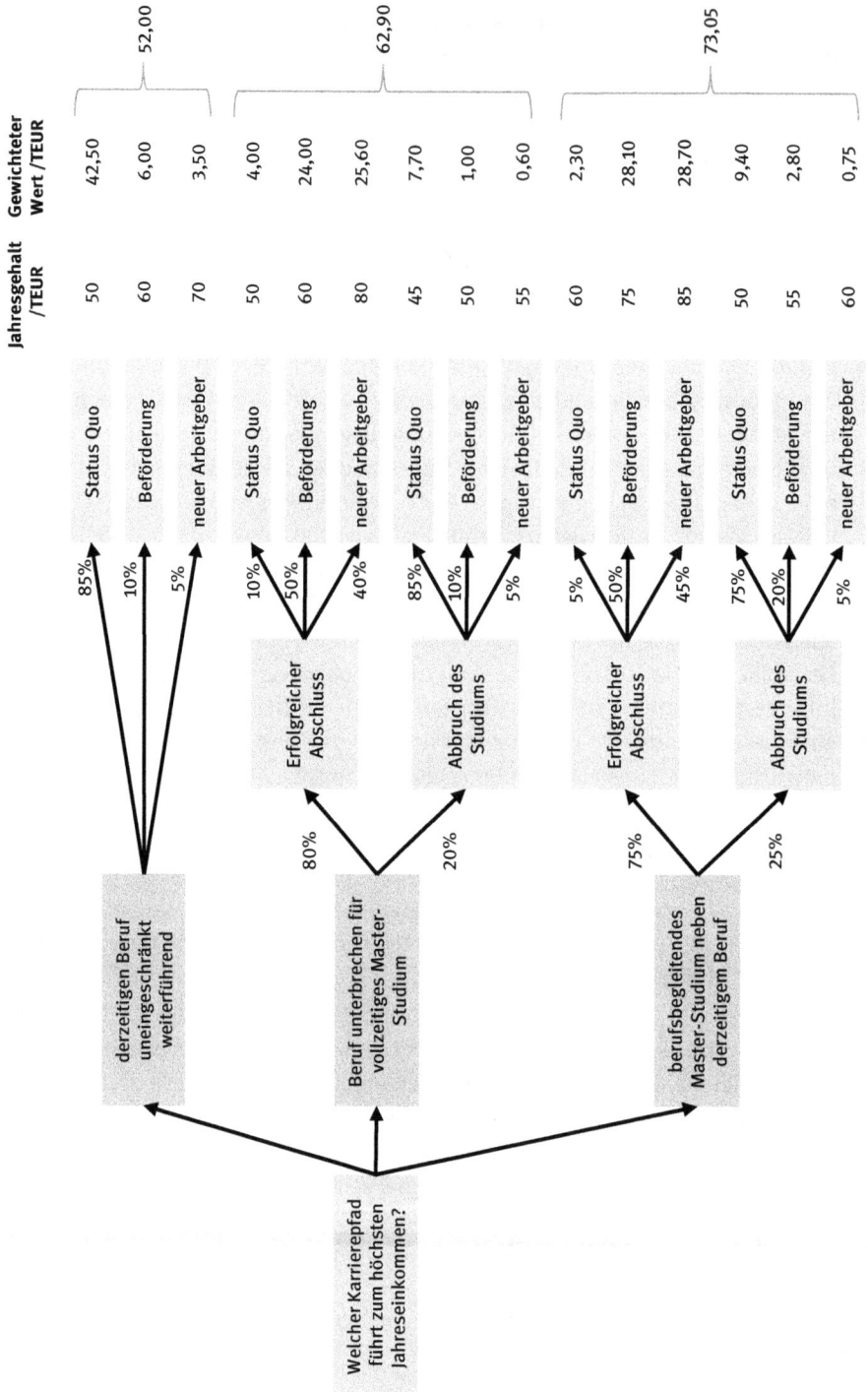

Abbildung 2.9: Entscheidungsbaumanalyse: Beispiel Karriereplanung.

Im Beispiel wird unterstellt, dass er jeder diese drei Anfangsoptionen frei wählen kann, also ohne etwa über ein Aufnahmeverfahren an der gewählten Hochschule. Insofern wird auf dieser Ebene auf Eintrittswahrscheinlichkeiten verzichtet. Eintrittswahrscheinlichkeiten, die sich nicht gegenseitig ausschließen, können in der Summe > 100 % betragen. In einem solchen Fall sollte normiert werden, indem die Summe aller Wahrscheinlichkeiten 1,00 bzw. 100 % betragen und die ursprünglichen Wahrscheinlichkeiten entsprechend angepasst werden. Auf der nächsten Ebene kann ein Studium entweder abgeschlossen oder abgebrochen werden. Beide Ausgänge sind voneinander abhängig und benennen alle denkbaren Alternativen; die Eintrittswahrscheinlichkeiten summieren sich daher auf 100 %. Auf der letzten Ebene des Entscheidungsbaumes gibt es für den Arbeitnehmer jeweils drei, sich gegenseitig ausschließende Möglichkeiten:

1. Er kann auf seiner gegenwärtigen Stelle, und somit auch bei seinem gegenwärtigen Arbeitgeber, verbleiben.
2. Er kann bei seinem gegenwärtigen Arbeitgeber verbleiben, dort aber befördert werden.
3. Er kann den Arbeitgeber wechseln und sich anderweitig karrieremäßig verbessern.

Jede dieser drei Optionen geht mit einem erwarteten Jahreseinkommen einher. Dies wird auch vom gewählten Karrierepfad abhängen: Die Zusatzausbildung eines Masterstudiums wird honoriert, das Pausieren vom bisherigen Arbeitgeber eher kritisch gesehen werden. Der Abbruch des Studiums wird sich auf den Lebenslauf und bei der Gehaltsfestlegung eher negativ auswirken. Ausschlaggebend für die Beurteilung der drei Entscheidungsalternativen ist die letzte Spalte mit den gewichteten Werten. Hier wird der Erwartungswert mit den vorgelagerten Eintrittswahrscheinlichkeiten gewichtet. Alle gewichteten Werte einer Entscheidungsalternativen werden dann aufsummiert. In diesem Beispiel ergibt sich der höchste Erwartungswert für die Option eines berufsbegleitenden Studiums.

Multidimensionale Entscheidungen unter Risiko

In dieser Kategorie werden als Entscheidungsregeln Paarvergleiche sowie der auf der Logik der Entscheidungsbaumanalyse aufbauende Analytic Hierarchy Process dargestellt.

Paarvergleiche

Als Ranglisten-Tool lässt sich mit Paarvergleichen über eine rechnerisch einfache Methodik die Präferenzstruktur innerhalb facettenreicher Alternativen bei multidimensionalen Zielsetzungen empirisch herausarbeiten. Hierbei werden die Alternativen als Gesamtheit betrachtet und nicht als Summe ihrer Einzelaspekte wie etwa bei der Nutzwertanalyse (Meier 2002, Sonntag 2015). Im Wesentlichen erfolgt ein paarweises Vergleichen aller vorliegenden Alternativen. Die Alternativen mit der höchsten Zahl gewonnener Paarvergleiche nimmt dann beim Auswahlprozess den ersten Rang ein. Diese Entscheidungsregel besteht aus den folgenden Arbeitsschritten:

1. Vorbereitung: Der zur Entscheidung anstehende Aktionsraum ist zu definieren – also die gegenständlichen Alternativen. Es gilt, den Aktionsraum auf die wesentlichen denkbaren Alternativen zu beschränken. In diesem Zusammenhang empfiehlt Kühnapfel (2014) eine Alternativenzahl von 10 bis maximal 20. In der praktischen Anwendung scheint eine Obergrenze von 20 Alternativen jedoch recht hoch zu sein. Umgekehrt macht eine Zahl von weniger als 5 Alternativen keinen Sinn, da die methodischen Vorteile bei kleinen Aktionsräumen nicht zur Geltung kommen.

2. Die Anzahl der Paarvergleiche ergibt sich aus der Zahl der Alternativen n, bereinigt um die Eigenbezüge. Diese Anzahl berechnet sich wie folgt: $n(n-1)/2$. Zieht man beispielsweise 10 Alternativen heran, so würde sich das Erfordernis von 45 Paarvergleichen ergeben.

3. Die benötigte Paarvergleiche können über eine Vergleichsmatrix dargestellt werden, um nun vom Entscheider bewertet zu werden. Diese Bewertungen sind in geeigneter Weise in den Matrixzellen numerisch zu erfassen, wobei lediglich zwischen den Werten „1" und „0" unterschieden wird:

   1 = die Alternative des Zeilenkopfes wird gegenüber der Alternative des Spaltenkopfes präferiert

   0 = die Alternative des Spaltenkopfes wird gegenüber der Alternative des Zeilenkopfes präferiert

   Eine Gleichbewertung ist beim Paarvergleich nicht vorgesehen; sie wäre auch wenig tauglich, da eine Entscheidung zwischen Auswahlmöglichkeiten zu diskriminieren hat.

4. Nachdem alle paarweisen Vergleiche durchgeführt worden sind, werden für jede Alternative die Zeilensummen ermittelt, wobei die maximale Zeilenzahl bei einer Alternativenzahl von n bei (n-1) liegt. Eine solche Matrix für beispielhafte acht Alternativen wird in der Tabelle 2.19 dargestellt. Zu ermitteln sind in dieser Matrix nur die mittelgrau schattierten Zellen, da die dunkel schattierten, diagonal verlaufenden Zellen Eigenbezüge darstellen und sich die Werte der hellgrau hinterlegten Zellen aus den ermittelten Werten herleiten, indem sie jeweils den Gegenwert darstelle: Wird beispielsweise die Alternative 1 gegenüber der Alternative 2 bevorzugt („1"), dann weist die Zeile der Alternative 2 umgekehrt gegenüber der Alternative 1 eine „0" auf. Bei dieser Tabelle würde die Alternative 8 aufgrund der höchsten Punkt- bzw. Prozentzahl präferiert werden. Interessant ist das Ergebnis aber auch hinsichtlich der weiteren Ränge – dies insbesondere, wenn die beste Alternative für den Entscheider nicht (mehr) verfügbar sein sollte.

5. Um die Konsistenz der Einschätzungen zu gewähren und Widersprüche im Vorfeld aufzulösen, sollte ein Konsistenztest durchgeführt werden (Bortz/Lienert/Boehnke 2008). Als Beispiel würde Alternative 1 (A1) gegenüber Alternative 2 (A2)

bevorzugt werden und Alternative 2 wiederum gegenüber Alternative 3 (A3). Es gilt dann: A1 → A2, A2 → A3. Dann müsste bei einer konsistenten Einschätzung ebenfalls gelten, dass A1 gegenüber A3 bevorzugt wird: A1 → A3. Dagegen wäre A3 → A1 eine inkonsistente Aussage (Kaiser/Serlin 1978: 423–432). Je mehr derartiger triadischer Zirkelbezüge, desto inkonsistenter das gesamte Bewertungsbild. Entsprechend lässt sich ein Konsistenzindikator K ableiten, der folgendermaßen definiert ist: $K = 1 - (z/z_{max})$ wobei z für die Nummer der auftretenden Zirkelbezüge und z_{max} für die Zahl der maximal möglichen Zirkelbezüge steht. Mithin würde ein Wert von K = 1 für ein vollständig konsistentes Bewertungsbild stehen. Die maximal mögliche Zahl triadischer Zirkelbezüge lässt sich berechnen wie folgt (Kendall/Gibbons 1990):

$$z_{max} = \begin{cases} (n(n^2 - 4))/24 & \text{bei einer geraden Alternativenzahl n} \\ (n(n^2 - 1))/24 & \text{bei einer ungeraden Alternativenzahl n} \end{cases}$$

Die tatsächliche Zahl triadischer Zirkelbezüge errechnet sich wie folgt:

$$z = (n(n - 1) \cdot (2n - 1))/12 - \sum_{i=1}^{n} y_i^2,$$

wobei y_i für die Zeilensummen (also der Anzahl der Zellen mit dem Wert "1" pro Zeile bzw. Alternative) steht.

Tabelle 2.19: Paarvergleichsmatrix mit acht Alternativen.

1 = Alternative der Zeile bevorzugt 0 = Alternative der Spalte bevorzugt	Alternative 1	Alternative 2	Alternative 3	Alternative 4	Alternative 5	Alternative 6	Alternative 7	Alternative 8	Σ	%
Alternative 1		1	1	1	0	0	1	0	4	14,3
Alternative 2	0		0	0	0	0	1	0	1	3,5
Alternative 3	0	1		1	1	1	1	0	5	17,9
Alternative 4	0	1	0		1	0	1	0	3	10,7
Alternative 5	1	1	0	0		0	1	0	3	10,7
Alternative 6	1	1	0	1	1		1	0	5	17,9
Alternative 7	0	0	0	0	0	0		0	0	0,0
Alternative 8	1	1	1	1	1	1	1		7	25,0
								Σ	28	100,0

Analytic Hierarchy Process (AHP)

Der Analytic Hierarchy Process (AHP) stellt methodisch und inhaltlich eine Erweiterung der Entscheidungsbaumanalyse dar. Zudem bedient sich diese Entscheidungsregel an der Bewertungsmechanik der paarweisen Vergleiche. Der AHP wurde von Thomas Saaty entwickelt als ein Analyseinstrument, welches verschiedene eigenständige

Bewertungsaspekte (Ziele und Szenarien) innerhalb eines unternehmerischen Bewertungssystems zu erfassen und hinsichtlich konkreter Entscheidungssituationen auszudeuten vermag (Saaty 1977, 1980). Gerade in komplexen, schlecht formalisierten Entscheidungsprozessen erweist sich der AHP als zweckdienlich und praktikabel.

Ausgangspunkt des AHP ist die Annahme, dass Unternehmen auf der gleichen Zielebene eigenständige, voneinander weitestgehend unabhängige (nicht korrelierende) Zielsetzungen aufweisen. Diesen Zielsetzungen nachgelagert sind Unterziele, welche als Mittel der jeweiligen Zielverwirklichung fungieren. Die letzte Ebene der Zielverwirklichung stellen die eigentlichen Entscheidungsalternativen dar, die im Gesamtbild des zugrunde liegenden Zielsystems bewertet werden. Ähnlich einer Entscheidungsbaum-Analyse wird beim AHP-Ansatz also ein Entscheidungskomplex zunächst dekomponiert und über kausal miteinander verbundene Bewertungsaspekte hierarchisch aufgeschlüsselt. Dem AHP liegen folgende Analyseschritte zugrunde:

1. Definition von Problemstellung und Analysezweck: Das hiermit verbundene Oberziel bildet die Spitze und den Ausgangspunkt der Pyramide.
2. Hierarchiebildung: Vom Oberziel her werden nun Unterziele und Szenarien herausgearbeitet; diese stehen zum Oberziel in einer Mittel/Zweck-Beziehung, da sie die Erreichung des Oberziels zum Gegenstand haben. Die unterste Hierarchieebene bezieht sich auf die konkreten Entscheidungsalternativen als Umsetzungsebene für die vorgelagerten Ziele.
3. Bewertung der einzelnen Beziehungsintensitäten: Wie relevant sind die untergeordneten Bewertungsaspekte für den direkt übergeordneten Zweck? Dieser Fragestellung begegnet der AHP, indem die Bedeutung zweier hierarchisch gleichgeordneter Elemente im Paarvergleich bezüglich ihrer Bedeutung für jeweils ein übergeordnetes Hierarchieelement bewertet wird. Konkret geht es um die Fragestellung: Welche Bedeutung hat Größe A in Bezug auf die Erreichung des Oberziels im Vergleich zu Größe B? Folgende Bewertungsskala liegt hierbei zugrunde (übersetzt nach Saaty/Kearns 1985: 27):
   1 = zwei Elemente tragen gleichermaßen zur Erreichung des übergeordneten Zieles bei
   3 = gering höhere Bedeutung des einen Elementes im Vergleich zum anderen
   5 = deutlich höhere Bedeutung des einen Elementes im Vergleich zum anderen
   7 = dominierend höhere Bedeutung des einen Elementes im Vergleich zum anderen
   9 = extrem höhere Bedeutung des einen Elementes im Vergleich zum anderen

Die Werte 2, 4, 6 und 8 stellen Zwischenwerte dar. Die reziproken Werte der jeweiligen Beziehung werden durch den Umkehrwert ausgedrückt. Wenn z. B. die Beziehung A→B den Wert „3" erhält, erhält im Umkehrschluss die Beziehung B→A den Wert „1/3". Hieraus resultiert eine quadratische Paarvergleichs-Matrize, deren Diagonale die Selbstbezüge zum Ausdruck bringt und daher – gemäß der obigen Skala – jeweils mit dem Wert „1" belegt ist. Diese Diagonale trennt die Matrize in zwei Teile, welche jeweils die reziproken Werte der Gegenseite wiedergeben. Insgesamt erfordert das Ausfüllen einer solchen Matrix (n · (n − 1)/2) Paarvergleiche. Sind beispielsweise vier Elemente einer Hierarchieebene miteinander zu vergleichen, so ergibt sich ein Erfordernis von sechs Paarvergleichen. Die Tabelle 2.20 stellt beispielhaft die Bewertung von vier Marketing-Maßnahmen hinsichtlich des Ziels „Profitabilität" dar.

Tabelle 2.20: AHP-Vergleichsmatrix (übersetzt von Gussek/Jeschke 1990: 49).

Oberziel: Profitabilität	Produkt A: Werbeerhöhung	Produkt B: Elimination	Produkt C: Preiserhöhung	Produkt D: Neueinführung
Produkt A: Werbeerhöhung	1	1/4	1/6	3
Produkt B: Elimination	4	1	1/3	7
Produkt C: Preiserhöhung	6	3	1	9
Produkt D: Neueinführung	1/3	1/7	1/9	1

Aus der Vergleichsmatrix der Tabelle 2.20 leiten sich in drei Rechenschritten die Maßnahmengewichtungen ab. So erfolgt im ersten Schritt die Überführung der Vergleichs- in eine Zahlenmatrix: Aus 1/3 wird beispielsweise 0,33. Zudem werden die Spaltensummen (Ausdruck der relativen Maßnahmenbedeutung) ermittelt, wie dargestellt in Tabelle 2.21.

Tabelle 2.21: AHP-Zahlenmatrix.

Oberziel: Profitabilität	Produkt A: Werbeerhöhung	Produkt B: Elimination	Produkt C: Preiserhöhung	Produkt D: Neueinführung
Produkt A: Werbeerhöhung	1,00	0,25	0,17	3,00
Produkt B: Elimination	4,00	1,00	0,33	7,00
Produkt C: Preiserhöhung	6,00	3,00	1,00	9,00
Produkt D: Neueinführung	0,33	0,14	0,11	1,00
Spaltensummen	**11,33**	**4,39**	**1,61**	**20,00**

Im zweiten Schritt erfolgt die Normierung der Spaltenwerte: Den jeweiligen Spaltensummen wird der Wert 1,00 zugeschrieben, die einzelnen Gewichtungen entsprechend proportional angepasst. So lautet etwa der nichtnormierte Zahlenwert für den Paarvergleich „Produkt B: Elimination" ↔ „Produkt A: Werbeerhöhung" 4,00. Normiert auf einen Spaltenwert von 1,00 (nichtnormierter Wert: 11,33) bedeutet dies folgende Berechnung: 4,00/11,33 = 0,35 (siehe fett hervorgehobenen normierten Wert in der Tabelle 2.22).

Tabelle 2.22: Normierte AHP-Zahlenmatrix.

Oberziel: Profitabilität	Produkt A: Werbeerhöhung	Produkt B: Elimination	Produkt C: Preiserhöhung	Produkt D: Neueinführung
Produkt A: Werbeerhöhung	0,09	0,06	0,10	0,15
Produkt B: Elimination	**0,35**	0,23	0,21	0,35
Produkt C: Preiserhöhung	0,53	0,68	0,62	0,45
Produkt D: Neueinführung	0,03	0,03	0,07	0,05
Spaltensummen	**1,00**	**1,00**	**1,00**	**1,00**

Im dritten und letzten Schritt werden nun die Zeilensummen der normierten Werte gebildet und diese wiederum hinsichtlich einer normierten Spaltensumme von 1,00 angepasst. Die resultierenden Werte stellen die relativen Bedeutungsgewichte der Elemente einer Hierarchieebene bezüglich eines übergeordneten Hierarchieelements dar. So weist etwa die Maßnahme für Produkt C (Preiserhöhung) eine normierte Zeilensumme von 2,28 aus, bei einer Spaltensumme von 4,00. Wird nun die Spaltensumme auf 1,00 normiert (im Sinne von „100 % Bedeutung aller Maßnahmen zusammen"), so erfolgt eine rechnerische Anpassung wie folgt: 2,28/4,00 = 0,57 bzw. 57 % (siehe fett hervorgehobene Zahlen in Tabelle 2.23).

Tabelle 2.23: Ableiten der AHP-Bedeutungsgewichte.[30]

Oberziel: Profitabilität	Zeilensummen Produkt A bis Produkt D	resultierende Bedeutungsgewichtungen
Produkt A: Werbeerhöhung	0,40	9,96 %
Produkt B: Elimination	1,14	28,44 %
Produkt C: Preiserhöhung	**2,28**	**57,08 %**
Produkt D: Neueinführung	0,18	4,52 %
Spaltensummen	**4,00**	**100,00 %**

---

30 Die Zahlenwerte in Tabelle 2.23 sind gerundet, weshalb sich gegenüber den entsprechenden Werten der Tabelle 2.22 geringfügige Abweichungen ergeben.

Das Oberziel „Profitabilität" beeinflusst Produktmaßnahme A demnach zu 9,96 %, Maßnahme B zu 28,44 %, Produkt C zu 57,08 % sowie Produkt D lediglich zu 4,52 %.

1. Nachdem alle erforderlichen Paarvergleiche vollzogen wurden, sind die einzelnen Gewichtungen einer Hierarchieebene zu berechnen und somit Auskunft über die abgeleiteten Beziehungsintensitäten zu geben. Diese Berechnung erfolgt über die Ermittlung der Eigenvektoren, welche die relative Bedeutung eines jeden Elementes einer Hierarchieebene in Bezug auf ein direkt übergeordnetes Element ausdrücken. Eine detaillierte Darstellung der entsprechenden mathematischen Schritte geben Gussek und Tomzcak (1989: 22 ff.).

2. Konsistenz-Test: Das abgeleitete Gesamtbild wird auf innere Stimmigkeit hin überprüft, mit einer möglichen korrigierenden Rückkoppelung zum dritten Verfahrensschritt, der paarweisen Vergleichsbewertung. Als Konsistenzindikator wird der Eigenwert herangezogen. Dieser Indikator drückt die absolute Abweichung von einer totalen Konsistenz aus; er sollte für ein akzeptables Ergebnis einen Wert unter 10 % betragen. Sofern sich das Gesamtbild als inkonsistenter darstellt, wären die besonders inkonsistenten Matrizen einer nochmaligen Bewertung zu unterziehen.

3. Berechnung der Gewichtungen für die gesamte Entscheidungshierarchie: Die ermittelten Eigenvektoren werden nun gewichtet – also multipliziert – mit den Gewichtungen der jeweils übergeordneten Bezugselemente und die somit ermittelten Produkte aufsummiert. Das Ergebnis ist eine hierarchische Entscheidungspyramide, deren Elemente Auskunft über ihre relative Bedeutung für die Erfüllung übergeordneter Ziele geben – und so den relativen Wert alternativer Entscheidungsmöglichkeiten zu ermitteln vermögen.

Tabelle 2.24: AHP-Gesamtmatrix (übersetzt von Gussek/Jeschke 1990: 51).

Relative Bedeutung für:								
Oberste Ebene	Kompetitivität							
Szenario 1	06,83							
Szenario 2	27,46							
Szenario 3	65,71							
Mittlere Ebene	Kompetitivität	Sze. 1	Sze. 2	Sze. 3				
Profitabilität	49,93	08,65	39,15	56,73				
Umsatzwachstum	10,43	53,06	10,60	05,93				
Marktanteil	27,20	29,93	36,21	23,15				
Stabilität	12,44	08,36	14,04	12,19				
Untere Ebene	Kompetitivität	Sze. 1	Sze. 2	Sze. 3	Prof.	UW	MA	Stab.
Produkt A	28,86	54,52	33,16	24,39	**09,96**	67,38	56,47	12,07
Produkt B	21,09	11,72	19,32	22,81	**28,44**	07,75	09,10	29,03
Produkt C	42,03	20,24	38,79	45,65	**57,08**	07,68	22,88	52,30
Produkt D	08,01	13,52	08,70	07,15	**04,52**	17,19	11,55	06,60

Die Gewichtungen weisen letztlich die Maßnahme „Preiserhöhung Produkt C" als für die Erreichung des Oberziels „Kompetitivität" geeignetste Maßnahme aus. Dieser Entscheidungshierarchie liegt die in Tabelle 2.24 abgebildete AHP-Gesamtmatrix – gemäß dem sechsten Verfahrensschritt – zugrunde. Die detailliert betrachteten Gewichtungen der Produktmaßnahmen gegenüber dem Ziel Profitabilität sind in der Tabelle wiederum fett hervorgehoben.

Die Abbildung 2.10 stellt beispielhaft die Gesamthierarchie eines solchen iterativen Bewertungsverfahrens dar. Dargestellt sind zudem einige ausschnittweise Teilgewichtungen gemäß dem obigen Berechnungsbeispiel. Zudem sind die Gesamtgewichtungen angezeigt, so wie sie sich herleiten durch eine Multiplikation der Teilgewichtungen. Demnach übt die Vermarktungsmaßnahme für Produkt C (Preiserhöhung) mit

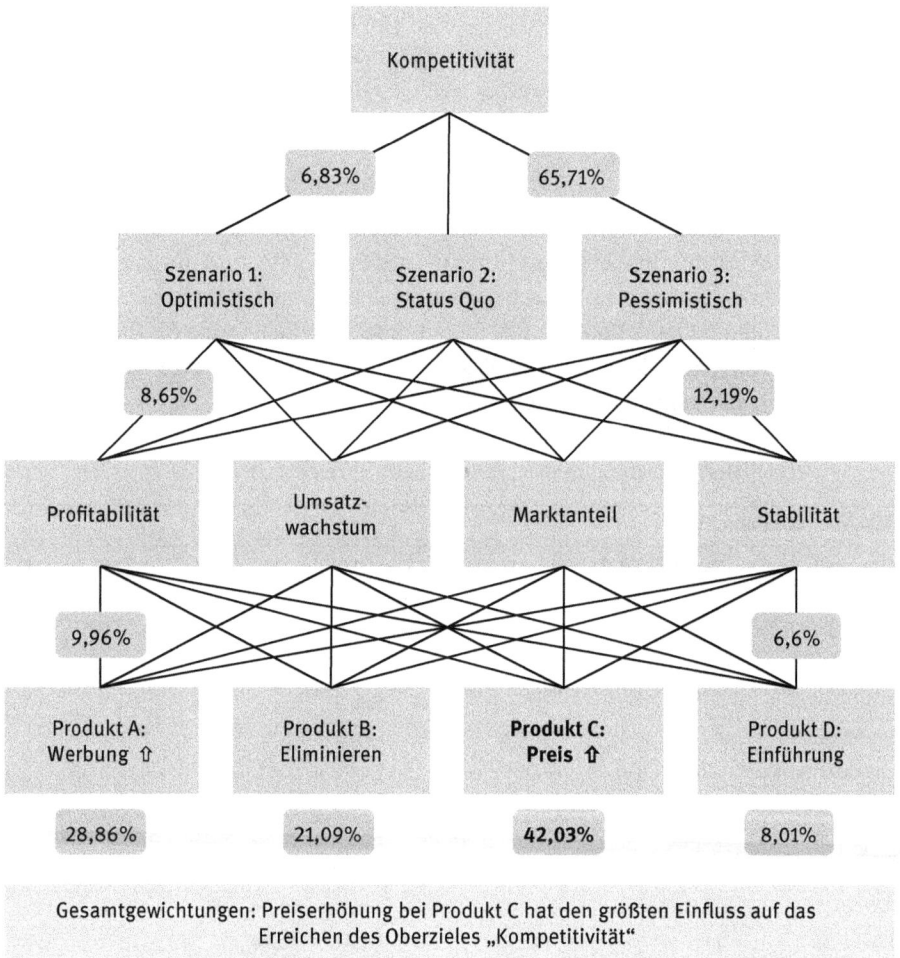

Gesamtgewichtungen: Preiserhöhung bei Produkt C hat den größten Einfluss auf das Erreichen des Oberzieles „Kompetitivität"

Abbildung 2.10: Beispiel AHP-Entscheidungshierarchie (Gussek und Jeschke 1990: 44 ff.).

42,03 % Gesamtgewicht den größten Einfluss auf das Erreichen des Oberzieles „Kompetitivität" aus.

Der AHP stellt eine einfach handhabbare Methode zur Darstellung, quantitativen Erfassung und Anwendung von Bewertungsgefügen dar. In der Analysepraxis hat er breite Anwendung gefunden hat, etwa für Großbauprojekte (Saaty/Kearns 1985), für die strategische Marketingplanung (Wind/Saaty 1980, Haedrich/Tomczak 1988), für die Analyse unternehmerischer Wertsysteme (Jeschke 1993) oder für die Bewertung von Logistikalternativen (Altintas/Keuschen/Saur/Klumpp 2010: 1 ff.).

Problemmuster für den AHP   ❓
Stellen Sie Ihr persönliches Wertesystem dar, mit dem Oberziel „Lebensqualität".
a)   Welche Unterziele und welche zielgerichteten Aktivitäten ergeben sich?
b)   Stellen Sie das Wertesystem als Entscheidungshierarchie dar, gemäß Abbildung 2.10.

Monodimensionale Entscheidungsregeln bei Ungewissheit

Aufgrund der Risikodisposition des Entscheiders – also der Art, wie der Entscheider die best- und die schlechtmöglichsten Entscheidungswirkungen gewichtet – lassen sich die nachfolgenden generischen – also grundsätzlich anwendbaren – Entscheidungsregeln unterscheiden. Diese Regelungen gehen von einer ungewissen Informationslage aus und verzichten deshalb auf die Einbeziehung von Eintrittswahrscheinlichkeiten.

Minimax-Regeln

Bei der vom Mathematiker Abraham Wald formulierten Minimax-Regel gilt: Diejenige Alternative ist optimal, deren kleinstes Ergebnis aller denkbaren Szenarien größer ist als das kleinste Ergebnis jeder anderen Alternative. In die Betrachtungen werden also nur die jeweils negativsten Ergebnisse der betrachteten Alternativen einbezogen.

Bei dieser Entscheidungsregel bleiben Eintrittswahrscheinlichkeiten unberücksichtigt. Die Regelungslogik steht für eine geringe Risikobereitschaft, bei der die pessimistischen Aspekte die Bewertung dominieren. Man denke etwa an das Investitionsverhalten eines Pensionsfonds: Hier geht es vor allem um Vermögenserhalt. Eine Vermögensgefährdung durch riskante – potenziell hochrentable – Anlagemöglichkeiten ist unbedingt zu vermeiden. Dagegen werden konservative Anlagen auf geringem Risikoniveau präferiert.

Als Anwendungsbeispiel soll die Tabelle 2.25 dienen. Hierbei geht es um drei Alternativen, deren Ergebnisse (im Sinne einer Nutzenstiftung) in Bezug auf drei denkbare Szenarien untersucht werden. Die in den Tabellenzellen angegebenen Ergebniswerte bringen die jeweiligen Nutzeneinheiten „NE" zum Ausdruck, wobei gelten soll: Je höher der Wert, desto höher der Nutzen.

Die Anwendung der Minimax-Regel führt zur Wahl der Alternative 3, da deren geringstes Ergebnis von 2 NE das höchste Minimum innerhalb der drei Alternativen darstellt. Mit welchen Wahrscheinlichkeiten die jeweiligen Szenarien eintreffen und welche maximalen Ergebnisse bei den Alternativen erzielt werden können, ist für die Anwendung der Minimax-Regel unerheblich.

Tabelle 2.25: Beispiel für die Minimax-Regel.

	Szenario 1	Szenario 2	Szenario 3
Alternative 1	−3 NE	3 NE	6 NE
Alternative 2	1 NE	2 NE	3 NE
Alternative 3	2 NE	2 NE	2 NE

Maximax-Regel

Bei der Maximax-Regel ist diejenige Alternative optimal, deren größtes Ergebnis aller denkbaren Szenarien größer ist als das größte Ergebnis jeder anderen Alternative. Auch bei dieser Entscheidungsregel bleiben Eintrittswahrscheinlichkeiten unberücksichtigt. Als Antithese der vorangegangenen Minimax-Regel ist die Maximax-Regel durch die Risikoaffinität des Entscheiders gekennzeichnet: Lotto wird gespielt, wenn der Jackpot lockt!

Tabelle 2.26 zeigt ein entsprechendes Anwendungsbeispiel, wiederum unter Bezugnahme auf drei Alternativen sowie drei Szenarien. „NE" als Ergebniseinheit steht wiederum für die Zahl der Nutzeneinheiten für die jeweilige Konstellation.

Die Anwendung der Maximax-Regel führt zur Wahl der Alternative 1, da deren günstigstes Szenario mit 6 NE den höchsten Nutzenwert im Vergleich zu den anderen beiden Alternativen verspricht. Mit welcher Wahrscheinlichkeit dieses Szenario 3 einzutreten sich anschickt, ist dabei für die Präferenzbildung unerheblich.

Tabelle 2.26: Beispiel für die Maximax-Regel.

	Szenario 1	Szenario 2	Szenario 3
Alternative 1	−3 NE	3 NE	6 NE
Alternative 2	1 NE	2 NE	3 NE
Alternative 3	2 NE	2 NE	2 NE

Minimum-Regret-Regel (Savage-Niehans-Prinzip)

Die von Leonard J. Savage aufgestellte Minimum-Regret-Regel, auch Minimum-Risiko-Regel oder Savage-Niehans-Prinzip genannt, ist für risikoaverse Entscheider geeignet, da sie den Nutzenentgang – also das „Bedauern" (englisch: „regret") – der im Fall nichtoptimaler Entscheidungen realisiert würde, zu minimieren trachtet. Bei dieser Betrachtung geht es also um die Optimierung der Opportunitätskosten. Nicht die absolute Höhe der Ergebnisse entscheidet, sondern deren relativen Nachteile: Der

Entscheider wählt jene Alternative, bei der die maximal mögliche Schlechterstellung durch das Nichtwählen der besten Alternative am geringsten ist. Dies gilt, wenn der maximale Ergebnisnachteil verglichen mit dem größtmöglichen Nachteil der übrigen Alternativen am kleinsten ist. Auch hier werden Eintrittswahrscheinlichkeiten nicht berücksichtigt. Die relative Nutzenabwägung steht für einen eher risikoaversen Ansatz.

Beim in der Tabelle 2.27 dargestellten Anwendungsbeispiel geht es wiederum um die drei bereits für die Minimax- und Maximax-Regeln bemühten Alternativen bei drei Szenarien sowie um die jeweils erzielbaren Ergebnisse ausgedrückt in Nutzeneinheiten NE.

Tabelle 2.27: Beispiel für die Minimum-Regret-Regel.

	Szenario 1	Szenario 2	Szenario 3
Alternative 1	−3 NE	3 NE	6 NE
	($\triangle$ − 3/2 = 5)	($\triangle$3/3 = 0)	($\triangle$6/6 = 0)
Alternative 2	1 NE	2 NE	3 NE
	($\triangle$1/2 = 1)	($\triangle$2/3 = 1)	($\triangle$3/6 = 3)
Alternative 3	2 NE	2 NE	2 NE
	($\triangle$2/2 = 0)	($\triangle$2/3 = 1)	($\triangle$2/6 = 4)

Bei der Anwendung der Minimum-Regret-Regel werden zunächst für jedes Szenario (also jede Spalte) die Werte der jeweiligen Alternative mit dem bei diesem Szenario maximal erzielbaren Ergebnis verglichen und die Differenz festgehalten. Bezüglich des Szenarios 1 verzeichnet die Alternative 1 somit Opportunitätskosten in Höhe von 5 NE, Alternative 2 in Höhe von 1 NE sowie Alternative 3 keine Opportunitätskosten, da sie bei diesem Szenario das beste Ergebnis vorzuweisen hat. Bezüglich des zweiten Szenarios betragen die Opportunitätskosten der Alternativen 2 und 3 jeweils 1 NE, während die Alternative 1 keine Opportunitätskosten aufweist. Dies trifft für die Alternative 1 auch beim dritten Szenario zu; hier sind für die Alternativen 2 und 3 als Opportunitätskosten 3 NE bzw. 2 NE zu veranschlagen. Über alle Szenarien hinweg weist Alternative 2 die geringsten maximalen Opportunitätskosten auf – und ist daher die präferierte Alternative. Auch hier führt das ungewisse Entscheidungsumfeld dazu, dass die Eintrittswahrscheinlichkeiten der jeweiligen Szenarien nicht Gegenstand der Betrachtungen sind.

Optimismus/Pessimismus-Index (Hurwicz-Prinzip)

Dieses von Leonid Hurwicz konzipierte Kriterium bezieht sich auf einen Optimismus/Pessimismus-Index, auch „Hurwicz-Prinzip" genannt. Der zugrundeliegende Pessimismus-Optimismus-Faktor α nimmt einen Wert zwischen 0 und 1 ein. Während dieser Faktor α die jeweiligen Ergebnismaxima gewichtet, werden die Ergebnisminima mit dem residualen Faktor $(1 - \alpha)$ gewichtet. Das ausschlaggebende Ergebnis entsteht durch Addition der beiden resultierenden Produkte. Je größer α, desto höher mithin die Risikofreudigkeit – und umgekehrt. Insofern stellt diese Entscheidungslogik einen Kompromiss zwischen Minimax- und Maximax-Logik dar und individualisiert deren pauschale Aussagekraft.

Tabelle 2.28 stellt die Entscheidung bei der Entscheidungsregel des Hurwicz-Prinzips dar, und zwar bei einem beispielsweisen Pessimismus-Optimismus-Faktor von $\alpha = 0,7$. Die Ergebniswerte werden wiederum in Nutzeneinheiten NE ausgedrückt.

Tabelle 2.28: Beispiel zur Anwendung des Optimismus/Pessimismus-Index ($\alpha = 0,7$).

	Szenario 1	Szenario 2	Szenario 3	Σ
Alternative 1	−3 NE $(0,3 \cdot -3 = -0,9)$	3 NE	6 NE $(0,7 \cdot 6 = 4,2)$	3,3
Alternative 2	1 NE $(0,3 \cdot 1 = 0,3)$	2 NE	3 NE $(0,70 \cdot 3 = 2,1)$	2,4
Alternative 3	2 NE $(0,3 \cdot 2 = 0,6)$	2 NE	2 NE $(0,70 \cdot 2 = 1,4)$	2,0

Zieht man als Entscheidungsregel das Optimismus/Pessimismus-Index mit $\alpha = 0,7$ heran, so wird die Alternative 1 präferiert, da hier die Summe der gewichteten Minimal- und Maximal-Ergebnisse am höchsten ist. Dieses Resultat hängt ursächlich mit dem festgelegten α-Wert ab. Würde man diese Entscheidungsregel risikoaverser auslegen – und beispielsweise einen α-Wert von 0,2 wählen, dann würden die Minimalergebnisse einer jeden Alternative gegenüber den Maximalergebnissen entsprechend höher gewichtet werden und die Entscheidung entsprechend prägen.

Gleichwahrscheinlichkeits-Regel (Laplace-Regel)

Bei der Gleichwahrscheinlichkeits- oder Laplace-Regel wird allen Umweltzuständen die gleiche Eintrittswahrscheinlichkeit zugeschrieben; die Alternativenbewertung erfolgt mithin auf Basis des Durchschnitts aller Nutzenwerte (vgl. Berens/Delfmann/Schmittling 2004: 70). Letztlich haben also Risikoeinschätzungen keine Relevanz auf das Ergebnis, sodass diese Regel auf ein ungewisses Entscheidungsumfeld abstellt. Sobald sich Realisierungswahrscheinlichkeiten bei den einzelnen Umweltzuständen unterscheiden ließen, sind die Grundlagen für eine Anwendung der Laplace-Regel nicht mehr gegeben.

Tabelle 2.29 stellt die Anwendung der Gleichwahrscheinlichkeits-Regel dar, wobei die resultierenden Ergebniswerte wiederum in Nutzeneinheiten „NE" ausgedrückt werden. Die Anwendung der Gleichwahrscheinlichkeits-Regel würde angesichts gleicher Durchschnittswerte über alle Szenarien hinweg zu einer Gleichbewertung der drei Alternativen führen.

Tabelle 2.29: Beispiel für die Gleichwahrscheinlichkeits-Regel.

	Szenario 1	Szenario 2	Szenario 3	Ø
Alternative 1	−3 NE	3 NE	6 NE	2,0
Alternative 2	1 NE	2 NE	3 NE	2,0
Alternative 3	2 NE	2 NE	2 NE	2,0

Investitionsentscheid in Abhängigkeit der herangezogenen Entscheidungsregel

Bei der Geschäfts- und Budgetplanung für das nächste Geschäftsjahr eröffnen sich dem Geschäftsführer drei Expansionsmöglichkeiten:

Investition A: Ausweitung des bestehenden Produktsortiments um weitere Varianten.

> **Szenario A1:** Varianten werden vom Kunden akzeptiert und erwirtschaften noch im ersten Geschäftsjahr einen positiven Deckungsbeitrag.
>
> **Szenario A2:** Varianten finden kein ausreichendes Marktvolumen, um binnen des ersten Geschäftsjahres die Gewinnschwelle zu überschreiten und müssten daher wieder aus dem Produktprogramm entfernt werden.

Investition B: Neuproduktentwicklung und Markteinführung.

> **Szenario B1:** Neuprodukt erhält binnen des kommenden Geschäftsjahres eine Produktzulassung und wird dann mit gutem Nachfragepotenzial verkauft und lizensiert werden können.
>
> **Szenario B2:** Die Neuproduktzulassung gestaltet sich als zu langwierig und kostspielig, um weiterverfolgt zu werden; von einer Markteinführung muss daher abgesehen werden.

Investition C: Ein wichtiger ausländischer Markt, in den bislang nur exportiert worden ist, soll nunmehr mit einer eigenen Niederlassung erschlossen werden. Die Entwicklungsprognosen für diesen ausländischen Markt fallen unterschiedlich aus.

> **Szenario C1:** Der Markt weist weiterhin überdurchschnittliche Wachstumsraten auf, und eine eigene Niederlassung könnte hiervon mindestens proportional profitieren.
>
> **Szenario C2:** Der ausländische Markt leitet eine Konsolidierungsphase ein und gestaltet sich sowohl rechtlich als auch wirtschaftlich für einen ausländischen Investor als schwierig.

Aus Budget- und Kapazitätsgründen wird das Unternehmen nur eines der drei möglichen Investmentalternativen verfolgen können. Der Investmententscheid soll aufgrund des zu erwartenden ROI erfolgen. Das Entscheidungstableau stellt sich dar wie folgt:

	Szenario 1		Szenario 2	
	Wkt. p	Ergebnis	Wkt. p	Ergebnis
Alternative A	80 %	300.000 EUR	20 %	−150.000 EUR
Alternative B	50 %	1.000.000 EUR	50 %	−400.000 EUR
Alternative C	60 %	600.000 EUR	40 %	−50.000 EUR

Wie würde sich der Investitionsentscheid anhand der folgenden Entscheidungsregeln darstellen?

a) Bayes-Prinzip
   (Maximierung des Erwartungswertes)
b) Minimax

c) Maximax
d) Minimum-Regret
e) Hurwicz ($\alpha = 0{,}70$)

Lösung für a)–e), wobei die jeweils präferierte Alternative (A, B, C) grau markiert und fett hervorgehoben ist:

in EUR	Bayes	Minimax	Maximax	Minimum-Regret	Hurwicz ($\alpha = 0,70$)
A	$0,80 \cdot 300.000 +$ $0,20 \cdot (-150.000)$ $= 210.000$	-150.000	300.000	$300.000 -$ $1.000.000$ $= -700.000$	$0,70 \cdot 300.000 +$ $0,30 \cdot (-150.000)$ $= 165.000$
B	$0,50 \cdot 1.000.000 +$ $0,50 \cdot (-400.000)$ $= 300.000$	-400.000	**1.000.000**	$-400.000 -$ (-50.000) $= -350.000$	**$0,70 \cdot 1.000.000 +$ $0,30 \cdot (-400.000)$ $= 580.000$**
C	**$0,60 \cdot 600.000 +$ $0,40 \cdot (-50.000)$ $= 340.000$**	**-50.000**	600.000	$600.000 -$ $1.000.000$ $= -400.000$	$0,70 \cdot 600.000 +$ $0,30 \cdot (-50.000)$ $= 270.000$

Spieltheorie und Gefangenendilemma

In der Spieltheorie beziehen sich die Entscheidungssequenzen nicht auf resultierende Szenarien, sondern auf konkrete Reaktionen anderer Mitspieler. Dabei werden kooperative von nichtkooperativen Spieltheorien unterschieden – je nachdem, ob die Spieler bindende Abmachungen treffen und einhalten oder stattdessen egoistisch vorgehen (vgl. Diekmann 2009, Holler und Illing 1991). Der Name „Spieltheorie" bezieht sich auf die Ähnlichkeiten der Verhaltens- bzw. Entscheidungsmuster in sozialen Interaktionen mit den Verhaltensmustern von Spielern bei Gesellschaftsspielen. Bei der Logik spieltheoretischen Handelns spielen Verhandlungen, Anreize, Ankündigungen, Koalitionen und Gewinnbeteiligungen eine große Rolle. Die Konsequenz eines Spielzuges, z. B. das Ausspielen einer Karte oder das Ziehen einer Schachfigur, ist nicht vorhersagbar, da sie abhängig vom Verhalten („Gegenzug") weiterer Mitspieler ist, welche der einzelne Spieler nicht kontrollieren kann. Bevor der Spieler sich für einen Zug entscheidet, der seinem Ziel des Spielgewinns dient, muss er sich überlegen, wie sein(e) ebenfalls gewinnorientierten Gegenspieler darauf reagieren können und welche Überlegungen diese ihrerseits vor einem (Antwort-)Zug anstellen werden bezüglich seines Zuges und seiner Überlegungen.

Diese Zirkularität im Entscheidungsverhalten von Spielern ist das kennzeichnende Merkmal der Spieltheorie – analog zu interaktiven Entscheidungsproblemen unternehmerischer Entscheider. Wie unterscheidet sich der mäßige vom guten Schachspieler? Ersterer vermag lediglich, die reaktiven Optionen seines Gegners einen Zug im Voraus zu bedenken, während Letzterer dies für zwei Züge bewerkstelligt. Und was unterscheidet den guten vom genialen Schachspieler? Letzterer bewältigt die exponentiell ansteigende Szenarienvielfalt für drei bis vier Spielzüge im Voraus und lässt diese in sein Entscheidungskalkül einfließen.

Die Spieltheorie versucht, jedem einzelnen Entscheider in einer interaktiven Entscheidungssituation aufzuzeigen, wie er seine egoistischen Interessen rational am besten verfolgen kann. Die Verhaltensempfehlungen gegenüber den einzelnen Teilnehmern müssen miteinander konsistent sein, d. h. keiner der Teilnehmer sollte einen rationalen Anreiz haben, vom empfohlenen Verhalten abzuweichen.

Die Spieltheorie unterliegt den folgenden Annahmen:

- Die Spieler sind die Entscheidungsträger mit gegensätzlichen Interessenlagen.
- Das Spiel erfolgt nach einem System von Entscheidungsregeln.
- Die Regeln des Spiels und die Rationalität der beteiligten Spieler sind allen Spielern bekannt und gelten für alle Spieler; alle wissen, dass allen bekannt ist, dass alle dies wissen.
- Jeder Spieler ist bestrebt, für sich den spielbedingten (Erwartungs-)Wert zu maximieren (Rationalitätspostulat).

Das wohl bekannteste nichtkooperative spieltheoretische Beispiel ist das „Gefangenendilemma", ein Begriff, der von Tucker (1950) eingeführt worden ist. Die zwei Spieler bzw. Entscheider werden hier durch zwei Gefangene A und B verkörpert, die jeweils über zwei Entscheidungsalternativen verfügen: Sie können eine tatsächlich gemeinsam begangene kriminelle Tat a) leugnen oder b) gestehen (vgl. z. B. Poundstone 1992). Hieraus ergeben sich vier mögliche Szenarien der Entscheidungswirkung:

- Leugnen beide Gefangenen, so erhalten beide eine verminderte Strafe, da ihnen in diesem Fall nur eine geringere Straftat nachgewiesen werden kann (z. B. eine Gefängnisstrafe von einem Jahr, entsprechend einem Nutzen von −1).
- Leugnet der Gefangene A und der Gefangene B gesteht, erhält der Gefangene A die Höchststrafe (z. B. unvermindertes Strafmaß von einer siebenjährigen Gefängnisstrafe, entsprechend einem Nutzen von −7) während der Gefangene B aufgrund einer Kronzeugenregelung straffrei ausgeht (entsprechend einem Nutzen von 0).
- Der umgekehrte Fall gilt analog für den Fall, dass der Gefangene A gesteht und der Gefangene B leugnet.
- Gestehen beide Gefangenen, so erhalten beide eine hohe Strafe, nicht jedoch die Höchststrafe (z. B. ein reduziertes Strafmaß von einem dreijährigen Freiheitsentzug für jeden der beiden Gefangenen, entsprechend einem Nutzen von −3).

Beide Spieler kennen diese Spielstruktur und müssen nun unabhängig voneinander bzw. gleichzeitig, d. h. in Unkenntnis der Entscheidung des Anderen, ihre Entscheidung treffen. Die Tabelle 2.30 stellt die Ausgangslage des Gefangenendilemmas dar.

Tabelle 2.30: Auszahlungsmatrix beim Gefangenendilemma (in Anlehnung an Axelrod 1980).

	B leugnet		B gesteht	
A leugnet	A: −1	B: −1	A: −7	B: 0
	A + B: −2		A + B: −7	
A gesteht	A: 0	B: −7	A: −3	B: −3
	A + B: −7		A + B: −6	

Für den einzelnen Gefangenen ergeben sich folgende Optionen:
- gestehen, wenn der andere leugnet: Nutzen = 0
- leugnen, wenn der andere leugnet: Nutzen = −1
- gestehen, wenn der andere ebenfalls gesteht: Nutzen = −3
- leugnen, wenn der andere gesteht: Nutzen = −7

Wann ist das spielerische Gleichgewicht (auch das „Nash Equilibrium" genannt) erreicht? Bei einem kooperativen Vorgehen würden beide Gefangenen leugnen und somit den Gesamtnutzen maximieren (−2 als niedrigster Negativnutzen). In der Natur lässt sich ein solches Entscheidungsmuster, welches auf eine Optimierung des Gesamtnutzens ausgerichtet ist, bei schwarmintelligenten Tierfamilien wie etwa Ameisen ausmachen. In der Modellannahme trifft dies jedoch nicht auf menschliche Entscheidungsmuster zu: Jeder Gefangene profitiert davon, einseitig dieses kooperative Vorgehen zu verletzen. Bei einem derart unkooperativen Verhalten (einem „defektieren")[31] würde jeder einzelne Gefangene danach trachten, zu gestehen während der andere – kooperative – Gefangene leugnete. Der resultierende Gesamtnutzen von −7 wäre deutlich geringer als im Falle des kooperativen Verhaltens, dies allerdings bei der Aussicht auf einen Nutzen von 0 auf Seiten des einseitigen Defektierers.

Am Ausgang des Gefangenendilemmas änderte sich nichts, wenn die beiden Spieler nacheinander, der zweite in Kenntnis der Entscheidung des ersten, handelten. Angenommen, der Gefangene A entschiede zuerst. Würde der Gefangene A nun gestehen, müsste er damit rechnen, dass auch der Gefangene B gestände; dies würde für beide Gefangenen jeweils in einen Nutzenwert von −3 resultieren. Leugnete dagegen der Gefangene A, so wäre es für den Gefangenen B rational zu gestehen, um somit für sich einen Nutzenwert von 0 zu realisieren, während der Gefangene A einen Nutzenwert von −7 hinzunehmen hätte. Ergo, beide Gefangene gestehen auch bei transparentem Informationsstand aufgrund der vorhandenen Interdependenz. Dies führt bei jedem der Gefangenen zu einem Nutzen von −3, also zu einem schlechteren Ergebnis als in der Konstellation, in der beiden Gefangenen schwiegen (jeweiliger Nutzen von −1).

Das Gefangenendilemma reflektiert das Spannungsverhältnis von kooperierenden Entscheidungen versus individuellen, nicht-kooperativen Entscheidungen unter Ungewissheit. Letzteres Verhalten, bei dem eigene Entscheidungen ungeachtet der gegnerischen Verhaltensmuster gewählt werden, wird in der Spieltheorie als „dominante" Strategie bezeichnet.

Die Abwandlung in ein Mehrrundenspiel nähert sich der unternehmerischen Realität, bei der die agierenden Partien längerfristig und wiederholt aufeinander einwir-

---

31 Als „defektieren" wird ein unkooperatives, absprachewidriges Verhalten bezeichnet, welches nicht darauf ausgerichtet ist, ein gesamthaftes Nutzenoptimum zu erwirken. In diesem Sinne wird das Defektieren auch mit einem „Ausbeuten" der anderen Partei gleichgesetzt.

ken. Ein absprachewidriges Verhalten der einen Partei kann somit nachfolgend durch die andere Partei geahndet werden, womit sich Defektieren nicht mehr lohnte – insbesondere, wenn die Interdependenz von beiden Parteien auf unabsehbare Zeit als gültig betrachtet wird.

Kooperative Strategien setzen sich insbesondere dann durch, wenn

- mehrere Runden gespielt werden,
- nicht bekannt ist, wann die letzte Runde gespielt wird,
- sich die Spieler gegenseitig erkennen, um gegebenenfalls Vergeltung zu üben.

Gefangenendilemma bei wiederholter Interdependenz

a) Ist es ratsam, stets zu kooperieren, egal wie sich die andere Partei verhält?

b) Kann es Sinn machen, als Reaktion auf das kooperative Verhalten der anderen Partei zu defektieren?

c) Inwiefern kann das beobachtbare Verhalten der anderen Partei ausschlaggebend für die Wahl des eigenen Verhaltens sein?

d) Inwiefern lässt sich dieser Ansatz auf reale Situationen übertragen?

e) Welche in diesem Ansatz nicht berücksichtigen Einflussgrößen wären gegebenenfalls noch zu berücksichtigen?

In Anlehnung an die von Mathieu und Delahye (1995, siehe auch Delahye/Mathieu 1996) postulierten Strategien lassen sich für sequentielle, auf unabsehbare Zeit fortbestehende Gefangenendilemma-Situationen Entscheidungsregeln ableiten, denen jeweils eine andere Verhaltenslogik zugrunde liegt. Aus Sicht der eigenen Position – bzw. der eigenen Partei – sind etwa die folgenden Entscheidungsregeln denkbar:

- *Durchgehendes Defektieren*: Defektiere bei jedem Zug. Als Wirkung wird der eigene Nutzen nie unter dem Nutzen der anderen Partei liegen, allerdings auf Kosten eines unerreichten Gesamtoptimums. Zudem wären Vergeltungsmaßnahmen für das absprachewidrige Verhalten möglich, welche außerhalb der Abbildungsmöglichkeiten des Spiels liegen, welche jedoch den multidimensionalen Charakter der Gefangenensituation bezeugen.
- *Durchgehendes Kooperieren*: Kooperiere bei jedem Zug. Der eigene Nutzen wird nie über dem Nutzen der anderen Partei liegen. Unterstellt die andere Partei ein durchgehend kooperatives Verhalten bei einem selbst, so kann diese Annahme zur Ausbeutung durch die andere, defektierende Partei führen.
- *Zufallsverhalten*: Bei einer randomisierten Entscheidungsregel wird beim jeweiligen Zug mit der gleichen Wahrscheinlichkeit kooperiert oder defektiert. Eine dauerhafte Kooperation wird sich so nicht erreichen lassen, da sich die andere Partei auf kein gegnerisches Verhaltensmuster einstellen kann.
- *Periodisches Defektieren*: Bei dieser Regel wird grundsätzlich kooperiert, dann jedoch periodisch defektiert, in der Hoffnung, dass der kooperierende Gegner ein solches gelegentliches Defektieren toleriert.

- *Bedingtes Kooperieren*: Man beginnt kooperativ und hält dieses Verhalten so lange aufrecht, wie die andere Partei ebenfalls kooperiert. Sofern die andere Partei jedoch defektiert, wird fortan defektiert. Diese Entscheidungsregel bietet absprachekonformes Verhalten an, weist aber einen Schutzmechanismus gegen Ausbeutung der anderen Seite auf. Das gegnerische Verhalten wird bei dieser Entscheidungsregel bei der eigenen Verhaltenswahl berücksichtigt.
- *Hauptsächliches Kooperieren*: Bei dieser Regel wird ein anhaltendes Defektieren des Gegners ebenfalls mit Defektieren beantwortet. Überwiegendes Kooperieren der anderen Seite wird dagegen mit kooperativem Verhalten beantwortet. Mit diesem Regelmechanismus beugt man einem Verhärten der Fronten vor, eine Ausbeutung durch die andere Seite ist jedoch möglich.
- *Kooperatives „Wie-Du-mir-so-ich-Dir"*: Während man selbst mit kooperativem Verhalten beginnt, wird nachfolgend die jeweilig vorangegangene Verhaltensweise der anderen Partei übernommen. Es erfolgt also eine imitativ auf vorausgehende Verhaltensweisen der anderen Partei ausgerichtete eigene Verhaltenswahl.
- *Misstrauisch-kooperativ*: Bei dieser Entscheidungsregel wird zunächst defektiert, dann aber gemäß dem kooperativen „Wie-Du-mir-so-ich-Dir" vorgegangen. Mit dieser Regel kann ein Spieler vermeiden, ausgebeutet zu werden; die Initiative zum Kooperieren wird dabei dem Gegner überlassen.
- *Ausprobieren*: Im ersten Zug wird bei dieser Entscheidungsregel zunächst kooperiert, danach defektiert. Sofern der Gegner im zweiten und dritten Spielzyklus kooperierte, wird nach dem dritten Zyklus nur noch defektiert. Andernfalls wird kooperativ „Wie-Du-mir-so-ich-Dir" befolgt. Bei dieser Regel wird das gegnerische Verhalten getestet: Lässt sich der Gegner ausbeuten, so wird defektiert – andernfalls kooperiert.

Für jede der oben geschilderten Verhaltensregeln gibt es Beispiele aus der Entscheiderpraxis. So würde in der Politik etwa das gegenseitige Wettrüsten während des kalten Krieges einem durchgehenden Defektieren im Sinne der ersten Entscheidungsregel gleichkommen. In der Unternehmenspraxis tritt das Gefangenendilemma etwa bei Preisabsprachen von Kartellen oder auch bei der Festlegung von Fördermengen innerhalb der OPEC auf: Absprachewidriges Verhalten verschafft dem Regelverletzer zumindest kurzfristig einen Vorteil, verhindert dabei aber die Optimierung des Gesamtnutzens – und mag somit vergeltende Maßnahmen der anderen Parteien provozieren.

Axelrod (1980, 1988) untersuchte anhand von Computerturnieren die Nutzenresultate verschiedener Entscheidungsregeln. Hierbei wurde der Gesamtnutzen gleichgesetzt mit der Ergebnisgüte der betreffenden Entscheidungslogik. Aufgrund des jeweils resultierenden Gesamtnutzens könnten Kriterien für bessere und schlechtere Strategien abgeleitet werden. Einfachheit führte hiernach zu mehr Nutzen; mithin sollte die eigene Verhaltenslogik für den Gegner transparent und verständlich sein. Konkret kristallisierten sich die folgenden Eigenschaften für besseres Entscheiden heraus:

- Kooperative Entscheidungsregeln führen zu mehr Gesamtnutzen als unfreundliche Verhaltensformen, bei denen als erster defektiert wird.
- Vergeltende Verhaltensweise, bei denen das Defektieren des Gegners durch eigenes Defektieren beantwortet wird, führen zu einem höheren Gesamtnutzen als ein nicht vergeltendes Verhalten.
- Nachgiebigkeit zahlt sich aus: Nach einem Vergelten sollte Kooperation dennoch zugelassen werden.

Interaktive Entscheidungsmodelle stellen darauf ab, dass in multipersonellen Entscheidungsprozessen, in denen verschiedene Interessenträger involviert sind, die Entscheidung einer Partei Reaktionen bei einer anderen Partei auslöst, was wiederum eine nachgelagerte Entscheidungssituation für die erste Partei ergibt, auf die es zu reagieren gilt. Aufgrund der sich ergebenen Entscheidungssequenzen werden diese Entscheidungscharakteristika auch sequentielle Entscheidungen genannt. Hier hat der Entscheider mehrere, zeitlich nachgelagerte Entscheidungsebenen in Betracht zu ziehen.

Das unternehmerische Umfeld ist im Regelfall interaktiv: Kunden, Geschäftspartner und Wettbewerber und andere Stakeholder des Mikro- und des Makroumfeldes reagieren auf unternehmerische Entscheidungen etwa im Entwicklungs- und Vermarktungsbereich. Insofern sind interaktive bzw. sequentielle Entscheidungsmodelle geeignet, sich der unternehmerischen Realität anzunähern.

Multidimensionale Entscheidungsregeln bei Ungewissheit

Entscheidungsregeln dieser Kategorie können auf keine gesicherten oder einschätzbaren Szenarien zurückgreifen. Die diesbezügliche Entscheidungslogik hat zudem einem Kriterienkatalog zu genügen. Entsprechend explorativ fallen auch die Entscheidungsregeln dieser Kategorie aus. Als Vertreter dieser Kategorie werden im Folgenden der Perspektiven[3]-Ansatz, das nominale Gruppentool, die Kartesischen Koordinaten sowie das Cynefin-Framework vorgestellt.

Perspektiven[3]-Ansatz

Der Perspektiven[3]-Ansatz ist ein qualitatives Verfahren, welches insbesondere auf kollektive Entscheidungssituationen mit einer Bandbreite von Positionen und Ansichten abstellt (vgl. im Folgenden Andler 2012: 296 f.). Diese Bandbreite ist zunächst zu erfassen und zu verstehen, um anschließend zu überzeugen – oder überzeugt werden zu können. Hierzu werden drei meinungsbestimmende Dimensionen unterschieden:

Emotionale Perspektiven (Gefühle, Erfahrung, Intuition):
- Was bedeutet die mit der Entscheidung verbundene Veränderung persönlich für mich?
- Wie wird diese Entscheidung konkret mein Leben verändern?

- Werde ich fähig sein, die anstehenden Veränderungen gemäß meiner Rolle und Position zu bewältigen?
- Welche Vorteile ergeben sich für mich?
- Welche Nachteile ergaben sich für mich?

Politische Perspektiven (Macht, Einfluss, Ruf, Netzwerk):
- Verliere ich an Kontrolle über Ressourcen, Personen oder Entscheidungen?
- Werde ich weiterhin – oder auch verstärkt – Teilnehmer von einflussreichen Gremien sein?
- Werde ich vermindert oder verstärkt in der Lage sein, auf für mich relevante Entscheidungen Einfluss zu nehmen?
- Werden die Auswirkungen mir und meiner Karriere förderlich oder eher nicht förderlich sein?
- Inwiefern wird mein Ruf von dieser Entscheidung betroffen sein?

Rationale Perspektiven (Logik, Systematik, Fakten-basierend):
- Ist die Veränderung für das Unternehmen richtig?
- Wurde angesichts der Sachlage die beste Lösung getroffen?
- Sind die benötigten Ressourcen verfügbar?
- Wie viel wird es kosten – und inwiefern werden diese Kosten einen Ertrag erbringen?
- Ist eine Umsetzung der Entscheidung im gesetzten Zeitrahmen realistisch?

Um sich einen Überblick über die meinungsbestimmenden Aspekte der anderen (Mit-) Entscheider zu verschaffen, können die drei Perspektiven tabellarisch zusammengefasst und hinsichtlich der kritischen Aspekte abgearbeitet werden, wie dargestellt in der Tabelle 2.31.

Tabelle 2.31: Aggregation der Perspekte[3]-Befunde pro Entscheider.

Entscheider X	Alternative 1			Alternative 2		
	negativ	neutral	positiv	negativ	neutral	positiv
Emotionale Perspektive (EP)						
EP-Aspekt$_1$						
EP-Aspekt$_n$						
Politische Perspektive (PP)						
PP-Aspekt$_1$						
PP-Aspekt$_n$						
Rationale Perspektive (RP)						
RP-Aspekt$_1$						
RP-Aspekt$_n$						

In der Wahrnehmung von Entscheider X würde gemäß der Tabelle 2.31 die Alternative 1 aus emotionalen und auch aus politischen Gründen Sinn machen, aus der rationalen Perspektive hingegen eher nicht. Anders verhält es sich bei der Alternative 2, welche für Entscheider X rational Sinn macht, jedoch mit emotionalen und politischen Bedenken einhergeht. Mit dem Perspektive[3]-Ansatz geht das Bestreben einher, möglichst konsensfähige Entscheidungen zu treffen und den involvierten Personen dort argumentativ zu begegnen, wo sie ihre Befindlichkeiten haben – und dort Unterstützungspotenziale abzurufen, wo sie tatsächlich auch existieren. Andler führt hierzu als Beispiel an (2012: 297):

> Der Manager sagt: „Wir stehen vor der großen Möglichkeit, dieses System zu implementieren und der führende Serviceprovider dieses Landes zu werden." Was die Mitarbeiter durch ihren Filter hören ist: „Ich muss meinen Arbeitsplatz verlagern, was wird meine Familie sagen? Nach allen Anstrengungen, um diese Position zu erreichen, wird die Abteilung rationalisiert und aufgelöst. Ich bin sicher, sie werden uns mit der anderen Abteilung fusionieren usw."

Nominales Gruppen-Tool

Diese Entscheidungsregel bietet sich an, wenn eine multidimensionale Kollektiventscheidung ansteht, ohne dass belastbare Eintrittswahrscheinlichkeiten vorliegen. Ziel der Anwendung ist es nicht, den einzelnen Entscheidungsprozess zu plausibilisieren, sondern einen transparenten, gemeinschaftlichen Ranking-Prozess zu gewähren, der eine konsensuale Entscheidungsfindung unterstützt (vgl. Andler 2012: 308–310).

Vom Ablauf her erfolgt zunächst das gemeinschaftliche Herausarbeiten der zur Entscheidung stehenden Alternativen. Nachdem der Aktionsraum definiert worden ist, erfolgt eine Bewertung der einzelnen Alternativen durch die Entscheider. Dies kann je nach Diskussionskultur anonym oder offen geschehen. Sofern Beeinflussungen durch ein „Groupthink" (siehe Anhang) als eher hoch einzuschätzen sind, bietet sich eine anonyme Abfrage an. Die Bewertung der Alternativen kann entweder über die Vergabe von Rangzahlen oder auch über die Verteilung von Punkten (typischerweise 100 Punkte verfügbar pro Entscheider[32]) geschehen. Sollte der Aktionsraum relativ groß sein, etwa wenn er sich auf mehr als zehn Alternativen bezieht, dann können die Entscheider auch angehalten werden, nur die aus ihrer Sicht „Top 10" der Alternativen mit Rängen oder mit Punkten zu bewerten. Das Ergebnis dieses kollektiven Entscheidungsprozesses wird tabellarisch zusammengefasst, wie dargestellt in der Tabelle 2.32. Demnach würde die Alternative 4 mit den niedrigsten aufsummierten Rängen den höchsten kollektiven Präferenzwert für sich beanspruchen.

---

32 Bei der Verteilung von 100 Punkten auf die zur Entscheidung stehenden Alternativen wird auch von dem „100 Punkte-Tool" gesprochen (vgl. Butler 1996).

Tabelle 2.32: Beispiel für ein nominales Gruppen-Ranking.

Entscheider Alternative	A	B	C	D	E	Σ Ränge
1	1	2	2	3	4	12
2	3	1	3	4	3	14
3	4	4	4	2	2	16
4	2	3	1	1	1	8

Kartesische Koordinaten

Diese Entscheidungsregel geht auf den französischen Philosophen, Mathematiker und Naturwissenschaftler René Descartes zurück. Sie ist insbesondere geeignet, multidimensionale, mehrstufige Entscheidungen unter Ungewissheit von ihren Konsequenzen her zu systematisieren und auf dieser Grundlage die Alternativen zu beurteilen. Dies geschieht über die umfassende Reflexion möglicher Ursache/Wirkung-Beziehungen (vgl. Andler 2012: 311–312).

Ausgangspunkt der Betrachtungen ist das aufgrund einer bestimmten Entscheidung eintretende (doch nicht mit einer Eintrittswahrscheinlichkeit versehene) mögliche Ergebnis. Aufgrund eines über acht Fragen – beispielhaft in Tabelle 2.33 dargelegten – Explizierens können die Alternativen dann fundierter gegeneinander abgewogen werden. Mit der folgenden Fragesequenz werden die Folgeszenarien expliziert, um somit die Konsequenzen der verschiedenen Entscheidungsalternativen herauszuarbeiten:

- Wenn aufgrund einer Entscheidung für die Alternative X die Ursache A *eintritt*, was wäre eine mögliche *positive* Auswirkung 1 (Betrachtungsfeld I)?
- Wenn aufgrund einer Entscheidung für die Alternative X die Ursache A *nicht eintritt*, was wäre eine mögliche *positive* Auswirkung 1 (Betrachtungsfeld II)?
- Wenn aufgrund einer Entscheidung für die Alternative X die Ursache A *eintritt*, welche *positive* Auswirkung würde *nicht eintreten* (Betrachtungsfeld III)?
- Wenn aufgrund einer Entscheidung für die Alternative X die Ursache A *nicht eintritt*, welche *positive* Auswirkung würde *nicht eintreten* (Betrachtungsfeld IV)?
- Wenn aufgrund einer Entscheidung für die Alternative X die Ursache A *eintritt*, was wäre eine mögliche *negative* Auswirkung 2 (Betrachtungsfeld V)?
- Wenn aufgrund einer Entscheidung für die Alternative X die Ursache A *nicht eintritt*, was wäre eine mögliche *negative* Auswirkung 2 (Betrachtungsfeld VI)?
- Wenn aufgrund einer Entscheidung für die Alternative X die Ursache A *eintritt*, welche *negative* Auswirkung würde *nicht eintreten* (Betrachtungsfeld VII)?
- Wenn aufgrund einer Entscheidung für die Alternative X die Ursache A *nicht eintritt*, welche *negative* Auswirkung würde *nicht eintreten* (Betrachtungsfeld VIII)?

Wie in der Tabelle 2.33 dargestellt, ergeben sich für eine umfassende Folgeabschätzung jeder einzelnen möglichen Ursache in Bezug auf jede einzelne Alternative acht

Betrachtungsfelder. Hierbei geht es zum einen darum, ob bestimmte Ursachen als Resultat der betreffenden Alternative zu erwarten sind. Diese Bewertung wird dann mit verschiedenen Wirkungsszenarien konfrontiert: Welche positiven und welche negativen Auswirkungen (in der Tabelle 2.33 hell- bzw. dunkelgrau hinterlegt) sind grundsätzlich bei diesem Entscheidungskomplex denkbar – und inwiefern ist zu erwarten, dass die mit der Entscheidungsalternative in Verbindung gebrachten Ursachen derartige Auswirkungen begründen?

Tabelle 2.33: Kartesisches-Koordinaten-Diagramm (in Anlehnung an Andler 2012: 312).

Alternative X			
durch Ursache A bedingte positive Auswirkung 1	ja	I	II
	nein	III	IV
durch Ursache A bedingte negative Auswirkung 1	ja	V	VI
	nein	VII	VIII
hellgrau = positiv		ja	nein
dunkelgrau = negativ		durch Alternative X bedingte Ursache A	

Cynefin-Framework

Mit dem Cynefin-Framework (Kurtz und Snowden 2003, Snowden und Boone 2007) verbindet sich das Bestreben, Situationsprofile frühzeitig einzuordnen und von ihrem Handlungsgebot her zu interpretieren. Die Erklärung dieser Situationsprofile mündet jedoch nicht im Ableiten situationsspezifischer Gestaltungsempfehlungen, sondern verbleibt als auslegbarer Handlungsrahmen (vgl. Jeschke und Mahnke 2013: 12).

Der Schwerpunkt dieser Entscheidungshilfe liegt demnach in der Analyse, wie Entscheider ungewisse, multidimensionale Entscheidungssituationen wahrnehmen und als Entscheidungsgrundlage interpretieren. Hierbei werden fünf Situationsprofile unterschieden: „Simple", „Complicated", „Complex", „Chaotic" und „Disorder", die sich folgendermaßen darstellen (vgl. Ahmed et al. 2014: 92, 103):

- *Simple*: Es erfolgt die Würdigung der verfügbaren Informationen durch eine Auswertung nach bekannten und bewährten Schemata und einer Ableitung von Handlungen nach einer vorherbestimmten und bewährten Entscheidungspraxis („Best Practice").
- *Complicated*: Die verfügbaren Daten werden unter Zuhilfenahme von – auch externem – Expertenwissen analysiert. Lösungsmuster sind nicht offensichtlich und erfordern eine tiefergehende Analyse des Wirkungsgeflechts. Die Situation stellt sich stabil dar, mit klaren Ursache/Wirkungs-Beziehungen. Es erfolgt das situationsspezifische Erarbeiten von Handlungsmustern („Good Practice").
- *Complex*: Wirkungsmuster sind dynamisch und können daher nur bedingt über vergangene Erfahrungen ausgedeutet werden. Es gilt, dieses Situationsprofil experimentell soweit wie möglich zu erklären und zu verstehen – auch über interak-

tive Kommunikation –, um die präferierten Systemstrukturen soweit wie möglich zu stabilisieren („Emergent").
- *Chaotic*: Schnelle und entschiedene Handlungen sollten nach zunächst bekannten Entscheidungsschemata ablaufen, in ihrer Wirkung allerdings laufend monitorisiert und gegebenenfalls korrigiert werden, gemäß einem systematisierten, laufenden Lernen über „Versuch und Irrtum" („Novel").
- *Disorder*: Hier kann eine Einordnung in eines der vorgenannten Situationsprofile aufgrund von Unwissenheit noch nicht stattfinden.

Mit dem Cynefin-Framework verbindet sich die Erkenntnis, dass grundsätzlich unterschiedliche Situationsprofile auch grundsätzlich unterschiedliche Analyse- und Handlungsansätze bedingen. Snowden und Boone führen hierzu aus (2007: 2, 8):

> The framework sorts the issues facing leaders into five contexts defined by the nature of the relationship between cause and effect. Four of these – simple, complicated, complex, and chaotic – require leaders to diagnose situations and to act in contextually appropriate ways. The fifth – disorder – applies when it is unclear which of the other four contexts is predominant. (...) Many leaders lead effectively – though usually in only one or two domains (not all of them) and few, if any prepare their organizations for diverse contexts.

2.5.5 Psychologische Irrationalität

Das Anwenden von Entscheidungsregeln erfolgte in der bisherigen Diskussion unter der Prämisse der Verhaltensrationalität. Den Entscheidungen gehen Zielsetzungen voraus, die Entscheidungsfindung strebt einen möglichst hohen Erfüllungsgrad dieser Zielsetzungen an. Grünig und Kühn postulieren als Merkmale eines rationalen Entscheidungsprozesses (2017: 34):
(1) Der Entscheidungsprozess ist durchgängig zielgerichtet; er orientiert sich konsequent an den übergeordneten Zielen.
(2) Die im Entscheidungsprozess angestellten Überlegungen basieren auf möglichst objektiven und vollständigen Informationen.
(3) Der Entscheidungsprozess folgt einem systematischen Vorgehen und verwendet klare methodische Regeln; er ist für Nichtbeteiligte nachvollziehbar.

Einerseits stehen unternehmerische Entscheidungen unter Legitimationsdruck, was eine rationale Entscheidungsfindung im obigen Sinne geboten erscheinen lässt. Andererseits sind Unternehmensentscheidungen jedoch menschliche Entscheidungen – und Irren ist bekanntlich menschlich. Im Folgenden soll daher auf die psychologisch induzierten Irrationalitäten bei menschlichem Entscheiden eingegangen werden. Die Tabelle 2.34 gibt die zentralen Unterschiede von rationalen und nicht rationalen Entscheidungstheorien wieder.

Tabelle 2.34: Unterschiede rationaler und nicht rationaler Entscheidungstheorien (in Anlehnung an und übersetzt von Gigerenzer 2001: 3304–3309).

	rationaler Ansatz	nicht rationaler Ansatz
Lösungsweg	Optimierung durch Funktions-Maximierung/-Minimierung für definierte Variablen bezüglich der Alternativen	kein Optimierungsbestreben
Konsistenz	definierte Annahmen für die Entscheidungsfindung, so dass Entscheider konsistent zwischen den Alternativen wählt	Beschreiben der tatsächlichen Entscheidungsfindung, inklusive inkonsistenter Bewertungen und irrationalem Verhalten
Informations-Basis	dem Entscheider sind alle relevanten Informationen bekannt bzw. verfügbar	Informationen sind unvollständig und müssen besorgt werden

Psychologische Anomalien

Unter psychologischen Entscheidungsanomalien werden irrationale, heuristische Entscheidungsprozesse verstanden, bedingt durch die limitierten Informationsverarbeitungskapazitäten des menschlichen Hirns. Trotz etwaiger formalisierter Prozesse machen diese Anomalien auch vor unternehmerischen Entscheidungen keinen Halt. Letztlich bedeutet das, dass sich Entscheidungssituationen systematisieren und angemessene Entscheidungsregeln finden lassen. Dennoch wird ein derart theoretisch hergeleitetes Verhalten in vielen Fällen nicht mit dem tatsächlich beobachtbaren Verhalten übereinstimmen. Psychologische Anomalien stellen Bausteine dar, mit denen geeignete Erklärungsmuster für solche Diskrepanzen zwischen Theorie und Praxis geschaffen werden können. Kahneman, Lovallo und Sibony sehen unternehmerische Führungskräfte besonders stark solchen Anomalien ausgesetzt. Und statt das Wissen um psychologische Anomalien bei sich selbst zu berücksichtigen, halten es die Autoren für realistischer, dieses Wissen gegenüber den eigenen Mitarbeitern in Anwendung zu bringen (2011: 4):

> First, they need to quickly grasp the relevant facts (getting them from people who know more about the details than they do). Second, they need to figure out if the people making the recommendation are intentionally clouding the facts in some way. And finally, they need to apply their own experience, knowledge, and reasoning to decide whether the recommendation is right. However, this process is fraught at every stage with potential for distortions in judgment that result from cognitive biases. (…) There is reason for hope, however, when we move from the individual to the collective, from the decision maker to the decision-making process, and from the executive to the organization. As researchers have documented in the realm of operational management, the fact that individuals are not aware of their own biases does not mean that biases can't be neutralized — or at least reduced — at the organizational level. (…) We may not be able to control our own intuition, but we can apply rational thought to detect others' faulty intuition and improve their judgment.

In der Abbildung 2.11 sind drei Darstellungen aufgeführt, welche die Täuschbarkeit der menschlichen Wahrnehmung illustrieren. Hierbei geht es insbesondere um die visuelle Wahrnehmung und um eine Manipulation der hierauf basierenden Denkprozesse. Konkret wird in den dargestellten Fällen die menschliche Wahrnehmung (zumindest im Regelfall) vom unmittelbaren, ebenfalls visualisierten Entscheidungskontext manipuliert, obwohl dieser für die Entscheidung selbst irrelevant ist.

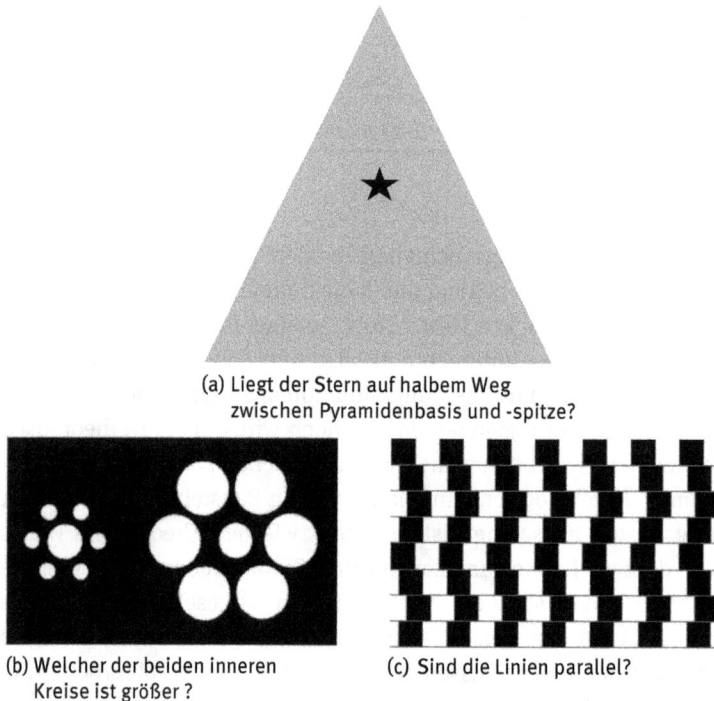

(a) Liegt der Stern auf halbem Weg zwischen Pyramidenbasis und -spitze?

(b) Welcher der beiden inneren Kreise ist größer ?

(c) Sind die Linien parallel?

Abbildung 2.11: Optische Täuschungen und Entscheidungsanomalien (https://de.wikipedia.org/wiki/OptischeT%C3%A4uschung, Zugriff 10.01.2019).

Im Regelfall reagieren menschliche Betrachter der in der Abbildung 2.11 dargestellten Abbildungen folgendermaßen:

- Bei Abbildung a) wird die Entfernung vom Stern zur Pyramidenspitze im Regelfall für kürzer erachtet als die (gleichlange) Entfernung vom Stern zur mittigen Pyramidenunterkante. Das Umfeld in Form von spitz zulaufenden Umrandungen täuscht unsere visuelle Wahrnehmung.
- Analog verhält es sich mit der Abbildung b): Hier lässt das Umfeld kleinerer Kreise den gegenständlichen (gleich großen) Kreis größer erscheinen als in der unmittelbaren Nachbarschaft größerer Kreise.

– Bei der Abbildung c) wirken versetzte quadratische Kästchen so auf die Wahrnehmung ein, dass aus horizontalen Linien eine auf- und absteigende Täuschung entsteht.[33]

Die empirische Verhaltenspsychologie konnte in den letzten Jahrzehnten eine Vielzahl
menschlicher Entscheidungsanomalien nachweisen, zumeist über empirische Experimente. Nachfolgend wird eine Auswahl der mit Blick auf unternehmerische Entscheidungssituationen bekanntesten und relevantesten Anomalien kurz beschrieben.

Dobelli (2015) hat gut 50 psychologisch bedingte Entscheidungsanomalien zu-
sammengetragen und jeweils mit Beispielen illustriert. Im Anhang dieses Buches findet sich eine tabellarische Zusammenstellung von psychologischen Anomalien, welche in großen Teilen auf der Zusammenstellung von Dobelli rekurriert, ergänzt durch
einige weitere anomale Phänomene.

Sunk Costs Fallacy (Arkes/Ayton 1999: 591 ff.)

Diese Anomalie lässt sich häufig bei unternehmerischen Investmententscheidungen
beobachten. Im Rahmen dieses Trugschlusses beziehen Menschen bei risikobehafte-
ten Entscheidungen bereits in der Vergangenheit realisierte Investitionen (Sunk Costs)
in die Bewertung mit ein. Je höher diese sind, desto größer die Tendenz, weitere Kosten
auf sich zu nehmen, auch wenn der Investitionserfolg fraglich ist. Wichtig ist hierbei,
dass die vergangenen Investitionen die aktuelle Investitionsperspektive nicht beeinflussen.

Man stelle sich zwei Kaufsituationen bei Aktieninvestoren vor. Der eine hat die
betreffenden Aktien in der Vergangenheit erworben und seitdem eine negative Kurs-
entwicklung – somit einen unrealisierten Verlust – hinnehmen müssen. Der andere
hat noch keine dieser Aktien erworben. Beide beurteilen den Aktienkauf zum gleichen
Zeitpunkt und mit dem gleichen technischen oder auch fundamentalen Marktwissen.
Der zweite Investor entscheidet sich gegen einen Aktienkauf, da er die Kursaussichten
negativ beurteilt. Käme der erste Investor angesichts der gleichen Faktenlage zu dem
gleichen Schluss, müsste er seine Aktien verkaufen und den Kursverlust realisieren.
Tendenziell wird dieser erste Investor jedoch auf eine Kurserholung hoffen, um eine
Verlustrealisation zu vermeiden. Eine Abbruchentscheidung – wie etwa bei einer Pro-
duktneuentwicklung – bedeutet sichere Verlustrealisierung, ein weiteres Engagement
eröffnet dagegen die Chance auf einen Ausgleich der Verluste, allerdings mit dem Risiko eines noch größeren Verlustes.

Von dieser Anomalie nicht betroffen sind Fälle, in denen vergangene Investitionen die Erfolgsaussicht aus aktueller Sicht positiv zu beeinflussen vermögen. So wird

---

33 Weiterführende Erläuterungen zu optischen Täuschungen finden sich bei Bach, M./Poloschek,
C. M. (2006). Eine größere Auswahl von optischen Täuschungen ist zu finden unter http://www.
michaelbach.de/ot/index-de.html, Zugriff 13.01.2017.

man als Anbieter eher an einem stagnierenden Teilmarkt festhalten, wenn man es aufgrund vergangener Investitionen geschafft hat, innerhalb der Zielgruppe einen besonders loyalen Kundenstamm aufzubauen als wenn man die Rolle eines Neuanbieters
einnähme.

Anker-Phänomen (Ritov 1996: 16 ff., Englich/Mussweiler/Strack 2006: 188 ff.)
Bei dieser Anomalie werden bekannte Informationen ohne sachlogische Verknüpfung
für die Schätzung unbekannter Informationen herangezogen. Eine quantitative Schät-
zungstendenz wird somit in die Richtung eines willkürlichen Anfangswertes verzerrt.

Das Anker-Phänomen lässt sich häufig bei der unternehmerischen Preisfindung
oder Preiskommunikation ausmachen. Wie viel ist ein Gemälde wert, welches in einer
Galerie hängt? Der Galerist könnte mit einer luxuriösen Galerieausstattung sowie mit
der Bemerkung, dass er das letzte Gemälde gerade zu einem bestimmten (verhältnismäßig hohen) Preis veräußert hat, einen solchen Anker setzen.

Framing-Effekt (Tversky/Kahneman 1981: 453 ff., Sheperd et al. 1992: 147 ff.)
Bei dieser Anomalie wird die gleiche Sachlage unterschiedlich bewertet, weil die (faktisch korrekte) Darstellungsweise negative oder positive Assoziationen hervorruft. Die
Bewertung eines Ereignisses oder einer Eigenschaft wird also in der Wahrnehmung
beeinflusst durch das „Einrahmen" dieser Darstellung.

Verstärkt anzutreffen ist die bewusste Anwendung dieser Anomalie in der werblichen Kommunikation. So wird die Information „80 % zufriedene Kunden!" beim Empfänger positivere Assoziationen hervorrufen als die Information „Jeder fünfte Kunde
nicht zufrieden!".

Hindsight Bias/Rückschaufehler (Fischoff 2007: 10 ff., Blank/Musch/Pohl 2007: 1 ff.)
In der Rückschau überschätzen Menschen das, was sie in der Vergangenheit tatsächlich gewusst haben. Retrospektiv folgt mithin alles einer einsichtigen Notwendigkeit,
wenn auch mit verzerrten Logikmustern.

Wenn sich etwa das Ergebnis politischer Wahlen, eines Fußballspiels oder einer
medizinischen Untersuchung herausstellt, dann erinnert man sich im Nachhinein oft
nicht mehr an das, was ursprünglich erwartet worden war. Stattdessen hätte man das
Ergebnis „immer schon kommen sehen". Fehleinschätzungen in der Rückschau zuzu-
geben, fällt schwer.

Endowment-(Besitztums-)Effekt (Kahneman/Knetsch/Thaler 1990: 1325 ff., 1991: 193 ff.)
Güter, die eine Person in Besitz genommen hat, steigen für diese Person sofort – teils
stark– in ihrem Wert und lassen eine etwaige Rückgabe entsprechend schmerzvoll erscheinen.

Unternehmen machen sich diese Anomalie zunutze, indem sie für Erst- oder Versuchskäufe an die Besitzstandswahrung des ausprobierenden Kunden appellieren. So lässt sich die Logik von Probeabonnements oder von Versuchsware erklären.

Overconfidence-(Überdurchschnittlichkeits-)Illusion (Vallone et al. 1990: 582 ff., Pallier et al. 2002: 257 f.)

Überdurchschnittlich viele Personen nehmen an, besser als der Median zu sein – dabei sollte es rein statistisch genau die Hälfte sein.[34] Analog sind viele Personen optimistischer in Bezug auf ihre persönliche Leistung im Vergleich zur Leistung anderer.

Unternehmerische Beispiele für diese Anomalie lassen sich etwa bei Personalgesprächen ausmachen, wenn es darum geht, perzeptive Verzerrungen bei Mitarbeitern zu korrigieren und das Selbstreflexionsverhalten zu schärfen. Auch bei Klausuren einsehende Studenten sollen derartige Wahrnehmungsverzerrungen schon beobachtet worden sein.

Conjunction Fallacy (Tversky/Kahneman 1983: 293 ff.)

Einfache, auf den ersten Blick plausibel erscheinende Geschichten oder Erklärungsmuster sind verführerisch, werden komplexen Situationen jedoch häufig nicht gerecht. Intuitives Denken ist bequem und mag als entscheidungsstark verstanden werden. Komplexe Entscheidungssituationen – wie thematisiert im Unterkapital 3.1 – erfordern jedoch bewusstes Denken und Analysieren, welches den eigenen Erfahrungsschatz oftmals transzendiert.

Diese Anomalie lässt sich bei strategischen Analysen von Entscheidungswirkungen vorfinden. Lag beispielsweise der Misserfolg am Markt wirklich nur in der Person des soeben ausgeschiedenen, ehemaligen Vertriebsleiters begründet, oder sind die Gründe vielschichtiger? Unbotmäßige Vereinfachungen verhindern Lerneffekte – und schaffen Sündenböcke.

Falsche Kausalität (Dubben/Beck-Bornholdt 2006: 175 ff.)

Die Betrachtung von Zusammenhängen oder miteinander auftretenden Effekten sagt noch nichts über die möglicherweise gültige Kausalität aus. Hierzu bedarf es einer Kenntnis der Wirkungsrichtung und der involvierten Ursache/Wirkungs-Verkettungen. Diese Anomalie verführt insbesondere bei der unternehmerischen Entscheidungsanalyse. Was hat die Auswirkungen einer Entscheidung ursächlich beeinflusst?

---

34 Entgegen anderslautender Darstellungen geht es bei dieser Anomalie nicht um die Abweichung vom statistischen Mittelwert, sondern um Abweichungen in Bezug auf den statistischen Median. Der Median gibt an, bei welchem Wert sich die Fälle hälftig teilen.

Ist zum Beispiel das Konkurrenzunternehmen so gut aufgestellt, weil es unsere besten Mitarbeiter abwirbt – oder wechseln unsere besten Mitarbeiter zu dem Wettbewerber, weil dieser die interessanteren Karriereperspektiven und die vielversprechendere Marktpositionierung für sich beanspruchen kann?

Incentive-Superresponse-Tendenz/Anreizsensitivität (Munger 2008: 450 ff.)

Die individuelle Reaktion auf spezifische Anreizsysteme dominiert das Verfolgen von Organisationszielen. Diese Erkenntnis ist insbesondere relevant bei der Umsetzung kollektiver Entscheidungsziele durch Individuen. Als Konsequenz sollten Anreizsysteme auf Konsistenz mit den übergeordneten Organisationszielen überprüft werden.

Beispielsweise gibt ein Unternehmen als oberstes Marketingziel die Erhöhung von Kundenloyalität aus. Der Außendienst wird jedoch insbesondere für die Neukundenakquise incentiviert. Entsprechend werden diese Vertriebsmitarbeiter ihren Arbeitsschwerpunkt auf das Anwerben von Neukunden legen und dagegen die Kundenpflege vernachlässigen.

Zusammenführung der Anomalie-Fragmente

Das Wissen um perzeptive Verzerrungsmechanismen sollte helfen vorzubeugen oder zumindest den Entscheider zu sensibilisieren, wenn es darum geht, resultierende Entscheidungswirkungen zu reflektieren und Lerninhalte für die Zukunft abzuleiten (vgl. Jungermann/Pfister/Fischer 1998: 345 ff.). Anwendungsbezüge sind hierbei sowohl das eigene Ich wie auch die Menschen, welche direkt und indirekt von Entscheidungen betroffen sind oder diese mitgestalten. Hier greift insbesondere die Fachdisziplin der Wirtschaftspsychologie mit dem Ziel, das Denken, Fühlen und Handeln von Menschen im Wirtschaftskontext zu beschreiben, zu erklären und zu beeinflussen.

Unternehmerische Entscheidungen haben Kollektivwirkung, die jedoch letztlich von Individuen getragen werden. Persönliche und institutionelle Ziele werden nicht deckungsgleich sein, das Individualitätsstreben widerspricht der Schwarmintelligenz. Eine Möglichkeit, diesen Stolpersteinen zu begegnen und diese möglichst zu umgehen, ist die Anwendung einer Checkliste für Entscheidungsqualität, welche der Reflexion von Entscheidungen dient und dadurch sicherstellt, dass vor der definitiven Entscheidung wesentliche Punkte ausreichend berücksichtigt sind. Eine solche Liste würde beispielsweise folgende Fragen umfassen:
–   Wem dient meine Entscheidung?
–   Habe ich abweichende Meinungen ausreichend berücksichtigt?
–   Habe ich genügend alternative Lösungen geprüft?
–   Ist meine Informationsgrundlage belastbar?
–   Sind meine Annahmen zu optimistisch oder zu pessimistisch?

Kahneman, Lovallo und Sibony (2011) haben 12 Fragen entwickelt, welche als Checkliste für unternehmerische Strategieentscheidungen das Bewusstsein für psychologische Anomalien schärfen und deren potenziell negative Wirkung auf die Entscheidungsfindung reduzieren sollen. Der Fragenkomplex, der in der Tabelle 2.35 in übersetzter und etwas umstrukturierter Weise wiedergegeben ist, bringt diverse psychologische Anomalien in eine sachliche Struktur. Aus den Anomalie-Fragmenten wird eine Gesamtheit. Dieser Fragenkomplex weist drei Bezüge auf:

1. Fragen bezüglich einem selbst als Entscheider
2. Fragen bezüglich der entscheidungsunterstützenden Personen
3. Fragen bezüglich des Entscheidungsvorschlags

Behavioral Economics

Psychologische Anomalien sind ausschnitthafte Beispiel dafür, dass es Verhaltensmuster jenseits der rationalen, monodimensionalen Nutzenmaximierungslogik des Homo oeconomicus gibt. Zusammengeführt, konzeptionell verortet und auf konkrete wirtschaftliche Verhaltensbereiche angewendet werden diese menschlichen Anomalien in den Behavioral Economics bzw. der Verhaltensökonomie (z. B. Cartwright 2014, Heukelom 2014).

Die Erforschung tatsächlichen menschlichen Handelns im wirtschaftlichen Kontext bezieht sich auf Antithesen zu den Prämissen des Homo oeconomicus, so wie sie etwa Eingang gefunden haben in die Prospect-Theorie von Kahneman und Tversky (1979). Die folgenden vier Grundannahmen beschreiben den Nährboden der Behavioral Economics:

1. Menschen treffen Entscheidungen, auch bedeutsame, im Regelfall nicht aufgrund einer systematischen, objektivierbaren Analyse aller Möglichkeiten, sondern aufgrund subjektiver Denkmuster, also heuristisch.
2. Der Kontext, in dem der Entscheider mit einem Entscheidungsbedarf konfrontiert wird, beeinflusst dessen Entscheidungsprozess.
3. Märkte sind unvollkommen und rufen daher Verhaltensweisen hervor, welche bei unterstellter Markttransparenz und unmittelbarer Marktreaktanz nicht zu erklären wären.
4. Statt eines alles unterzuordnenden Gewinnprimats verfolgen Entscheider ein in Teilen objektivierbares, in Teilen subjektives Nutzenbündel.

Mit Blick auf unterschiedliche Anwendungsfelder haben die Behavioral Economics diverse interdisziplinär angelegte Untergebiete hervorgebracht. So widmet sich die Behavioral Finance (verhaltensorientierte Finanzmarkttheorie) menschlicher Verhaltensweisen auf Finanzmärkten. Weitere, jüngere Untergebiete der Behavioral Economics sind das Behavioral Marketing, das Behavioral Accounting sowie das Behavioral Controlling, mit einer anwendungsmäßigen Verortung in den unternehmerischen Funktionsbereichen Vermarktung, Rechnungswesen sowie Controlling.

Für die genannten Bereiche werden in betriebswirtschaftlichen Modellen typischerweise rationale – also zielgerichtete – Entscheidungslogiken angeboten. Warum

Tabelle 2.35: Checkliste zur Verbesserung der Entscheidungsqualität (in Anlehnung an und übersetzt von Kahneman, Lovallo und Sibony 2011).

Fragenbezug	Psychologische Anomalien	Fragestellung	Empfehlung
Ich als Entscheider	Self-interested Bias	Hat das eingebundene Team Eigeninteressen?	Vorschläge sollten auf Überbewertungen hin geprüft werden
Ich als Entscheider	Affekt-Heuristik	Ist das Team in den Vorschlag verliebt (überemotional)?	Besonders rigide Anwendung der vorgesehenen Qualitätskontrollen
Ich als Entscheider	Gruppendenken	Gibt es abweichende Einzelmeinungen innerhalb des Teams? Wurde diesen angemessen Rechnung getragen?	Solche Einzelmeinungen im Zweifelsfall gesondert diskutieren
Entscheidungsunterstützer	Saliency Bias	Wurde die Diagnose unverhältnismäßig stark durch vergangene Erfolge geprägt?	Vergangene Entscheidungssituationen und -wirkungen kritisch auf Vergleichbarkeit mit gegenwärtiger Lage prüfen
Entscheidungsunterstützer	Confirmation Bias	Sind alle seriösen Entscheidungsalternativen berücksichtigt worden?	Im Zweifelsfall weitere Entscheidungsalternativen zur Bewertung einfordern
Entscheidungsunterstützer	Availability Bias	Liegen alle wünschenswerten Informationen als Entscheidungsgrundlage vor? Welche sollten noch beschafft werden?	Standard-Checkliste mit Mindestinformationen hilft, voreilige Entscheidungen zu vermeiden
Entscheidungsunterstützer	Anchoring Bias	Sind Informationsquellen belastbar oder eine unreflektierte Fortschreibung der Vergangenheit?	Analyse ggf. aus einem anderen, nicht erfahrungsbezogenen Blickwinkel überprüfen
Entscheidungsunterstützer	Halo-Effekt	Werden Person, Organisation oder Ansatz als erfolgsversprechend gesehen aufgrund von anderweitigen, nicht artverwandten Erfolgen?	Annahmen auf unsubstanzielle Rückschlüsse überprüfen und im Zweifelsfall durch weitere Informationen ergänzen
Entscheidungsunterstützer	Cost Fallacy, Endowment Effect	Ist Entscheidung von historischen Erfahrungen statt von aktuellen Umständen geprägt?	Entscheide wie eine neuangestellte Führungskraft ohne Firmenvergangenheit
Entscheidungsvorschlag	Overconfidence, Planning Fallacy, Optimistic Bias, Competitor Neglect	Sind die eingeflossenen Annahmen übermäßig optimistisch?	Bewertung durch eine Perspektive von außen, unter Einbeziehung negativer Szenarien
Entscheidungsvorschlag	Disaster Neglect	Ist das negativste Szenario schlecht genug?	Intensives Auseinandersetzen mit dem schlechtest möglichen Fall und dessen Ursachen
Entscheidungsvorschlag	Loss Aversion	Sind die Empfehlungen übervorsichtig?	Risikoverständnis und -management forcieren und incentivieren

weichen solche Modelle jedoch teils signifikant von dem tatsächlichen menschlichen Verhalten ab? Der Entscheiderrealität nähern sich die Behavioral Economics durch modellgestützte Analysen, statistische Auswertungen, empirische Beobachtungen, empirische Archivstudien, Feldstudien oder fragebogengestützte Erhebungen und Interviewstudien sowie biophysikalische Erregungsmessungen und experimenteller Datenermittlung. Nachfolgend werden die erwähnten Untergebiete der Behavioral Economics vorgestellt.

Behavioral Finance

Finanzmodelle der Behavioral Finance (verhaltensorientierte Finanzmarkttheorie) bilden einen Gegenentwurf zu den finanzmathematischen Entscheidungsansätzen, welche durch die Logik des Homo oeconomicus inspiriert sind (z. B. Shleifer 1999, Pompian 2006, Shefrin 2007, Daxhammer/Facsar 2012). So zeigt etwa das Modell der Preisreaktionen von Thaler (1994) psychische Anomalien auf, indem es in Reaktion auf neue Marktinformationen einen Preistrend über die Phasen „Unterreaktion", „Anpassung" und „Überreaktion" postuliert. Ein solcher Phasenablauf negiert die Rationalität eines Homo oeconomicus mit seiner Bezugnahme auf totale Markttransparenz und auf sofortige Marktreaktionen.

Psychische Anomalien, auf die die Behavioral Finance Bezug nimmt, sind etwa das Equity-Premium-Rätsel (Benartzi/Thaler 1995), die Overconfidence-Illusion mit ihrer systematischen Selbstüberschätzung (Vallone et al. 1990, Pallier et al. 2002), der Rückschaufehler (Fischoff 2007, Blank/Musch/Pohl 2007), die Verlustaversion (Kahneman/Tversky 1979, Silberberg et al. 2008) oder auch das Reduzieren kognitiver Resonanzen (Plous 1993, Taleb 2008). Eine Kurzbeschreibung dieser Anomalien findet sich im Anhang.

Kritisch wird gegen die Erklärungsmuster der Behavioral Finance argumentiert, dass ineffizientes Verhalten – wie es psychologischen Anomalien immanent ist – aus dem Markt gepreist würde, im Wettbewerb also auf Zeit nicht tolerabel wäre.

Behavioral Marketing

Die Analyse von Vermarktungsmechanismen hat sich schon frühzeitig auf psychologische Erkenntnisse berufen, etwa in der Werbewirkungsforschung. Im Vordergrund stehen beim Behavioral Marketing (verhaltensorientierte Vermarktungslehre) nicht individuell auftretende, psychologisch begründete Phänomene, sondern kollektiv wirkende, soziologische Anomalien, die sich nicht diversifizieren bzw. im Gesamtbild kompensieren lassen.

Das Bewusstsein über und die Instrumentalisierung von psychischen Anomalien hat im Marketing eine langjährige Tradition. So werden etwa Produktangebote aufgrund des Framing-Effekts (Tversky/Kahneman 1981, Sheperd et al. 1992) oder gemäß dem Anker-Phänomen (Ritov 1996, Englich/Mussweiler/Strack 2006) platziert. Eine Kurzbeschreibung dieser Anomalien findet sich ebenfalls im Anhang.

Behavioral Accounting

Die traditionelle Grundlage des Rechnungswesens bilden objektivierbare, numerisch kodierte Informationen. Vor diesem Hintergrund ist die Perspektive des Behavioral Accounting (verhaltensorientiertes Rechnungswesen) besonders impulsgebend. Gillenkirch und Arnold führen hierzu aus (2008: 128):

> Behavioral Accounting untersucht die Zwecke, Aufgaben und Instrumente des externen und internen Rechnungswesens aus einer entscheidungsorientierten Perspektive, die die traditionellen Annahmen über menschliches Verhalten – unbeschränkte Rationalität und strenger Eigennutz – aufbricht.

Neben dem eigentlichen Informationsinhalt interessieren Darstellungsform, Art der Übermittlung sowie die mit dem Ergebnis verbundene Nutzenwahrnehmung der Beteiligten. Der Erkenntnisgegenstand des Behavioral Accounting gliedert sich in vier Unterbereiche (vgl. Gillenkirch/Arnold: 2 ff.):

1. *Behavioral Financial Accounting*: Dieser Bereich widmet sich der externen Unternehmensrechnung und somit der Urteilsbildung und der Entscheidung von Investoren, Analysten und Wirtschaftsprüfern. Die hiermit verbundene Informationsverarbeitung an Kapitalmärkten markiert die Schnittstelle zur Behavioral Finance.

2. *Behavioral Tax Accounting*: Hier stehen die Anreiz- und Kontrollprobleme zwischen Finanzbehörden, Wirtschaftsprüfern, Steuerberatern und Steuerpflichtigen im Vordergrund. Ein zentrales Anliegen des Behavioral Tax Accounting sind die Einflussfaktoren auf das Verhalten des Steuerpflichtigen, inklusive Steuervermeidung, Steuerhinterziehung und Steuerflucht (z. B. Torgler 2002).

3. *Behavioral Management Accounting*: Gegenstand dieses Unterbereichs sind die entscheidungsunterstützenden und verhaltenssteuernden Aspekte der internen Unternehmensrechnung. So wird im Rahmen des Behavioral Management Accounting die Anreizwirkung von Zielvorgaben, Kennzahlen und Kontrollsystemen betrachtet, etwa im Rahmen von Budgetierungen (z. B. Fisher/Frederickson/Pfeffer 2006).

4. *Forschungsmethodologie*: Dieser Bereich beschäftigt sich mit forschungsmethodischen Fragen wie etwa der Validität eines bestimmten Experimentdesigns (z. B. Kachelmeier/King 2002, Libby/Bloomfield/Nelson 2002).

Beispiele für typische, den Bereich des Behavioral Accounting bestreffende Anomalien sind die Verfügbarkeits- und Repräsentativitätsheuristik (Tversky/Kahneman 1973) sowie der Overconfidence Bias (Vallone et al. 1990, Pallier et al. 2002), allesamt nachzulesen im Anhang.

Behavioral Controlling

Das Behavioral Controlling ist eine jüngere Ausprägung der Behavioral-Economics-Forschung. Gerade der Controlling-Bereich – analog zum Bereich des Rechnungswesens – strebt nach quantitativen, objektivierbaren Entscheidungsgrundlagen. Welche psychischen Phänomene können sich auf die Arbeit des Controllers, etwa bei der Vorbereitung einer Investitionsentscheidung oder bei Fragen der Budgetierung, auswirken?

Phänomene wie Überoptimismus, Überlegenheitsgefühle oder Wahrnehmungsverzerrungen intervenieren bei den Zusammenhängen zwischen Kennzahlen, Kontrollsystemen und Unternehmenserfolg. Wissenschaftlich untersucht werden diese Phänomene beispielsweise als Overconfidence-Illusion (Vallone et al. 1990, Pallier et al. 2002) oder als Verlustaversion (Kahneman/Tversky 1979, Silberberg et al. 2008); auch für diese Anomalien findet sich eine Kurzbeschreibung im Anhang.

2.6 Entscheidungswirkung

Das systematische Erfassen und Analysieren von Entscheidungsresultaten ist die Voraussetzung, um praktizierte Entscheidungsprozesse überprüfen zu können. Ohne eine derartige Rückkoppelung ist organisationales Lernen nicht möglich. Zuweilen werden Entscheidungen ausschließlich anhand des Resultats bewertet und nicht anhand des zugrunde liegenden Entscheidungsprozesses. Die Verhaltenspsychologie nennt dieses Phänomen „Outcome-Bias". Ergebnisse können jedoch vielfältigen Einflüssen unterliegen. Als Schlussfolgerung sollten Entscheidungsprozess und das resultierende Ergebnis differenziert auf Ursache/Wirkungs-Relationen hin untersucht werden.

Die nachfolgende Diskussion der Entscheidungswirkung erfolgt in drei Schritten: Zunächst wird die Entscheidungsgüte als Dreh- und Angelpunkt des gesamten Entscheidungsprozesses reflektiert. Mit dem Entscheidungs-Controlling erfolgt dann die Diskussion von Prozessen und organisationaler Verortung, als Voraussetzung für ein laufendes Lernen und Aktualisieren von Entscheidungsprozessen. Schließlich wird der Anspruch an nachhaltigem Entscheiden erörtert und Einzelentscheidungen in einen gesamthaften, systemischen Unternehmenskontext betrachtet.

2.6.1 Entscheidungsgüte

Ein besserer Entscheidungsprozess sollte ceteris paribus zu besseren Entscheidungen führen. Dies folgt der simplem Logik, dass bessere Entscheidungen solche selektierten Handlungsalternativen aufweisen sollten, die am besten geeignet sind, unternehmerische Zielsetzungen zu erfüllen. Insofern ist die Reflexion der Entscheidungsgüte untrennbar verbunden mit einer entscheidungsbezogenen Nutzenmessung.

Der Nutzen einer unternehmerischen Entscheidung ist einerseits abhängig von den zugrunde liegenden Entscheidungszielen, welche die Relevanz von Ereignissen ausweisen und Entscheidungsbedarfe festlegen. Andererseits wird der Entscheidungsnutzen von den abgeleiteten und konkretisierenden Entscheidungskriterien abhängen, welche die spezifische Bedeutung der Entscheidungsalternativen zum Ausdruck bringen.

Um die Güte von Entscheidungen beurteilen zu könnten, müssten alternative Entscheidungsszenarien von ihrer Wirkung her prognostiziert werden. Dies wird bei manchen Entscheidungssituationen der Fall sein, etwa bei der Angebotsstellung für eine Ausschreibung, bei welcher der Bieterprozess später transparent gemacht wird und somit Erfolgs- oder Misserfolgsgründe offenlegt. In anderen Situationen lässt sich der Erfolg von Entscheidungen weniger belastbar beurteilen.

Was ist beispielsweise die Wertschöpfung eines Market Intelligence (MI) Systems? Ein solches System soll Marktpotenziale und Vermarktungschancen (oder -bedrohungen) frühzeitig für ein Unternehmen herausarbeiten. Entscheidungsträger benötigen Market Intelligence für Ad-hoc-Projekte, aber auch im Sinne eines kontinuierlichen Lernprozesses. Ad-hoc-Projekte beziehen sich auf spezifische Entscheidungssituationen, wie z. B. geografische Absatzmärkte. Fortlaufende Arbeitsmarktbeobachtungen hingegen sind für Organisationen wichtig, um ein Gespür für Trends und aktuelle Geschehnisse zu entwickeln, etwa für einen neuen Absatzmarkt. Ein erstklassiges MI-Anwendungsprogramm ermöglicht den Zugriff auf interne und externe Datenquellen zugleich (Hedin/Hirvensalo/Vaarnas 2011: 10). Wie sich jedoch die Geschäftsfelder dieses Unternehmens ohne derartige Impulse entwickelt hätten, bleibt spekulativ; die Bewertung einer MI-Wertschöpfung fällt folglich schwer.

Je höher die Entscheidungsgüte, desto höher der Nutzenwert der Entscheidung für den Entscheider. Somit ist der Nutzenwert „(...) ein Maß für die Erfüllung der Ziele eines Entscheidungsträgers." (Vahs/Schäfer-Kunz 2007: 66). Dieser Betrachtung liegt eine Nutzenmatrix zugrunde, welche den aus bestimmten Entscheidungsalternativen (Aktionen $a_1 \ldots a_m$) bei bestimmten eintretenden Umweltzuständen (Zustände $z_1 \ldots z_n$) resultierenden Entscheidernutzen ($u_{11} \ldots u_{mn}$) darstellt (vgl. Eisenführ/Weber 1994: 34 ff., 99 ff., Bamberg/Coenenberg 1996: 33 ff.). Über die nachstehende Nutzenfunktion wird nun jeder resultierenden Konstellation von Aktion und Zustand ein Nutzenwert zugeordnet:

$$u_{ij} = u(e_{ij})$$

wobei gilt:

u_{ij} = Nutzenwert der Aktion i bei Eintreffen des Zustandes j

u = Nutzenfunktion („utility")

e_{ij} = Nutzenergebnis der Aktion i bei Eintreffen des Zustandes j

Zur Illustration soll die Organisation eines Betriebsausfluges dienen. Als Entscheidungsalternativen kommen unter anderem Zelten mit Lagerfeuer als Outdoor-Ereignis sowie ein Kegelabend mit Restaurantbesuch als Indoor-Ereignis in Betracht. Als nutzenrelevante Umweltzustände werden binär schönes Wetter sowie Regenwetter betrachtet. Eine entsprechende Nutzenmatrix ist in der Tabelle 2.36 dargestellt.

Tabelle 2.36: Nutzenmatrix – Beispiel Betriebsausflug.

		Umweltzustände		
		z_1: schönes Wetter	...	z_n: Regenwetter
Alternativen	a_1: Zelten/ Lagerfeuer	u_{11}: großer Spaß	...	u_{1n}: geringer Spaß
	...	...	...	...
	a_m: Kegeln/ Restaurant	u_{m1}: mittlerer Spaß	...	u_{mn}: mittlerer Spaß

Je mehr Spaß, desto größer der durch den Betriebsausflug gestiftete Nutzen. Je nach eintreffendem Umweltzustand differiert der Nutzen der beiden alternativen Ausflugsaktionen.

Entscheidungen können aufgrund unvorhersehbarer Ereignisse negative Auswirkungen für das Unternehmen haben, sich hierbei jedoch auf einen plausiblen, situationsangemessenen und professionellen Entscheidungsprozess mit belastbaren Entscheidungsregeln berufen. Umgekehrt mag eine von ihren Auswirkungen her positive Entscheidung ein Zufallsresultat darstellen, ohne bzw. trotz Zugrundelegung eines fundierten Prozesses.

Trotz möglicher Bewertungsschwierigkeiten: Ohne eine Nutzenbetrachtung wird ein Unternehmen Entscheidungsprozesse nicht bewerten, Verbesserungsansätze nicht herausarbeiten und somit organisational nicht lernen können. Insofern ist grundsätzlich jeder gewichtigere Entscheidungsprozess von ihren Prämissen her folgendermaßen zu hinterfragen:
- Bei Zielerreichung:
  - Welche konkrete Zielsetzung liegt der Entscheidung zugrunde?
  - Hat sich der Entscheidungsprozess bewährt, oder kam die Zielerreichung aufgrund unberücksichtigter Ereignisse zustande?
- Bei Zielverfehlung:
  - Welche Phase des Entscheidungsprozesses hat die Erwartungen nicht erfüllt, die Phasen der Umfeldanalyse, der Zielbildung, der Situationsbeschreibung oder der Regelanwendung?
  - Bei Zielverfehlung: Welche Verbesserungen können künftig für vergleichbare Entscheidungssituationen ausgemacht werden?
- Sowohl bei Zielerreichung wie auch bei Zielverfehlung:
  - Welche Stärken und Schwächen lassen sich retrospektiv ausmachen?

S.M.A.R.T.-Methodik

Eine Grundlage für die Bewertung von Entscheidungsgüte liefert die S.M.A.R.T.-Methode, welche ursprünglich zur Bewertung managerialer Zielsetzungen entwickelt worden ist und – mit geringen Modifikationen – auch für die Bewertung des Entscheidungsresultates dienlich sein kann. Insofern lässt sich ein logischer Schulterschluss zwischen der Postulierung von Zielen und der Erreichung dieser Ziele realisieren. Der S.M.A.R.T.-Ansatz umfasst die folgenden Parameter (Doran 1981):

- *Specific*: Der Zielgegenstand ist möglichst detailliert und objektiv zu spezifizieren.
- *Measurable*: Die Zielerreichung ist zu operationalisieren, möglichst quantitativ, zumindest aber qualitativ.
- *Assignable*: Die Zielverantwortlichkeit ist festzulegen; dies ist besonders relevant für multipersonelle Entscheidungsprozesse in Unternehmen.
- *Realistic*: Welche Ziele sind angesichts der gegebenen Unternehmensressourcen und -potenziale tatsächlich erreichbar – und somit für die Bewertung der Entscheidungswirkung heranzuziehen?
- *Time-related/time-limited*: Innerhalb welches Zeitrahmens sollen Ziele erreicht und eine Entscheidungswirkung entfaltet werden?

Die fünf Parameter des S.M.A.R.T.-Ansatzes lassen sich analog als Kriterien für die Beurteilung der Entscheidungswirkung verwenden. So hat der Gegenstand der Entscheidungswirkung klar umrissen und messbar zu sein, um vergleichenden Betrachtungen zu genügen. Ferner sollte differenziert beurteilt werden können, inwiefern die Entscheidungswirkung tatsächlich auf die eigentliche Entscheidung zurückzuführen ist – statt etwa auf nicht in Betracht gezogene Begleitumstände. Das im besten Falle Machbare ist realistisch einzuschätzen, um keine überhöhten oder auch zu ambitionslosen Bewertungsmaßstäben heranzuziehen. Schließlich sollte die Entscheidungswirkung in Relation zur zeitlichen Dimension gesehen werden, sodass einerseits zeitversetzten Wirkungsmustern Rechnung getragen wird, andererseits aber auch die Güte einer eintretenden Entscheidungswirkung gemäß dem Zeitpunkt dieses Eintretens relativiert wird. So könnten rasch eintretende Wirkungen im Vergleich als positiver (z. B. Heilungswirkung einer medizinischen Behandlung) oder auch als negativer (z. B. ökologische Belastungen) gewertet werden.

2.6.2 Entscheidungs-Controlling

Zunächst gibt dieser Abschnitt einen grundsätzlichen Überblick über die Controlling-Funktion. Anschließend werden die Besonderheiten eines Entscheidungs-Controllings herausgestellt. Mit Colsman ist die Voraussetzung für ein wirkungsvolles Controlling (2013: 44):

(…) die Bereitschaft und der Wille, ein Unternehmen zielorientiert zu steuern (…). Controlling ist ein transparentes, auf die Steuerungsbelange des Unternehmens aufgebautes System genereller Regeln, das an die Stelle des fallweisen Improvisierens tritt, das für den Einzelnen transparent und praktikabel ist und von ihm aktiv genutzt wird.

Operatives und strategisches Controlling

Die Kernaufgabe des Controllings liegt in der datengestützten Begleitung des Managements bei der Führung des Unternehmens. Mit Hilfe bereitgestellter Informationen sollen bessere unternehmerische Entscheidungen getroffen werden. Diese Unterstützung reicht von der Zielfindung über die Planung bis hin zur Kontrolle und Steuerung aller Unternehmensbereiche. Das Controlling sorgt mit seinen betriebswirtschaftlichen Instrumentarien für Transparenz in allen Bereichen und zeigt Chancen, Risiken sowie diesbezügliche Handlungsspielräume auf (vgl. International Group of Controlling 2012: 5 ff.).

Analog zu den unternehmerischen Planungsebenen lassen sich strategisches und operatives Controlling unterscheiden (vgl. Colsman 2013: 13, 43 f.). Das strategische Controlling unterliegt den Planungszeiträumen der jeweiligen Strategien und ist zukunftsorientiert ausgerichtet. Seine Aufgaben reichen vom Entwurf bis hin zur Durchsetzung und Überwachung strategischer Maßnahmen. Die Ziele liegen in der Sicherung der strategischen Zielsetzung und der Existenz des Unternehmens, typischerweise ausgedrückt in Form einer profitablen und liquiden Geschäftstätigkeit. Die Erfolge des strategischen Controllings lassen sich anhand von Marktanteilen oder Finanzkennzahlen erfassen.

Die Aufgaben des operativen Controllings erstrecken sich über einen einjährigen bis mittelfristigen Zeitraum und orientieren sich an der Gegenwart. Sie beinhalten die Zielfestsetzung, Konzeption und Steuerung von Themen und lassen sich anhand von Liquiditätskennzahlen und Gewinngrößen kontrollieren. Insgesamt ist das Ziel des operativen Controllings die Sicherung und Realisierung operativer Ziele und die Optimierung der Unternehmensprozesse.

Entscheidungs-Controlling

Im Gegensatz zum zentralisierten Finanzcontrolling sollte das Entscheidungs-Controlling integrativer Bestandteil des jeweiligen Entscheidungsprozesses sein und daher auch von den betreffenden Entscheidern getragen werden. Nur so können Lernprozesse dort ansetzen, wo sie für vergleichbare Entscheidungen künftig zum Tragen kommen könnten.

Multiperspektivische Interessenlagen und entsprechend vielschichtige Wege der Einflussnahme fordern für den unternehmerischen Gestalter laufendes Beobachten und Lernen ein. Mit der Umfelddynamik verändern sich die Entscheidungsbedarfe. Letztlich hat ein Entscheidungs-Controlling die Aufgabe, über periodische Soll/Ist-Vergleiche Defizite in vergangenen unternehmerischen Entscheidungsprozessen aufzuzeigen und – im Rahmen einer aktiven Steuerungsfunktion – Verbesserungspotenziale für künftige Entscheidungen herauszuarbeiten.

Woran kann es liegen, wenn Entscheidungen hinausgezögert, wenn sie ohne systematischen Analyseprozess getroffen werden – oder wenn der Entscheider sich außerstande sieht, Entscheidungen überhaupt zu treffen? Das Aufspüren von Entscheidungsdefiziten sollte sich an der nachfolgenden Struktur orientieren:

- Entscheidungsumfeld
    - mangelnde Übersicht über die grundsätzlich bedeutsamen Umfelder
    - mangelnde Analysestrukturen: Unterscheidung relevanter/nichtrelevanten Ereignisse
- Entscheidungsziele
    - ungenügend operationalisierte Ziele: Was will das Unternehmen erreichen?
    - ungenügende Motivation der involvierten Personen
    - inkonsistente Zielstellungen innerhalb des Unternehmens
- Entscheidungsregeln
    - Sind die angewendeten Entscheidungsregeln situationsgerecht und innerhalb des Unternehmens akzeptiert?
    - Sind die Regeln geeignet, um die konkrete Entscheidungssituation in Entscheidungen überführen zu können?
- Entscheidungswirkung: Stehen Folgeentscheidungen von rekursiven Entscheidungsprozessen in Einklang mit den vorangegangenen Entscheidungen – und somit im Dienste der Entscheidungsziele? Um eine Konsistenz innerhalb der sequenziellen Entscheidungsabfolgen zu gewährleisten, haben strategische Planung und operative Umsetzung miteinander im Einklang zu stehen.

⚡ Probleme bei den Entscheidungszielen

Ein global aufgestelltes Ingenieurbüro hat die Projektsteuerung eines großen Bauprojektes übernommen. Gemäß Ausschreibung und Vertrag verantwortet dieser Projektsteuerer als Steuerungsinstrument eine Rahmenterminplanung, nicht jedoch eine Detailterminplanung. Diese liegt gemäß Ausschreibung in der Verantwortung des Generalplaners, der für dieses Projekt bislang jedoch noch nicht bestellt wurde. Dem Gesamtprojektleiter des Projektsteuerers ist nun vom Bauherrn die Option eröffnet worden, auch die Detailterminplanung zu übernehmen. Dies bedeutet einerseits zusätzlichen Umsatz für den Projektsteuerer in Höhe von ca. 500.000 EUR, bei einer Umsatzrendite von ca. 10 % – mithin einen zusätzlichen Gewinn von ca. 50.000 EUR. Andererseits gehen mit dieser Leistungsausweitung auch erhöhte Risiken einher, da der Projektsteuerer termingerecht ein für die Detailterminplanung kompetentes Planerteam aufzustellen und einzuarbeiten hat. Sollte es aufgrund von Verzögerungen oder Fehlleistungen zu Projektverzögerungen kommen, könnte der Bauherr Schadenersatzansprüche gegen den Projektsteuerer geltend machen.

Der Gesamtprojektleiter hat zwei Vorgesetzte, denen er die Situation nacheinander schildert. Der Geschäftsführer Deutschland ist von der Option sehr angetan, hilft sie doch, die Umsatz- und Gewinnsituation zu verbessern und gleichzeitig die Bande zum Bauherrn zu stärken. Der zweite Vorgesetzte, der Chefcontroller der Muttergesellschaft mit juristischem Hintergrund, ist gegenteiliger Meinung. Er sieht einem möglichen Gewinn von 50.000 EUR signifikante Risiken und mögliche Schadenersatzansprüche in weit höherem Betrag gegenüber und rät von einer Ausweitung der Dienste und der hiermit verbundenen Verantwortlichkeiten strikt ab.

Innerhalb des Unternehmens gibt es mithin eine inkonsistente Zielstellung, in dem Gewinn- und Risikogrößen miteinander konkurrieren. Eine solche Konstellation ist eher die Regel als die Ausnahme, da profitable Geschäftsoptionen häufig mit einem höheren Risikoniveau verbunden sind. Was ist in einer solchen Situation zu tun? Die involvierten Personen müssen das unternehmerische Zielsystem für die konkrete Geschäftssituation ausdeuten: Sind die einhergehenden Risiken akzeptabel? Können diese Risiken reduziert werden, etwa durch entsprechende Vertragsklauseln? Der Umstand eines solchen Widerspruchs ist nicht verwerflich, er kann zu gesunden, präzisierenden Diskussionen führen. Wichtig ist, dass solche Widersprüche erkannt, angesprochen und erörtert werden.

Die Strategieumsetzung ist ein Teilschritt des Strategischen Managementprozesses: Strategische Pläne werden übersetzt in konkretes, strategiegeleitetes Handeln. Entscheidungen sind hierbei das zentrale Gestaltungsinstrument. Jede Aktivität, die sich mit der Absicherung, der Implementierung und der Durchsetzung der Strategie beschäftigt, wird durch Entscheidungen herausgearbeitet, ausdifferenziert und initiiert. Eine erfolgreiche Strategieimplementierung setzt mithin voraus, dass Folgeentscheidungen im Sinne der ursprünglichen Entscheidungsziele getroffen werden, bis herunter auf die operative Umsetzungsebene.

Der Prozess der Strategieimplementierung umfasst drei Ablaufschritte:

1. *Umsetzungsplanung*: Entscheidungsumfeld, Entscheidungsziele und eine sich hieraus ableitende Maßnahmenplanung werden herausgearbeitet.
2. *Realisierung der Umsetzungsplanung:* Kommunikation, Ausführung und Anwendung der geplanten und entschiedenen Maßnahmen.
3. *Umsetzungskontrolle*: Erfassen der Zielerreichung und laufende Abweichungsanalyse.

Schwierigkeiten bei einer solchen Umsetzung mögen resultieren aus einer ungenügenden Kommunikation mit den involvierten Mitarbeitern, einer unangemessenen Organisationsstruktur zur Umsetzung der Maßnahmen, einer mangelnden Qualifikation bzw. Akzeptanz durch Mitarbeiter und deren Führungskräfte sowie einem unverhältnismäßiger Koordinations- bzw. Planungsaufwand während des Implementierungsprozesses. Die strategische Kontrolle ist als Parallelprozess zu Planung und Umsetzung zu verstehen. Zeigt eine Strategie nicht die gewünschte Wirkung, kann dies an unrealistischen Annahmen, einer fehlerhaften Strategie oder Problemen bei der Strategieumsetzung liegen. Daher findet die strategische Kontrolle nicht nur am Ende, sondern auch während des Strategieprozesses statt. Die strategische Kontrolle begleitet somit die gesamte strategische Planung und Umsetzung.

Die Abbildung 2.12 illustriert den Kreislaufprozess der strategischen Planung und Kontrolle. Ausgangspunkt bildet die Analyse der Entscheidungssituation sowie eine hierauf bezugnehmende Zielstellung. Dieses Wissen gilt es, in die strategische Planung einfließen zu lassen. Schließlich ist es dann die Aufgabe des Controllings, einen laufenden Abgleich der Erwartungen mit den Realitäten zu gewährleisten. Auf jeder

Erkenntnisebene wird es potenziell Lerneffekte geben, die zu Rückkoppelungen mit der Situationsanalyse führen.

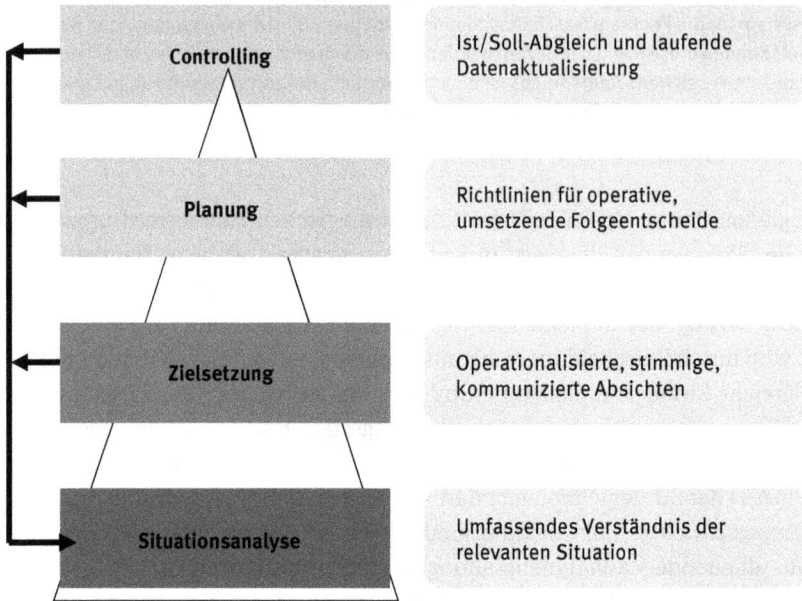

Abbildung 2.12: Ablaufschema strategische Planung.

2.6.3 Nachhaltiges Entscheiden

Was ist unter einem nachhaltigen Management zu verstehen, und wie kann ein solches durch nachhaltiges Entscheiden umgesetzt werden? Nachfolgend erfolgt zunächst die Erläuterung des konzeptionellen Rahmens für eine unternehmensbezogene Nachhaltigkeitsbetrachtung. Konkret wird für diesen in letzter Zeit so inflationär benutzten Begriff der Nachhaltigkeit ein systemtheoretischer Anwendungsbezug herausgearbeitet. Hieraus leiten sich dann konkrete Überlegungen für eine nachhaltige Entscheidungsfindung ab.

Konzeptioneller Rahmen

Die konzeptionelle Grundlage für die nachstehenden Ausführungen bezieht sich auf die angewandte Systemtheorie. Ein System wird hierbei verstanden als eine Anzahl von Größen, welche miteinander in Beziehung stehen und zu einem gemeinsamen Zweck operieren (vgl. Ashby 1954: 15, Beer 1970: 21, Forrester 1972: 9, Vester 2012: 59).

Miller (1978) erörtert eine umfassende Ordnung von offenen, lebendigen (organischen) Systemen. Hiernach lassen sich Systeme jeweils einem hierarchisch übergeordneten System zuordnen, wobei Miller acht Systemebenen unterscheidet: angefangen mit der einzelnen Zelle als der am weitesten runtergebrochenen Systemform, gefolgt von Organ, Organismus, Gruppe, Organisation, Gemeinschaft, Gesellschaft und schließlich der übernationalen Vereinigung. Für den individuellen Entscheider, dem Organismus, macht Miller mithin das Organ und schließlich die Zelle aus. Diese Betrachtungsweise ist etwa den Verhaltensökonomen vertraut, welche sich mit der Rolle verschiedener Gehirnbereiche bei der Informationsverarbeitung und der resultierenden Entscheidungsfindung befassen (vgl. Jeschke 2019: 98).

Die Systemtheorie hat ihre Wurzeln in naturwissenschaftlichen Erkenntnisobjekten: „While reflections on ecosystems emphasise interrelations of system elements in a given time period, reflections on biological evolution have added the aspect of dynamics by analyzing the development of systems over time." (Jeschke 2015: 648). Zum besseren Verständnis von Ökosystemen werden Wirkungsgefüge innerhalb eines begrenzten zeitlichen Wirkungsraumes erforscht und in Form von Regelkreisläufen visualisiert (Forrester 1968: 408). Vester merkt zu diesen systemischen Regelkreisläufen an (2011: 155):

> Jeder Regelkreis (…) besteht im engeren Sinne nur aus zwei Dingen: zum einen aus der zu regelnden Größe – man nennt sie Regelgröße –, zum anderen aus dem Regler, der sie verändern kann. Dieser Regler misst über einen Messfühler den Zustand der Regelgröße. Ist dieser Zustand durch einen Störfaktor verändert, gibt der Regler eine entsprechende Anweisung (den Stellwert) an ein Stellglied weiter, das daraufhin die Störung über eine angemessene Stellgröße unter Zufuhr oder Abfuhr einer entsprechenden Austauschgröße behebt. Auf diese Weise ist das regelnde System mit sich selbst rückgekoppelt. Über eine Störgröße und die Austauschgröße steht es allerdings mit der Außenwelt in Verbindung. (…) Stellt der Messfühler einen zu hohen Wert fest, so wird dieser durch das Stellglied verringert. Ist der Wert zu niedrig, so wird er erhöht. Deshalb spricht man bei einer solchen Selbstregulation von negativer (gegenläufiger) Rückkoppelung. Liefe die Rückkoppelung in die gleiche Richtung, würde also ein nach oben veränderter Wert den Regler noch weiter erhöht, dann hätten wir eine positive (gleich gerichtete) Rückkopplung – und damit nicht mehr lange einen Regelkreis. Das System würde sich in die eingeschlagene Richtung aufschaukeln (…).

Zum besseren Verständnis von biologischen Evolutionsprozessen werden Vernetzungen über längere Zeitverläufe hinweg untersucht, um Systemveränderungen als dynamische Reaktionen auf Umweltänderungen nachvollziehen, vorhersagen und gegebenenfalls auch beeinflussen zu können. Die naturwissenschaftlich fundierten Erkenntnisse – die sich an den Funktionalitäten von Bionik und ökologischen Regelkreisläufe orientierten – fanden zunächst als „Biokybernetik" Eingang in die sozialwissenschaftliche Diskussion (z. B. Wiener 1948, Ashby 1965, Röhler 1974, Cruse 1981). Mit der Begründung des St. Galler Management-Ansatzes führten dann Ulrich und seine Schüler die kybernetische Denkweise als systemorientierten Managementansatz für organisationale Belange gewinnorientierter Unternehmen und deren Geschäftsbereiche ein (z. B. Ulrich 1970, 1984). Die hierdurch begründete Kultur des Systemdenkens ist im schweizerischen Ausbildungssystem fest verankert, so bereits schon als begleitender Lernstoff von Grundschulklassen (siehe Bollmann-Zuberbühler et al. 2010).

Eine zentrale Annahme des kybernetischen Managements bezieht sich darauf, dass die effektivste Organisationsform von Systemen deren auf einer kollektiven Intelligenz beruhende Selbstregulierung ist – im Sinne eines multiperspektivischen Wirkungsverständnisses (Schwaninger 1997: 76, Pruckner 2014: 75 ff.). Das Konzept der Vernetzung lässt sich aus der Natur ableiten, unter Bezugnahme auf drei grundsätzliche Wirkungsmechanismen:

1. *Integration*: Einheiten mit gleicher oder gleichartiger Interessenlage bilden die Konstituenten einer gemeinsamen, übergeordneten Einheit. So entstand die Europäische Union (EU).
2. *Differenzierung*: Umgekehrt sorgen unterschiedliche Interessen einzelner Einheiten für Separationstendenzen innerhalb einer solchen übergeordneten Einheit. So entstand der Entscheid für den Austritt Großbritanniens aus der EU (Brexit).
3. *Kooperation*: Desintegrierte Einheiten existieren nicht isoliert, sondern kooperieren zum beidseitigen Nutzen zumindest punktuell mit anderen, systemexternen Einheiten. So entstehen bilaterale Abkommen wie etwa zwischen der Schweiz und der EU.

Im Resultat entsteht ein Gefüge von Systemen und Subsystemen. So stellt der einzelne menschliche Körper ein Subsystem der Bevölkerung dar, seine Organe wiederum sind Subsysteme seines Körpers, die sich in weitere Funktionsbereiche untergliedern. So bedeutet andauerndes Über- oder Untergewicht für das System „Körper", dass sich Kalorienaufnahme und Kalorienverbrauch im Ungleichgewicht befinden: Ernährung und Verbrennung wirken nicht nachhaltig zusammen und destabilisieren – gleich im doppelten Sinne – das Körpergleichgewicht.

Steinbuch fasst Systemmerkmale zusammen wie folgt (2001: 24 ff.):

- *Sachlichkeit*: Unterscheidung zwischen körperlichen Systemen (z. B. eine Maschine) und logischen Systemen (z. B. eine Programmiersprache),
- *Veränderlichkeit*: Unterscheidung zwischen statischen (geschlossenen), durch keine Einflüsse veränderbaren Systemen (z. B. ein Zahlensystem) und dynamischen (offenen) Systemen (z. B. eine Pflanze),
- *Vorherbestimmbarkeit*: deterministische Systeme, bei denen das Verhalten im Vornhinein eindeutig erkennbar ist (z. B. Planetensystem) und stochastische Systeme, bei denen die Verhaltensweisen Unwägbarkeiten unterliegen (z. B. Familie),
- *Komplexität*: gemäß der Art und Zahl der Systemelemente sowie der Systembeziehungen Unterscheidung in einfache Systeme (z. B. Hammer), komplexe Systeme (z. B. Elektrobohrer) und hochkomplexe Systeme (z. B. Zentrales Nervensystem)[35],

---

35 Eine explizite Strukturierung und Operationalisierung des systemischen Komplexitätsbegriffes erfolgt im Rahmen von Unterkapitel 3.1.1.

- *Entstehungsart*: natürliche Systeme (z. B. Moor) und künstliche Systeme, die menschlicher Planung, Steuerung und Überwachung unterliegen (z. B. Straßenverkehrsregelung) sowie
- *Elemente*: Unterscheidung nach sozialen Systemen (z. B. Verein), technischen Systemen (z. B. Fahrrad) sowie soziotechnischen Systemen (Mischform von sozialen und technischen Elementen, z. B. bemannte Raumfahrtstation).

Transponiert man die aus beobachtbaren Naturgesetzen ableitbaren Prinzipien der Systemtheorie in die Unternehmenswelt, so ergeben sich folgende Schlussfolgerungen: Ein Unternehmen kann als offenes System verstanden werden, da es im Austausch mit seiner Umwelt steht. Es wirkt nach innen integrativ und nach außen differenzierend. Das Unternehmen stellt gegenüber einem übergeordneten System – etwa einer Branche oder der Volkswirtschaft – ein Subsystem dar. Andererseits stellen seine Sparten, Divisionen oder Abteilungen wiederum Subsysteme des Unternehmens dar. Abhängigkeiten und Einflussfeldern jenseits der Systemgrenzen wird mit kooperativen Beziehungsstrukturen begegnet, als Grundlage einer Vernetzung innerhalb eines offenen Systems. Das Unternehmen steht in ständigem Austausch mit einem – zumeist dynamischen, sich stetig verändernden – Entscheidungsumfeld. Die Wirkungsbeziehungen innerhalb des Unternehmens (gegenüber seinen Subsystemen) sowie mit seiner Umwelt (also mit Größen außerhalb der Systemgrenzen) lassen sich über Regelkreisläufe darstellen, die in ihrer Gesamtwirkung ein Systemgleichgewicht anstreben. Beschrieben können diese Beziehung aufgrund von Wirkungsrichtung, Wirkungsgrad und Wirkungszeitpunkt.

Das Ziel eines Systems ist sein Fortbestand, sein Überleben (vgl. Malik 1996: 80, Vester 2012: 192). Wie alle Systeme, so hat auch ein Unternehmen die Befähigung zur Selbstorganisation mit dem Ziel des Überlebens. Dieses Überleben wird gesichert, indem Störungen des Systemgleichgewichts korrigiert werden können; diese Fähigkeit zur Selbstregulierung und die damit begründete Toleranz gegenüber Systemstörungen wird als „Resilienz" bezeichnet (vgl. Hamel/Välikangas 2003): Je besser das Risikomanagement eines Unternehmens, desto größer seine Resilienz. Mit der Resilienz wiederum vergrößert sich auch der unternehmerische Handlungsspielraum (vgl. Haedrich/Jeschke 1992). Systemstabilität ist somit direkt abhängig von dem Systemgleichgewicht bzw. von der Fähigkeit, auch bei Störungen auf dieses Gleichgewicht zuzustreben durch einen möglichst flexiblen Selbststabilisierungsreflex. Unternehmerisches Entscheiden kann das System Unternehmen sowohl stabilisieren als auch destabilisieren.

Nachhaltiges Unternehmensverhalten
Beim Human-Resource-Management eines Unternehmens geht es darum, das Personal qualitativ und quantitativ am Personalbedarf auszurichten. Eine genaue Befriedigung des gegenwärtigen Personalbedarfs wäre der Idealzustand, also das Gleichgewicht des Systems „Unternehmenspersonal". Ein solches Gleichgewicht ist die Zielgröße des Systems, als solche jedoch ein illusionärer

Zustand: Ständig werden an das Unternehmenspersonal neue Anforderungen herangetragen, welche eine Anpassung des aktuellen Personalbedarfs mit sich bringen.

Was ist nun ein nachhaltiges Human-Resource-Management? Dies ist ein Management, dessen Entscheidungen aktiv darauf hinwirken, den festgestellten Personalbedarf bestmöglich zu decken. Hierzu werden Rekrutierungsbemühungen, Employer Branding, Karriereplanungen und Weiterbildungsprogramme, aber möglicherweise auch Entlassungen und Outsourcing gehören. Voraussetzung ist in jedem Fall eine klare, professionell hergeleitete Analyse des aktuellen und künftigen Personalbedarfs, welche sich an dem unternehmerischen Entscheidungsumfeld orientiert und den Entscheidungsbedarf in operationalisierte Zielsetzungen überführt.

Wie könnte das Gegenteil einer nachhaltigen Personalpolitik aussehen? Beispielsweise führen Deregulierungen in einer bestimmten Branche zu einer sprunghaften Erhöhung der Wettbewerbsintensität. Der Druck wird an die Mitarbeiter weitergegeben, ohne situationsgerechte Zielsetzungen und Maßnahmen. Insbesondere die hochqualifizierten Mitarbeiter, die andere Chancen am Arbeitsmarkt haben, werden das Unternehmen verlassen. Dies wird zu noch mehr Wettbewerbsdruck führen, der sich beispielsweise in Kostendruck und Einsparungen beim Personal niederschlägt. Ein Arbeitnehmer, der die Wahl hat, wird sich von diesem Unternehmen abwenden, entsprechend schwach werden die Personalressourcen des Unternehmens dastehen. Kein Gleichgewicht – sondern eine Spirale der Systemdestabilisierung.

Unter einer nachhaltigen Entscheidung ist eine Entscheidung zu verstehen, die geeignet ist, das betreffende Unternehmenssystem zu stabilisieren. Dies setzt voraus, dass der Entscheider das relevante System hinreichend kennt und hinsichtlich seiner künftigen Dynamik belastbar einschätzen kann. Nachhaltiges Entscheiden setzt wiederum voraus, dass die Einzelentscheidung in einen Gesamtkontext eingeordnet werden kann und dass dieser Kontext eine längerfristige Wirkungsperspektive umfasst.

Ein solches, nicht an einer anthropozentrischen Perspektive ausgerichtete Verständnis von Nachhaltigkeit steht im Widerspruch zu weitverbreiteten Modellen des Nachhaltigkeitsmanagements. So postuliert etwa das Konzept der Triple Bottom Line (Elkington 1999: 69 ff.), welches im deutschsprachigen Raum auch als Dreisäulenmodell propagiert wird (z. B. Schaltegger etc. 2007), dass sich unternehmerisches Nachhaltigkeitsmanagement auf den Deckungsbereich von ökonomischen, sozialen und ökologischen Nutzenüberlegungen zu fokussieren hat, also auf Win/Win/Win-Situationen. Was heißt das im Umkehrschluss? Eine ökologisch oder sozial nutzbringende Maßnahme muss auch ökonomische Vorteile mit sich bringen. Natürlich gibt es diese utilitäre Dreifaltigkeit bei bestimmten Aktionsfeldern, etwa im Bereich von Ressourceneffizienzsteigerungen. Aber was ist mit systemisch ökologiefeindlichen Geschäftsfeldern wie etwa dem Braunkohleabbau und seine energetische Verwertung – kein Thema, da ökonomisch nicht opportun? Dieses Ignorieren mit Verweis auf die Gefährdung von direkt betroffenen Arbeitsplätzen war in Deutschland tatsächlich über Jahrzehnte Realität – doch ist es ein positives Beispiel von (verhindertem) Nachhaltigkeitsmanagement? Zudem: Wie lassen sich Trade-offs zwischen und innerhalb dieser drei Dimensionen bewerten, priorisieren und miteinander abwägen?

Nachhaltigkeitsverständnis setzt Systemverständnis voraus. Systemverständnis wird – gerade bei komplexeren Systemen – nie vollständig sein können. Dörner (2011: 7 f.) illustriert an zahlreichen Praxisbeispielen,

> (...) wie menschliche Planungs- und Entscheidungsprozesse schiefgehen können, weil man Neben- und Fernwirkungen von Entscheidungen nicht genügend beachtet; weil man Maßnahmen zu stark dosiert oder zu schwach; weil man Voraussetzungen, die man eigentlich berücksichtigen sollte, nicht beachtet (...).

Wichtig für ein Systemverständnis ist das Gespür für zeitliche Reaktionsmuster. Beurteilt man die Wirkung ergriffener Maßnahmen nach dem zum jeweiligen Zeitpunkt feststellbaren Zustand, statt zu einem angesichts der zu erwartenden Reaktionszeit künftigen Zeitpunkt, so wird der Entscheider zum Übersteuern neigen (vgl. Dörner 2011: 50). Jeder, der schon einmal Segelmanöver gefahren ist, hat diese Übersteuerungserfahrung bereits gemacht.

Aus Sicht eines unternehmerischen Entscheiders sind vier Systemzustände zu unterscheiden: instabil, indifferent, stabil und metastabil (vgl. Jeschke/Mahnke 2013a: 16 f.). In der Abbildung 2.13 sind die verschiedenen Systemzustände schematisch dargestellt.

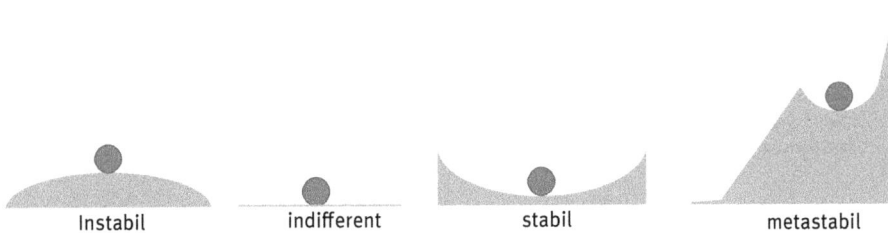

Instabil   indifferent   stabil   metastabil

Abbildung 2.13: Systemzustände (Jeschke und Mahnke 2013a: 17).

Instabile Systeme weisen nur geringe Handlungsspielräume auf und können schon durch geringe Störungen aus einem angestrebten Zustand gebracht werden – ohne die Möglichkeit, innerhalb des Systems über ein Korrektiv zu verfügen. Ein eindrucksvolles, wenn auch trauriges Beispiel liefert Neuseeland, eine Inselgruppe, die Jahrtausende lang als Ökosystem weitestgehend abgeschottet war. Dann führten die Maori Ratten und die Australier Possums ein und damit (von einer Fledermausart abgesehen) die ersten Säugetiere. Aufgrund dieser Invasion, also aufgrund dieser Beeinflussung durch ehemals systemfremde Größen, wurde die Neuseeländische Fauna dauerhaft gestört, mit der Konsequenz, dass etwa das neuseeländische Wappentier, der flugunfähige Kiwi, in der freien Natur nahezu ausgerottet ist. Als instabilen Unternehmenszustand mag man etwa an ein Unternehmen mit großen Liquiditätsschwierigkeiten denken: Die Entscheidungsspielräume sind stark eingeschränkt, ein einzelner Gläubiger könnte ein Insolvenzverfahren – und damit das Systemende – auslösen.

Indifferente Systeme sind im Regelfall keine offenen Systeme. Hier haben Störungen keine Auswirkungen auf das System. Man möge etwa an monopolistische Geschäftssituationen wie einen staatlichen Telekommunikationsmonopolisten (wie ehemals die Deutsche Post) denken, die ein weitestgehend von Wettbewerb und Kundenverhalten losgelöstes Agieren ermöglichen.

Stabile Systeme verfügen über intakte, selbststabilisierende Regelkreisläufe, welche bei Störungen des Systemgleichgewichtes korrigierende Wirkungsmechanismen freisetzen. So verhält es sich mit stabilen Jäger/Beute-Systemen: Vermehrt sich die Beute, steigt auch die Reproduktion der auf diese Beute spezialisierten Jäger an. Mit Zeitverzögerung reduzieren die vermehrten Jäger dann die Beutebestände, was wiederum mit Zeitverzögerung zu einer Reduktion des Jägerbestands führt – und somit die Voraussetzung für eine Regeneration der Beutebestände bildet (vgl. Bossel 2004a: 147 f.). Auf unternehmerische Entscheidungen bezogen ist ein stabiles System gekennzeichnet durch ein frühzeitiges Wahrnehmen und Verstehen von Störungen (etwa Absatzrückgang) und einem sinnvollen Reagieren auf diese Störungen (etwa durch eine Anpassung der Vermarktungsmaßnahmen).

Metastabile Systeme sind regulierend innerhalb bestimmter Wirkungsgrenzen. Werden diese Grenzen überschritten, versagt die Selbstorganisation. Beispielsweise können Gewässer ihre Nährstoff- und Sauerstoffkreisläufe weitestgehend selbst regu-

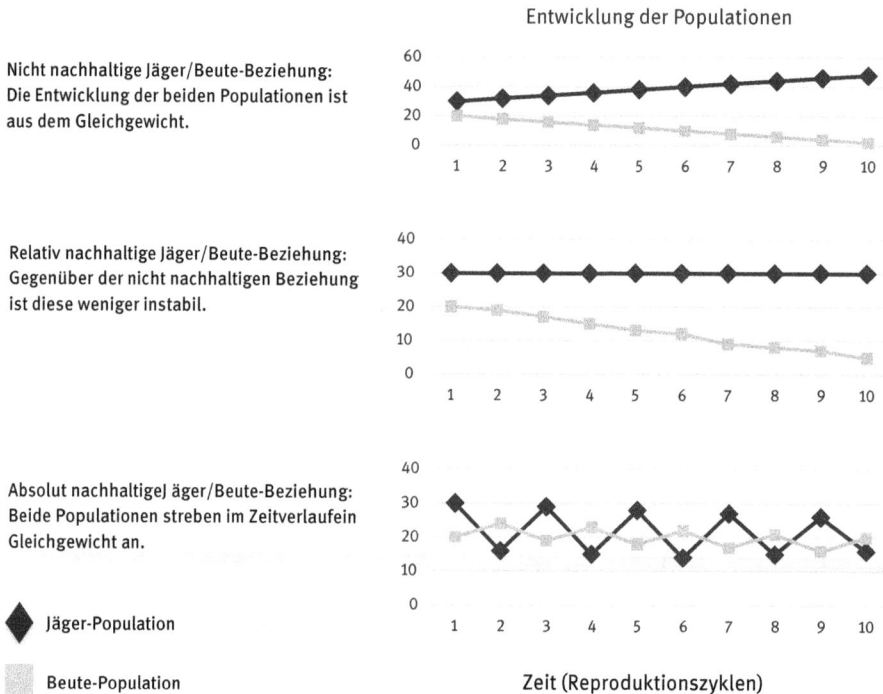

Entwicklung der Populationen

Nicht nachhaltige Jäger/Beute-Beziehung: Die Entwicklung der beiden Populationen ist aus dem Gleichgewicht.

Relativ nachhaltige Jäger/Beute-Beziehung: Gegenüber der nicht nachhaltigen Beziehung ist diese weniger instabil.

Absolut nachhaltige Jäger/Beute-Beziehung: Beide Populationen streben im Zeitverlauf ein Gleichgewicht an.

◆ Jäger-Population

▨ Beute-Population

Zeit (Reproduktionszyklen)

Abbildung 2.14: Nachhaltige und nicht nachhaltige Wirkungsverläufe (übersetzt von Jeschke und Mahnke 2013b: 102).

lieren – und selbst Fachleute sind immer wieder erstaunt über die Regenerationsfähigkeit von ehemals belasteten Wildgewässern. Ist jedoch ein Gewässer erst einmal umgekippt, etwa durch einen nicht mehr verkraftbaren Abwassereintrag, dann kann es nicht mehr aus eigener Kraft regenerieren (Umkippeffekt). So wird Kundenloyalität dem Anbieter gegenüber kleinere Defizite verzeihen, nicht aber skandalöse Verfehlungen. Perrow (1984:66) unterscheidet in Bezug auf Systemstörungen zwischen „accidents" (Unfällen) und „incidents" (Vorfällen):

> An *accident* is a failure in a subsystem, or the system as a whole, that damages more than one unit and in doing so disrupts the ongoing or future output of the system. An *incident* involves damage that is limited to parts or a unit (…).

Mithin stellt ein Schnupfen für den Körper einen Vorfall dar, dem ein stabiles System korrigierend begegnen kann, während ein schwerer Schlaganfall als Unfall einem Körper seine Metastabilität aufzuzeigen vermag. Abbildung 2.14 illustriert die Wirkungsverläufe von Systemgrößen in nachhaltigen und nicht nachhaltigen Systemen.

Wenn ein System sich nicht mehr durch Selbstorganisation regeln kann, ist es auf systemexterne, invasive Steuerung angewiesen – oder es wird nicht überlebensfähig sein. Invasiv-steuernde Maßnahmen müssen jedoch vor dem Hintergrund eines fundierten Wissens über das systemische Wirkungsgefüge stattfinden, sodass die Maßnahmen gezielt eine Stabilisierung des Systems zu ermöglichen vermögen. Tabelle 2.37 illustriert die Unterschiedlichkeit von systeminternem Regeln und systemexternem Steuern anhand dreier Beispiele.

Tabelle 2.37: Beispiele für systemisches Regeln und Steuern.

	Regeln (systemintern)	Steuerung (systemextern)
Wirtschaftszyklus	Preis als Ergebnis von Angebot und Nachfrage	Subventionen und Förderungen
Körpergewicht	Bewegung und Ernährung	Fett absaugen und Diät
Gewässerqualität	Sauerstoff-Kreisläufe zwischen Flora und Fauna	Abwassereintrag

Vester nennt sechs Fehler im Umgang mit komplexen Systemen (2011: 36 f.):

1. *Falsche Zielbeschreibung*: Statt Erhöhung der Lebensfähigkeit des Systems werden Einzelprobleme gelöst. Diese können Resilienz-schädlich sein, da sie organisatorische Puffer abbauen und somit die Toleranz des Systems gegenüber Störungen reduzieren.
2. *Unvernetzte Situationsanalyse*: Das Wissen um Beziehungsgeflecht und Bedeutung von Interdependenzen ist mindestens so relevant wir das Wissen um die Systemgrößen selbst.
3. *Irreversible Schwerpunktbildung*: Eine dauerhafte Ausprägung favorisierter Handlungsmuster führt zur Ignoranz tatsächlicher Probleme und Missstände.

4. *Unbeachtete Nebenwirkungen*: Es unterbleibt ein Durchtesten möglicher Wirkungspfade.
5. *Tendenz der Übersteuerung*: Ein Verständnis der zeitlichen Wirkungsmuster hilft, ein System-destabilisierendes Übersteuern bei zeitverzögerten Reaktionsmustern zu vermeiden.
6. *Autoritäres Verhalten*: Nicht gegen den Strom, sondern mit der Strömung verändern.

Systemische Unternehmensperspektive

Wie können Unternehmen auf die konzeptionellen Erkenntnisse einer auf Nachhaltigkeit ausgerichteten Systemtheorie reagieren? Und inwiefern lässt sich hier ein unterschiedliches Verhalten von Unternehmen ausmachen? Sciarelli und Tani vergleichen diverse Stakeholder-Ansätze, welche die wissenschaftliche Diskussion hervorgebracht hat (2013). Die verschiedenen Ansätze werden anhand zweier Parameter beschrieben:

– Analysiert das Unternehmen nur Stakeholder-Beziehungen, welche direkt in Bezug zum Unternehmen stehen, oder auch indirekt wirkende *Beziehungsmuster*? Letzteres würde bedeuten, dass Unternehmen sich auch mit den Belangen von Stakeholdern auseinandersetzen, mit denen sie sich nicht in Interaktion befinden.
– Werden nur direkt auf das Unternehmen Einfluss nehmende Beziehungen in die unternehmerische Analyse einbezogen, oder bezieht sich diese auch auf mittelbare *Wirkungsmuster*?

Die beiden Parameter stehen für den Umgang mit den jeweils zugrunde liegenden Systemgrößen: einerseits die involvierten Stakeholder, andererseits die sich hieraus ergebenden Wirkungsbeziehungen. Die Abbildung 2.15 illustriert, wie sich aus der Gegenüberstellung dieser beiden Systemgrößen unterschiedlich definierte unternehmerische Wahrnehmungsfelder ergeben. Hierbei wird die Wahrnehmung korrespondieren mit der Intensität, mit der involvierte Stakeholder sowie Wirkungsbeziehungen zwischen den Stakeholdern erforscht und in die Planung mit einbezogen werden.

Gemäß der Abbildung 2.15 ist der Ausgangspunkt für den Entscheider typischerweise die Beachtung der direkten Interaktionspartner mit Blick auf kurzfristige, greifbare Wirkungsmuster. Ein solcher Fokus bildet typischerweise den Anfang einer Systemwahrnehmung, weil er einen unmittelbaren Handlungsdruck mit sich bringt. Ein wachsendes Systemverständnis mag einerseits dazu führen, dass der unternehmerische Entscheider die auf seine direkten Interaktionspartner einwirkenden Stakeholder in sein Entscheidungskalkül miteinbezieht. Andererseits wird ein besseres Systemverständnis bedingen, dass die Wirkungsmuster nicht nur als unmittelbare Reaktion, sondern auch als langfristiger Prozess wahrgenommen bzw. hinterfragt werden, um somit zeitversetzten Reaktionsmustern Rechnung zu tragen.

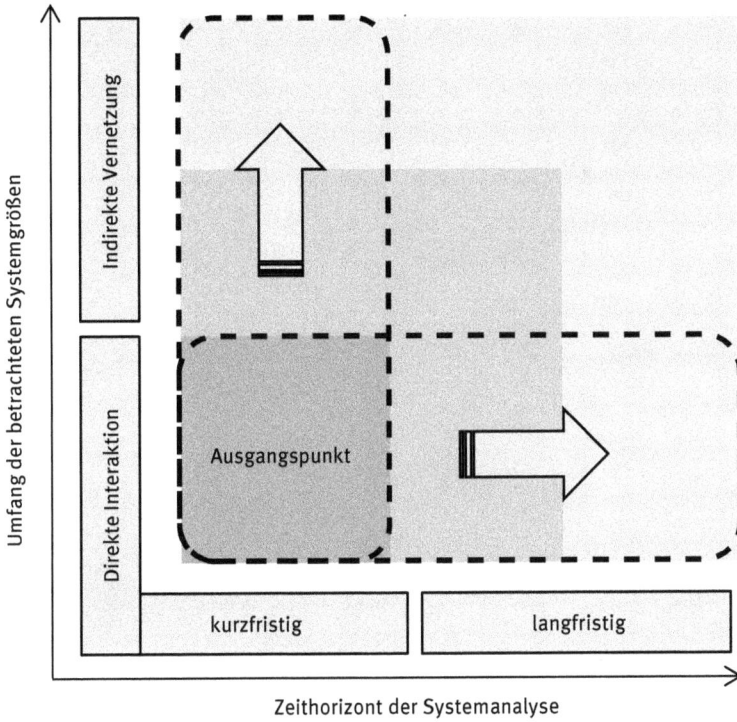

Abbildung 2.15: Unternehmerische Systemwahrnehmungen (übersetzt von Jeschke und Mahnke 2016: 54).

3 Situatives Entscheiden

Das vorangegangene zweite Kapitel beschäftigte sich mit der grundsätzlichen Ausgestaltung unternehmerischer Entscheidungsprozesse. Nun gibt es in einem Unternehmen die unterschiedlichsten Entscheidungssituationen, etwa komplex-strategische neben überschaubar-operativen. Zudem sind unterschiedliche Unternehmen grundsätzlich mit andersartigen Entscheidungssituationen konfrontiert, abhängig etwa von der Branche, der Unternehmensgröße, der unternehmerischen Entwicklungsphase, dem Profil des Absatzmarktes sowie der spezifischen Positionierung innerhalb dieses Marktes. Mit diesen Unterschiedlichkeiten und ihren Auswirkungen auf die Gestaltung des unternehmerischen Entscheidungsprozesses setzt sich dieses dritte Kapitel auseinander.

Die Differenzierung unternehmerischer Handlungsmuster aufgrund verschiedenartiger, handlungsrelevanter Kontextfaktoren wird als situativer Ansatz oder auch als Kontingenzansatz bezeichnet: Unter welchen Gegebenheiten erscheint welche Spielart eines generellen Handlungsmusters sinnvoll? Staehle beschreibt die Kernidee des Kontingenzansatzes wie folgt (1987: 79, Hervorhebung weggelassen):

> Es gibt nicht eine generell gültige, optimale Handlungsalternative, sondern mehrere, situationsbezogen angemessene. (…) Die praxeologische Aufgabenstellung situativer Ansätze (…) besteht folglich darin, alternative Handlungen und Strukturen zu entwerfen, in ein Entscheidungsmodell einzubringen und aus der Menge der logisch denkbaren Alternativen diejenigen auszuwählen, die unter genau zu spezifizierenden Bedingungen (Situationen) erfolgversprechend und faktisch realisierbar sind.

Das Forschungsgerüst eines Kontingenzansatzes bezieht sich auf drei Bestandteile (vgl. Staehle 1976: 36 ff., Kieser/Kubicek 1983: 57 ff.):
- Die *Kontextvariablen* werden als gegeben betrachtet, mit keinen oder nur sehr begrenzten Einflussmöglichkeiten; mithin fungieren die Kontextfaktoren als unabhängige Variable, die grundsätzlich als gegeben zu betrachten sind.
- Die *Gestaltungsvariablen* bilden das zentrale Entscheidungskalkül ab: Um welche Handlungsmechanismen und Gestaltungsspielräume geht es?
- Die *Erfolgsvariablen* stehen für die abhängigen Modellkomponenten, welche die Auswirkungen des Entscheidungskalküls zum Ausdruck bringen und somit die Wertigkeit der Entscheidung indizieren.

Nach der Logik des Kontingenzansatzes sollten situationsadäquate Handlungsmuster Erfolg verheißender sein als situationsinadäquate oder als pauschale, situativ nicht ausdifferenzierte Handlungsmuster. Die Tabelle 3.1 führt beispielhaft für drei Entscheidungsbereiche die Gestaltungsmöglichkeiten eines situativen Ansatzes im Sinne der vorgestellten dreigliedrigen Grundstruktur an.

https://doi.org/10.1515/9783110638196-003

Tabelle 3.1: Exemplarische Gestaltungsmöglichkeiten des situativen Ansatzes (Jeschke 1993: 26).

	Kontext	Gestaltung	Erfolg
Führungsforschung	Potenzial der Aufgaben-Routinisierung	Führungsstil	Arbeitszufriedenheit
Organisationsforschung	Umweltkomplexität und -dynamik	Organisationsstruktur	Produktivität
Unternehmensplanung	Marktwachstum, relativer Marktanteil	Portfolio-Normstrategie	Return on Investment

Wendet man den Kontingenzansatz auf die gegenständliche Thematik an, dann kristallisieren sich drei Fragestellungen heraus:

– Welche Unterschiedlichkeiten gibt es, die eine entsprechend angepasste Ausgestaltung des unternehmerischen Entscheidungsprozesses geraten erscheinen lassen?

– Inwiefern können Unterschiedlichkeiten zusammengefasst oder typologisiert werde, sodass sich situative Cluster als Bezugsebene ergeben?

– Welche Bausteine des Entscheidungsprozesses sind betroffen und welche situativen Varianten scheinen geraten zu sein?

Zunächst wird im Unterkapitel 3.1 die Komplexität der Entscheidungssituation als relevanter Kontextfaktor diskutiert. Hier steht das Profil der Entscheidungsparameter im Vordergrund der Betrachtungen. Als alternativer – oder ergänzender – Ansatz widmet sich das Unterkapitel 3.2 unterschiedlichen Stakeholder-Konstellationen als diskriminierendem Kontextfaktor. Hier stehen die Interaktionen mit anderen, im Entscheidungsprozess involvierten Personen im Vordergrund. Schließlich wird im Rahmen des Unterkapitels 3.3 die systemische Rolle des Entscheiders als Kontextfaktor in den Mittelpunkt der Betrachtungen gestellt.

In jedem der drei Unterkapitel findet zunächst eine Erläuterung der Differenzierungslogik statt. Basierend auf den herausgearbeiteten Kontextvariablen findet dann eine Typologisierung der jeweiligen Entscheidungssituationen statt. Somit werden Typologien auf Basis theoriegeleiteter Überlegungen a priori gebildet (vgl. Bunn 1993: 39). Diese Art der Herleitung grenzt die Typologien von den Taxonomien ab, welche auf empirischem Wege hergeleitet werden, etwa im Rahmen einer Kombination von Faktoren- und Clusteranalyse.

Auf Basis der jeweiligen Typologisierung erfolgt dann die situative Betrachtung. Hier steht die Erkenntnis im Vordergrund, welche jeweiligen Umstände aufgrund welcher Plausibilitätsüberlegungen welchen Typus der Entscheidungsfindung angeraten erscheinen lassen.

3.1 Entscheiden gemäß Entscheidungskomplexität

Der Umgang mit Entscheidungen ist ursächlich geprägt durch Entscheidungsumfeld und Entscheidungssituation. Sind beide gut strukturiert und wenig komplex, so wird dies andere Entscheidungsprozesse einfordern als bei einem diffusen, hochkomplexen Entscheidungsszenario. Während der Unternehmensalltag den Mitarbeitern laufend Routineentscheidungen abverlangt, wird es mit zunehmenden managerialen Gestaltungsspielräumen auch zunehmend anspruchsvollere Entscheidungsszenarien geben, bei denen auf kein Standardprozedere zurückgegriffen werden kann. Wie kann die Komplexität von Entscheidungen erfasst werden kann, und welche Auswirkungen haben unterschiedliche Komplexitätsprofile auf die Entscheidungsfindung?

3.1.1 Operationalisierung von Entscheidungskomplexität

Über welche Dimensionen lässt sich das Umfeld einer Entscheidung prägnant und gleichzeitig praxisrelevant beschreiben? Inhaltlich müssen die herangezogenen Dimensionen entscheidungsrelevant sein; unterschiedliche Ausprägungen der jeweiligen Dimension sollten sich auf die Ausgestaltung der Entscheidungsfindung auswirken. Methodisch sollten die Dimensionen zudem nicht interkorrelieren – eine jede für sich hat für deutlich voneinander abgrenzbare, eigenständige Sachverhalte zu stehen.

Mit dem VUCA-Akronym verbindet sich die Aussage, dass das unternehmerische Entscheidungsumfeld künftig verstärkt betroffen sein wird von „volatility, uncertainty, complexity und ambiguity": Unbeständigkeit, Unsicherheit, Komplexität und Uneindeutigkeit (Bennett/Lemoine 2014). Doch sofern VUCA – ein Begriff, den US-Militärs nach dem Ende des Kalten Krieges prägten – zur Komplexitätsbeschreibung herangezogen wird, stellt sich die Frage, ob der Komplexitätsbegriff tatsächlich als losgelöst von Erscheinungen wie Volatilität und Unsicherheit zu begreifen ist. In der Literatur sind verschiedene Ansätze zur Beschreibung von Entscheidungsumfeldern bekannt. So führt Dörner aus: „Die Existenz von vielen, voneinander abhängigen Merkmalen in einem Ausschnitt der Realität wollen wir als ‚Komplexität' bezeichnen." (2011: 60). Expliziter als dieses Begriffsverständnis nennen Gomez und Probst drei Dimensionen der Komplexität: die Zahl der Einflussgrößen, die Verknüpfung dieser Einflussgrößen sowie die vorherrschende Dynamik (1995: 14 ff.). Vergleichbar mit den ersten beiden Dimensionen führen Sargut und McGarth die Dimensionen Multiplizität und Interdependenz an, ergänzt jedoch durch die Diversität (2011: 24 f.).

Kombiniert man beide Ansätze, so ergeben sich vier eigenständige Dimensionen. Nicht berücksichtigt ist bei einem solchen Set von Beschreibungsparametern jedoch das Niveau an Informationssicherheit auf dem entscheidungsbedingte Zukunftsprojektionen gründen. So sind diese vier Dimensionen noch durch eine fünfte zu ersetzen, der Imponderabilität. Fünf Dimensionen, akronymisch als „MIDDI-Ansatz" fassbar, sollen mithin zur Beschreibung von Entscheidungskomplexität herangezogen und im Folgenden eingehender betrachtet werden (vgl. Jeschke 2019: 103–110):

- **M**ultiplizität (Vielgestalt)
- **I**nterdependenz (Beziehungsdichte)
- **D**iversität (Unterschiedlichkeit)
- **D**ynamik (Veränderbarkeit)
- **I**mponderabilität (Unwägbarkeit)

Komplexitätsdimension Multiplizität

Unter Multiplizität ist die Vielgestalt der Entscheidungssituation zu verstehen. Diese Vielfältigkeit bezieht sich einerseits auf die Zahl der für relevant erachteten Entscheidungsalternativen, andererseits um die Zahl der relevanten Entscheidungskriterien, welche zur Bewertung dieser Entscheidungsalternativen herangezogen werden.

Je multipler eine Entscheidungssituation, desto unüberschaubarer die Entscheidungsfindung. Dies sollte den Entscheider jedoch nicht dazu veranlassen, bei der Darstellung der Entscheidungsgrundlage primär eine geringe Multiplizität anzustreben, bedeutete dies doch, dass bei einem eingeschränkten Entscheidungsraum wünschenswerte Resultate gegebenenfalls vernachlässigt würden. Andererseits hat sich ein Entscheider Grenzen der Multiplizität zu setzen, innerhalb derer die Entscheidung zu fällen ist, da sich Entscheidungsprozesse ansonsten unbotmäßig in die Länge zögen. Mithin hat eine analytisch berücksichtigte Multiplizität so gering wie möglich und so hoch wie nötig zu sein, um die Voraussetzungen für eine hinreichende Entscheidungsgüte zu gewährleisten.

Von einer hohen Multiplizität ist bei einer für das jeweilige Unternehmen relativ hohen Zahl von Entscheidungsalternativen und Entscheidungskriterien auszugehen; umgekehrt verhält es sich im Falle einer niedrigen Multiplizität. Zusammenführen lassen sich beide Aspekte der Entscheidungs-Multiplizität in Form einer zweidimensionalen Matrix, wie dargestellt in der Tabelle 3.2: Je mehr Tabellenfelder sich durch das Produkt von Alternativenzahl und Kriterienzahl ergeben, desto höher die Multiplizität des Entscheidungsumfeldes.

Tabelle 3.2: Entscheidungs-Multiplizität.

Kriterien	Entscheidungsalternativen (Aktionsraum)			
	Alternative 1	Alternative 2	...	Alternative n
Kriterium 1	Bewertungseinheit 1–1	Bewertungseinheit 1–2	...	Bewertungseinheit 1–n
Kriterium 2	Bewertungseinheit 2–1	Bewertungseinheit 2–2	...	Bewertungseinheit 2–n
...	...	...	...	...
Kriterium m	Bewertungseinheit m–1	Bewertungseinheit m–2	...	Bewertungseinheit m–n

Rekrutierungsentscheidung (I)

Eine vakant gewordene Position ist neu zu besetzen. Die eingetroffenen Bewerbungen werden den Entscheidern im Unternehmen vorgelegt. Die Zahl der Entscheidungsalternativen entspricht der Zahl der Bewerber. Gibt es für die ausgeschriebene Stelle beispielsweise nur drei oder gar dreihundert Bewerber? Bezüglich der Entscheidungskriterien mag es um eine relativ facettenarme Sachbearbeiterposition gehen, bei der die Gehaltsvorstellung eine entscheidende Rolle spielt. Bei einer anderen Stelle wäre dagegen ein breites Spektrum von fachlichen, methodischen, sozialen und persönlichkeitsbezogenen Kriterien in das Auswahlverfahren mit einzubeziehen.

Eine geringe Multiplizität – etwa eine überschaubare Bewerberzahl und eine Reduktion auf wenige Entscheidungskriterien – vereinfacht den Prozess der Entscheidungsfindung, nicht jedoch dessen Güte. Andererseits ist im Beispielfall der Bewerberkreis zu einem definierten Zeitpunkt als endgültig zu betrachten, ebenso wie die Zahl entscheidungsleitender Kriterien begrenzt sein wird, da sich nicht jeder denkbare Entscheidungsaspekt im Vorfeld einer Personalbesetzung erschöpfend klären lassen wird.

Komplexitätsdimension Interdependenz

Die Dimension der Interdependenz stellt ab auf die Beziehungsdichte von Entscheidungssituation, Entscheidungsumfeld und Entscheider. In der Abbildung 3.1 sind zwei unterschiedliche Konstellationen von Interdependenz schematisch dargestellt.

Im Fall a) der Abbildung 3.1 gibt es zwischen dem Entscheider und drei bei der Entscheidungsfindung involvierten Stakeholdern (SH) insgesamt drei Beziehungen, jeweils zwischen dem Entscheider und der betreffenden Größe. Das Unternehmen hat direkten Einfluss auf jeden der relevanten Stakeholder; die Stakeholder-Map ist somit überschaubar und greifbar. Im zweiten Fall b) sind die drei Stakeholder auch untereinander beziehungsmäßig verknüpft und haben darüber hinaus einen weiteren Kreis von beeinflussenden Größen aus dem Unternehmensumfeld. In diesem Fall existieren insgesamt 10 Beziehungen, von denen nur drei direkt mit dem Unternehmen verknüpft sind, auf die restlichen Beziehungen kann der Entscheider zumindest nicht unmittelbar einwirken. Dieser Fall weist mithin einen höheren Grad an Interdependenz auf, was das Stakeholder-Mapping als komplexer ausweist. In der Extremform wirkt ein Entscheider einseitig und exklusiv auf jede einzelne Entscheidungsalternative ein. Im Gegenfall wirkte ein Entscheider zwar auf die Entscheidungssituation ein, dieser Impuls würde dann jedoch durch vielfältige Wechselbeziehungen – mit oder ohne Einbindung des Entscheiders – aufgenommen und verarbeitet werden. Zudem gäbe es Einwirkungen aus dem Entscheidungsumfeld, die den Entscheider mittelbar oder unmittelbar beträfen.

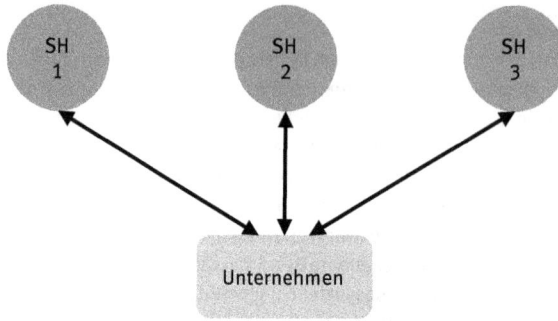

a) nur direkte Wirkungsbeziehungen zum Unternehmen

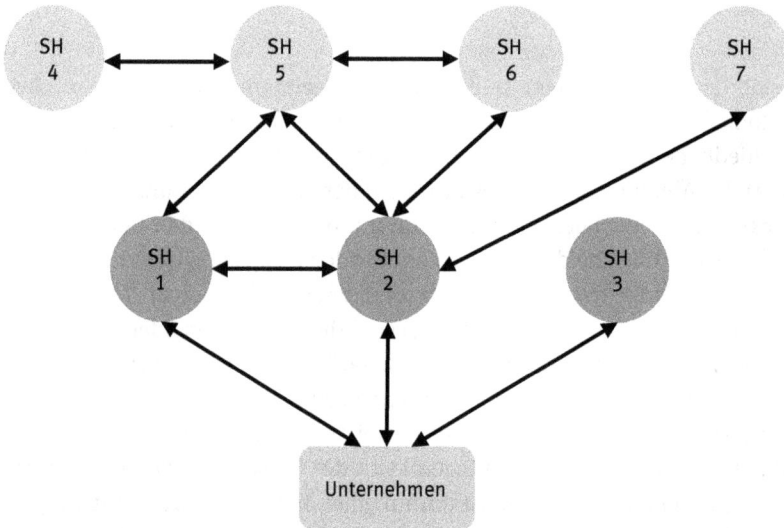

b) direkte und indirekte Wirkungsbeziehungen zum Unternehmen

Abbildung 3.1: Ausmaß der Interdependenz.

Rekrutierungsentscheidung (II)
Im Falle einer geringen Interdependenz würden einzelne Bewerber nur mit einer oder wenigen Personen im Unternehmen Gespräche führen und diese Gespräche anderweitig vertraulich behandeln. Anders, wenn sich beispielsweise Bewerber im Rahmen eines eintägigen Assessment Centers gegenseitig kennen lernten und sich hinsichtlich ihrer Erwartungen, Forderungen und Wahrnehmungen miteinander austauschten, um die Eindrücke dann auch noch ausführlich in ihrem privaten Umfeld und über Medienrecherchen zu reflektieren. Aufgrund der zahlreichen Wechselbeziehungen sind die entscheidungsrelevanten Wirkungsmechanismen des Bewerbungsverfahrens aus Unternehmenssicht schwieriger zu überschauen, einzuschätzen und zu beeinflussen.

Komplexitätsdimension Diversität

Der Begriff der Diversität beschreibt Unterschiedlichkeit. Sinnverwandt mit dem Begriff sind die Begriffe „Heterogenität" oder „Vielfalt" (Franken 2015: 18). Im hier vorherrschenden Zusammenhang beschreibt die Dimension der Diversität die Unterschiedlichkeit der verschiedenen entscheidungsbeeinflussenden Aspekte von Entscheidungssituation und Entscheidungsumfeld. Diese Unterschiedlichkeit bezieht sich einerseits auf die Größen selbst, andererseits auf die Art der Beziehungen, welche diese Größen untereinander aufweisen.

Wie lässt sich der Grad der Diversität erfassen? Die Aspekte und deren Verknüpfung werden aus Unternehmenssicht entscheidungsrelevante Charakteristika aufweisen, die sich operationalisieren und somit messbar machen lassen. Die Streuung der Ausprägungen dieser Charakteristika um einen Durchschnittswert herum ist Ausdruck ihrer Verschiedenartigkeit. Was die Beziehungen angeht, so geht es um die Wirkungsweise bestimmter Umfeldfaktoren auf die Erreichung unternehmerischer Ziele. Diese Wirkungsweise mag etwa binär („tritt ein" – „tritt nicht ein"), linear (proportionale Zusammenhänge) oder auch nichtlinear sein. Wirkungsmuster mögen auch Schwellenwerte kennen, ab denen sich Wirkungsweisen sprunghaft ändern, wie es sich beispielsweise beim Überschreiten der „Maximum Effective Frequency" in der Werbung verhält.[36]

Grundsätzlich kann die Diversität von Wirkungsmustern über vier Parameter erfasst werden: dem Auslösemuster, dem Reaktionsmuster, dem Funktionsmuster sowie der Rückkoppelungszeit (vgl. Jeschke/Mahnke 2013a: 31 ff.):

- *Auslösemuster*: Werden die Wirkungszusammenhänge aus Entscheidersicht einmalig, sporadisch oder fortlaufend ausgelöst? So könnte ein einmaliger Auslöser etwa die großvolumige Schadensersatzklage eines Schlüsselkunden sein, während sich fortlaufende Auslöser auf das tägliche Beschwerdemanagement eines B2C-Dienstleisters beziehen.
- *Reaktionsmuster*: Ist mit den Reaktionen eines betreffenden Stakeholders aus Sicht des unternehmerischen Entscheiders einmalig, sporadisch oder fortlaufend zu rechnen? So mag der Protest einer bürgerlichen Interessengruppe einen gewerblichen Bauherrn als einmaligen bzw. erstmaligen Vorgang überraschen – oder auch wiederkehrender, fast routinemäßiger Bestandteil eines Baugenehmigungsverfahrens sein.
- *Funktionsmuster*: Welche Reaktionen ruft ein Impuls hervor? Zu unterscheiden sind lineare, proportional angelegte Wirkungsmuster von nichtlinearen. Letztere können z. B. auf Schwellenwerte mit abrupten Wirkungen reagieren, die sich einer linear angelegten Extrapolation von Wirkungsverläufen entziehen. So mag

---

36 Die „Maximum Effective Frequency" zeigt an, ab welcher Kontaktzahl mit einer bestimmten Werbebotschaft diese beim Empfänger Ermüdungserscheinungen hervorruft und die bislang hervorgerufene, positive Werbewirkung hierdurch abrupt geschmälert wird.

der alljährliche Einsatz des Werbebudgets zu linear prognostizierbaren Vertriebs-effekten führen; ein einmaliges, provokatives Werbe-Event wäre dagegen von sei-ner Wirkung her wesentlich unwägbarer.

– *Rückkoppelungszeit*: Wie rasch wird eine Beeinflussung wahrnehmbare Reak-tionen hervorrufen: sofort, kurzfristig oder langfristig? Beim Internet-basierten Stromhandel bestimmt die Tarifstruktur den Listungsplatz auf Preisvergleichs-portalen. Auf Konkurrenztarife kann sofort reagiert werden. Bei anderen Ver-marktungsmaßnahmen wird die Wettbewerberreaktion langfristiger ausfallen, etwa bei Produktentwicklungen als Reaktion auf konkurrierende Innovationen.

Beim Einschätzen relevanter Wirkungsbeziehungen erleichtert die Bezugnahme auf vergangene Erfahrungen mit vergleichbaren Situationen das Realisieren von Lernef-fekten. Kurzfristige Rückkoppelungseffekte ermöglichen eine präzisere Kausalanaly-se und somit den Aufbau von Systemwissen. Mit regelmäßig sich wiederholenden, vergleichbaren Beziehungsthemen wird dem Entscheider zudem das Entwickeln von Bewertungsroutinen ermöglicht. Nichtlineare Wirkungsmuster erhöhen die Komple-xität. Zudem wird das Einschätzen von Beziehungsmustern zunehmend spekulativer Natur sein, wenn sich die gegenständlichen Beziehungen nur sporadisch ergeben und daher keine Erfahrungswerte ermöglichen.

Reaktionen zwischen zwei Systemgrößen können unmittelbar oder zeitversetzt geschehen – und Letzteres mit kurzem oder längerem Zeitabstand zum Auslöser. Ein einmaliges Reaktionsmuster wäre etwa das Umkippen eines euthrophierten Gewäs-sers. Sporadische Reaktionsmuster könnten z. B. Überschwemmungen darstellen. Als Beispiel für kontinuierliche Reaktionsmuster dient der Rückgang bestimmter Wild-fang-Fischbestände:

> Längerfristige Rückkoppelungszeiten sowie regelmäßig auftretende Reaktionsmuster werden da-bei typischerweise zu einer geringeren Wahrnehmungsintensität führen. Eine geringe Wahrneh-mungsintensität neigt wiederum dazu, die diesbezüglichen Größen vom Radar des Entscheiders zu nehmen, was einem umfassenden Risikomanagement widerspräche. (Jeschke 2016: 310).

Je diverser ein Entscheidungsumfeld, desto weniger kann sich der Entscheider auf Standardsituationen einstellen; für eine angemessene Entscheidungsfindung bedarf es dann eines differenzierteren Analyseansatzes. In der Tabelle 3.3 sind diese vier Aspekte von Wirkungsbeziehungen einander gegenübergestellt. Aus Entscheidersicht ergeben sich unterschiedlich komplexe Konstellationen, wobei in der Tabelle gilt: Je dunkler die jeweilige Konstellation schraffiert ist, desto komplexer stellt sich die Di-versität dar.

Wie in der Tabelle 3.3 ausgewiesen, stellt sich die Konstellation „simple Routine" als die für den Entscheider am einfachsten zu erfassender Situation dar. Hier treffen fortlaufende Auslöse- und Reaktionsmuster auf lineare Funktionsmuster und kurzfris-tige Rückkoppelungen. Hier kann der Entscheider eindeutig zurechenbare Wirkungsmuster ausmachen und für künftige Einschätzungen nutzen. Anders bei der Konstellation „komplexe Spekulation": Hier sorgen sporadische Auslöse- und Reaktionsmuster in Verbindung mit langfristigen, nichtlinearen Reaktionsmustern dafür, dass Lerneffekte eher spekulativ, in jedem Fall aber langfristiger erfolgen.

Tabelle 3.3: Komplexität systemischer Wirkungsbeziehungen.

Funktionsmuster			Auslösemuster			
			sporadisch		laufend	
			Reaktionsmuster		Reaktionsmuster	
			sporadisch	laufend	sporadisch	laufend
nichtlinear	Rückkopplung	kurzfristig langfristig	komplexe Spekulation			komplexe Antizipation
nichtlinear	Rückkopplung	kurzfristig langfristig	komplexes Lernen			komplexe Routine
linear	Rückkopplung	langfristig	simple Spekulation			simple Antizipation
linear	Rückkopplung	kurzfristig langfristig	simples Lernen			simple Routine

Rekrutierungsentscheidung (III)

Ein Beispiel für eine wenig diverse Entscheidungssituation würde eine Bewerberrunde darstellen, die von ihrem Profil und von der Beziehung zum Entscheider her als homogen anzusehen sind. So mögen alle Bewerber Berufsstarter im gleichen Alter sein, mit einem betriebswirtschaftlichen Studienabschluss. Wenn nun auch noch alle Bewerber über Stellenangebots-Portale an das Unternehmen herangetreten sind, dann wird auch die Beziehungsstruktur zum Entscheider gleichartig sein.

Anders bei einer Bewerberlage, welche sich aus unterschiedlichsten Altersstufen, Ausbildungsprofilen und kulturellen Hintergründen zusammensetzt. Wenn nun auch noch einige Bewerber das Unternehmen kalt kontaktiert haben, während andere mit dem Unternehmen bereits enger in Verbindung standen – oder vielleicht im Rahmen einer internen Bewerbung bereits Teil des Unternehmens sind – dann ist auch das Spektrum der Beziehungsstrukturen als divers anzusehen.

Komplexitätsdimension Dynamik

Mit der Dimension der Dynamik wird die Veränderbarkeit des Entscheidungsumfeldes im Zeitverlauf ausgedrückt. Das Ausmaß der Dynamik ist ein Resultat aus dem Grad der Veränderung und dem Zeitraum, in welchem diese Veränderungen zu erwarten oder zu beobachten sind. Beide Parameter lassen sich über Nominalkategorien zweckdienlich erfassen. So kann für die Bestimmung des Veränderungsgrades etwa unterschieden werden zwischen: „keine Veränderung", „marginale Veränderung", „größere Veränderung" sowie „grundlegende Veränderung". Der Zeithorizont würde etwa zu erfassen sein über die Kategorien: „binnen der nächsten 12 Monate", „binnen der nächsten drei Jahre" sowie „in mehr als drei Jahren".

In der Tabelle 3.4 sind diese beiden Determinanten der Dynamik einander gegenübergestellt. Die wesentlichen Umfeldfaktoren könnten über eine solche Tabelle erfasst und z. B. über einen Punktwert hinsichtlich ihrer Veränderbarkeit eingeschätzt werden. Der durchschnittliche Punktwert könnte dann als Dynamik-Indikator gelten, wobei die am wenigsten dynamische Ausprägung mit dem Wert „0", die dynamischste mit dem Wert „3" beziffert würde. Innerhalb eines Unternehmens könnten Geschäftsfelder-bezogene Punktwerte einem intraorganisationalen Dynamikvergleich dienen.

Tabelle 3.4: **Dynamik-Matrix.**

		Grad der Veränderung			
		Keine Veränderung	Marginale Veränderung	Größere Veränderung	Grundlegende Veränderung
Zeitraum	> 36 Monate	**Stagnation**			
	12–36 Monate		**Wandel**	**Umwälzende**	**Veränderung**
	12 Monate				

Mit der näheren Betrachtung der Dynamikprofile der unternehmerischen Mikro- und Makroumfelder kann sich ein Entscheider themenspezifisch oder auch gesamthaft auf die hiermit zusammenhängenden Herausforderungen einstellen:

- Werden für den betrachteten Zeitraum keine Veränderungen erwartet, so befindet sich das Unternehmen in einem stagnativen Umfeld. Erkenntnisse aus der Vergangenheit sollten hier auch für die Zukunft Gültigkeit haben, Bewährtes kann fortgeschrieben werden.
- Sofern *kurzfristig marginale* oder auch *längerfristig größere* Veränderungen zu erwarten sind, gilt es, den Wandel aktiv zu beobachten, zu begleiten und zu gestalten. Hierzu können Szenarien dienlich sein, welche auf verschiedene Entwicklungsmöglichkeiten abstellen, um für alle denkbaren Fälle Entscheidungsszenarien vorrätig zu haben.
- Wenn *größere Veränderungen kurzfristig* zu erwarten sind oder wenn grundlegende Veränderungen erwartet werden, dann sollte sich der unternehmerische Entscheider auf umwälzende Veränderungen einstellen, welche sowohl die Entscheidungsziele als auch die Entscheidungssituation und die angemessenen Entscheidungsregeln betreffen und ein entsprechendes Umdenken einfordern.

Grundsätzlich gilt: Je dynamischer ein Unternehmensumfeld, desto kontinuierlicher und zeitnaher sollte dieses Umfeld erfasst und ausgewertet werden, da sich relevante Bedingungen für die Entscheidungsfindung im Zeitverlauf ändern könnten. So wäre etwa im Rahmen eines dynamischen IT-Projektes ein agiler Projektmanagement-Ansatz angeraten, der sich gegenüber veränderten Rahmenbedingungen weitestgehend flexibel verhält (vgl. Glazer et al. 2008: 3).

Die Tabelle 3.5 führt Methoden zum Aufspüren von Veränderungen (Diskontinuitäten) an, um letztlich ein Gespür für die gesamthafte Umfelddynamik zu erlangen. Unterschieden werden hierbei befragende (inklusive moderierender), systematisierende und analysierende Techniken.

Tabelle 3.5: Wege zum Aufspüren von Diskontinuitäten (in Anlehnung an Jeschke 1993: 43).

Analysetechniken zum Aufspüren von Diskontinuitäten		
befragend	systematisierend	analysierend
Brainstorming/Brainwriting	morphologische Methode	Simulation
Delphi-Analyse	Trend-Impact-Analyse	Szenario-Technik
Diskontinuitäten-Befragung	Entscheidungsbaum-Analyse	Ökonometrische Modelle
Analyse Unzufriedenheits-potenziale	Analytic Hierarchy Process	
	Cross-Impact-Analyse	
	Vulnerability-Analyse	

Bei den befragenden bzw. moderierenden Techniken kommen explorative Verfahren wie das Brainstorming oder das Brainwriting ohne eine Vorgabe gegenständlicher Diskontinuitäten aus. Dem mehrstufigen, zumeist schriftlichen Befragungsprozedere der Delphi-Analyse liegt dagegen ein klar umrissenes Szenario zugrunde, als Bezugspunkt für eine interaktive Expertendiskussion (z. B. Hansmann 1983: 22, Hamman/Erichson 1978: 197 f.). Eine Diskontinuitätenbefragung findet typischerweise auf Basis eines standardisierten Fragebogens statt (z. B. Müller/Zeiser 1980, Müller 1981: 212 ff.). Mit der Befragung sollen Eintrittswahrscheinlichkeiten und Auswirkung für angeführte Ereignisse eingeschätzt und substantiiert werden. Im Gegensatz zu dieser direkten Problemansprache trachtet die Analyse der Unzufriedenheitspotenziale danach, kritische Umfeldentwicklungen durch indirekte Erkenntnismechanismen aufzuspüren (z. B. Holroyd 1980).

Als systematisierende Technik werden bei der morphologischen Methode die relevanten Situationsparameter mit ihren vorstellbaren Ausprägungen durchpermutiert und die resultierenden Konstellationen als Szenarien bewertet. Im Gegensatz zu diesem statischen Ansatz erfolgt bei der Trend-Impact-Analyse – zumeist computergestützt – die zukunftsgerichtete Extrapolation einer gegebenen Situation unter Berücksichtigung möglicher Störeinflüsse und mit abschließender Plausibilitätsprüfung (z. B. Jain 1984: 126). Die Entscheidungsbaumanalyse beruht auf der Darstellung kaskadierender Ereignissequenzen, deren Eintrittswahrscheinlichkeiten in die Betrachtungen integriert werden können. Eine methodische Fortführung der Entscheidungsbaumanalyse bedeutet der Analytic Hierarchy Process.[37] Die Cross-Impact-Analyse erweitert die Impact-Analyse. Während Letztere die Auswirkungen einer Diskontinuität auf verschiedene Unternehmensoptionen zum Gegenstand hat, werden mit Ersterer durch eine Gegenüberstellung beeinflussender Größen zusätzliche Interaktionseffekte aufgespürt und Wechselwirkungen hinterfragt (siehe Wind 1982: 199, Grant/King 1982: 139 sowie Unterkapitel 5.3.2). Bei der Vulnerability-(Verwundbarkeits-)Analyse werden Interaktionseffekte ebenfalls über eine Matrix erfasst, zusätzlich jedoch stochastisch betrachtet (z. B. Wilde 1983). Wahrscheinlichere Störungen indizieren demnach eine größere unternehmerische Verwundbarkeit.

Auf analytischem Wege kann man sich der Erforschung von Diskontinuitäten über Simulationen annähern, denen quantitative Bewertungsmodelle zugrunde liegen. Der Zugriff auf computerisierte Verarbeitungskapazitäten ermöglicht rein technisch die Verarbeitung komplexerer Entscheidungsstrukturen. Diese methodischen Möglichkeiten setzen ein inhaltliches Verständnis der zugrunde liegenden Beziehungsfunktionen voraus. Eine Sonderform der Simulation stellt die Szenario-Technik dar, deren Grundlage – die hypothetische Verkettung von Ereignissen und Wirkungsmustern – sich in einem gesamthaften, stochastisch üblicherweise nicht weiter ausgedeuteten Situationsbild niederschlägt (vgl. Berekhoven/Eckert/Ellenrieder 1991: 278 ff., Reibnitz 1988). Ein besonders tiefgehendes Systemverständnis setzt der Einsatz ökonometrischer Modelle voraus, da hier das störungsinduzierte Wirkungsgeflecht im Zeitverlauf funktional zu erfassen und mit Blick auf Entscheidungskonsequenzen fortzuschreiben ist.

Die vorgestellten Verfahren sollten vom Entscheider nicht alternativ, sondern ergänzend eingesetzt werden, um von den Stärken der jeweiligen Methode situationsadäquat profitieren zu können. So werden befragende Verfahren aufgrund ihrer explorativen Natur eher in wenig transparenten, unstrukturierten Situationen zur Anwendung kommen. Systematisierende und analysierende Verfahren setzen dagegen eine belastbare Informationsbasis voraus.

⚡ Rekrutierungsentscheidung (IV)
Mit welchen Gratifikationen lassen sich künftige Leistungsträger (High Potentials) an ein Unternehmen binden, und welche Faktoren werden bei der Positionierung als Arbeitgeber (Employer Branding) eine hervorgehobene Rolle spielen? Um ein Gefühl für die Dynamik im Rekrutierungsumfeld zu erhalten, sollten solche entscheidungsrelevanten Aspekte aufgelistet und auf Veränderlichkeit hin untersucht werden. Sind es noch die gleichen Schlüsselfaktoren, die den Ruf eines attraktiven Arbeitgebers begründen – oder tritt beispielsweise die Rolle als lebenslanger Berufsbegleiter gegenüber familienfreundlichen Arbeitszeitmodellen in den Hintergrund?

---

[37] Beide Analysetechniken, die Entscheidungsbaumanalyse und der Analytic Hierarchy Process, werden in Unterkapitel 2.5 näher beschrieben.

Komplexitätsdimension Imponderabilität

Die Informationsgrundlage für künftige Entscheidungen wird unterschiedlich wägbar sein. Diese Wägbarkeit findet ihren Ausdruck in dem Grad der Sicherheit, mit dem Umfeldbedingungen und sich ableitende Wirkungsweisen vom Entscheider angenommen werden können. Zu unterscheiden sind hierbei:

- *Sicherheit*: Die Auswirkungen künftigen Handelns sind bekannt bzw. gegeben. Mit einer sicheren Entscheidungsgrundlage kann sich der Entscheider auf vorliegende Annahmen verlassen. Entscheidungen mit einer sicheren Entscheidungssituation bestehen, wenn der Entscheider einen vollständigen Informationsstand für seine Entscheidungsfindung hat, inklusive der gegenständlichen Wirkungsbeziehungen. Entscheidungen im sicheren Umfeld sind daher abbildbar mit deterministischen Entscheidungsmodellen (vgl. Kirchgräßner 1983: 26). Beispiele wären eindeutige vertraglicher Regelungen, welche die Kosten für alternative Logistikoptionen darlegen.
- *Risiko*: Über die Auswirkungen bzw. Konsequenzen eines künftigen Handelns können mit einer gewissen – objektiv oder subjektiv hergeleiteten – Eintrittswahrscheinlichkeit Annahmen getroffen werden. Ein Beispiel für eine riskante Entscheidungssituation mag etwa die Teilnahme an einer Lotterieziehung darstellen, bei dem die statistischen Eintrittswahrscheinlichkeiten für die verschiedenen Gewinnmöglichkeiten allseits bekannt sind bzw. veröffentlicht werden. Auch beim Abschluss einer Versicherung lassen statistische Erfahrungswerte die Feststellung von Eintrittswahrscheinlichkeiten zu.
- *Ungewissheit*: Es lassen sich keine fundierten Aussagen über die Eintrittswahrscheinlichkeiten möglicher Handlungsauswirkungen treffen. Ungewisse Ereignisse sind beispielsweise erstmalig auftretende Ereignisse wie kriegerische Aggressionen in einer bestimmten Region. Hier fehlen Erfahrungswerte, um Szenarien stochastisch zu bewerten.

In der Tabelle 3.6 werden zwei Ebenen der Unwägbarkeit gegenübergestellt: die Kenntnis der Umfeldbedingungen sowie die Kenntnis der entscheidungsinduzierten Konsequenzen. Je dunkler das jeweilige Matrixfeld schraffiert ist, desto unwägbarer der Informationsstand.

Tabelle 3.6: Imponderabilitäts-Matrix.

Informationsstand bezüglich:	Konsequenzen		
	Sicherheit	Risiko	Ungewissheit
Umfeld Sicherheit			
Risiko			
Ungewissheit			

Aus der Tabelle 3.6 lassen sich vier Ebenen der Imponderabilität herleiten, von der allseitigen Informationssicherheit bis hin zur Ungewissheit sowohl bezüglich des relevanten Unternehmensumfeldes als auch bezüglich der entscheidungsrelevanten Handlungskonsequenzen. Sind die Risiken eines Entscheidungsumfeldes bekannt, so wäre das Denken in Szenarien ein probates Mittel der Entscheidungsunterstützung. So könnten beispielsweise über eine Entscheidungsbaum-Analyse unterschiedlich wahrscheinliche Handlungskonsequenzen miteinander verglichen werden. Ist die Entscheidungsgrundlage jedoch ungewiss, dann lassen sich solche Wahrscheinlich-keits-basierten Modelle nicht anwenden.

Bestimmte Entscheidungssituationen gestatten es, durch Informationsgewin-nung aus einer ungewissen Situation in eine vom Risikoniveau her wägbare (riskan-te) Situation zu transformieren, etwa durch den Abschluss einer Rückversicherung für mögliche Schadensfälle. Ebenso mögen zusätzliche Informationen geeignet sein, eine riskante Situation in eine sichere zu transformieren, etwa durch vertraglich fest-gelegte Regelungen (vgl. Bestmann 2009: 91).

⚡ Rekrutierungsentscheidung (V)

Mit dem Abschluss eines Arbeitsvertrags hat der Arbeitgeber eine sichere Kalkulationsgrundlage, mit welchen Personalkosten er beim Neuzugang zu rechnen hat. Eine Risikosituation wäre etwa gegeben bezüglich der Reaktion eines Bewerbers auf ein Einstellungsangebot des Arbeitsgebers. Hier mag es Erfahrungswerte geben, sodass der Arbeitgeber eine subjektive, Entscheider-spezifi-sche Wahrscheinlichkeit heranzuziehen vermag. Eine objektive Wahrscheinlichkeit wäre dagegen gegeben, gäbe es hinsichtlich des Bewerberverhaltens aussagekräftige Statistiken, beispielswei-se mit Blick auf die Abbrecherquote von Lehrlingen in einer bestimmten Branche. Fehlt ein solcher unternehmensspezifischer oder übergeordnet-statistischer Erfahrungsschatz, etwa bei einer erst-malig so erfahrenen Situation, dann wird der Arbeitgeber diese Situation als ungewiss empfinden. Dies mag etwa bezüglich der Reaktion eines Mitarbeiters auf eine betriebsbedingte Abfindungs-regelung der Fall sein.

3.1.2 Typologien gemäß Entscheidungskomplexität

Die Komplexitätsdimensionen sind durch keine korrelative Logik miteinander ver-knüpft und daher von ihrer Aussagekraft her als eigenständig zu betrachten. Je höher die Ausprägung einer jeden der fünf Komplexitätsdimensionen, desto höher die Kom-plexität der Entscheidung – und desto höher die Ansprüche an eine situationsgerech-te Entscheidungsfindung. Grundsätzlich gilt, dass sich Komplexität nur dann ohne kritischen Informationsverlust reduzieren lässt, wenn die zentralen Wirkungsmuster erkannt worden sind. Über die fünf MIDDI-Komplexitätsdimensionen lässt sich die Erschließung der zugrundeliegenden Wirkungsmuster systematisieren.

Eine Dichotomisierung der fünf Komplexitätsdimensionen führt zu einer Ableitung von 32 (2^5) Komplexitätstypen.[38] Die Dichotomisierung bezieht sich jeweils auf unter- und überdurchschnittliche Ausprägungen der betreffenden Dimension. Die Durchschnittsbildung sollte sich auf das dem Unternehmen erschließbare Wahrnehmungsfeld beziehen. Nur ein unternehmensinterner, zumindest jedoch branchenspezifischer Ermessensbezug wird dazu führen, dass sich innerhalb des Unternehmens ein differenziertes Handlungsspektrum ausprägt. In der Tabelle 3.7 sind die 32 Komplexitätstypen dargestellt, hergeleitet aus den fünf diskutierten Dimensionen. Exemplarisch werden einige der 32 Typen näher beschrieben; diese sind in der Tabelle durch eine graue Schraffierung hervorgehoben.

Tabelle 3.7: Komplexitätstypen.

Legende: ⇓ < ø (Wert 1) ⇑ > ø (Wert 2)			Dynamik			
			⇓		⇑	
			Imponderabilität		Imponderabilität	
			⇓	⇑	⇓	⇑
Multiplizität ⇒	Interdependenz ⇒	Diversität ⇒	Typ 11111	Typ 11112	Typ 11121	Typ 11122
		Diversität ⇐	Typ 11211	Typ 11212	Typ 11221	Typ 11222
	Interdependenz ⇐	Diversität ⇒	Typ 12111	Typ 11112	Typ 12121	Typ 12122
		Diversität ⇐	Typ 12211	Typ 11212	Typ 12221	Typ 12222
Multiplizität ⇐	Interdependenz ⇒	Diversität ⇒	Typ 21111	Typ 22112	Typ 21121	Typ 21122
		Diversität ⇐	Typ 21211	Typ 22212	Typ 21221	Typ 21222
	Interdependenz ⇐	Diversität ⇒	Typ 22111	Typ 22112	Typ 22121	Typ 22122
		Diversität ⇐	Typ 22211	Typ 22212	Typ 22221	Typ 22222

---

[38] Bezüglich der Dimension „Unwägbarkeit" sind drei Ausprägungen – sicher/riskant/ungewiss – eingeführt worden. Dennoch sollen die Typologien auch hier über eine Dichotomisierung – basierend auf einer Reduktion auf zwei Ausprägungen (überdurchschnittlich sicher/unterdurchschnittlich sicher) – vorgenommen werden. Dies geschieht aus Gründen der Übersichtlichkeit und der methodischen Stringenz, ohne hierdurch die Aussagekraft des Sachverhaltes wesentlich zu mindern. Letztlich ist das Spektrum von sicherer bis hin zur ungewissen Entscheidung in der Unternehmenspraxis als ein Kontinuum zu begreifen.

Beispielhaft wird im Folgenden eine Auswahl von fünf Komplexitätstypen (die Typen 11111, 11121, 11222, 221111, 22222) näher beschrieben:

Typ 11111 Hier sind alle 5 Dimensionen nur gering ausgeprägt, kennzeichnend für eine geringe Entscheidungskomplexität und eine entsprechend simple Entscheidungsfindung. Beispiel wäre die rein preisbezogene Einkaufsentscheidung auf einem Spotmarkt für Rohstoffe (commodities): Es gibt eine überschaubare Zahl von Angeboten (geringe Multiplizität), die in keiner für den Entscheider relevanten Wechselwirkung stehen (geringe Interdependenz). Des Weiteren wird die Beziehung zu allen Anbietern über ein standardisiertes Preisangebot definiert (geringe Diversität), und dies gilt auch verbindlich für die Zukunft (geringe Dynamik). Letztlich sind auch die Unwägbarkeiten gering, da es einen klaren Entscheidungsmechanismus gibt: Das Angebot mit dem geringsten Preis wird gewählt werden. Simple Entscheidungen können vor dem Hintergrund des eigenen Erfahrungsfundus intuitiv getroffen werde: Was ich in der Vergangenheit gelernt habe, wird sich auch auf Gegenwart und Zukunft anwenden lassen. Simple Entscheidungen sind ständiger Begleiter in unserem Alltag. Hierzu gehören repetitive Low-Involvement-Entscheidungen wie etwa: Welchen Joghurt kaufe ich? Wen rufe ich zuerst zurück? Muss ich heute die Blumen gießen?

Typ 11121 Dieser Typus entspricht weitestgehend dem simplen Komplexitätstypen, dies allerdings in einem dynamischen Umfeld. Ein Beispiel wäre das Erwägen von Logistikalternativen im internationalen Frachtverkehr. Im Wesentlichen geht es hierbei um Zeit und Kosten. Beide Parameter können routinemäßig ermittelt werden. Beide mögen jedoch Veränderungen unterliegen, etwa bedingt durch sich ändernde Kraftstoffkosten oder Einfuhrbestimmungen. Diese höhere Dynamik verleiht der Entscheidung eine gewisse Komplexität. Der gestrige Lösungsweg muss heute nicht mehr gültig sein.

Typ 11222 Bei diesem Typus spielt eine überschaubare Anzahl von Größen eine Rolle, welche sich gegenseitig nicht wesentlich beeinflussen (geringe Multiplizität und geringe Interdependenz). Diese Größen sind jedoch von ihrem Wirkungsprofil her andersartig (hohe Diversität), in der ferneren Zukunft wenig vorhersehbar (hohe Imponderabilität) und zudem dynamisch. Zur Illustration soll hier ein Beispiel aus der Agrarwirtschaft dienen. Für eine bestimmte Kultur werden Bodenbeschaffenheit und Niederschlagsmenge über die geeignete Zugabe von Agrarwirkstoffen entscheiden (Jeschke und Breinlinger 2019). Die Zahl der entscheidungsrelevanten Größen ist begrenzt und ohne größere Wechselwirkungen. Doch diese Größen, insbesondere die Niederschlagsmenge, ist in bestimmten Regionen wenig vorhersehbar und zudem von ihren Charakteristika im Zeitverlauf wechselnd – etwa in Bezug auf „typische" Niederschlagsperioden und „typische" Niederschlagsmengen.

Typ 22111 Dieser Typ steht für komplizierte Entscheidungen, gekennzeichnet durch eine Vielfalt von gleichartigen (wenig diversen) Entscheidungsgrößen, die in Wechselbeziehungen zueinander stehen können (hohe Interdependenz), deren Beziehungsgefüge im Zeitverlauf keinen Änderungen unterworfen ist (geringe Dynamik) und deren Auswirkungen vorhersehbar sind (geringe Imponderabilität). Es geht bei komplizierten Entscheidungen um ein unübersichtlicheres, letztlich aber berechenbares Entscheidungsbild. Vertraut man bei komplizierten Entscheidungen auf seine erfahrungsgestützte Intuition, besteht die Gefahr, aufgrund der Multiplizität den Überblick zu verlieren. Entscheidungsunterstützend werden mechanistische Entscheidungshilfen wirken, etwa Manuale oder Checklisten. Auch Softwareprogramme sind bei komplizierten Entscheidungen eine dienliche Unterstützung: Hier werden eine Vielzahl von Entscheidungsgrößen (Variablen) zusammengeführt, deren Beziehungen ausnahmslos binär erfassbar sind und deren Funktionsmuster sich im Zeitablauf nicht ändern. So wird die Rechenblattgestützte Berechnung einer Liquiditäts-basierten Investment-Wertigkeit auf eine Vielzahl von Faktoren abstellen, die sich letztlich aber alle in einer digitalisierbaren Denklogik abbilden und miteinander verknüpfen lassen.

Typ 22222 Dieser Typ steht für hochkomplexe Entscheidungen, bei denen alle 5 Dimensionen überdurchschnittlich ausgeprägt sind. Beispiel wäre ein komplexes Bauprojekt wie etwa der Plan einer örtlichen Umgehungsstraße, bei dem es zu öffentlichen Anhörungen und Widerspruchsverfahren kommen kann. Hier gilt es, eine Vielfalt von technischen, finanziellen, ökologischen und sozialen Aspekten zu berücksichtigen (hohe Multiplizität), welche teils in Wechselbeziehung zueinanderstehen. So werden beispielsweise Anwohnerproteste gegebenenfalls zu weiteren innerörtlichen Nutzungskonzepten führen, die wiederum den Einzelhandel betreffen und aktiv werden lassen. Die Art der entscheidungsbeeinflussenden Beziehungen – etwa zu Behörden, Bürgern, Bauingenieuren oder Gemeinderat – werden verschiedenartig, teils zeitversetzt funktionieren (hohe Diversität) und zudem im Zeitablauf Änderungen unterworfen sein – etwa in Hinblick auf Umweltauflagen oder Meinungsbildung. Schließlich ist der Ausgang eines solchen Bauprojektes höchst unwägbar, kann Verzögerungen oder gar Abbruch erfahren, etwa aufgrund von Budgetüberschreitungen. Durch die Dynamik sind mechanistische Entscheidungsregeln mit statischen Informationsbezügen nur begrenzt auf künftige Entscheidungen anwendbar.

Diese 32 Typologien bilden die Grundlagen für die situative Diskussion im anschließenden Unterkapitel 3.1.3.

3.1.3 Kontingenzansatz gemäß Entscheidungskomplexität

Welchen Einfluss haben die unterschiedlichen Komplexitätstypen auf die Ausgestaltung des Entscheidungsprozesses? Da die fünf beschriebenen MIDDI-Dimensionen eine jeweils eigenständige Aussagekraft haben, sollen deren Implikationen auch nicht in Bezug auf die 32 Komplexitätstypen, sondern in Bezug auf die fünf Dimensionen durchleuchtet werden. Die Dimensionen-bezogenen Erkenntnisse lassen sich dann gemäß ihren Ausprägungen auf den jeweiligen Typ anwenden.

Entscheidungsprozess und Multiplizität

Eine durch hohe Multiplizität gekennzeichnete Entscheidungssituation weist zahlreiche Entscheidungsalternativen und/oder zahlreiche Entscheidungskriterien auf. Hier gilt es einerseits, den Überblick zu wahren, andererseits relevante Entscheidungsaspekte nicht zu übersehen. Ein probater Weg, um einer verwirrenden Multiplizität Herr zu werden ist die Clusterung. Unter Clusterung versteht man die Zusammenfassung wesensgleicher Größen und gleichzeitig deren Abgrenzung gegenüber wesensunterschiedlichen Größen.

Bezüglich der Entscheidungsvielfalt bedeutet dies die Bildung von Alternativengruppen. Ein Unternehmen plant beispielsweise einen Betriebsausflug. Hier gibt es eine schier endlose Zahl von Möglichkeiten. Diese lassen sich jedoch clustern, z. B. in Outdoor- und Indoor-Veranstaltungen, in Ganztags- und Abendveranstaltungen oder auch in Veranstaltungen, bei denen sportliche, kulinarische oder kulturelle Aktivitäten im Vordergrund stehen. Auf dieser geclusterten Ebene wird eine Entscheidung leichter fallen, die in der Folge den Aktionsraum für die spezifische Veranstaltung einengen.

Mit den Entscheidungskriterien verhält es sich analog. Auch hier können Kriteriengruppen zusammengefasst werden, beispielsweise „Möglichkeiten zum Austausch", „Kostenrahmen" oder „Originalität". Auch hier erfolgt über Folgeentscheidungen die weitere Eingrenzung des Entscheidungsraums. Bei einer solchen Eingrenzung sollte der Entscheider Mindest- oder Maximalanforderungen von Anforderungen ohne Schwellenwert unterscheiden. Eine solche Mindestanforderung könnte etwa die Erreichbarkeit mit öffentlichen Verkehrsmitteln oder ein Kostenrahmen „nicht über 100 EUR pro Person" sein.

So wird ein Unternehmen mit der Ausweitung des Kundenstammes geeignete Strukturierungskriterien einführen, etwa gemäß des jeweiligen Kundenstandortes (geografische Clusterung) oder nach dem kommerziellen Kundenpotenzial, etwa in Form einer ABC-Analyse (Jeschke 2019: 104).

Entscheidungsprozess und Interdependenz

Ein Entscheider wird zunächst einmal den faktischen oder potenziellen Wirkungsbeziehungen Beachtung schenken, welche direkt zwischen einer Entscheidungsgröße und dem Entscheider bestehen. Zunächst wird ein Unternehmer beispielsweise den Vertrag zwischen seinem Unternehmen und seinem Lieferanten im Blickfeld haben und sich für die Verträge des Lieferanten mit seinen Rohstofflieferanten wenig interessieren – deshalb aber auch nur ein begrenztes Verständnis für die Handlungszwänge seines Lieferanten entwickeln. Interdependenz – die gegenseitige Abhängigkeit von Entscheidungsgrößen – wird sich in einem komplexeren Beziehungsgefüge folgendermaßen darstellen:

–   direkte Beziehung zwischen Entscheider und Entscheidungsgröße,
–   Beziehungen zwischen den Entscheidungsgrößen untereinander, mit indirekter Wirkung auf den Entscheider,
–   Beziehungen zwischen Entscheidungsgrößen und beeinflussenden Faktoren außerhalb der Entscheidungssituation, die jedoch auf die betreffende Entscheidungsgröße einwirken.

Als eine taugliche Methodik zur Erfassung von mittelbaren und unmittelbaren Beeinflussungskräften dient die Cross-Impact-Analyse (Unterkapitel 5.3.2). Auf Grundlage einer zweidimensionalen Matrix erfolgt hier die systematische Untersuchung von Schnittstellen zwischen Entscheider-relevanten internen und externen Stakeholdern.

Kunden-Interdependenzen

Ein deutscher Hersteller von Zentrifugen hat auf einer Messe den Kontakt zu einem vietnamesischen Minenbetreiber hergestellt, welcher mittels Zentrifugen Prozesswasser rückgewinnen möchte. Die Beziehung zwischen Anbieter und Abnehmer durchläuft folgende Phasen:

1.   Der Anbieter ist der einzige Kontakt, den der Kunde bezüglich geeigneter Zentrifugen unterhält. Die beiden verhandeln einen ersten Auftrag und wickeln diesen miteinander ab. Entscheidungsrelevant für den Verhandlungsprozess ist eine direkte Beziehung zwischen dem deutschen Anbieter und dem vietnamesischen Kunden. Für den Anbieter ist der Grad der Interdependenz denkbar gering.
2.   Im Verhandlungsprozess für den zweiten Auftrag wird der Anbieter gewahr, dass der Kunde offensichtlich mit Angeboten von Wettbewerbern vergleicht und sich die Verhandlungsführung entsprechend facettenreicher darstellt. Außerdem wird der Anbieter mit behördlichen Zulassungsvoraussetzungen für die Zentrifuge konfrontiert, die beim ersten Pilotprojekt keine Rolle gespielt haben. Hier gibt es nun Beziehungen, etwa zwischen vietnamesischen Behörden und Kunden oder zwischen Konkurrenzunternehmen und Kunden, die sich außerhalb der direkten Einflusssphäre des Anbieters abspielen, für ihn aber durchaus relevant sind.
3.   Beim vietnamesischen Kunden steht ein Großauftrag an. Ein technisches Beratungsunternehmen hat hierfür eine Ausschreibung erstellt. Verschiedene miteinander konkurrierende Anbieter von Zentrifugen haben versucht – mit mehr oder weniger Erfolg – auf den Inhalt der Ausschreibung in ihrem Sinne Einfluss zu nehmen. Zudem rechnet der vietnamesische Kunde damit, die Prozesswasserrückführung gefördert zu bekommen. Hierzu sind jedoch bestimmte Voraussetzungen bei den Lieferanten zu beachten. Auch der Anbieter der Pilotanlage wird aufgefordert, sein Angebot abzugeben. Die Situation ist nun jedoch – aufgrund der wiederum angestiegenen Interdependenz – für den Anbieter noch intransparenter geworden: Welches

sind die sich mitbewerbenden Unternehmen? Welche Vorgespräche hat es schon gegeben zwischen bestimmten Konkurrenten und dem Kunden? Welchen Einfluss haben die Förderinstitutionen? Welche Ausschreibungskriterien sind besonders ausschlaggebend, und gibt es gegebenenfalls bereits eine Vorentscheidung? Zudem steht der Kunde dem Anbieter nicht mehr direkt für Rückfragen zur Verfügung, da er diese Rolle seinem Berater zugewiesen hat.

Entscheidungsprozess und Diversität

Wie können entscheidungsrelevante Unterschiedlichkeiten innerhalb einer Entscheidungssituation erfasst werden, und wie beeinflussen sie den Entscheidungsprozess? Diversität beschreibt die Streuung (Varianz) relevanter Charakteristika um einen Durchschnittswert. Je breiter die Ausprägungen, desto diverser die entsprechende Entscheidungsgröße.

So mag eine Unternehmensberatung insbesondere frisch promovierte, deutsche Betriebswirtschaftler aus finanzwirtschaftlichen Fachbereichen rekrutieren. Dieses Beratungsunternehmen mit einem derart homogenen Humankapital wird sich für spezifische Problemstellungen der deutschen Bankenszene empfehlen. Sie wird das Beratungsgeschäft mit fachlich hochspezialisierter Expertise in einem klar fokussierten Beratungsgeschäft befruchten.

Eine andere Beratungsgesellschaft wirbt dagegen bewusst Kandidaten mit unterschiedlichen akademischen Werdegängen (Betriebswirte, Mathematiker, Naturwissenschaftler, Ingenieure) und kulturellen Hintergründen (Deutsche, Skandinavier, Osteuropäer, Briten, Amerikaner) an. Die Berater mit dem heterogenen Erfahrungspool greifen auf einen in fachlicher, methodischer und sozialer Hinsicht breiteren Erfahrungs- und Wissenspool zurück und können sich dadurch für ein breiteres Themenspektrum qualifizieren. Gleichzeitig werden die Entscheidungsprozesse entlang des Beratungsmandats geprägt sein von Reibungsverlusten, bedingt durch unterschiedliche Denkweisen, Logiken, Argumentationswege, Muttersprachen und soziokulturelle Hintergründe. Die Herausforderungen für die Erstellung eines stimmigen Beratungsproduktes werden daher bei dem heterogen aufgestellten Dienstleister komplexer und somit größer sein. Dies geht einher mit einer ebenfalls größeren Flexibilität, auf verschiedenartige Problemstellungen reagieren zu können.

In der Literatur wird ein mitarbeiter- oder arbeitnehmerbezogenes Diversitätsmanagement schwerpunktmäßig mit Bezug auf soziodemografische Charakteristika wie Alter, Geschlecht, Ethnizität, Behinderung, Religion sowie sexuelle Orientierung diskutiert. Diese sechs Aspekte sind Gegenstand der EU-Antidiskriminierungsrichtlinie und werden explizit im Allgemeinen Gleichbehandlungsgesetz aufgeführt. Folglich bilden diese Diversitätsaspekte auch den Schwerpunkt wissenschaftlicher Diskussionen (z. B. Bendl/Eberherr/Mensi-Klarbach 2012, Scherle 2016: 107 ff.). Der Diversitätsbegriff soll im vorliegenden Zusammenhang jedoch weiter gefasst werden. Gardenswartz und Rowe (1998: 25) zeigen drei Ebenen auf, auf denen personenbezogene Diversität angesiedelt sein kann:

- *Internal Dimensions*: angeborene, grundsätzlich unveränderbare Aspekte wie die in der gesellschaftspolitischen Diskussion primär thematisierten Aspekte Alter, Geschlecht, Ethnizität, Behinderung sowie sexuelle Orientierung.
- *External Dimensions*: längerfristig veränderbare Aspekte wie etwa Ausbildungsniveau, Einkommensniveau, Familienstatus, Wohnort oder Religion.
- *Organizational Dimensions*: relativ leicht und rasch beeinflussbare Lebensbedingungen, im beruflichen Umwelt etwa die Aspekte des Arbeitsplatzes, die Rolle im Unternehmen, die inhaltlichen Anforderungen des Arbeitsplatzes, eine mögliche Gewerkschaftszugehörigkeit oder auch die Dauer der Betriebszugehörigkeit.

Andersartigkeit kann demnach allein schon beim Stakeholder „Mitarbeiter" sehr vielfältig angelegt sein. So führen Lieberman, Simons und Berardo 66 Möglichkeiten an, die Menschen unterscheiden können – verbunden mit dem Hinweis, dass noch weitere Unterscheidungsmöglichkeiten denkbar sind. Diversität steht für den Grad der Andersartigkeit von entscheidungsrelevanten Charakteristika innerhalb einer Gruppe von Entscheidungsgrößen. Neben den involvierten Personen(gruppen) können sich diese Entscheidungsgrößen beziehen auf Objekte, auf Dienstleistungen und auf Rechte. Die mehr oder weniger diversen Charakteristika mögen folgender Natur sein:
- Diversitätsbedingte schlechtere Vergleichbarkeit *innerhalb des Aktionsraums*, d. h. innerhalb des Pools an Entscheidungsalternativen: Einer Binsenweisheit zufolge wird es schwerer sein, Äpfel mit Birnen zu vergleichen als Äpfel mit Äpfeln.
- Diversitätsbedingte schlechtere Vereinbarkeit *innerhalb des Katalogs von Entscheidungskriterien*: Wie lassen sich etwa harte, monetarisierbare Kriterien (z. B. bei der Bewertung eines Bürostandorts: Miete, Nebenkosten, Umbauaufwand) zu soften Kriterien (z. B. der schöne Blick aus dem Fenster aufgrund einer naturnahen Umgebung) gewichten?
- Diversitätsbedingte schlechtere Vorhersehbarkeit *innerhalb der Reaktionsmuster* von Entscheidungsgrößen: So wird es für einen Konzern, der bei neuen Standortinvestitionen bislang vor allem zu politischen Mandatsträgern und Behörden entscheidungsrelevante Beziehungen pflegte, eine Umstellung sein, sich nun proaktiv mit bürgerlichen Interessengruppen, wie etwa Anwohnern und Umweltschützern, auseinanderzusetzen. Unsere sich immer pluralistischer entwickelnde Gesellschaft liefert zahlreiche jüngere Beispiele, wie Projektplaner von der Meinungs- und Widerstandsvielfalt von Stakeholdern überrascht wurden. Man denke hier etwa an große Sportveranstaltungen (z. B. Olympische Winterspiele im Großraum München) oder öffentliche Bauvorhaben (etwa die 3. Start- und Landebahn des Münchner Flughafens, gegen die sich ein Bürgerentscheid aussprach).

Einem durch hohe Diversität geprägter Entscheidungsprozess ist durch Spezialisierung zu begegnen. Das Verhandeln mit einer Behörde erfordert eine andere fachliche, methodische und soziale Kompetenz als das Verhandeln mit bürgerlichen Interessengruppen oder politischen Vereinigungen. Entsprechend arbeitsteilig und spezialisiert sollte ein Unternehmen vorgehen. Wichtig hierbei ist die Abstimmung und Koordination innerhalb der Entscheidungseinheit, also innerhalb des Unternehmens oder einer Abteilung des Unternehmens.

Entscheidungsprozess und Dynamik

Was beutet eine hohe Dynamik aus Sicht des Entscheiders? Eine hohe Veränderungsrate bedingt, dass Erfahrungen aus vergangenen Entscheidungen nur bedingt auf die aktuelle Entscheidungssituation übertragbar sind. Entsprechend kann ein solcher Erfahrungsschatz auch nur mit Vorbehalten extrapoliert werden: „Die Festlegung auf linear-monotone Entwicklungen erzeugt die Gefahr, dass Richtungs- und Geschwindigkeitsänderungen von Entwicklungen nicht antizipiert werden." (Dörner 2011: 160).

Anders sieht es bei einem im Zeitverlauf gleichbleibenden Informationsstand aus: Hier werden vergleichbare Entscheidungsalternativen und Entscheidungskriterien eine Rolle spielen. Bei diesen repetitiven Entscheidungen kann eine Entscheidungsroutine aufgebaut werden, um Qualität und Prozesseffizienz der Entscheidung zu gewährleisten. Eine solche Entscheidungsroutine ist herauszuarbeiten, sobald sich Wiederholungsfälle abzeichnen. Sollte beispielsweise ein Mitarbeiter an einen neuen Geschäftsführer mit dem Wunsch herantreten, sich das Urlaubsgeld auszahlen zu lassen, so ist absehbar, dass diesen Wunsch auch andere Mitarbeiter hegen und artikulieren werden. Im Rahmen einer fairen Mitarbeiterführung hat sich der Geschäftsführer bereits bei der Erstentscheidung zu überlegen, nach welcher Entscheidungsregelung hier grundsätzlich und in Zukunft vorzugehen ist.

Ein dynamisches Umfeld sollte die Handlungsprämissen fortlaufend überprüfen und hinterfragen. Als Resultat würde eine „flexible Prozessbildung" einen Dynamikverträglichen Grad an Ablaufstandardisierungen ermöglichen:

> Eine „flexible" Prozessbildung meint, dass die Grundlagen der Prozessfestlegung regelmäßig zu überprüfen und gegebenenfalls anzupassen sind. So mag im Zeitverlauf die standardmäßige Qualitätskontrolle um zusätzliche ökologierelevante Parameter oder ein Lifecycle Assessment von Endprodukten um Aspekte in der Nachkauf-Phase erweitert werden. (Jeschke 2019: 109).

Entscheidungsprozess und Imponderabilität

Was unterscheidet unwägbare Entscheidungen von wägbaren, deren Auswirkungen mit Sicherheit oder mit einem nur geringen Risiko vorhersehbar sind? Letztere verbinden sich mit kalkulierbaren Wirkungen. Ist diese Vorhersehbarkeit nicht gegeben, sollte der Entscheider in Szenarien denken. Ein Szenario bezieht sich auf das Simulieren einer für das Unternehmen relevante Geschäftsentwicklung, als Ergebnis bestimmter Umfeldfaktoren. Auch wenn Szenarien nicht mit einer Eintrittswahrscheinlichkeit gewichtet werden können, sind sie geeignet, den Entscheider für mögliche Konsequenzen seiner Entscheidung zu sensibilisieren, auch um ihm die Möglichkeit zu verschaffen, sich mit unerwünschten Szenarien kritisch auseinander zu setzen und gegebenenfalls schaden- oder risikomindernde Maßnahmen zu ergreifen. Dies gilt vor allem für Entscheidungen bei vollkommener Ungewissheit (vgl. Fischhoff 1975). Hier ist einerseits das Negativszenario auf Akzeptanz zu prüfen, andererseits ist zu analysieren, inwiefern man einem solchen Szenario bereits im Vorfeld begegnen kann.

Entscheidungsprozess und Zahlungsstornierung
Ein Stromanbieter gibt einen neuen Stromtarif heraus. Die Hausbank ist daran interessiert, den Anteil der stornierten Lastschriftzahlungen zu ermitteln, da sie kein Geld freigeben möchte, welches das Unternehmen womöglich später zurückzuüberweisen hätte. Aus der jahrelangen Praxis mit verschiedenen Tarifen ist bekannt, dass – über alle vergangenen Tarife hinweg – ausnahmslos nicht weniger als 2,0 % und nicht mehr als 5,0 % aller Lastschriftzahlungen von Kunden storniert wurden und somit – zumindest bis zur Prüfung und gegebenenfalls Rückabwicklung des Sachverhaltes – dem Unternehmen Liquidität entziehen. Vor diesem statistischen Hintergrund entscheidet die Hausbank, 95 % der Lastschriftumsätze für den Stromanbieter kurzfristig freizugeben. Weitere Freigaben erfolgen binnen der nächsten 8 Wochen in dem Maße, in dem sie nicht Gegenstand einer zwischenzeitlichen Stornierung geworden sind. Die Bank entscheidet hier bei Unsicherheit, aber diese Unsicherheit relativiert sich angesichts der vergangenen Statistiken.
Anders verhält es sich, wenn solche Statistiken aus der Vergangenheit nicht zu Verfügung stehen oder sich die vergangenen Werte nicht auf die gegenwärtige Situation übertragen lassen. Als Beispiel hat ein Kraftwerk mit einem institutionellen, ausländischen Stromkunden einen Abnahmevertrag abgeschlossen, der dem Kunden die Option gewährt, Abnahmemengen zu reduzieren oder die Abnahme sogar gänzlich auszusetzen. Mit diesem Neukunden gibt es bislang keine Erfahrungen aus der Geschäftsvergangenheit. Auch sind dem Kraftwerksbetreiber die Zusammenhänge intransparent, die zu einer Verminderung oder einem Abbruch der Stromabnahme führten. Der Kraftwerksbetreiber denkt nun in vier Szenarien:
1. Strom wird wie vereinbart abgenommen.
2. Strom wird in geringem Maße vermindert abgenommen (bis zu 25 % weniger).
3. Strom wird in erheblichem Maße vermindert abgenommen (über 25 % weniger).
4. Strom wird gar nicht mehr abgenommen.

Für die Szenarien 2.–4. sondiert der Kraftwerksbetreiber alternative Abnehmer. Gleichzeitig verhandelt er eine Verlängerung der Vorlauffrist, sodass er bei einer reduzierten Stromabnahme rechtzeitig einen Ersatzkunden einbinden kann.

Wie werden Geschäftsszenarien erarbeitet? Ausgangspunkt ist die Identifikation von Entscheidungsumfeldern mit hoher Relevanz für den Entscheider. Im nächsten Schritt gilt es, diesen Umfeldern mögliche künftige Ereignisse zuzuordnen. Diese werden dann in ihrer Wirkung auf das Unternehmen ausgewertet. Sobald diese Auswertung auf Unsicherheiten trifft, beginnt die Szenariobildung, indem zwei oder mehr mögliche Wirkungsketten parallel weiterverfolgt und aus Unternehmenssicht bewertet werden.

Es ist eine bezeichnende Eigenschaft des Entscheiders, sich Entwicklungen nicht zu fügen, sondern sie – sofern es sein Handlungsspielraum ermöglicht – gemäß seinen Interessen zu gestalten. Unternehmerische Spielräume werden in einer pluralistischen Gesellschaft abhängen vom Akzeptanzgrad, von der Legitimation eines Unternehmens in seinem Umfeld (vgl. Haedrich/Jeschke 1994). Diese möglichen Gestaltungsspielräume gilt es in Bezug auf den jeweiligen Szenarioverlauf herauszuarbeiten. Grundsätzlich eröffnen sich bei einem nicht für wünschenswert befundenen Szenarioverlauf für den Entscheider vier Optionen:

– *Risikovermeidung*: Kann eine Entscheidung dazu führen, einen negativen Szenarioverlauf zu beenden, etwa durch die Beendigung einer Geschäftsbeziehung gemäß vertraglicher Ausstiegsklausel? Auch der Verzicht auf eine als riskant bewertete Technologie wäre eine typische Entscheidung zur Risikovermeidung. So hat sich die Siemens AG für einen Ausstieg aus der Atomkraftwerkstechnologie entschieden oder die Linde AG gegen einen Einstieg in das Fracking-Geschäft.

– *Risikoverlagerung*: Hier erfolgt eine Verschiebung der Risikolast außerhalb der Verantwortlichkeit des Entscheiders, im Zweifelsfall außerhalb des Unternehmens. So könnten vertragliche Regelungen eine Risikoverschiebung zu Lasten von Lieferanten oder Abnehmern erwirken. Eine andere Option wäre die Risikoübertragung an eigens hierfür spezialisierte Dienstleister, etwa Factoring-Unternehmen (Risiko: Zahlungsausfall bei Rechnungen) oder Versicherer (Risiko: finanzieller Schaden durch den versicherten Sachverhalt).

– *Risikoreduzierung*: Kann eine Entscheidung dazu führen, die negativen Auswirkungen eines Szenarioverlaufs zu mindern? Geeignete Maßnahmen mögen sich auf die Substitution von fixen Kosten durch variable Kosten beziehen, etwa durch die Auslagerung (Outsourcing) von Dienstleistungen bei unwägbarem Geschäftsvolumen.

– *Risikohandhabung*: Gemäß der Weisheit „Not macht erfinderisch" kann von bedrohlichen Entwicklungen auch ein konstruktiver gestalterischer Impuls ausgehen. So ermöglichte die Entwicklung von Solarpanels in Deutschland überproportionale Effizienzsteigerungen, nachdem die Einspeisetarife signifikant heruntergefahren wurden. Bei der Risikohandhabung gilt es, rechtzeitig den investiven Kapitalbedarf zu ermitteln und die hiermit verbundenen Kapitalkosten nach bestem Ermessen zu schätzen und zu optimieren (z. B. durch die Einbindung von Fördergeldern).

[?] **Risikomanagement in unwägbaren (imponderablen) Entscheidungssituationen**
Ihr Unternehmen möchte sein Vertriebsgebiet international ausweiten. Untersuchen Sie für ein Produkt und ein Ausland ihrer Wahl die hiermit einhergehenden Risiken. Gehen Sie hierbei in folgenden Schritten vor:
– Welche Entscheidungsumfelder erscheinen besonders risikoträchtig?
– Welche Ereignisse aus diesen Umfeldern verkörpern diese Risiken?
– Welche Szenarien ergeben sich hieraus für das Unternehmen?
– Welche als negativ beurteilten Szenarien sollten Gegenstand des Risikomanagements sein?
– Welche Optionen hat Ihr Unternehmen, um diesen Szenarien proaktiv zu begegnen?

Zusammenfassung des situativen, komplexitätsbezogenen Entscheiderverhaltens

Abbildung 3.2 fasst die Gestaltungsmöglichkeiten zusammen, mit denen ein unternehmerischer Entscheider unterschiedlichen Komplexitätsprofilen begegnen kann.

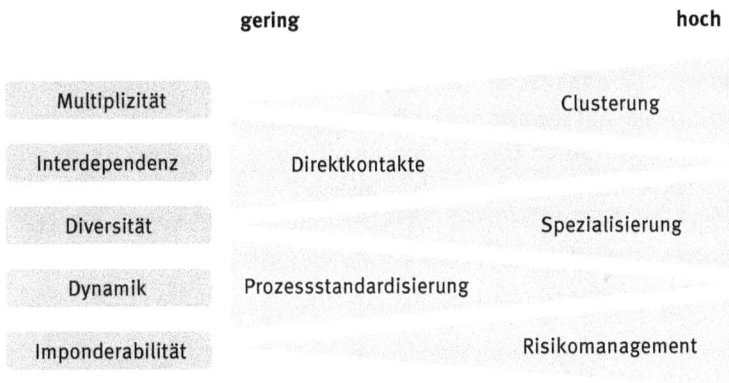

gering		hoch
Multiplizität		Clusterung
Interdependenz	Direktkontakte	
Diversität		Spezialisierung
Dynamik	Prozessstandardisierung	
Imponderabilität		Risikomanagement

Abbildung 3.2: Entscheidungsprozess und Entscheidungskomplexität.

Gemäß der zusammenfassenden Abbildung 3.2 lassen sich für die Ausgestaltung des Entscheidungsprozesses mit Blick auf die fünf Dimensionen der Entscheidungskomplexität die folgenden Schlussfolgerungen ziehen:

- Eine hohe *Multiplizität* erfordert die Clusterung entscheidungsrelevanter Größen, um sich überblicksweise dem Sachverhalt zu nähern und diesen dann im Zweifelsfall weiter herunterzubrechen.
- Gering ausgeprägte *Interdependenzen* ermöglichen es dem Entscheider, sich auf ein unmittelbares Beziehungsmanagement zu konzentrieren. Diese Direktkontakte werden bei einem hohen Grad der beziehungsmäßigen Wechselbeziehungen dagegen auszubauen und durch zusätzliche Wege der Verständigung gegenüber mittelbaren Beziehungen zu ergänzen sein.
- Ein hoher *Diversitätsgrad* fordert ein spezialisiertes Vorgehen ein; bei einer gering ausgeprägten Verschiedenartigkeit wird dies nicht vonnöten sein.
- Je geringer die *Dynamik*, desto eher lassen sich Entscheidungsabläufe über standardisierte Prozesse abbilden. Bei sich im Zeitverlauf rasch verändernden Entscheidungssituationen wird das Anwenden langfristig gültiger Prozessstrukturen dagegen an Grenzen stoßen. Hier sind stattdessen flexible Prozessbildungsverfahren gefragt.
- Schließlich werden Entscheidungen, die größeren *Unsicherheiten* ausgesetzt sind, ein proaktives Risikomanagement bedingen, sodass Unsicherheiten reduziert werden können.

3.2 Entscheiden gemäß Stakeholder-Profil

Die im Unterkapitel 3.1 diskutierte Situativität gemäß unterschiedlichen Komplexitätstypen umfasst auch die Betrachtung involvierter Stakeholder, stellt diese jedoch nicht in den Mittelpunkt. Anders verhält es sich bei einer Unterscheidung gemäß den im Entscheidungsprozess involvierten Stakeholdern. Entscheidungen vertreten Interessen, sie haben dabei andere Interessen wahrzunehmen und mit diesen auf die eine oder andere Art umzugehen. Gegenstand der Interessen sind tangible oder intangible Ressourcen, ansonsten würden Entscheidungen nur einem Selbstzweck genügen, nicht jedoch einer definierten Zielstellung – und dies sollte zumindest bei Unternehmensentscheidungen der Fall sein. Mithin geht es bei diesem Ansatz darum, Entscheidungssubjekte (Stakeholder) und die für diese relevanten Entscheidungsobjekte (Ressourcen) näher zu betrachten.

3.2.1 Darstellung der Stakeholder-Map

Stakeholder haben einen Bezug zu den Interessen des Entscheiders und sollten deshalb in das Entscheidungskalkül des Entscheiders miteinfließen. Die Interessen werden hierbei – zumindest im Detail – nicht deckungsgleich sein. So mag ein Vertriebsmanager eine Auslandsexpansion planen, und zwar zunächst über einen kompetent erscheinenden Partner vor Ort. Markterschließung, technische Dienstleistungen und das Margengefüge sind verhandelt worden und erscheinen dem Vertriebsmanager aus Unternehmenssicht attraktiv zu sein. Die Compliance-Abteilung bewertet das Engagement allerdings ganz anders: Das Land ist für korrupte Geschäftspraktiken bekannt und die vorverhandelten Vertriebsprovisionen scheinen aus juristischer Sicht in keinem ausreichend konkreten Leistungszusammenhang zu stehen. Beide Abteilungen arbeiten im Sinne des Unternehmens, jedoch mit einer unterschiedlichen Perspektive und mit verschiedenen Unterzielen. Die Beschreibungsmöglichkeiten von Stakeholdern sind so vielfältig wie das Spektrum möglicher Stakeholder breit ist:

–   Es kann sich um Einzelpersonen, Personengruppen oder Institutionen handeln.
–   Der Stakeholder kann Vertreter des Mikro- oder des Makroumfeldes sein.
–   Der Stakeholder kann unternehmensintern oder -extern angesiedelt sein.
–   Die Interessenlage mag mit der des Entscheiders konsensual oder konträr sein.
–   Die Einflussmöglichkeiten des Stakeholders mögen marginal oder auch entscheidend sein.
–   Die direkten Interaktionsmöglichkeiten können einfach oder auch unmöglich sein.
–   Der Stakeholder mag nur in direktem Kontakt zum unternehmerischen Entscheider stehen oder bei seiner Meinungsbildung weitläufig vernetzt sein (siehe Rowley 1997: 891).

Ein Konzept abstrahiert die Realität. Hierbei sollte eine Fokussierung auf die wesentlichen, für das Konzept relevanten Charakteristika erfolgen. Aus Sicht des Entscheiders spielen zwei Charakteristika eine essentielle Rolle:

1. Mit welchem *Einflusspotenzial* ist bei dem betreffenden Stakeholder zu rechnen? Kann die beabsichtigte Wirkung der Entscheidung durch den Stakeholder gänzlich gefährdet werden, oder reicht es, wenn der Stakeholder beispielsweise über Vorgänge informiert, aber nicht involviert wird? Dieses Charakteristikum betrifft die Machtposition des Stakeholders im Vergleich zum unternehmerischen Entscheider.

2. In welchem Maße berührt die unternehmerische Entscheidung *Stakeholder-Interessen*? Je relevanter die Entscheidung für den wahrgenommenen Nutzengewinn oder Nutzenverlust des Stakeholders, desto höher die Bereitschaft, seine Interessen zu vertreten und seinen Einfluss geltend zu machen. Nutzenwahrnehmungen beziehen sich sowohl auf objektive wie auf subjektive Tatbestände. Dieses Charakteristikum betrifft die Risikoposition eines Stakeholders im Vergleich zum unternehmerischen Entscheider.

Bartlet et al. (2004: 131 ff.) schlagen eine Stakeholder-Map vor, bei der die Höhe des Einflusses sowie die Einstellung zum jeweiligen Entscheidungsbereich (von „sehr negativ" über „neutral" zu „sehr positiv") gegenübergestellt werden. Die Tabelle 3.8 gibt die sich hieraus ableitenden Stakeholder-Konstellationen wieder.

Tabelle 3.8: Stakeholder-Matrix gemäß Einfluss und Einstellung (übersetzt und in Anlehnung an Bartlet et al. 2004: 131 ff.).

SH = Stakeholder	Einstellung zu Entscheidungszielen				
	sehr negativ	negativ	neutral	positiv	sehr positiv
Einfluss — hoch	SH1		SH2		SH3
Einfluss — mittel					
Einfluss — gering				SH4	

Die dunkelgrau markierte linke obere Ecke der Matrix stellt die für den Handlungserfolg besonders kritischen Stakeholder dar. So würde der Stakeholder SH1 den Entscheidungserfolg aufgrund einer konfliktären Haltung zu den angestrebten Zielen sowie hohen Einflussmöglichkeiten besonders stark zu gefährden vermögen. Der mittelgrau markierte Matrixbereich kennzeichnet dagegen den besonders zielförderlichen, unterstützenden Bereich der Stakeholder-Map, mit dem Stakeholder SH3 als Repräsentanten.

Besonderes Augenmerk verdienen bei dieser Stakeholder-Matrix mögliche Allianzen. So wird beispielsweise Stakeholder SH2 als einflussreich, aber neutral eingeschätzt. Eine Allianz von SH2 mit SH1 könnte ein potenziertes Widerstandspotenzial zur Folge haben. Andererseits würde ein Zusammenschluss von SH2 mit SH3 der

Durchsetzbarkeit der Entscheidungsziele besonderen Rückenwind verleihen. Allein aus taktischem Kalkül wäre es in dieser Situation wertvoll für den Stakeholder SH3, den Stakeholder SH2 für sich zu gewinnen, auch wenn dadurch etwa der wenig einflussreiche Stakeholder SH4 verprellt würde.

Mit einer etwas anderen Schwerpunktsetzung kategorisiert Löbel (2019) Stakeholder anhand des Grades an Betroffenheit sowie dem Ausmaß von Befugnis, verstanden als „formelle Macht", und leitet hieraus vier Einbindungsstrategien ab. Formalmacht wird allerdings nur eine von mehreren möglichen Machtbasen darstellen, um auf ein Unternehmen Einfluss auszuüben. So nennen etwa French und Raven (1959) neben der „Macht durch Legitimation" als mögliche Machtbasen die Macht durch Belohnung, die Macht durch Bestrafung, die Macht durch Identifikation, die Macht durch Legitimation, die Macht durch Sachkenntnis sowie die Macht durch Information.

Gerade Stakeholder des unternehmerischen Makroumfeldes werden auch ohne formelle Machtbasis – im Sinne einer verbindlichen Weisungsbefugnis – zu mobilisieren vermögen und somit Einfluss auf die Unternehmenspolitik auszuüben vermögen. Insofern sollte statt der formellen Macht grundsätzlicher das „Einflusspotenzial" adressiert werden. Die Tabelle 3.9 gibt einen derartigen Ansatz des Stakeholder-Mappings wieder.

Tabelle 3.9: Stakeholder-Kategorisierung und Einbindungsstrategien (in Anlehnung an Löbel 2019).

		Einflusspotenzial	
		eher gering	eher groß
Betroffenheit	eher gering	Monitorisieren (mit geringem Aufwand)	Deeskalieren (zufrieden stellen)
	eher hoch	Beachten (informiert halten)	aktiver Dialog (kompromissbereit)

Gemäß der Tabelle 3.9 würden Stakeholder, die von unternehmerischen Entscheidungen und Handlungen nur in geringem Maße betroffen sind und zudem nur über geringe Einflussmöglichkeiten verfügen, monitorisiert werden. Hierbei geht es insbesondere darum, bei diesen Stakeholdern sensibilisiert zu sein, wenn sich Betroffenheit und/oder Einflusspotenzial erhöhen. Sollten nun Stakeholder bei geringer Betroffenheit über größere Einflussmöglichkeiten verfügen, so ist von Seiten des unternehmerischen Entscheiders eine Deeskalation zu betreiben: Der betreffende Stakeholder sollte mindestens in dem Maße zufrieden gestellt werde, dass nicht wünschenswerte Einflussnahmen vermieden werden können. Sind dagegen die Betroffenheit hoch und die Einflusspotenziale eher gering, dann würde die Kommunikation mit dem betreffenden Stakeholder im Vordergrund stehen, auch um die Hintergründe und Implikationen der gegnerischen Betroffenheit besser verstehen und ggf. mit in unternehmerische Überlegungen einbeziehen zu können. Als Schlüssel-Stakeholder können nun

solche gelten, bei denen eine hohe Betroffenheit mit größeren Einflussmöglichkeiten korrespondiert. Hier ist der unternehmerische Entscheider angehalten, in einen aktiven Dialog einzutreten und im Zweifelsfall auch bereit sein, Kompromissbereitschaft im Handeln zu zeigen.

3.2.2 Typologien gemäß Stakeholder-Ansatz

In einem frühen empirischen Forschungsprojekt untersuchte ich bei 152 Unternehmen insgesamt 584 organisationale Konfliktsituationen (Jeschke 1993). Im Vordergrund stand die Fragestellung: Wie können die konfliktrelevanten Stakeholder treffend beschrieben werden, und welche Konfliktregelungsstrategie (als Ergebnis unternehmerischer Entscheidungen) ist in Bezug auf diese Stakeholder-Profile erfolgversprechend? Der unternehmerische Entscheider sowie die beim Konflikt relevanten Stakeholder werden anhand der jeweiligen Machtposition – also dem Einflusspotenzial – sowie anhand der jeweiligen Aggressivität – also der Bereitschaft, das eigene Einflusspotenzial einzusetzen – beschrieben.

Mit Scholz (1987: 27 f.) sind vier Machtbasen zu unterscheiden:
- *Bindungsmacht*: basierend auf gesetzlichen oder vertraglichen Regelungen und entsprechend verbindlichen Verhaltensregelungen
- *Retaliationsmacht*: basierend auf verhaltensbedingtem Bestrafungspotenzial und einem entsprechenden Nutzenverlust
- *Substitutionsmacht*: basierend auf einem mit dem Beziehungsabbruch des Stakeholders einhergehenden Nutzenentgang
- *Koalitionsmacht*: basierend auf der Mobilisierung von Unterstützung durch andere Stakeholder

Die Aggressivität korreliert mit dem durch den betroffenen Stakeholder wahrgenommenen Risiko: Je höher der mögliche Nutzenentgang, desto höher die Bereitschaft, sich dem entgegen zu stellen und im eigenen Sinne Einfluss auf die Situation auszuüben. Die Risikowahrnehmung bezieht sich auf einen Nutzenentgang, welcher unterschiedliche Bezüge haben kann (vgl. Jeschke 1993: 58):
- *gesundheitliches Risiko*: Verlust physiologischer oder psychologischer Stabilität
- *materielles Risiko*: Verlust finanzieller oder geldwerter Ressourcen
- *soziales Risiko*: Verlust zwischenmenschlich wünschenswerter Beziehungen
- *restringierendes Risiko*: Verlust kollektiver Entfaltungsmöglichkeiten

Dichotomisiert man beide Parameter in „groß" (überdurchschnittlich) und „klein" (unterdurchschnittlich), so sind für eine mögliche Konfliktsituation 16 Konstellationen zwischen unternehmerischem Entscheider und dem betreffenden Stakeholder vorstellbar. Bei diesem Ansatz werden also nicht nur die absoluten, sondern auch die relativen Dispositionen berücksichtigt.

3.2.3 Kontingenzansatz gemäß Stakeholder-Konstellation

Was die Wahl einer passenden Konfliktregelung angeht, so können fünf Strategien unterschieden werden: Ignoranz, Verteidigung, Rechtfertigung, Anpassung sowie Integration. Beschreiben lassen sich diese Strategien anhand dreier Parameter:

1. *Thematisierungszeitpunkt*: Wie frühzeitig wird der unternehmerische Entscheider aktiv, indem er sich bewusst und ergebnisorientiert mit dem Konflikt auseinandersetzt?
2. *Kommunikationsintensität*: Wird gegenüber dem Stakeholder aktiv kommuniziert, sucht der unternehmerische Entscheider die Verständigung? Kommunikation ist die Übertragung von Informationen. Neben der Rolle des Handlungsauslösers dient Kommunikation ebenso der Koordination und der Kontrolle.
3. *Handlungsbereitschaft*: Ist der unternehmerische Entscheider bereit, Kompromisse einzugehen und hierbei Nutzeneinbußen hinzunehmen?

In der nachfolgenden Tabelle 3.10 werden den fünf Strategien die für sie jeweils kennzeichnenden Ausprägungen der drei Strategieparameter zugeordnet (vgl. Jeschke 1993: 114 ff.).

Tabelle 3.10: Konfliktregelungs-Strategien (Jeschke 1993: 116).

| | | Ausprägungen der strategischen Parameter | | |
		Thematisierungs-zeitpunkt	Kommunikations-intensität	Handlungs-bereitschaft
Strategien	Ignoranz	früh/spät	gering	gering
	Verteidigung	spät	hoch	gering
	Rechtfertigung	früh	hoch	gering
	Anpassung	spät	gering	hoch
	Integration	früh	hoch	hoch

Ein situativer Ansatz verknüpft verschiedene Situationstypen (hier: das Macht/Aggressivitäts-Profil konfligierender Stakeholder) mit Gestaltungsvarianten (hier: eine der fünf in der Tabelle 3.10 dargestellten Konfliktregelungs-Strategien). Einem derartigen Ansatz liegt die Vermutung zugrunde, dass es keinen alleinigen optimalen Entscheidungsweg gibt, sondern dass dieser auf die gegebene Situation abzustimmen ist, dass also situationsadäquate Strategien aus Entscheidersicht erfolgreicher sind als Pauschalstrategien.

Die Auswertung der angesprochenen quantitativ angelegten empirischen Konfliktuntersuchung empfiehlt ein derartiges situatives Vorgehen. Im Vordergrund stehen die Interessen der involvierten Parteien: Welche Beeinflussungsmöglichkeiten habe ich und welche Risiken sind mit der Entscheidungssituation verbunden? Letztlich wird das wahrgenommene Risiko den Willen begründen, Einfluss auf relevante Ressourcen zu haben. Hat eine Entscheidung das Potenzial, für mich relevante Ressourcen signifikant zu beeinflussen (sprich: diese zu reduzieren, zu vermehren oder zu sichern), so ergibt sich ein größeres Risikoempfinden – und mithin eine größeres Aggressionspotenzial. Die Tabelle 3.11 stellt eine entsprechende situative Zuordnung von Konfliktregelungs-Strategien dar (vgl. Jeschke 1993: 120 f.).

Tabelle 3.11: Verhalten gemäß Macht- und Aggressivitäts-Relationen (in Anlehnung an Jeschke 1993: 120).

			Stakeholder			
			Macht			
			⇓		⇑	
			Aggressivität		**Aggressivität**	
			⇓	⇑	⇓	⇑
Entscheider — **Macht** ⇒	**Aggressivität** ⇒		Ignoranz Anpassung	Anpassung	Anpassung	Anpassung
	Aggressivität ⇐		Rechtfertigung	Rechtfertigung Integration	Anpassung Integration	Integration
Macht ⇐	**Aggressivität** ⇒		Ignoranz Verteidigung Rechtfertigung	Anpassung Integration	Anpassung Integration	Anpassung Integration
	Aggressivität ⇐		Verteidigung Rechtfertigung	Rechtfertigung Integration	Rechtfertigung Integration	Integration

Eine *Ignoranzstrategie* wird vom Entscheider als erfolgreich empfunden, wenn der Stakeholder durch gering ausgeprägte Macht- und Risikopositionen charakterisiert ist und für den Entscheider eine potenzielle Auseinandersetzung mit geringen Risiken verbunden zu sein scheint. Gemäß dieser Strategie wird der betreffende Stakeholder relativ spät – wenn überhaupt – in den Entscheidungsprozess einbezogen und dies auf einem geringen Kommunikationsniveau und ohne eine hiermit verbundene, Stakeholder-gerichtete Handlungsbereitschaft des Entscheiders. Verdeutlicht man sich, wie viele Stakeholder gerade bei komplexeren Unternehmensentscheidungen interessenmäßig tangiert werden, dann wird klar, dass ein Entscheider schwerlich alle Stakeholder gleichermaßen im Entscheidungsprozess zu berücksichtigen vermag.

Die *Verteidigungsstrategie* kann als situationsangemessen gelten, wenn der Stakeholder mit geringer Macht und Aggressivität assoziiert wird, der Entscheider dagegen aber eine relativ große Macht besitzt. Gegenüber der Ignoranzstrategie findet hier zu einem verhältnismäßig späten Zeitpunkt des Entscheidungsprozesses (also nicht als Teil der eigentlichen Entscheidungsfindung) intensive Kommunikation statt – allerdings ohne die Bereitschaft, sein Handeln im Rahmen einer Kompromissfindung auf den Stakeholder auszurichten.

Bei der *Rechtfertigungsstrategie* erfolgt ein frühzeitiger, intensiver Austausch mit dem Stakeholder, allerdings ebenfalls ohne eine ausgeprägte Handlungsbereitschaft seitens des Entscheiders. Dieses Vorgehen erscheint Entscheidern sinnvoll in Situationen, in denen der Stakeholder durch geringe Macht gekennzeichnet ist, in denen sich der Entscheider jedoch aufgrund einer höheren Risikoposition aggressiv verhält bzw. deutlich mehr Macht für sich beansprucht. Eine Rechtfertigungsstrategie wird aber auch als erfolgversprechend empfunden, wenn der Stakeholder mächtig, aber wenig aggressiv ist, der unternehmerische Entscheider jedoch sowohl mächtig als auch aggressiv – weil für ihn mehr auf dem Spiel zu stehen scheint.

Eine *Anpassungsstrategie* verfolgt der Entscheider, indem er sich zwar spät und wenig kommunikativ mit dem Stakeholder auseinandersetzt, er aber durch Handeln auf die Stakeholder-Interessen eingeht. Dies wird als probates Vorgehen in Situationen empfunden, in denen der Entscheider über geringe Macht und geringe Aggressivität verfügt – etwa weil es gilt, behördliche Vorschriften zu erfüllen. Sich anzupassen ist ebenfalls eine zu präferierende Option, wenn der Entscheider zwar eine relativ starke Macht hat, aber ein geringes Risikoempfinden, während der Stakeholder zumindest eine höhere Aggressivität aufweist.

Die *Integrationsstrategie* fordert eine frühzeitige Einbindung von Stakeholder-Interessen in die Entscheidungsfindung, einhergehend mit einem intensiven Austausch und mit der Bereitschaft, abweichend von dem aus Entscheidersicht optimalen Vorgehen auf den Stakeholder einzugehen. Dem unternehmerischen Entscheider wird nichts anderes übrigbleiben, wenn seine Position wenig mächtig ist, er jedoch durch den Stakeholder bedingte Risiken zu befürchten hat; dies insbesondere, wenn der betreffende Stakeholder in keiner geringen Macht/Risiko-Situation gewähnt wird. Eine Integrationsstrategie wird ebenfalls als erwägenswerte Option empfunden, wenn der Entscheider mächtig ist, der Stakeholder jedoch ebenso – oder zumindest über ein hohes Aggressivitätspotenzial zu verfügen scheint.

? **Konfliktregelungs-Strategien**
Beziehen Sie sich auf einen Konflikt in Ihrem Unternehmen:
a) Welche Konfliktregelungs-Strategie kam hier zur Anwendung?
b) Wie stellte sich der Konfliktkontext (Risiko-/Machtrelationen) dar?
c) Passen Strategie und Kontext gemäß der Tabelle 3.11 zusammen?

3.3 Entscheiden gemäß systemischer Entscheiderrolle

Die Perspektive, ein Unternehmen als Teil eines offenen Systems zu begreifen, wurde bereits im Kapital 2.5.3 angesprochen. Demnach kann ein Unternehmen – und somit ein unternehmerischer Entscheider – im Kontext des jeweils zugrunde liegenden Systems gesehen werden, um hieraus Rückschlüsse für einen systemadäquaten Entscheidungsprozess abzuleiten. Das Ergründen einer systemisch fundierten Entscheiderrolle bedingt eine handlungsorientierte Definition des relevanten Systems. Ein derartig systemorientiertes Instrument stellt der SUDEST-Ansatz dar. SUDEST ist das Akronym für „Sustainable Decision Support Tool" und wurde im Rahmen eines Forschungsprojektes der FOM Hochschule vom Mathematiker Nils Mahnke und mir entwickelt (Jeschke/Mahnke 2013a) und in der Enscheiderpraxis erprobt (Jeschke/Mahnke/Mader/Gillhuber 2014). SUDEST analysiert initiale Entscheidungen mit Blick auf nachfolgende Wirkungsfelder.

3.3.1 SUDEST-Ansatz

Zunächst werden die Grundlagen des SUDEST-Ansatzes dargestellt, um dann die erforderlichen Analyseschritte näher zu erläutern und anschließend im Rahmen einer praktischen Anwendung zu veranschaulichen.

SUDEST-Grundlagen

Das für einen unternehmerischen Entscheider relevante Entscheidungsumfeld soll als das zugrunde liegende System begriffen werden. SUDEST unterscheidet zur Beschreibung eines solchen Systems drei Systemgrößen: Entscheidungssubjekte, Entscheidungsobjekte und Wirkungsbeziehungen.[39]

Systemgrößen
– *Entscheidungssubjekte*: Entscheidungssubjekte sind systemrelevante Stakeholder, also Personen, Personengruppen oder Organisationen, welche das aus Entscheidersicht relevante System (etwa das Unternehmen oder eine Untereinheit des Unternehmens) beeinflussen oder beeinflussen könnten. Diese Beeinflussung kann im Konsens oder im Dissens zu den zugrunde liegenden unternehmerischen Zielsetzungen stehen. Stakeholder werden stets bezüglich einer bestimmten Interessenlage betrachtet; diese Interessen beziehen sich auf die Entscheidungsobjekte.
– *Entscheidungsobjekte*: Entscheidungsobjekte sind die systemrelevanten Ressourcen, um welche es den Entscheidungssubjekten bei ihrer Interessenvertretung und ihrer darauf aufbauenden Entscheidungsfindung geht. Entscheidungssubjekte entscheiden also nicht aus Selbstzweck, sondern um den Bestand bestimmter Ressourcen zu erhöhen, zu reduzieren oder abzusichern. Diese Ressourcen mögen tangibler (z. B. finanzielle Auswirkungen) oder intangibler Natur (z. B. Imageauswirkungen) sein. Tabelle 3.12 führt exemplarisch solche Ressourcen an,

---

[39] Eine ausführliche Darstellung von methodischer Herleitung und mathematischer Umsetzung des SUDEST-Ansatzes findet sich bei Jeschke/Mahnke (2016).

gegliedert nach deren schwerpunktmäßig ökonomischer, sozialer und ökologischer Relevanz.

– *Wirkungsbeziehungen*: Wirkungsbeziehungen entstehen zum einen zwischen Entscheidungssubjekten (Stakeholdern) untereinander, zum anderen bidirektional zwischen Entscheidungssubjekten und betroffenen Entscheidungsobjekten (Ressourcen) und schließlich zwischen Entscheidungsobjekten untereinander. Der letzte Fall bezieht sich auf die gegenseitigen Beeinflussungen von Ressourcen, ohne das direkte Einwirken von Stakeholdern.

Tabelle 3.12: Beispielhafte Systemressourcen.

Ökonomische Ressourcen	Soziale Ressourcen	Ökologische Ressourcen
– Währung	– Beschäftigung	– Emissionen
– Eigen- und Fremdkapital	– Unfälle	– Immissionen
– Werkstoffe, Betriebsmittel	– Einkommen	– Flora
– Konflikte	– Gesundheit	– Fauna
– Agrarleistung	– Arbeitsqualifikation	– Bodengüte
– Ertragskraft	– Arbeitsmotivation	– pH-Wert
– Umweltkatastrophen	– Kaufkraft	– Wassergüte
– Liquidität	– Bildung	– Luftqualität
– Mitarbeitereffizienz	– Lebenserwartung	– Energie
– Risiko	– Rechtssicherheit	– Klima
– Kundenzufriedenheit	– Ausbildung	
– Kundenbindung	– Infrastruktur	

Wirkungsfelder und Zusammenführung in der SUDEST-Matrix

Unter Bezugnahme auf die drei Systemgrößen bildet SUDEST die Einflüsse des durch den Entscheider induzierten vernetzten Wirkens auf die anderen Systemgrößen ab. Hierbei werden vier aufeinander folgende Wirkungsfelder unterschieden (vgl. Jeschke/Mahnke 2016: 56 ff.):

1. *Informationsaustausch*: Der Entscheider sowie die anderen für relevant befundenen Stakeholder beeinflussen sich gegenseitig, ganz im Sinne der im Kapital 3.1.3 angeführten Cross-Impact-Matrix zur Bestimmung der (Beziehungs-)Multiplizität. Diesen Beeinflussungen können konsensuale oder konfliktäre Interessen zugrunde liegen. Hinsichtlich einer bestimmten Entscheidungssituation ist auch eine Interessenindifferenz vorstellbar. Hier würden also die Auswirkungen einer bestimmten Entscheidung die Interessen eines Stakeholders nicht weiter tangieren und somit von diesem als neutral wahrgenommen werden.[40]

---

40 Wäre eine Interessenindifferenz generell und nicht nur für einzelne Situationen gegeben, würde es sich bei der betrachteten Größe um keinen Stakeholder handeln, und diese Größe entzöge sich der weiteren Analyse.

2. *Ressourcenbeeinflussung*: Der Entscheider sowie die anderen für relevant befundenen Stakeholder beeinflussen – gewollt oder ungewollt, bewusst oder unbewusst – bestimmte Ressourcenbestände. Eine solche Beeinflussung wird den Bestand bestimmter Ressourcen entweder erhöhen, reduzieren oder absichern.

3. *Ressourcenwechselwirkung*: Bestimmte Ressourcenbestände beeinflussen sich gegenseitig, ohne Zutun eines Stakeholders. Gerade diese Wechselwirkungen werden in der analytischen Betrachtung häufig vernachlässigt, da sie keine direkte Interaktion mit dem Entscheider oder anderen Stakeholdern bedingen und somit keinen unmittelbaren Entscheidungsbedarf auslösen. Eine Betrachtung des Systemumfeldes wäre jedoch lückenhaft, wenn sie sich nur auf die Vorgänge mit direkten Wirkungsbezügen bezöge.

4. *Ressourceneinfluss*: Die Ressourcenbestände beeinflussen die Interessenlage bestimmter Stakeholder. Am Ende des Wirkungszyklus' steht eine mögliche Rückkoppelung der Ressourcenbestände mit ihren Auswirkungen auf die Interessenlage der Stakeholder. Dieses Wirkungsfeld stellt wiederum die Ausgangslage für einen nächsten Wirkungszyklus dar, dem Informationsaustausch.

Diesen Zyklus von vier Wirkungsfeldern fasst die SUDEST-Matrix zusammen, dargestellt in der Abbildung 3.3.

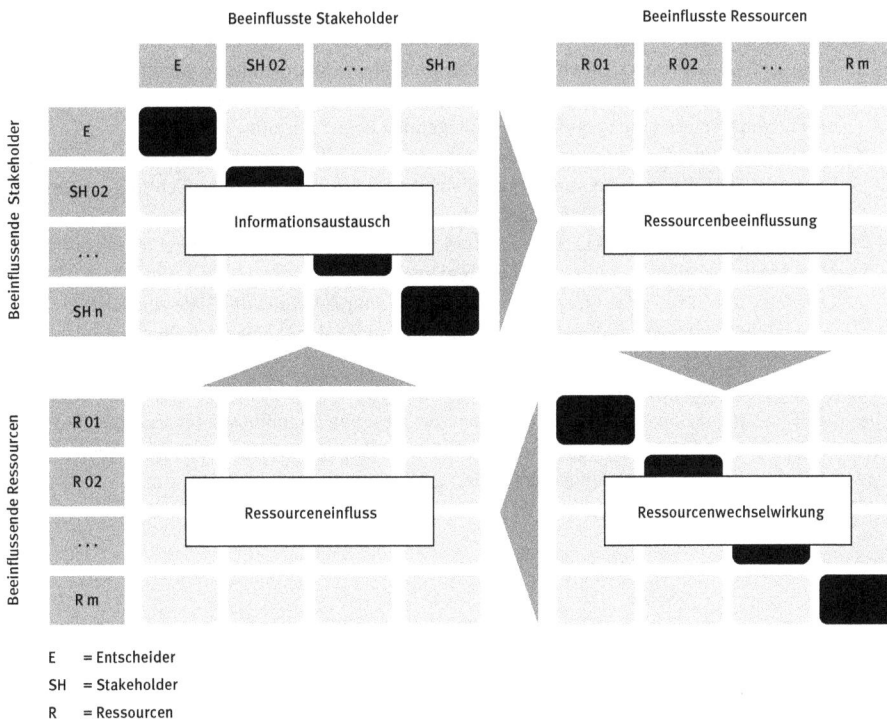

Abbildung 3.3: SUDEST-Matrix (in Anlehnung an Jeschke und Mahnke 2013a: 28).

⚡ **Wassermanagement und die SUDEST-Matrix**

Systemgegenstand ist die Gewässerqualität einer Region. Diese wird einerseits durch den Eintrag von Gülle aus gewässernahen Agrarflächen beeinflusst, andererseits durch die Funktionsfähigkeit eines lokalen Klärwerkes. Initiator dieses Entscheidungskomplexes (also des Zusammenspiels der vier Wirkungsfelder) ist ein Umweltschutzverband. Die inhaltliche Ausgestaltung der SUDEST-Matrix stellt sich folgendermaßen dar:

Entscheidungssubjekte (Stakeholder):

- Umweltschutzverband (initialer Entscheider)
- lokale Landwirtschaft (Produzent von Gülle)
- Gemeinde (Klärwerksbetreiber)
- Anwohner (Betroffene von lokalen Eingriffen)
- direktive Behörden der Europäische Union (EU-Badegewässer-Richtlinie) und der Bundesrepublik Deutschland (Trinkwasserverordnung)

Entscheidungsobjekte (Ressourcen):

- Wasserqualität: gemessen u. a. über den „Biological Oxygen Demand" (BOD) sowie den „Chemical Oxygen Demand" (COD)[41]
- Biodiversität: u. a. in Bezug auf ein Großmuschelvorkommen
- Gewässerfließgeschwindigkeit: u. a. bedingt durch Wasserpflanzenvorkommen
- Klärwerkskosten: sowohl investive als auch laufende Aufwendungen

Wirkungsbeziehungen:

- Ungeklärter Gülleeintrag ⇒ verschlechterte Wasserqualität, gemessen u. a. über erhöhte BOD- und COD-Werte ⇒ Rückgang der bedrohten Großmuschelpopulation
- Ungeklärter Gülleeintrag ⇒ verschlechterte Wasserqualität, gemessen u. a. über erhöhte BOD- und COD-Werte ⇒ Zunahme des Wasserpflanzenvorkommens ⇒ Abnahme der Fließgeschwindigkeit des Gewässers ⇒ erhöhter Wasserstand bei starken Regenwassereintrag ⇒ erhöhte Überschwemmungsgefahr bei anliegenden Grundstücken
- Ungeklärter Gülleeintrag ⇒ verschlechterte Wasserqualität, gemessen u. a. über erhöhte BOD- und COD-Werte ⇒ Verstoß gegen die geltende EU-Badegewässer-Richtlinie ⇒ Gefahr von Strafzahlungen sowie Imageschaden für die Gemeinde
- Einleitung der Gülle in das Klärwerk ⇒ Erfordernis eines Ausbaus des Klärwerkes mit entsprechendem Investitionsbedarf auf Gemeindeebene
- Einleitung der Gülle in das Klärwerk ⇒ Erfordernis einer Zuleitung der Gülle zum lokalen Klärwerk mit entsprechendem Investitionsbedarf bei den lokalen landwirtschaftlichen Betrieben

Den jeweiligen Wirkungsbeziehungen werden funktionale Annahmen zugrunde liegen bezüglich des Beeinflussungsausmaßes und der Reaktionszeit zwischen beeinflussender und beeinflusster Größe. Mit diesen Grundannahmen kann nun der Entscheidungskomplex als Zusammenspiel von vier aufeinander folgenden Wirkungsfeldern betrachtet werden.

---

41 Kompakt ausgedrückt geht es bei diesen beiden Werten, BOD und COD, darum, wie viel Sauerstoff für eine Volumeneinheit des betreffenden Gewässers benötigt wird, um den Stoffwechsel im Gleichgewicht zu halten. Hohe Werte wären Ausdruck einer relativ hohen biologischen (organischen) oder chemischen (anorganischen) Gewässerbelastung. Neben diesen Werten macht sich Gewässerqualität noch an einer Reihe weiterer Größen fest, etwa über Bioindikatoren wie das Artenvorkommen von

Informationsaustausch:
- Der Umweltschutzverband agiert als Initiator, indem er eine Gülleklärung bzw. eine Redukti-on der Gülleausbringung pro Hektar und ein stringentes Einhalten der Einleiterverordnung[42] fordert, insbesondere zur Verbesserung der Wasserqualität sowie zum Schutz der Gewässer-fauna.
- Die lokalen Landwirte und in Teilen auch der Gemeinderat argumentieren dagegen, unter Ver-weis auf die hierdurch anfallenden zusätzlichen Kosten.
- Unterstützung erhält der Umweltschutzverband durch die Anwohner, welche sich – als bür-gerliche Interessengruppe organisiert – vor allem gegen den exzessiven Wasserpflanzenbe-wuchs wenden, der die Gefahr von Überschwemmungen im ufernahen Bereich sowie einen Anstieg des Grundwasserspiegels zu Regenzeiten begünstigt.
- Der Gemeinderat bringt als Lösungsansatz ins Spiel, einmal im Jahr die Wasserpflanzen über ein spezielles Mähfahrzeug zu entfernen. Dieser Vorschlag löst Konsens bei den Anwohnern, jedoch Dissens beim Umweltschutzverband aus, welcher eine weitere Schädigung der selte-nen Muschelbestände befürchtet.

Ressourcenbeeinflussung:
- Der Gemeinderat beschließt den Ausbau der lokalen Klärwerksanlage sowie die Anbindung der Viehstallungen an das kommunale Abwassersystem.
- Die kommunalen Abwassergebühren steigen geringfügig für die Haushalte der Gemeinde.
- Drei betroffene Landwirte haben in ein Zuleitungssystem zu investieren.
- Mit Umsetzung der beschlossenen Maßnahmen wird fortan keine Stallgülle mehr in die kom-munalen Gewässer eingeleitet.

Ressourcenwechselwirkung:
- Der Wegfall des Stallgülle-Eintrags lässt BOD- und COD-Gehalt der betroffenen Gewässer sin-ken, die Wasserqualität steigt.
- Aufgrund des geringeren Nährstoffangebotes geht das Vorkommen an Wasserpflanzen zu-rück, und die Fließgeschwindigkeit des Gewässers erhöht sich.
- Zugleich steigt das Vorkommen bestimmter Fischarten an, etwa Saibling und Bachforelle.

Ressourceneinfluss:
- Die Überschwemmungsgefahr der ufernahen Grundstücke ist signifikant zurückgegangen, so-dass neue Bauprojekte – im Gegensatz zu den bestehenden Bauten – nun mit Kellergeschoss geplant werden können.
- Die verbesserte Wasserqualität hat dazu geführt, dass einer der lokalen Landwirte das Pro-jekt einer eingebundenen Forellenzuchtanlage verfolgt, welches nun einen weiteren Ent-scheidungskomplex auslösen könnte, beginnende mit dem Wirkungsfeld „Informationsaus-tausch".

Daphnien oder bestimmten Eintagsfliegen. Auf entsprechende biologische Ausdifferenzierungen soll jedoch zugunsten der Anschaulichkeit des Beispiels verzichtet werden.

42 Formal korrekt ist hiermit die „Verordnung über Anforderungen an das Einleiten von Abwasser in Gewässer (Abwasserverordnung – AbwV)" gemeint.

Funktionale Beziehung und Matrizenverknüpfungen

In den einzelnen Zellen des betreffenden Wirkungsfeldes der SUDEST-Matrix wird die funktionale Beziehung zwischen jeweils zwei Systemgrößen wiedergegeben. Solche Beziehung mag nur grob als von den Interessen her gleichgerichtet (konsensual) oder gegengerichtet (konfliktär) beschrieben werden – oder aber fundierte Wirkungsfunktionen zum Gegenstand haben, welche die Auswirkungen der betreffenden Beziehung quantitativ abzubilden vermögen.

In der Abbildung 3.4 ist dargestellt, wie Verknüpfungen von SUDEST-Matrizen einen gesamten Entscheidungskomplex abzubilden vermögen. Gemäß der Abbildung 3.4 ergibt sich folgende Verknüpfung von Wirkungsebenen:

- Jeder *Entscheidungsmoment* bezieht sich auf einen vier Wirkungsfelder umfassenden Beeinflussungszyklus, abbildbar als SUDEST-Matrix (Entscheidungsmomente-Matrix, EMM). Bei einer Neuproduktentwicklung würde sich ein solcher Entscheidungsmoment etwa auf den wissenschaftlich begleiteten Feldtest eines technischen Prototyps beziehen.
- Entscheidungsmomente, die sich auf einen gemeinsamen, übergeordneten Themenblock beziehen, werden zu einer *Entscheidungsphase* zusammengefasst. Die Entscheidungsmomente einer Entscheidungsphase sind hinsichtlich der Konstellation der konstituierenden Systemgrößen homogen und gegenüber den abzugrenzenden Entscheidungsphasen heterogen. Innerhalb einer Entscheidungsphase geht es also um einen übergeordneten Themenkomplex, der über verschiedene Entscheidungsmomente hinweg durch eine gleichartige Stakeholder-Map und durch einen gleichartigen Pool von Ressourcen geprägt ist. Abgebildet werden kann eine solche Entscheidungsphase als aggregiertes Bild der einzelnen aufeinanderfolgenden Entscheidungsmomente-Matrizen. Als Resultat ergibt sich eine Entscheidungsphasen-Matrix (EPM). So würde der oben angeführte Feldtest ein Entscheidungsmoment innerhalb der Entscheidungsphase „Produktzulassung" darstellen.
- Der gesamte *Entscheidungskomplex* stellt sich dar als Verknüpfung der zugrunde liegenden Entscheidungsphasen, resultierend in eine Gesamt-Matrix (GM). So stellte die Produktzulassung eine Entscheidungsphase der Neuproduktentwicklung dar, gemeinsam mit der vorgelagerten Entscheidungsphase „Produktentwicklung" sowie der nachgelagerten Entscheidungsphase „Markteinführung".

Die Abbildung 3.4 illustriert, wie sich die Erfassung einzelner Entscheidungsmomente zu Entscheidungsphasen-Matrizen verdichtet und schließlich in einer Gesamt-Matrix mündet. In dieser Gesamt-Matrix kommen die Unterstützungs- bzw. Widerstandsprognosen der involvierten Stakeholder sowie die Veränderungsprognosen für die involvierten systemrelevanten Ressourcen für den gesamten Entscheidungskomplex zum Ausdruck. Mithin lässt sich durch die Matrizenverrechnung der kumulative Effekt von Unternehmensentscheidungen im Zeitablauf simulieren (vgl. Jeschke/Mahnke 2016: 58 ff.).

Entscheidungsmomente-Matrix (EMM)

EMM bilden Entscheidungs-momente entlang des Entscheidungspfads ab.

Entscheidungsphasen-Matrix (EPM)

EMM werden aggregiert zu EPM, welche jede Entscheidungsphase abbilden.

Gesamt -Matrix (GM)

Aggregation aller EPM resultiert in der Gesamtmatrix, welche den gesamten Entscheidungs-komplex evaluiert.

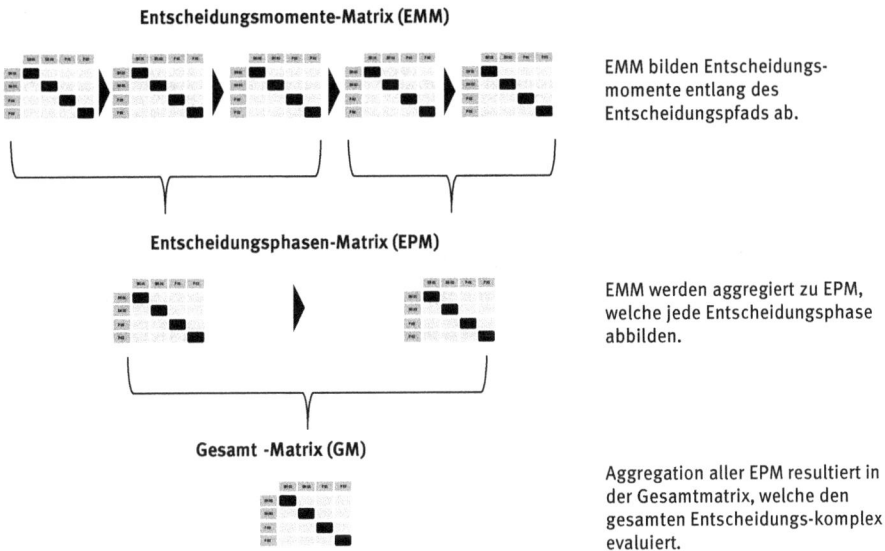

Abbildung 3.4: Verknüpfung von SUDEST-Matrizen (Jeschke 2016: 311).

Einzelentscheidungen werden also sequentiell mit vor- und nachgelagerten Entscheidungsmomenten verknüpft sein und in dieser Verknüpfung thematisch abgrenzbare Entscheidungsphasen bilden. Das Wirkungsgefüge einer solchen Phase lässt sich als Entscheidungsphasen-Matrix darstellen und von den simulierten Einflusspotenzialen der involvierten Stakeholder und Ressourcen her als Produkt der zugehörigen EMM berechnen. Der gesamte Entscheidungskomplex wird dann als Produkt der EPM zur Gesamt-Matrix aggregiert und vermag die Resultate der subsumierten Einzelentscheidungen als Gesamtbild zu simulieren.

Generieren der Informationsbasis

Letztlich geht es beim SUDEST-Ansatz darum, die Auswirkung einer anfänglichen Entscheidung auf andere Stakeholder und involvierte Ressourcen zu eruieren und Rückkoppelungseffekte zu simulieren. Die Wahl der für das Anwenden von SUDEST benötigten Informationsquellen richtet sich nach der jeweiligen Verortung des benötigten Systemwissens. Bei repetitiven, gut beschriebenen Vorgängen werden Dokumentenstudium und Controlling-Berichte Aufschluss geben. Bei weniger routinierten Entscheidungskomplexen liefern Expertengespräche, Fokusgruppen-Analyse,[43]

---

43 Bei einer Fokusgruppen-Analyse werden zu einem klar definierten Themenbereich Experten mit unterschiedlichen Hintergründen, Blickwinkeln und Interessenlagen zusammengebracht, um das Thema vielschichtig, häufig auch kontrovers zu diskutieren.

interaktive Arbeitstreffen oder Benchmarking-Studien[44] die Informationsbasis für SUDEST.

Das Wissen um die tatsächlich wirkenden Funktionszusammenhänge wird sich aus theoretischen Erkenntnissen, aus Expertenwissen oder aus empirischen Recherchen und gemachten Erfahrungen herleiten. Die auslösenden Systemgrößen können dabei von ihrem Auslösemuster her sporadisch oder kontinuierlich beeinflussen und dies in linearer oder nichtlinearer Weise. Wissen mag sich theoretisch herleiten oder empirisch ermitteln lassen. Grundsätzlich gilt hierbei: Tun sich bei der Analyse Informationsdefizite auf, so bedeutet dies nicht, dass das Instrument ungeeignet ist, sondern es zeigt, wie defizitär das entscheidungsrelevante Wissen derzeit noch ist. In einer solchen Situation ist mit gegebenen oder näherungsweise angenommenen Informationen die Analyse zu beginnen, um die Informationslage nach und nach zu komplettieren und zu validieren.

SUDEST-Analyseschritte

Der SUDEST-Ansatz besteht aus vier, im Folgenden näher auszuführenden Analyseschritten:[45]

1. Chronologisierung des Entscheidungskomplexes
2. Abbildung des Entscheidungskontextes
3. Simulation von Entscheidungsszenarien
4. Lernen

Chronologisierung des Entscheidungskomplexes

Insbesondere komplexe, rekursive Entscheidungsprozesse weisen eine chronologisierbare Entscheidungshistorie auf: Das Ergebnis einer vorgelagerten Entscheidungsphase stellt die Ausgangssituation der direkt nachgelagerten dar. Analog bildet innerhalb einer Entscheidungsphase das Resultat einer Einzelentscheidung (eines Entscheidungsmomentes) den Ausgangspunkt für die somit ausgelöste, sich anschließende Folgeentscheidung. Im ersten Schritt der SUDEST-Anwendung gilt es, die anstehende Entscheidung im Kontext von Folgeentscheidungen zu sehen und somit auch längerfristige Wirkungsvernetzungen zu eruieren. Konkret geht es um die folgenden Fragestellungen:

– Wie kann der gesamte *Entscheidungskomplex* beschrieben und abgegrenzt werden?

---

44 Beim Benchmarking geht es darum, bestimmte Leistungsaspekte bei den hier am besten leistenden Wettbewerbern (best practice) zu analysieren, um hieraus Rückschlüsse für das eigene Unternehmen zu ziehen.

45 Eine eingehende mathematische Darstellung der verschiedenen Berechnungsschritte findet sich bei Jeschke/Mahnke (2016: 56 ff.).

- In welche *Entscheidungsphasen* gliedert sich der gegenständliche Entscheidungs-komplex?
- Welche *Entscheidungsmomente* weisen die einzelnen Entscheidungsphasen auf?

Während eine Kenntnis über die Historie eines aktuellen Entscheidungsbedarfs durchaus von analytischem Nutzen sein kann, wird ein unternehmerischer Entschei-der seinen Analysefokus insbesondere bei den Entscheidungsphasen bzw. bei den einzelnen Entscheidungsmomenten ansiedeln, die durch sein Mitwirken geprägt sind und ihm Gestaltungsspielräume eröffnen.

Abbildung des Entscheidungskontextes
Nun ist die Informationsgrundlage für das Aufstellen der SUDEST-Matrix (bei einer anstehenden Einzelentscheidung) bzw. der SUDEST-Matrizen (bei einer Sequenz re-levanter Entscheidungsmomente) zu erarbeiten. Hierbei gelten folgende Fragestel-lungen:
- Welche Stakeholder sind bei der Entscheidung zu berücksichtigen (Stakeholder-Map)?
- Um welche Ressourcen geht es den Stakeholdern (Resource Map)?
- Inwiefern können die Interessen der involvierten Stakeholder in Bezug auf die Interessen des unternehmerischen Entscheiders als konsensual, neutral oder als konfligierend angenommen werden?[46]
- Wie können die Beziehungen a) zwischen Stakeholdern, b) zwischen Ressour-cen sowie c) zwischen Ressourcen und Stakeholdern funktional beschrieben wer-den, und zwar hinsichtlich Wirkungsrichtung, Wirkungsgrad, und Wirkungszeit-punkt?

Die Abbildung des aus Entscheidersicht für relevant erachteten Entscheidungsmo-ments geschieht mit Blick auf Entscheidungssubjekte (Stakeholder), Entscheidungs-objekte (Ressourcen) sowie verknüpfende Beziehungen, resultierend in der SUDEST-Matrix (siehe Abbildung 3.3). Diese Matrix verknüpft vier Wirkungsfelder durch eine definierte Verlaufslogik, welche gleichzeitig der mathematischen Logik der Matrizen-verrechnungen folgt. Hierbei sind auf der Vertikalen die beeinflussenden Stakeholder und Ressourcen und auf der Horizontalen die hiervon beeinflussten Stakeholder und Ressourcen abgetragen.[47] Die unternehmerische Entscheidung wird von einem oder mehreren der SUDEST-Wirkungsfelder geprägt bzw. beeinflusst.

---

46 Bei einer als „neutral" angenommenen Beziehung würde diese SUDEST-Zelle den Wechselwir-kungswert „0" erhalten und somit für den Analysevorgang neutralisiert werden.
47 Zur matrizenbezogenen Mathematik wird im Zusammenhang mit dem AHP in Unterkapitel 2.5.4 näher ausgeführt.

Simulation von Entscheidungsszenarien

Während die ersten beiden Arbeitsschritte dem Herausarbeiten und Abbilden der Entscheidungssituation gewidmet sind, erfolgt im dritten Arbeitsschritt die Simulation der Entscheidungswirkungen. Folgende Fragestellung liegen hierbei zugrunde:

– Welche Entscheidungsalternativen sind aus Entscheidersicht vorstellbar?
– Welche Auswirkungen hätten die jeweiligen Alternativen auf die Stakeholder-Dispositionen sowie auf die abgebildeten Ressourcen?

Die Implikation der betreffenden Entscheidungsalternative wird entsprechend der angenommenen Wirkungsvernetzungen für nachfolgende Wirkungsfelder, Entscheidungsmomente und Entscheidungsphasen simuliert (vgl. Abbildung 3.4). Der resultierende Aussagegehalt der SUDEST-Analyse lässt sich wie folgt beschreiben (Jeschke 2016: 311 f.):

> Neben den aufaggregierten Kennzahlen der Gesamt-Matrix liefert das Kennzahlensystem ein differenziertes Bild über die vorgelagerten Analyseebenen. Das Durchspielen alternativer Szenarien ermöglicht eine Sensitivitätsanalyse – und somit das systematische Simulieren vorstellbarer Geschäftsverläufe und diesbezüglicher Hebelwirkungen. Konkret ermöglicht das resultierende Kennzahlensystem Aussagen u. a. zu den folgenden Aspekten:
>
> 1. An welchen Entscheidungsmomenten werden Stakeholder besonders stark für oder gegen die Zielvorstellung des Entscheiders disponiert?
> 2. Welche Wirkungskonstellationen haben besonders starke Auswirkungen auf relevante Produktbestände, um die es letztlich bei Entscheidungskalkülen geht?
> 3. Welche gegensätzlichen Wechselwirkungen („Trade-offs") kennzeichnen die Entscheidungssituation?
> 4. Welche Gestaltungsoptionen verstärken die Systemresilienz, fördern mithin eine Stabilisierung des Entscheidungsumfeldes, ausgedrückt durch die Stabilisierung relevanter Produktbestände?
> 5. Welche unternehmerischen Handlungsszenarien sind mithin die nachhaltigsten und welche unternehmerischen Maßnahmen sind ihrer systemischen Wirkung gemäß am ehesten Nachhaltigkeits-Treiber oder Nachhaltigkeits-Verhinderer?
> 6. Welches ökonomische Profil weisen die heraus gearbeiteten Entscheidungsalternativen aus Sicht des Entscheiders auf?

Lernen

Der Erkenntnisgewinn eines sozialen Systems ist nicht mit der Summe der individuellen Lernprozesse seiner Mitglieder gleichzusetzen. Diese individuellen Lernprozesse sind jedoch die Vorbedingung für das organisationale Lernen. Ohne individuelles Lernen gibt es deshalb kein lernendes soziales System (Senge 2011: 153).

Individuelles Lernen setzt Motivation und Erkenntnis voraus: Der individuelle Mensch lernt nur, wozu er offen ist und was er versteht und innerhalb eines Bezugsrahmens interpretieren und einordnen kann. Mit jedem individuellen oder kollektiven

Entscheidungsprozess sind deshalb für das Unternehmen Lernpotenziale verbunden. Dies setzt jedoch voraus, dass der Entscheider seine Entscheidungsziele, die angewandten Entscheidungsregeln sowie die resultierende Entscheidungswirkung retrospektiv auswertet und kritisch hinterfragt – und zwar möglichst vorurteilsfrei und ohne psychologische Anomalien wie dem in Unterkapitel 2.5.5 vorgestellten „Hindsight Bias" (Rückschaufehler).

Laufendes Lernen stützt sich auf möglichst regelmäßige und möglichst kurzperiodige Soll/Ist-Vergleiche, um getroffene Annahmen laufend rekapitulieren zu können und ein ständiges Annähern an die Realität zu gewährleisten. So ist beispielsweise eine Vermarktungs- und Vertriebsstrategie besser zu korrigieren, wenn man wöchentliche Akquise- und Verkaufszahlen analysiert, als wenn man lediglich einen Jahresrückblick anstrengt. Jedoch sollte Kurzfristigkeit nicht zu fragmentarischem Denken führen, ohne Wahrung längerfristiger Zusammenhänge. Hier bedarf es dem Abgleich mit übergeordneten Ziel- und Planungsebenen.

Für die SUDEST-Anwendung bedeutet dies eine fortlaufende Überprüfung und Aktualisierung der in Betracht zuziehenden Stakeholder und Resource Map sowie der voraussichtlichen Wirkungsbeziehungen. So können künftige, analoge Entscheidungssituationen schneller und zutreffender erfasst werden. Wirkungszusammenhänge mögen anfangs nur über qualitative Informationen erfasst werden, beispielsweise über eine fünfstufige diskrete Likert-Nominalskala. Mit fortschreitendem organisationalem Lernen werden sich die Wirkungszusammenhänge dann zunehmend quantifizieren lassen:

> So kann beispielsweise die lokale Stimmung gegenüber einem Gewerbeprojekt zunächst qualitativ erfasst werden. Das Meinungsbild von Bürgerinitiativen oder Gemeinderat lässt sich im Kern aber auch quantitativ ausdrücken, etwa durch die Zahl und Art eingereichter Anträge. (Jeschke 2016: 312).

Bossel hat für drei Themenbereiche Regelkreisläufe erarbeitet, welche als Grundlage für das Zusammenwirken von Stakeholdern und Ressourcen bei artverwandten Themen dienen: 1. Klima, Ökosysteme und Ressourcen (2004b), 2. Wirtschaft, Gesellschaft und Entwicklung (2004c) sowie 3. Elementarsysteme, Technik und Physik (2007).

SUDEST-Anwendung

Die Anwendungsmöglichkeiten von SUDEST sollen anhand zweier Beispiele illustriert werden. Während das erste Beispiel knappgehalten ist und lediglich einem schematischen Überblick dient, geht das zweite Beispiel – bei dem es sich um einen wahren Praxisfall handelt – inhaltlich und methodisch in die Tiefe.

⚡ Produktinnovation

Ein innovatives Produkt soll einem Unternehmen zu neuen Geschäftsmöglichkeiten verhelfen. Der Entscheidungskomplex umfasst drei Entscheidungsphasen: Produktentwicklung, Markteinführung sowie Marktdurchdringung. Jede der drei Entscheidungsphasen subsumiert wiederum mehrere sequentielle Entscheidungsmomente. Es ergibt sich aus Sicht des verantwortlichen Product Managers das in der Tabelle 3.13 abgebildete Entscheidungsgefüge.

Tabelle 3.13: Produktinnovation als Entscheidungskomplex.

Produktentwicklung	⇒ Markteinführung	⇒ Marktdurchdringung
1. Ideenscreening (Funneling)	1. Testmarkt (Proof of Market)	1. Wiederholungskäufe
2. Prototypenbau (Proof of Concept)	2. Vertriebspartnerakquise (Verfügbarkeit)	2. Programmaufbau
3. Zertifizierung und Zulassung	3. Markteintrittskampagne (bis Gewinnschwelle)	3. Internationale Expansion

Jeder Entscheidungsmoment – dargestellt als Entscheidungsmomente-Matrix (EMM) – ist durch ein spezifisches Zusammenspiel von Stakeholdern und Ressourcen gekennzeichnet. Die Entscheidungswirkung einer jeden EMM (mit den vier Wirkungsfeldern „Informationsaustausch", „Ressourcenbeeinflussung", „Ressourcenwechselwirkung" und „Ressourceneinflussnahme") bildet den Ausgangspunkt für den nächsten Entscheidungsmoment. So wird etwa das Resultat des Ideenscreenings die Ausgangslage für den Prototypenbau beschreiben.
Ist die Phase der Produktentwicklung abgeschlossen, kann das Wirkungsgefüge als aggregierte, die Informationen der einzelnen EMM aufnehmende Entscheidungsphasen-Matrix (EPM) dargestellt werden. Letztlich wird der gesamte Prozess der Neuproduktrealisation durch eine Gesamtmatrix (GM) zum Ausdruck gebracht. Diese hat weitreichende Simulationen zur Entwicklung der involvierten Stakeholder-Dispositionen und der für relevant erachteten Ressourcen zum Gegenstand.

Das nachfolgende zweite Beispiel beschäftigt sich mit der Erschließung eines Abbaugebietes für das Kiesgewerbe. Was qualifiziert dieses Thema als Beispiel? In den letzten Jahren hat sich die Durchsetzung geplanter Kiesgrubenerschließungen in Deutschland regelmäßig aufgrund auftretender Hindernisse – etwa durch juristischen Widerstand seitens des Bundes für Umwelt und Naturschutz Deutschland e. V. (BUND) – signifikant verzögert oder wurde gar gänzlich verhindert. Dies wirft die Frage auf, welche Entscheidungen für einen Kiesgrubenbetreiber anstehen, und wie diese angesichts einer vielfältigen Stakeholder-Map konsensfähig zu gestalten sind. Offensichtlich gibt es hier Schwachstellen beim durchschnittlichen Entscheidungsprozess: eine interessante Ausgangssituation für eine tiefergehende Analyse.

SUDEST-Entscheidungsanalyse: Kiesgruben-Bewirtschaftung (vgl. Jeschke et al. 2014)[48]

Die Erschließung und Bewirtschaftung einer durchschnittlich großen deutschen Kiesgrube erstreckt sich über einen Zeitraum von mindestens 25 Jahren. Danach gilt es für den – typischerweise mittelständischen – Betreiber, sich ein neues, geeignetes Areal zu erschließen, um die Bewirtschaftung andernorts fortzusetzen. Ein solches Erschließungsprojekt ist also als Generationenprojekt anzusehen, ohne dass man auf einen aktuellen Erfahrungsschatz – wie bei repetitiven Entscheidungen üblich – zurückgreifen kann.

Der gesamte Zeitrahmen eines solchen Kiesgruben-Abbauprojektes umfasst mehrere nachfolgende Entscheidungsphasen, die Gegenstand zeitlich aufeinander folgender und sachlogisch miteinander verknüpfter Entscheidungen sind. Drei Wirkungsebenen sind zu unterscheiden:

1. Der Entscheidungskomplex umfasst das gesamte Projekt mit allen dazugehörigen strategischen Entscheidungen während des Projektablaufs.
2. Die Entscheidungsphasen stehen für einen Themenblock, der mehrere Entscheidungsbedarfe subsummiert.
3. Der Entscheidungsmoment betrifft den einzelnen Entscheidungsbedarf innerhalb einer Entscheidungsphase.

Beim vorliegenden Beispiel besteht der Entscheidungskomplex aus fünf Entscheidungsphasen: Projektierung, Raumordnungsverfahren, Genehmigungen der Teilabbaugebiete, Gewinnung der Rohstoffe in den genehmigten Teilabbaugebieten sowie Folgenutzung der nicht mehr bewirtschafteten Teilabbaugebiete.[49]

Innerhalb der Entscheidungsphasen sind wiederum einzelne Entscheidungsmomente zu unterscheiden. So beinhaltet die initiale Entscheidungsphase der Projektierung die Entscheidungsmomente der Bedarfsplanung (Welche Charakteristika sollte das neue Abbaugebiet aufweisen?), der Objektsichtung (Welche Gebiete kommen in Betracht?) sowie der Zugriffssicherung (Zu welchen Konditionen kann das Gebiet vom Landeigentümer erworben oder gepachtet werden?).

Das Resultat dieser ersten Entscheidungsphase – die Festlegung eines Abbaugebietes – stellt wiederum die Ausgangslage für die zweite Entscheidungsphase dar, dem Raumordnungsverfahren. Dieses beinhaltet als Entscheidungsmomente die Planung, die Anhörung, die Umweltverträglichkeitsprüfung (UVP) sowie das Festlegen eventueller Auflagen. Mit Beendigung des Raumordnungsverfahrens wird die Genehmigungsphase eingeleitet, welche sich typischerweise auf verschiedene, zeitlich nacheinander zu behandelnde Teilabbaugebiete bezieht. Innerhalb der Genehmigungsphase erfolgen dann Projektdarstellung, Detailplanung, Begutachtung, eine Überarbeitung, der Abschluss der Verhandlungen sowie die Festlegung von Auflagen.

Der Genehmigungsphase schließt sich die eigentliche Phase der Bewirtschaftung, die Kiesgewinnung, an. Neben dem Geschäftsbetrieb beinhaltet diese Entscheidungsphase den Umgang mit laufenden Auflagen, laufenden Bodenprüfungen sowie der Kontrolle zur Einhaltung der festgelegten Auflagen. Am Ende der Bewirtschaftung steht letztlich die Folgenutzung. Diese finale Entscheidungsphase umfasst die Detailplanung, hiermit verbundene Anhörungen sowie die Festlegung von Auflagen.

---

48 Dieser Anwendungsfall wurde in enger Zusammenarbeit mit der Geschäftsleitung des Bayerischen Industrieverbandes Steine und Erden e. V., Fachabteilung Sand- und Kiesindustrie, erarbeitet.

49 Typischerweise wird das zugriffsgesicherte Abbaugebiet in Teilabbaugebiete unterteilt, welche zeitlich nacheinander erschlossen werden. Die Genehmigungsverfahren, die Rohstoffgewinnung sowie die Folgenutzung beziehen sich dann auf das jeweils aktuelle Teilabbaugebiet.

Insgesamt beziehen sich die mit dem Kiesabbau verbundenen Entscheidungen auf einen Zeitraum von mindestens 25 Jahren, wobei vorangegangene Entscheidungsresultate die Ausgangslage für nachfolgende Entscheidungen darstellen. Die Abbildung 3.5 stellt das sequentielle Entscheidungsgefüge bei der Erschließung neuer Kiesabbaugebiete dar.

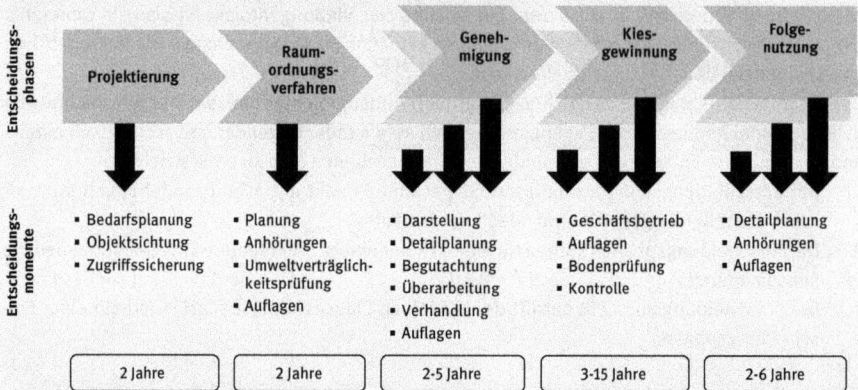

Abbildung 3.5: Entscheidungskomplex Kiesgrubenbewirtschaftung (Jeschke et al. 2014: 18).

Das Weichenstellen für ein erfolgreiches, konsensfähiges Bewirtschaftungsprojekt beginnt mit der bedarfsgerechten Wahl eines geeigneten Standortes. Hierzu führen Jeschke et al. aus wie folgt (2014: 18):

> Bei der Zugriffssicherung scheinen die Entscheidungsaspekte noch klar und überschaubar zu sein: Pacht- oder Kaufpreise alternativer Gebiete lassen sich leicht vergleichen. Doch dann beginnt es unüberschaubar zu werden: Welche Unwägbarkeiten und kostspieligen Auflagen ziehen die jeweiligen Gebietscharakteristika nach sich? Was bedeutet dies für die Bewirtschaftung? Mit welchem Aufwand ist schlussendlich bei der Renaturierung bzw. Rekultivierung zu rechnen?

Im Rahmen des SUDEST-Ansatzes gilt es, das Wirkungsgefüge von Entscheidungssubjekten (Stakeholdern) und Entscheidungsobjekten (Ressourcen) näher zu erfassen. Für die Umsetzung des Kiesgrubenprojektes werden folgende Stakeholder für relevant erachtet:

- Kiesgrubenbetreiber
- Grundeigentümer
- Behörden wie das zuständige Landratsamt
- Untere Naturschutzbehörde
- Wasserwirtschaftsamt
- Landesamt für Umwelt
- regionaler Wasserversorger
- Industrie- und Handelskammer
- zuständiger Industrieverband
- betroffene(n) Gemeinde(n) und deren Anwohner
- Umweltschutzverbände wie Bundesverband Umwelt und Naturschutz Deutschland e. V. (BUND) und Landesbund für Vogelschutz e. V. (LBV).

Wie in der Abbildung 3.6 dargestellt, lassen sich die relativen Bedeutungen der diversen Stakeholder – im Sinne potenzieller Einflussnahmen – im Projektverlauf simulieren. Hierzu wird der gesamte Entscheidungskomplex in die 20 in der Abbildung 3.5 aufgeführten, sequentiellen Entscheidungsmomente untergliedert. Jeder dieser Entscheidungsmomente kann über eine SUDEST-Matrix in seiner Relevanz abgebildet werden und repräsentiert in seinem Ergebnis wiederum die Ausgangslage des direkt nachgelagerten Entscheidungsmoments. Die Abbildung 3.6 stellt die relative Bedeutung von vier Stakeholdern anhand normierter Einflusswerte dar: vom Kiesgrubenbetreiber (KGB), vom Bund Naturschutz (BN), vom Grundstückseigentümer (GE) sowie vom zuständigen Landratsamt (LRA). Je höher der Wert eines Stakeholders für einen bestimmten Entscheidungsmoment, desto größer dessen Einflusspotenzial in diesem Moment.

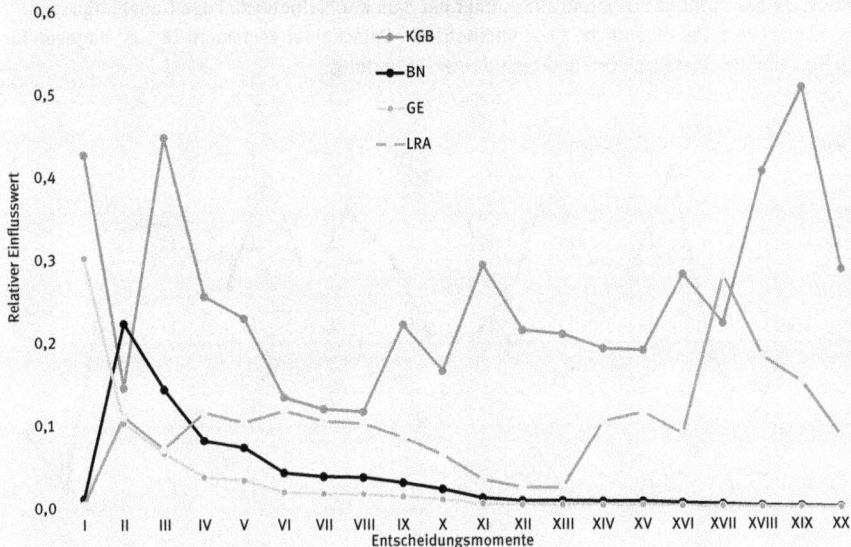

Abbildung 3.6: Relativer Stakeholder-Einfluss im Projektverlauf (in Anlehnung an Jeschke et al. 2014: 19).

Gemäß der Abbildung 3.6 ergibt sich folgendes Bild:

- Der Kiesgrubenbetreiber (KGB) hat zu Beginn und zum Ende hin größere Gestaltungsspielräume, so etwa anfangs bei den Entscheidungsmomenten „Objektsichtung" und „Planung" im Rahmen des Raumordnungsverfahrens sowie zum Ende hin bei der „Detailplanung" des Folgenutzens.
- Dem Grundstückseigentümer (GE) kommt vor allem beim ersten Entscheidungsmoment eine überragende Bedeutung zu, da die Geeignetheit seines Grundstückes den weiteren Verlauf der Auseinandersetzung bestimmt. Danach verbleibt seine Rolle weitestgehend passiv.
- Der Bund Naturschutz (BN) wird insbesondere beim 12. Entscheidungsmoment für bedeutsam empfunden. Dieser Entscheidungsmoment bezieht sich auf die Verhandlungen im Rahmen des Genehmigungsverfahrens. Bei einem zu diesem Zeitpunkt bereits abgeschlossenen Raumordnungsverfahren sind die Fronten bei der Verhandlung oftmals bereits verhärtet, Änderungen forderten demgemäß ein größeres und auch kostenaufwändigeres Umdenken ein. Als Schlussfolgerung ergibt sich, dass dieser Stakeholder bereits bei der Planung des Raumordnungsverfahrens einbezogen werden sollte. Dies ist rein rechtlich zwar nicht erforderlich, würde aber einer Projektblockade beim 12. Entscheidungsmoment vorbeugen können.
- Das Landratsamt (LRA) übt vor allem während der Kiesgewinnung kontrollierenden Einfluss aus.

ie Abbildung 3.7 zeigt die relative Bedeutung jedes einzelnen Entscheidungsmomentes für den gesamten Entscheidungskomplex, also für das erfolgreiche Bewirtschaften der Kiesgrube. Die Kurve „Total" steht für das gesamthafte Einflusspotenzial unter Berücksichtigung aller 20 Entscheidungsmomente. Die Kurve „Ohne" zeigt den relativen Einflussverlust an, sofern die Wirkung eines jeweiligen Entscheidungsmoments auf den Gesamterfolg des Entscheidungskomplexes unberücksichtigt bliebe: Je geringer die Distanz zwischen den beiden Kurven, desto unwichtiger der diesbezügliche Entscheidungsmoment.

Als relativ bedeutsam stellt sich beispielsweise der Entscheidungsmoment 2 ("Objektsichtung") heraus, da das Profil des Grundstückes direkt mit dem Konfliktpotenzial des Genehmigungsprozesses korreliert. Der eigentliche Geschäftsbetrieb – Entscheidungsmoment 14 – ist dagegen für den Stakeholder-Austausch von untergeordneter Bedeutung.

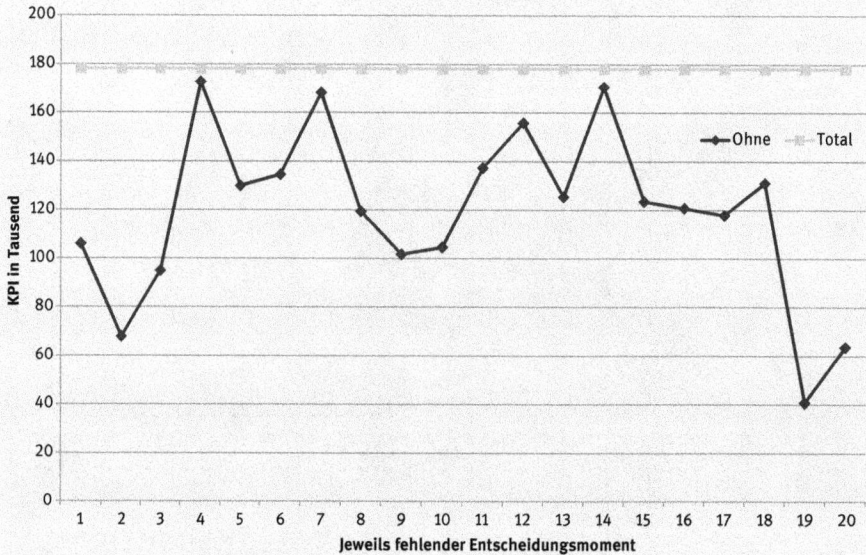

Abbildung 3.7: Relative Bedeutung der Entscheidungsmomente (übersetzt und in Anlehnung an Jeschke und Mahnke 2016: 64).

Die in diesem Entscheidungsgefüge involvierten Ressourcen sind einerseits ökonomischer Natur: Investitionskosten, laufende Betriebskosten und Umsatz des Betreibers, Gewerbe- und Körperschaftssteuern. Daneben spielen aber auch ökologische und soziale Ressourcen zunehmend eine Rolle für die Durchsetzbarkeit eines solchen Projektes: die Schutzgüter Wasser, Landschaft, biologische Vielfalt, Luft, Klima sowie das Schutzgut Mensch.

Diese Systemgrößen werden einander als SUDEST-Matrix gegenübergestellt. Für die involvierten Umweltschutzverbände ist die Art der Folgenutzung von großer Bedeutung, auch wenn diese erst nach Jahrzehnten realisiert würden. So stieße etwa eine Folgenutzung, welche die Verklappung von Bauschutt vorsieht, auf großen Widerstand, während die Belassung als Biotop im Rahmen eines Renaturierungsprogramms konsensfähig wäre. Aus Sicht des Betreibers ist der (negative) Gegenwartswert einer solchen längerfristig wirkenden Entscheidungsoption eher zu vernachlässigen, da die diesbezüglichen Auszahlungen erst in ferner Zukunft zu realisieren wären.

Die Wahl des Abbaugebietes hat weitreichende Auswirkungen auf die oben genannten Ressourcen sowie auf die Interessenlage und das beeinflussende Verhalten der involvierten Stakeholder. Dies schlägt sich darin nieder, dass die Weichenstellungen der oben angeführten Projektierungsphase folgenreich sind für das durch die Stakeholder verkörperte Unterstützungs- und Widerstandspotenzial – und somit für die Umsetzbarkeit des geplanten Erschließungsprojektes.

Zu Beginn dieses Entscheidungskomplexes steht die Wahl des Abbaugebietes. Abbaugebiete können aus wirtschaftlicher, ökologischer und sozialer Sicht unterschiedlich geeignet sein – und daher auch auf unterschiedlich große Unterstützungs- oder Widerstandspotenziale treffen. Nun werden im Regelfall weniger geeignete Gebiete günstiger zu sichern sein als geeignetere. Sofern die sich hieraus ergebenden Konsequenzen nicht bedacht werden, wird der Entscheider sich das günstigste Grundstück sichern – hiermit aber gleichzeitige eine konfliktträchtige Ausgangslage schaffen, welche nachfolgende Entscheidungsphasen belastet, etwa durch hohe Auflagen im nachfolgenden Raumordnungsverfahren. Die Eigenschaften des Abbaugebietes stehen somit in direktem Zusammenhang mit den Unterstützungs- und Widerstandspotenzialen einflussnehmender Stakeholder.

Die Tabelle 3.14 stellt ein Eigenschaftsprofil für potenzielle Kiesgewinnungsgrundstücke dar. Über eine Simulation von Reaktionsmustern der Stakeholder können spezifische Eigenschaftsprofile (also spezifische Ausprägungen oder Vorkommen bei den herangezogenen Bewertungsaspekten) über einen zu erwartenden Widerstands- bzw. Konsensindikator (mit normierten Werten zwischen 0 und 100) evaluiert werden.

Tabelle 3.14: Profil Kiesgewinnungsgrundstück (Jeschke et al. 2014: 21).

	Bewertungsaspekt	Vorkommen/Ausprägung
Umwelt	Regionaler Grünzug	ja/nein
	Trenngrün	ja/nein
	Wald	Keine/Erholung/Bannwald
	Vorranggebiet Wasserversorgung	ja/nein
	Wasserschutzgebiete	ja/nein
	Landschaftliches Vorbehaltsgebiet	ja/nein
	Artenschutz	ja/nein
	Biotop/Biotopverbundachse	ja/nein
	Überschwemmungsgebiete	ja/nein
Infrastruktur	Erholungsschwerpunkt	ja/nein
	Siedlungsentwicklung (Planung)	ja/nein
	Bodendenkmal	ja/nein
	Bebauungspläne	in Aufstellung/mit Rechtskraft/nein
	Flächennutzungspläne	in Aufstellung/mit Wirksamkeit/nein
	Bodenschätze	Vorbehaltsgebiet/Vorranggebiet/nein
Bauplanung	Energieversorgung (Linie)	ja/nein
	Verkehr (Linie/Punkt)	ja/nein
	Leerrohre	ja/nein
	Tiefbaumaßnahmen	ja/nein
	Güte der Lagerstätte	Sand, Kies/Splitt/unverwertbar
	Gemeinden (betroffene)	mit/ohne ansässiger Betriebsstätte

Im Vergleich von mehreren grundsätzlich in Frage kommenden Abbaugebieten kann sich ein Kiesgrubenbetreiber über einen mit der SUDEST-Matrix verbundenen Algorithmus ein Bild von den zu erwartenden Widerständen verschaffen, heruntergebrochen auf die einzelnen Stakeholder. Über den Widerstands- oder Konsensindikator ist ein Bewertungskriterium für die Umsetzbarkeit des projektierten Abbauvorhabens gegeben. Die Auswertung ermöglicht es zudem, zu erwartende, gefährdende Widerstände zu verorten, und zwar mit Blick auf den hier aktiven Stakeholder sowie bezüglich des betreffenden Entscheidungsmomentes innerhalb des gesamten Entscheidungskomplexes.

3.3.2 Typologien gemäß SUDEST-Ansatz

Welche Entscheidungstypen können gemäß dem SUDEST-Ansatz unterschieden werden? Folgende Entscheidungscharakteristika kristallisieren sich heraus:
- Steht die Entscheidung in einem sequentiellen Zusammenhang mit vor- oder nachgelagerten Entscheidungen, sodass innerhalb des Entscheidungskomplexes Entscheidungsphasen und subsumierte Entscheidungsmomente zu unterscheiden sind – oder handelt es sich um eine singuläre, unvernetzte Entscheidung?
- Trifft die Entscheidung innerhalb des betrachteten Gesamtbildes überwiegend auf Konflikt- oder aber auf Unterstützungspotenziale? Wo sind diese Potenziale verortet und welche Stakeholder-Beziehung liegt ihnen zugrunde?
- Welche Auswirkung haben Entscheidungen auf Ressourcen, und inwiefern gibt es einen Rückkoppelungseffekt von den Ressourcen zu den Interessen der Stakeholder? Die Entkoppelung von Entscheidungssubjekten und Entscheidungsobjekten führt zu einer strukturellen Klarheit und Vervollständigung: dem Stakeholder-Mapping wird ein Resource Mapping gegenübergestellt.

Welche Typologien lassen sich aus diesen Charakteristika herleiten? Die SUDEST-Matrix besteht aus vier Sub-Matrizen, die jeweils für ein bestimmtes Wirkungsfeld stehen. Sub-Matrizen, die durch eine geringe Interaktivität weniger Systemgrößen (Stakeholder oder Ressourcen) gekennzeichnet sind, stehen für eine relativ geringe Relevanz dieses Wirkungsfeldes. Umgekehrt wird eine hohe Interaktivität für eine hohe Relevanz des betroffenen Wirkungsfeldes sprechen. Werden die vier Wirkungsfelder der SUDEST-Matrix entsprechend dichotomisiert, so ergeben sich die in Tabelle 3.15 dargestellten Konstellationen.

Aufgrund unterschiedlich intensiver Systemaktivitäten in den vier Wirkungsfeldern können gemäß der Tabelle 3.15 diverse SUDEST-Wirkungstypen unterschieden werden. Exemplarisch werden nachfolgend sechs dieser Typen näher erläutert, in der Tabelle 3.15 als grau markierte Zellen kenntlich gemacht:
- *Randerscheinung*: Sofern die Interaktion von Stakeholdern und Ressourcen grundsätzlich, d. h. für alle Wirkungsfelder, wenig intensiv ausfällt, kann dieser Entscheidungsmoment als „Randerscheinung" bezeichnet werden. Sowohl Stakeholder-Interessen wie auch Ressourcenauswirkungen scheinen durch entscheiderseitige Gestaltungsspielräume nur geringfügig betroffen zu sein.
- *Ressourceneinfluss*: Stakeholder sind bei diesem Entscheidungsmoment weder intensiv am Verhandeln, noch intensiv am Beeinflussen systemrelevanter Ressourcen. Diese Ressourcen sind allerdings intensiv in ihrer Wechselwirkung und in ihrer Einflussnahme auf die Stakeholder. Im unternehmerischen Kontext ist hier z. B. die Relevanz unternehmerischer Ressourcen nicht angemessen eingeschätzt worden, wodurch ein intensiver Informationsaustausch sowie eine intensive Einflussnahme auf diese Ressourcen unterbleiben.

Tabelle 3.15: SUDEST-Entscheidungstypen.

			Ressourcenwechselwirkung			
			⇓		⇑	
			Ressourceneinflussnahme		Ressourceneinflussnahme	
			⇓	⇑	⇓	⇑
Informationsaustausch ⇒ ⇐	Ressourcen-beeinflussung ⇒ ⇐	⇒	Randerscheinung	beeinflussende Randerscheinung	Ressourcen-Eigendynamik	Ressourcen-Einfluss
		⇐	isolierte Einflussnahme	passive Ressourcen-Interaktion	unverhandeltes Ressourcen-Management	Ressourcen-Interaktion
	Ressourcen-beeinflussung ⇒ ⇐	⇒	Verhandlungs-schwerpunkt	passiver Verhandlungs-schwerpunkt	passives Ressourcen-Management	passives Systemwirken
		⇐	aktive Einflussnahme	gegenseitige Ressourcen-Interaktion	verhandeltes Ressourcen-Management	intensives Systemwirken

- *Aktive Einflussnahme*: Als Gegenstück zum Typus „Ressourceneinfluss" weist der EM-Typus der aktiven Einflussnahme intensive Verhandlungsaktivitäten der Stakeholder sowie eine aktive Einflussnahme auf die Systemressourcen auf, ohne dass es innerhalb der Systemressourcen intensive Wechselbeziehungen bzw. eine intensive Einflussnahme auf die Stakeholder gibt.
- *Unverhandeltes Ressourcen-Management*: Bei diesem EM-Typus beeinflussen sich Stakeholder und Ressourcen gegenseitig intensiv, ohne dass intensive Verhandlungen zwischen den Stakeholdern stattfinden. Während also Entscheidungssubjekte und Entscheidungsobjekte größeren gegenseitigen Einfluss ausüben, verhandeln diese ihre Interessenlagen untereinander kaum.
- *Verhandlungsschwerpunkt*: Bei dieser EM-Konstellation erfolgt ein intensiver Austausch zwischen den Stakeholdern, ohne jedoch Ressourcen intensiv zu beeinflussen oder von diesen beeinflusst zu werden. Man könnte hier von Verhandlungen als Selbstzweck – vielleicht aus Gründen der Machtsicherung oder des Prestiges – sprechen.
- *Intensives Systemwirken*: Sofern alle vier Wirkungsfelder durch intensive Stakeholder- und Ressourcen-Interaktion gekennzeichnet sind, ist dieser Entscheidungsmoment durch ein intensives Systemwirken charakterisiert. Stakeholder-Interessen und Auswirkungen auf bzw. durch Systemressourcen sind in hohem Maße vom Systemgeschehen betroffen.

Welche Auswirkungen hat die systemische Entscheiderrolle auf unternehmerische Entscheidungsprozesse und welche Empfehlungen hinsichtlich der Gestaltung solcher Prozesse lassen sich plausibel herleiten? Unter Bezugnahme auf den SUDEST-Ansatz sind für den Entscheider mehrere Rollen denkbar, welche jeweils auf andere Systemaktivitäten innerhalb der vier Wirkungsfelder abstellen:

– Wirkungsfeld *„Informationsaustausch"*: Eine hohe Systemaktivität zeugt von regem Verhandeln. Die Stakeholder vertreten ihre Interessen, indem Ansichten und Argumente miteinander ausgetauscht werden. Ein intensiver Stakeholder-Austausch mag im Verlauf den Bedarf an weiteren Entscheidungsalternativen hervorbringen. Eine eher geringe Systemaktivität würde dagegen von einem weniger kontroversen Entscheidungsgegenstand ausgehen oder – bei konsensual disponierten Stakeholdern – von einer geringeren Kooperationsintensität. Entsprechend verschieden wird das Stakeholder-Mapping des Entscheiders aussehen.

– Wirkungsfeld *„Ressourcenbeeinflussung"*: Eine hohe Systemaktivität steht bei diesem Wirkungsfeld für facettenreiche Nutzenüberlegungen, welche mit der Entscheidungsthematik verbunden sind. Entsprechend multidimensional ist der Anspruch an die Auswirkungen der getroffenen Entscheidung. Werden Ressourcen dagegen nur peripher von Stakeholdern beeinflusst, so sind die Auswirkungen eines Verhandlungsergebnisses entsprechend weniger brisant.

– Wirkungsfeld *„Ressourcenwechselwirkung"*: An diesem Wirkungsfeld sind Stakeholder nicht direkt beteiligt. Umso eher werden die Auswirkungen dieses Wirkungsfeldes übersehen oder unterschätzt. Hier ist ein umsichtiges Monitoring gefragt, um letztlich nicht vom evolvierenden Ressourceneinfluss überrascht zu werden. Sollten die systemrelevanten Ressourcen dagegen in geringer oder keiner Wechselwirkung stehen, so ist das Wirkungsgefüge weitestgehend von Stakeholdern steuerbar.

– Wirkungsfeld *„Ressourceneinflussnahme"*: Je intensiver die Einflussnahme von Ressourcen auf bestimmte Stakeholder, desto größer ist die Risikoposition dieser Stakeholder. Derartige Ressourcen sollten fester Bestandteil des Kriterienkatalogs sein.

Ein umfassendes Bild ergibt sich, wenn die Ausprägungen wie bei der Tabelle 3.15 miteinander zu einem Gesamtbild kombiniert werden. Das folgende vierte Kapitel ist dem für die Legitimation eines Unternehmens zentralen Stakeholder gewidmet: dem Kunden und seinem Kaufentscheidungsprozess.

4 Beeinflussung der Kundenentscheidung

Bislang haben sich die Ausführungen dieses Buches stets auf die Perspektive des unternehmerischen Entscheiders bezogen. Das vorangegangene Unterkapitel 3.2 sensibilisierte bereits für die Belange entscheidungsrelevanter Stakeholder. Ein zentraler Stakeholder des unternehmerischen Entscheiders ist der Endabnehmer des vom Unternehmen angebotenen Produktes.[50] Ohne ein intaktes Verhältnis zu diesem Stakeholder wird dem Unternehmen seine wirtschaftliche Legitimation entzogen: Eine unternehmerische Wertschöpfung, die bei dem Abnehmer nicht akzeptiert wird, stellt den Unternehmenszweck in Frage. Ein unternehmerischer Entscheider sollte sich deshalb besonders differenziert mit dem Entscheidungsprozess des Abnehmers auseinandersetzen.

Die Entscheidungsstrukturen des Kunden sind analog angelegt wie die des unternehmerischen Entscheiders: Der Kunde agiert in einem Entscheidungsumfeld und sieht sich mit Entscheidungssituationen konfrontiert, welche Entscheidungsalternativen (die Produktauswahl) und Entscheidungskriterien (die Produktbewertung) umfassen.

Im Folgenden wird der nachfrageseitige Entscheidungsprozess aus zwei Perspektiven beleuchtet: Zunächst werden im Rahmen des Unterkapitels 4.1 das Vermarktungsinstrumentarium eines Produktanbieters erörtert und die unterschiedlichen Rollen der verschiedenen Instrumente herausgearbeitet. Das Unterkapitel 4.2 entwickelt dann ein dynamisches Käuferverständnis, indem es die Customer Journey – die Ablaufphasen des zugrundliegenden Entscheidungsprozesses – in den Mittelpunkt der Betrachtungen stellt. Mithin folgt zunächst eine statische Betrachtungsweise, welche dann um einen dynamischen Ansatz ergänzt wird. Schließlich widmet sich das Unterkapitel 4.3 den Impulsen, welche vom Kaufentscheidungsprozess für künftige Produktentwicklungen ausgehen.

4.1 Vermarktungsmaßnahmen und Kaufentscheid

Zunächst werden Ansätze vorgestellt, welche die unterschiedlichen grundsätzlichen Profile des Produktangebotes käuferseitigen Verhaltensweisen gegenüberstellen. Anschließend wird die Rolle einzelner Vermarktungsinstrumente für die Meinungsbildung des Käufers analysiert.

---

[50] Hier wird insbesondere auf den das Produkt konsumierenden oder verwendenden Endkunden abgestellt und nicht auf den Absatzmittler. Der letztendliche Unternehmenszweck liegt nicht in einer Wertschöpfung für den Handel, sondern für den Endabnehmer und Nutzer der Produkte. Wenn in den nachfolgenden Ausführungen vom „Käufer", „Kunden" oder vom „Nachfrager" die Rede ist, so ist hiermit der Endabnehmer des Produktes gemeint. Unter einem „Produkt" wiederum sind angebotene Güter, Dienstleistungen oder Rechte zu verstehen.

https://doi.org/10.1515/9783110638196-004

4.1.1 Unterschiedlichkeiten beim Produktangebot

Inwiefern wirken sich die Eigenschaften eines Produktangebotes oder einer Kaufsituation auf das Käuferverhalten aus? Zwei Ansätze sollen näher betrachtet werden: zum einen der Einfluss von Käuferinvolvement und Produktunterscheidbarkeit, zum anderen der Einfluss von Kaufrisiko, Kaufhäufigkeit sowie externen Anreizen.

Einfluss von Käuferinvolvement und Produktunterscheidbarkeit

Der aus der Kommunikationsforschung stammende Involvement-Ansatz stellt einen zentralen Erklärungsansatz in der Konsumentenforschung dar (vgl. Kuß 1987: 21 ff.). Gerade das zunehmend auftretende Phänomen des kundenseitigen „Low Involvements" – mit einem entsprechend niedrigen kognitiven und/oder emotionalen Engagement für das angebotene Produkt – stellt den Vermarkter vor Herausforderungen (vgl. Haedrich/Tomczak/Kaetzke 2003: 28).

Assael (1987: 87) betrachtet das Käuferverhalten in Abhängigkeit von der Unterscheidbarkeit der in Betracht kommenden Produktalternativen sowie von dem persönlichen Involvement des Käufers. Produkte mit großer empfundener Unterschiedlichkeit erleichtern für den Käufer die Orientierung im Aktionsraum. Das persönliche Involvement wiederum ist Ausdruck der wahrgenommenen Bedeutung des Erwerbs. In der Gegenüberstellung ergibt sich das in der Abbildung 4.1 dargestellte Bild.

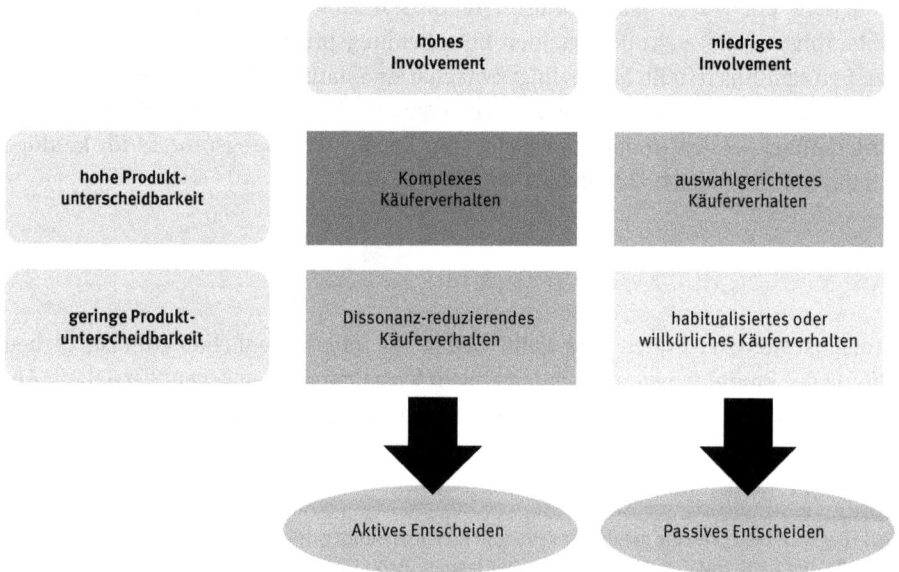

	hohes Involvement	niedriges Involvement
hohe Produkt-unterscheidbarkeit	Komplexes Käuferverhalten	auswahlgerichtetes Käuferverhalten
geringe Produkt-unterscheidbarkeit	Dissonanz-reduzierendes Käuferverhalten	habitualisiertes oder willkürliches Käuferverhalten
	Aktives Entscheiden	Passives Entscheiden

Abbildung 4.1: Käuferinvolvement, Produktunterscheidbarkeit und Kaufverhalten (übersetzt von Assael 1987: 87).

Die in der Abbildung 4.1 dargestellte Systematik unterscheidet im Resultat aktives und passives Entscheidungsverhalten. Aktiv wird ein Käufer seine affektiven (gefühlsmäßigen) und kognitiven (bewusst denkenden) Phasen gestalten, wenn sein persönliches Involvement hoch ist. Je nachdem, ob die Produktauswahl offensichtliche Unterschiedlichkeiten aufweist oder nicht, werden diese Aktivitäten anders zum Ausdruck kommen. Im ersteren Fall ist das Käuferverhalten von intensiven Erwägungen und Recherchen geprägt, etwa bei einem Autokauf. Sofern die Produktalternativen sich aufgrund ihrer Funktionalität weniger offensichtlich unterscheiden lassen, wird das hohe Involvement für intensive, gefühlsbezogene Bewertungsprozesse sorgen. So mag etwa hinter einem Parfum oder hinter einer Kosmetikserie eine weitreichende Weltanschauung stehen, die sich jedoch auf der Sachebene schwerlich festmachen lässt. Das Kaufverhalten ist in diesem Fall geeignet, etwaige Dissonanzen aufgrund widersprüchlicher Angebotsinformationen aktiv zu reduzieren und somit die käufereigenen Anschauungen zu stützen. Dieses nachträgliche Uminterpretieren von Produktinformationen reduziert innere Bewertungswidersprüche – eine psychologische Verhaltensanomalie, die als „Reduzierung kognitiver Dissonanzen" bekannt ist (siehe Anhang).

Bei gering involvierten Käufern werden das ökonomische und das psychosoziale Kaufrisiko für gering befunden (vgl. Rossiter/Percy 1987: 166 f.). Hier verläuft der betreffende Entscheidungsprozess passiver. Bei deutlich unterscheidbaren Produkten sorgt ein probierendes Auswahlverhalten für abwechselnde Kaufentscheide, ohne jedoch auf einem systematischen Erkenntnisprozess zu rekurrieren. So mag die Wahl des Mittagsrestaurants dem kulinarisch wenig ambitionierten Konsumenten eher einer spontanen Laune und der Lust am Ausprobieren entspringen, als dem systematischen Abgleich eines differenzierten Ernährungs- und Atmosphären-Bedürfnisses mit dem vorliegenden gastronomischen Angebot. Sofern die Unterschiedlichkeiten des verfügbaren Produktangebots nur gering ausfallen, werden Gewohnheiten oder der Zufall den letztendlichen Kaufentscheid bestimmen, etwa bei der Wahl einer Tankstelle zur Kraftstoffbefüllung. Dieser Entscheidungsprozess entspringt nicht einer gereiften Überzeugung, sondern einer weitestgehend unreflektierten Angewohnheit.

Einfluss von Kaufrisiko, Kaufhäufigkeit und externen Anreizen

Der situative Ansatz von Gelbrich, Wünschmann und Müller (2008: 39 f.) unterscheidet bei der Kategorisierung von Kaufverhalten drei Kontingenzfaktoren. Demnach werden Kaufsituationen mit einem hohen von Situationen mit einem geringen Kaufrisiko unterschieden. Gemäß der Abbildung 4.2 leiten sich hieraus folgende Kaufentscheidungen ab:

- Bei einem hohen Kaufrisiko führt eine seltene Kaufhäufigkeit zu einer *extensiven Kaufentscheidung* mit einem ausführlichen Informationsverhalten des Käufers.
- Findet eine derart risikobehaftete Kaufentscheidung dagegen häufiger statt (etwa der Kauf einer Wohnung als Renditeobjekt), so ist eine *limitierte Kaufentscheidung* zu erwarten, welche sich auf ausschlaggebende Schlüsselinformationen bezieht.

– Ist das wahrgenommene Kaufrisiko als gering zu veranschlagen, führt eine Kaufsituation ohne externe Anreize – wie etwa eine Zweitplatzierung oder ein Akti-
onsgebinde – zu einer *habituellen Kaufentscheidung*, also zu einem gewohnheitsmäßigen Routineentscheid.

– Ist der Käufer dagegen externen Anreizen ausgesetzt, führt dies zu einer impuls*iven, reizgesteuerten Kaufentscheidung*.

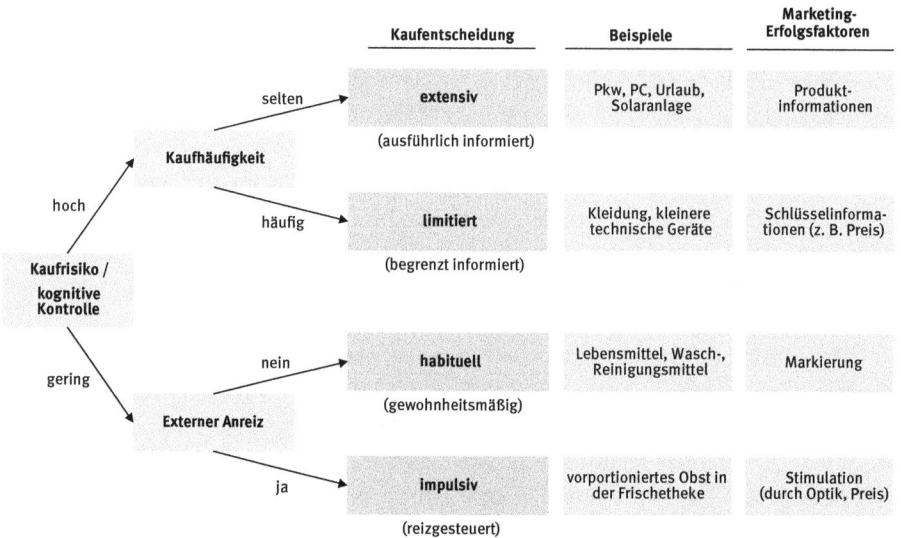

Abbildung 4.2: Kaufrisiko, Kaufhäufigkeit, externe Anreize und Käuferverhalten (Gelbrich,
Wünschmann und Müller 2008: 39).

Je nach Art Kaufentscheidung kommt unterschiedlichen Vermarktungsmaßnahmen
eine Schlüsselrolle zu. So sind extensive Kaufentscheidungen durch eine intensive,
breit angelegte Aufnahme von Produktinformationen bei gleichzeitig hohem Involvement des Kunden gekennzeichnet. Limitierte Kaufentscheidungen sind dagegen nur
auf bestimmte Schlüsselinformationen fokussiert wie etwa Preis- oder Gütesiegel-
informationen. Bei der habituellen Kaufentscheidung ist typischerweise eine den
Erwartungen entsprechende Verfügbarkeit des Produktangebotes entscheidend. Und
impulsiven Kaufentscheidungen reagieren schwerpunktmäßig auf verkaufsfördernde
Anreize am Verkaufsort.

Das Spektrum möglicher Vermarktungsmaßnahmen, deren spezifische Wirkungsweise sowie deren Anwendungsbezüge auf die verschiedenen Phasen eines Kaufprozesses werden im Unterkapitel 4.1.2 eingehender betrachtet.

4.1.2 Rollenverteilung im Marketing-Mix

Wie kann ein Produktanbieter sein Angebotsprofil so in der Wahrnehmung des potenziellen Nachfragers verankern, dass sich Kaufpräferenzen ausbilden? Mit dem Marketing-Mix steht dem Unternehmen ein breites Instrumentarium an Vermarktungsmaßnahmen zur Verfügung, denen jedoch unterschiedliche Funktionen und Bedeutung innerhalb des Kaufentscheidungsprozesses zukommen. Je besser die Kenntnis dieses Prozesses, desto eher wird der Anbieter in der Lage sein, seine Maßnahmen auf den Kunden auszurichten.

Nachfolgend wird zum einen das Spektrum möglicher Vermarktungsmaßnahmen gegenüber privaten und gewerblichen Abnehmern (B2C bzw. B2B) erörtert: Welche Instrumente stehen dem Anbieter grundsätzlich zur Verfügung? Zum anderen findet eine situative Betrachtung der Vermarktungsmaßnahmen statt: In welcher Entscheidungsphase und in welchem Entscheidungskontext ist der Einsatz bestimmter Maßnahmen angeraten?

Marketing-Mix

Bereits in den 1960er-Jahren stellte McCarthy (1964) eine Untergliederung des Marketinginstrumentariums in die „4 Ps" vor.[51] Diese 4 Ps beinhalten folgende Instrumentalbereiche des Marketings:

- *Product*: produktpolitische Vermarktungsmaßnahmen: Was ist der Angebotskern, und worin liegt die Lösung für den Kunden?
- *Price*: preispolitische Vermarktungsmaßnahmen: Welcher Gegenwert wird vom Anbieter gefordert, welches sind die Kosten für den Kunden?
- *Promotion*: kommunikationspolitische Vermarktungsmaßnahmen: Welche Informationen begleiten das Produktangebot?
- *Place*: vertriebspolitische Vermarktungsmaßnahmen: Wie wird das Angebot verfügbar gemacht?

Die Zuordnung der Instrumente ist nicht überschneidungsfrei. So können beispielsweise Kommunikationsmaßnahmen ebenfalls produktpolitische Auswirkungen haben, etwa, wenn ein Chatroom zu Anregungen von Produktverbesserungen führt. Oder wenn beispielsweise der Internetauftritt eines Unternehmens sowohl der Infor-

---

51 Parasuraman, Zeithaml und Berry (1985) fügen den 4 Ps für den Dienstleistungsbereich weitere 3 Ps hinzu: Process, People und Physical Evidence. Hiermit wird den Eigenarten des Dienstleistungsgewerbes Rechnung getragen, bei dem der Mitarbeiter des Anbieters im Regelfall direkt im Kundenkontakt steht, seinen Angebotsumfang und seine Angebotsverfügbarkeit über Prozessoptimierung auf die Kundensituation ausrichtet und über physische Merkmale – wie etwa Gebäude, Büroausstattung, Briefpapier, Internetseite, Arbeitskleidung – Assoziationen zur Dienstleistungsqualität zu schaffen trachtet. Dieser Sonderfall soll bei der hier angestrengten, allgemeingültigen Diskussion des Marketing-Mix jedoch nicht aufgegriffen werden.

mation wie auch der Produktbestellung dient, dann werden über diese Vermarktungs-maßnahme sowohl kommunikationspolitische wie auch vertriebspolitische Aspekte bedient. Derartige Überschneidungen sind jedoch unerheblich für den hier letztlich untersuchten Erkenntnisbereich: die unterschiedlichen Rollen der einzelnen Marke-tingmaßnahmen, unabhängig von deren Bereichszugehörigkeit.

Insbesondere der Bereich der Kommunikation ist immer stärker geprägt durch di-gitale Maßnahmen der Neuen Medien. Die hierdurch ermöglichten Kommunikations-wege eröffnen sowohl dem Anbieter wie auch dem Kunden neue Wege der Informati-onsfindung und Meinungsprägung. Zudem lässt sich die Wirkung digitalisierter Wer-bemaßnahmen im Regelfall besser erfassen und zuordnen, sodass eine systematische Optimierung online-basierter Kommunikationsmaßnahmen aus Entscheidersicht ob-jektiviert und erleichtert wird.

Die Tabelle 4.1 gibt einen Überblick an Marketing-Instrumenten der oben genann-ten vier Instrumentalbereiche. Nachfolgend werden dann die Rollen erörtert, welche die verschiedenen Vermarktungsinstrumente bei der Beeinflussung von Käuferver-halten ausüben können. Das Wissen um mögliche Rollen innerhalb des Marketing-Mix hilft dem Anbieter, bei der strategischen und taktischen Ausrichtung seiner Ver-marktungsbemühungen und bei der Allokation seines Marketing-Budgets die richti-gen Schwerpunkte zu setzen.

Rollen innerhalb des Marketing-Mix

In seinem „Kundenbegeisterungsmodell" unterscheidet Rösler (1996) zwischen Ba-sis-, Leistungs- und Begeisterungsanforderungen. Aus Sicht eines Automobilkäufers sind Basisanforderungen etwa die Erfüllung gesetzlicher Abgasnormen. Die Erfüllung von *Basisanforderungen* trägt nicht zur Kundenzufriedenheit bei, wohingegen bei Nichterfüllung dieser Anforderungen eine hohe Unzufriedenheit ausgelöst wird. Ein hoher Erfüllungsgrad von *Leistungsanforderungen* – etwa Kraftstoffverbrauch oder Fahrzeugdesign – schlägt sich dagegen in Kundenzufriedenheit nieder. Die Erfüllung von *Begeisterungsanforderungen* überrascht und übererfüllt dagegen die Kundener-wartungen – etwa kamerabasierte Fahrassistenzsysteme – und können sich deshalb überproportional in Kundenzufriedenheit niederschlagen und den Grundstein für eine dauerhafte Kundenloyalität legen.

Analog hierzu bildet der Erfüllungsgrad von Kundenerwartungen den Ausgangs-punkt des Zufriedenheitskonzepts von Rothlauf (2010: 136). Rothlauf gleicht die an-gebotsbezogene Kundenerwartung mit dem wahrgenommenen Angebotsnutzen ab. Sofern bei diesem Soll/Ist-Vergleich die Erwartungshaltung des Kunden übertroffen wird, löst das Produktangebot Begeisterung aus. Ein Abgleich innerhalb der Toleranz-zone von angemessener und gewünschter Leistung löst dagegen Zufriedenheit aus. Wird die Leistung unterhalb der angemessenen Leistung eingeschätzt, ist das Resul-tat Unzufriedenheit – mit entsprechenden Abwanderungstendenzen.

Tabelle 4.1: Marketing-Mix-Instrumente.

Produkt: **Angebots- und Lösungskern**	Qualität Funktionalität Verpackungsformat/Verpackungsdesign Abfüllgröße/Abpackungsgröße Warenkennzeichnung Programmbreite (Sorten)/Programmtiefe (Varianten) Nachkauf-Dienstleistungen
Preis: **Pricing und Zahlungsbedingungen**	Listenpreis Preisnachlässe/Preisstaffelung Zahlungsbedingungen/Skonto Rabattierungen Inzahlungnahmen Finanzierung
Kommunikation: **Anbieter- und Produktinformationen**	Werbekampagne Verkaufsförderung Sponsoring Event-Marketing Product Placement/Produktplatzierung Public Relations/Öffentlichkeitsarbeit App Internet-Seite Weblogs (z. B. blog.de) Mikroblogs (z. B. twitter.com) Videoportale (z. B. youtube.com) Soziale Netzwerke (z. B. facebook.com) Foren (z. B. giga.de) Bewertungsplattformen (z. B. yelp.com) Social Bookmarking (z. B. delicious.com) Podcast (z. B. podcast.de) Wikis (z. B. wikipedia.de)
Vertrieb: **Verfügbarmachung des Angebots**	Verkaufsstandort Logistik Lagerhaltung Warenplatzierung/Rack-Jobbing Innendienst Außendienst Öffnungszeiten

In Teilen vergleichbar mit den Ansätzen von Rösler (1996) und Rothlauf (2010) unterscheiden Kühn und Fuhrer die Rolle von Vermarktungsmaßnahmen anhand zweier Parameter: die Freiheitsgrade bei der Umsetzung des jeweiligen Instrumentes sowie die Absatzrelevanz gegenüber dem Kunden (2016: 46 ff.). Über diese Beschreibungsparameter ergeben sich vier vermarktungsbezogene Wirkungsfelder:

- *Marginale Vermarktungsmaßnahmen* sind gekennzeichnet durch einen mittleren bis geringen Gestaltungsspielraum bei geringer Verkaufsrelevanz. Diese Maßnahmen werden vom Kunden erwartet, haben aber nicht das Potenzial, das Produktangebot im Wettbewerbsumfeld zu profilieren.

– *Ergänzende Vermarktungsmaßnahmen* haben ebenfalls einen limitierten Gestaltungsspielraum, können jedoch im Zusammenspiel mit anderen Argumenten eine komplementäre akquisitorische Wirkung entfalten.

– *Standard-Vermarktungsmaßnahmen* weisen nur geringe Gestaltungsspielräume auf, verfügen jedoch über eine hohe Verkaufsrelevanz. Diese Maßnahmen werden erwartet; gibt es bezüglich solcher Standards Enttäuschungen, so können diese zum Abbruch des Kaufprozesses führen – und somit zum Verlust des Kunden.

– *Dominante* (besser: *„profilierende"*) Vermarktungsmaßnahmen weisen größere Gestaltungsspielräume auf und werden zudem als relevant für die Kaufentscheidung empfunden. Wird ein Produktangebot hier als positiv erlebt, so können Neukunden gewonnen werden.

Die Rolle, welche die verschiedenen Marketinginstrumente beim Kaufprozess einnehmen, wird zum Teil von der spezifischen Konstellation von Produkt und Zielgruppe abhängen. So mag das Instrument „Produktverpackung" bei einem Geschenkartikel eine hohe akquisitorische Bedeutung haben (profilierende Vermarktungsmaßnahme), während es für eine technische Komponente im Investitionsgüterbereich lediglich eine marginale Vermarktungsmaßnahme darstellt, welche den Kaufentscheid kaum beeinflusst. Andererseits wird es Instrumente geben, die sich aufgrund ihres Wirkungsprofils mehr oder weniger deutlich für eines der vier Rollen empfehlen. So wird eine Werbekampagne tendenziell profilierend angelegt sein, während der Lagerlogistik eher eine marginale Rolle zukommt.

Die Abbildung 4.3 stellt die Rollen von Marketing-Mix-Instrumenten anhand des zweidimensionalen Gefüges von Gestaltungsspielraum und Verkaufsrelevanz dar und führt beispielhafte Instrumente für jede dieser Rollen an.

> **!** **Schwerpunktsetzungen im Marketing-Mix**
> – Marginale Vermarktungsmaßnahmen sollten Mindestanforderungen erfüllen; zusätzliche Anstrengungen wären hier wirkungslos angelegt und somit budgetmäßig nicht zu rechtfertigen.
> – Ergänzende Maßnahmen können in der Verbundwirkung mit profilierenden Maßnahmen einen weiteren Kaufimpuls geben. Der beabsichtigte Wirkungsmechanismus ist jedoch klar herauszuarbeiten.
> – Standardmaßnahmen dürfen keine Angriffsfläche für Kundenunzufriedenheit bieten; ansonsten wäre eine Abwanderung von Kunden die Folge. Unternehmensspezifische Informationen zu den als erforderlich wahrgenommenen Standards können beispielsweise den an das Unternehmen herangetragenen Beschwerden entnommen werden: Welche Leistungen werden erwartet und aus Sicht des Kunden nicht hinreichend erfüllt?
> – Profilierende Maßnahmen sollten den kreativen und budgetären Schwerpunkt unternehmerischer Vermarktungsbemühungen bilden. Mit diesen Leistungen wird das Unternehmen assoziiert und gegenüber konkurrierenden Angeboten verglichen.

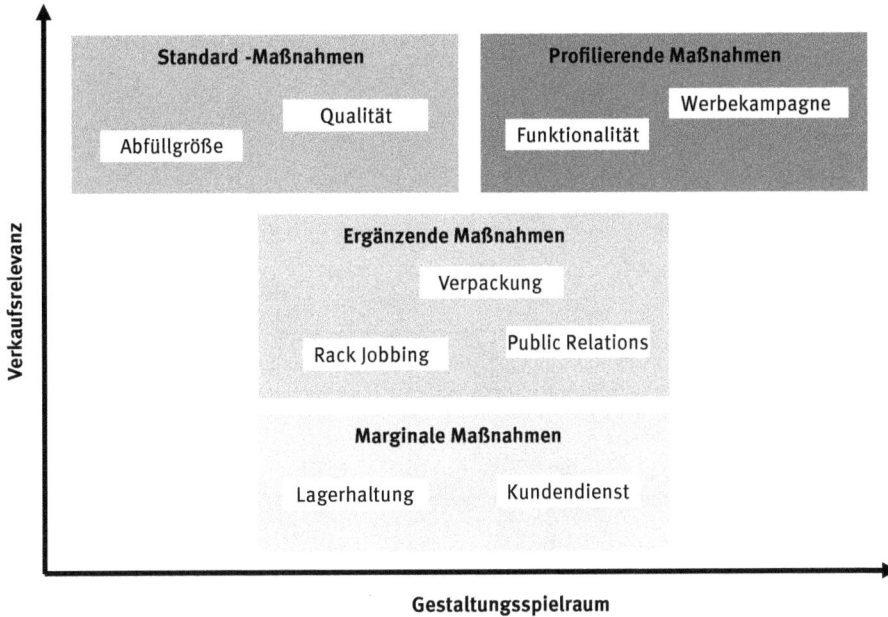

Abbildung 4.3: Rollen innerhalb des Marketing-Mix (in Anlehnung an Kühn und Fuhrer 2016: 47).

Marketing-Mix als integrativer Bestandteil der „Marketing-Gleichung"

Einen dynamischen Ansatz zur Verortung des Marketing-Mix stellt Lippold mit seiner „Marketing-Gleichung" vor (2015). Grundlage hierfür ist eine Prozesshierarchie der Marketing-Wertschöpfungskette, welche ihren Ausgangspunkt bei der Unterscheidung von primären Aktivitäten (Kernprozessen) und sekundären Aktivitäten (Unterstützungsprozessen) hat. Konform mit der von Porter vorstellten Wertkettenanalyse (1986) werden als primäre wertschöpfende Prozesse Eingangslogistik, Produktion, Ausgangslogistik, Marketing und Vertrieb sowie der Kundendienst unterschieden. Insbesondere die drei letzten wertschöpfenden Prozesse sind geprägt durch die unternehmerische Marketing-Funktion (vgl. Lippold 2015: 69 ff.). Diese Marketing-Funktion untergliedert sich gemäß den zugrundliegenden Wertschöpfungsabläufen in Segmentierung (Herausarbeiten des Kundennutzens), Positionierung (Darstellung des Kundenvorteils), Kommunikation (Beeinflussung der Kundenwahrnehmung), Distribution (Schaffen von physischer Angebotsnähe zum Kunden), Akquisition (Schaffen von Kundenakzeptanz) und Kundenbetreuung (Erwirken von Kundenzufriedenheit). Die Verortung dieser Marketing-Aktivitäten innerhalb einer hierarchischen Prozessstruktur wird in der Abbildung 4.4 wiedergegeben.

Bei dem in der Abbildung 4.4 dargestellten dynamischen Verständnis des Marketing-Mix nehmen die verschiedenen Vermarktungsmaßnahmen eine bestimmte Rolle innerhalb der chronologisch angeordneten Prozessphasen ein, abgeleitet aus vorgelagerten Prozessen (in der Abbildung etwas heller schraffiert dargestellt). Nach dieser

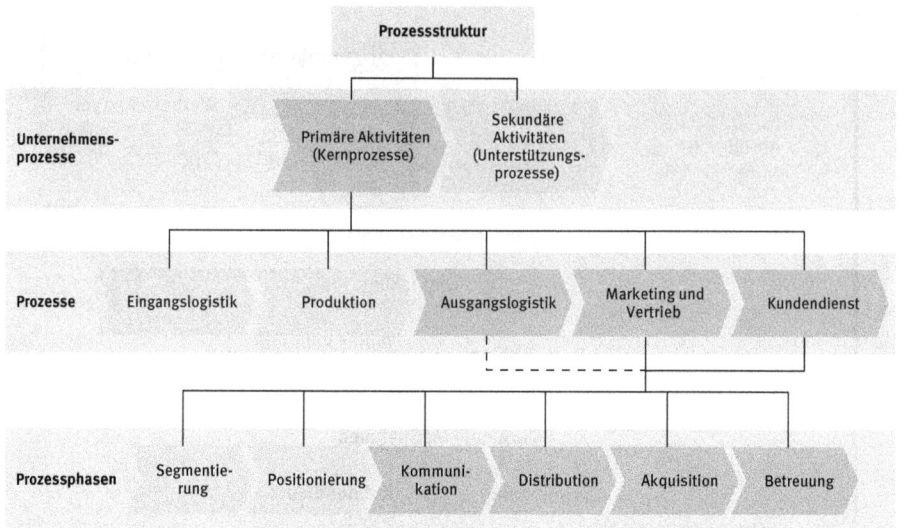

Abbildung 4.4: Prozesshierarchie der Marketing-Wertschöpfungskette (Lippold 2015: 69).

prozessualen Logik können den verschiedenen Aktionsbereichen des Marketings die vier Instrumentalbereiche aufgrund ihrer jeweiligen Rolle zugeordnet werden.

Lippold leitet aus den beschriebenen Zusammenhängen die folgende Marketing-Gleichung ab (2015: 70):

Honorierter Wettbewerbsvorteil = fachlicher Wettbewerbsvorteil

+ Kundennutzen

+ Kundenvorteil

+ Kundenwahrnehmung

+ Kundennähe

+ Kundenakzeptanz

+ Kundenzufriedenheit

Die Marketing-Gleichung von Lippold sieht das Vermarktungsinstrumentarium im Zusammenhang mit deren jeweiliger Rolle innerhalb des betrieblichen Wertschöpfungsprozesses. Als Entscheidungsunterstützung ist eine solche dynamische Perspektive zweckdienlich, da sie differenziertere Planungsansätze ermöglicht. Eine phasenbezogene Betrachtungsweise kann somit als hilfreich erachtet werden, wobei der Erfolg einer jeden Phase ausschlaggebend für den Gesamterfolg ist. Allerdings ist kritisch zu hinterfragen, ob die phasenweisen Erfolge bei der Marketing-Gleichung tatsächlich additiv miteinander verknüpft sind. Wie in der nachfolgenden Diskussion näher erläutert, erscheint ein multiplikativer Zusammenhang die Realität eher abzubilden: Der Misserfolg einer Phase könnte mithin den Gesamterfolg nicht nur mindern, sondern gänzlich zunichtemachen.

4.1.3 Implikationen für den vermarktenden Entscheider

Welche Implikationen lassen sich aus dem oben beschriebenen Rollenverständnis bei der Gestaltung des Vermarktungs-Mix gewinnen? Der Produktanbieter tut gut daran, bezüglich des Kaufprozesses ein fundiertes Ablaufverständnis zu entwickeln, um diesen Ablauf in seinem Sinne zu beeinflussen. Hierzu ist ein differenziertes Wissen über die Wirkungsweise der verschiedenen Marketing-Maßnahmen unabdingbar.

Das im Unterkapitel 4.2.2 vorgestellte Analysemodell nach Kühn stellt generell auf „Verkaufsrelevanz" ab. Eine weiterführende Betrachtung, ob etwa profilierende Maßnahmen vornehmlich den Erstkauf, Wiederholungskäufe oder Kundenloyalität fördern, würde eine sinnvolle Verknüpfung von statischen mit dynamischen Kaufbetrachtungen bedeuten. So wird beispielsweise die App[52] eines Stromanbieters für eine Neukunden-Akquise ungeeignet sein, jedoch bei bestehenden Kunden zu Wiederholungskäufen (sprich: Vertragsverlängerungen) führen. App-Funktionalitäten wie die Customer-Self-Service-Portale (CSS) gewährleisten dem Bestandskunden, das Produktangebot schnell, mobil, flexibel und individuell auf die eigenen Bedürfnisse auszurichten und festigen somit die Kundenbindung.

4.2 Phasen des Kaufentscheidungsprozesses

Zwei Schlüsselaspekte für ein weiterführendes Kundenverständnis werden nachfolgend konzeptionell beleuchtet: Der stufenweise Auswahlprozess des Entscheiders bis hin zur letztlichen Produktwahl sowie die Wirkungs- und Erkenntnisphasen, die bei einem Kaufentscheid durchlaufen werden.

4.2.1 Vom Marktangebot zur Produktwahl

Wie vollzieht sich die Selektion eines spezifischen Produktes aus der Fülle des Marktangebots heraus? Kotler (1997: 194 ff.) beschreibt den Auswahlprozess des Käufers in fünf aufeinanderfolgenden Erwägungsstufen:

1. *Total Set*: Gesamtheit der grundsätzlich in Frage kommenden Produkte zur Befriedigung des Kundenbedürfnisses.
2. *Awareness Set*: Anteil der Produkte des Total Sets, die durch den Kunden wahrgenommen werden.
3. *Consideration Set*: Anteil der Produkte des Awareness Sets, die durch den Kunden grundsätzlich für einen Kauf in Frage kommen.

---

52 Unter einer App (Abkürzung für „application") werden kleine Programme verstanden, die lokal – meistens auf internetfähigen Mobilgeräten – installiert sind, und die sich durch eine benutzerfreundliche Bedienungsoberfläche auszeichnen. Typischerweise werden Apps genutzt als Informationsquelle für digitalisierte Transaktionen oder zu Unterhaltungszwecken.

4. *Choice Set*: Anteil der Produkte des Consideration Sets, die durch den Kunden für den Kauf in die engere Wahl kommen.
5. *Decision*: Das Produkt, welches schließlich durch den Käufer nachgefragt wird.

Das im Anhang als psychologische Anomalie aufgeführte Auswahl-Paradox sorgt dafür, dass potenzielle Käufer bestrebt sind, sich eine Produktauswahl zu verschaffen: Auswahl macht glücklich und die Qual der Wahl wird dabei in Kauf genommen. Für die geschilderte Abfolge ist es unerheblich, ob es sich bei dem Produkt um ein Gut, eine Dienstleistung oder ein Recht (oder Mischformen) handelt. Ebenso spielt es für die grundsätzliche Abfolge der Kaufentscheidungsphasen keine Rolle, ob sich das Produkt auf ein von gewerblichen Käufern nachgefragtes Investitionsgut oder auf ein von Verbrauchern nachgefragtes Konsumgut bezieht.

Die Intensität und der zeitliche Verlauf, mit dem der Nachfrager von einem Gesamtangebot zu seinem letztlich ausgewählten Produkt gelangt, werden dagegen variieren. Bei habitualisierten (gewohnheitsmäßigen) Käufen wird der Nachfrager rasch auf sein Stammprodukt zurückkommen. Das Choice Set mag sich dann vor allem auf den Kaufort (Point of Purchase)[53] beziehen, an dem er zu seinem präferierten Produkt gelangen kann, beispielsweise über ein Fachgeschäft oder über das Internet.

Mobile Marketing-Strategien sind geeignet, den Kaufentscheidungsprozess zu beschleunigen, wobei die hierfür gewählten Instrumente einen gewichtigen Einfluss auf den Kaufentscheidungsverlauf und somit auf den Vermarktungserfolg ausüben. So sind beispielsweise Apps derzeit über drei Geschäftsmodelle verfügbar: als Free App (unentgeltlich), als Freemium (eingeschränkte Funktionalität unentgeltlich, voller Funktionsumfang gegen Entgelt) sowie als Paid Apps (entgeltlich). Arora, ter Hofstede und Mahajan (2017) untersuchten die App-bedingten Vermarktungserfolge im Google Play Store und stellten dabei fest, dass die Apps in der Freemium-Kategorie gegenüber den Free Apps durch deutlich längere Entscheidungsphasen gekennzeichnet sind. Dies wird begründet durch den Zeitaufwand beim Testen der kostenfreien Version und durch den sich anschließenden Entscheidungsbedarf hinsichtlich der Option eines entgeltlichen Aufrüstens.

4.2.2 Käuferseitige Wirkungs- und Erkenntnisphasen

Insbesondere Kommunikationswissenschaften und Werbepraxis beschäftigen sich mit den Phasen, die ein Kunde in seinem Kaufentscheidungsprozess durchläuft, und wie auf die jeweilige Phase von Anbieterseite her Einfluss genommen werden kann.

---

[53] Der Point of Purchase (POP) oder auch der Point of Sales (POS) beziehen sich auf die Örtlichkeit, an der das Produkt erworben werden kann; typischerweise ist hiermit das stationäre Einzelhandelsgeschäft gemeint; allerdings ist dieses traditionelle POP/POS-Verständnis durchaus auch anwendbar auf virtuelle Marktplätze, auf denen man a POP/POS nur einen Klick weg ist vom Produktkauf.

Hierbei geht es nicht nur um Werbewirkung, sondern um ein umfassendes Zusammenspiel von unternehmerischen Leistungen und nachfrageseitiger Wahrnehmung, Verarbeitung und Reaktion.

Das bekannteste und wohl auch älteste Entscheidungsphasen-Modell trägt den Titel AIDA (Lewis 1903: 122 ff., Strong 1925: 9). Dieses Akronym steht für die Wirkungsphasen **A**ttention (Aufmerksamkeit), **I**nterest (Interesse), **D**esire (Kaufwunsch) und **A**ction (Kaufakt). Demnach wird ein Käufer zunächst auf ein Angebot aufmerksam. Im nächsten Schritt wird diese Aufmerksamkeit mit positiven Gefühlen assoziiert und sodann in einen konkreten Kaufwunsch überführt. Schließlich erfolgt der eigentliche Kauf des angebotenen Produktes.

Vergleichbare, aber von ihrem spezifischen Analyseansatz her auf andere Schwerpunkte ausgerichtete käuferbezogene Wirkungsmodelle sind das Hierarchy-of-Effects-Modell (vgl. Lavidge/Steiner 1991: 61), das Five-Stage-Modell (Kotler 1997: 192 ff.), das Innovation-Adoption-Modell (Rogers 1995) sowie das Advocacy-Funnel-Modell von Brito (2011). In der Tabelle 4.2 werden die fünf Modelle in ihren Grundzügen verglichen. Allen Modellen – und wohl auch der Realität – ist gemein, dass zunächst affektive (gefühlsmäßige), dann kognitive (bewusst durchdenkende) und schließlich konative (handelnde) Kundenaktivitäten Gegenstand der Ablaufphasen sind. Die in der Tabelle 4.2 angeführten Modelle haben jedoch unterschiedliche Schwerpunkte bei der Darstellung des phasenweisen Ablaufprozesses:

- Das *AIDA-Modell* reduziert die Abläufe auf die bereits angeführten vier Phasen.
- Das *Hierarchy-of-Effects-Modell* beinhaltet im affektiven Bereich neben der Aufmerksamkeit die nachgelagerte Wissensbildung (Knowledge): Werden für die Kaufentscheidung grundsätzlich relevante – faktische oder emotionale – Inhalte tatsächlich aufgenommen? Im kognitiven Bereich folgt auf die aus dem AIDA-Modell bekannten Phasen der Interessenbildung (hier: Liking) und der Kaufwunschausprägung (Preference) zusätzlich die Phase der Kaufwunschverstärkung (Conviction).
- Beim *Five-Stage-Modell* folgen auf die Wahrnehmung des eigenen Nachfragebedürfnisses (Problem Recognition) im kognitiven Bereich Informationssammlung und Alternativenbewertung. Im konativen Bereich unterscheidet Kotler zwischen der Kaufentscheidung und dem Nachkaufverhalten (Postpurchase Behavior), welches als Grundlage für Wiederholungskäufe und Kundenloyalität anzusehen ist.
- Das *Innovation-Adoption-Modell* unterscheidet im konativen Bereich zwischen Erstkauf (Trial) und Wiederholungskauf (Adoption).
- Das *Advocacy-Funnel-Modell* von Brito (2011) unterscheidet in der Nachkauf-Phase zwischen „Loyalty" und dem gegenüber Dritten noch aktiveren „Advocacy".

Welche Schlüsse lassen sich aus den oben vorgestellten Konzepten für den Praktiker ziehen? Ein Konzept hat zum Ziel, Regelhaftigkeiten anhand einer abstrahierten Realität herauszuarbeiten. Die Konzeptanwendung kann somit dem Praktiker Strukturierungs- und Analyseunterstützung leisten. Um dem Anwender eine noch differenzier-

Tabelle 4.2: Käuferbezogene Wirkungs- und Erkenntnismodelle.

	AIDA-Modell	Hierarchy-of-Effects-Modell	Five-Stage-Modell	Innovation-Adoption-Modell	Advocacy-Funnel-Modell
affektive Ebene	Attention	Awareness	Problem Recognition	Awareness	Awareness
		Knowledge			
kognitive Ebene	Interest	Liking	Information Search	Interest	
	Desire	Preference	Evaluation of Alternatives	Evaluation	Consideration
		Conviction			
konative Ebene	Action	Purchase	Purchase Decision	Trial	Conversion
			post-purchase Behavior	Adoption	Loyalty
					Advocacy

tere, umsetzbarere Hilfestellung zu gewähren, werden die vorgestellten Konzepte im nachstehenden Unterkapitel 4.2.3 ausdetailliert und mit weiteren praktischen Bezügen versehen. So entwickelt sich aus einem konzeptionellen Rahmen ein entscheidungsorientiertes Instrument.

4.2.3 Vom Konzept zur Entscheidungsunterstützung

Die Diskussion des Käuferverhaltens hat neue Impulse erhalten durch die Modellierung als „Customer-Journey". Im Mittelpunkt dieses Ansatzes steht die Frage, wie, wo und mit welchen Inhalten ein Produktanbieter den Nachfrager am besten erreichen sollte, um ein wünschenswertes Kaufverhalten zu unterstützen (Puhlmann 2016: 326). Hiernach befindet sich der (potenzielle) Kunde auf einer Reise durch die chronologisch festgelegten Phasen des Vorkaufs, der Kauferfahrung sowie des Nachkaufs. Während dieser Reise sammelt der Kunde über verschiedenste Kontaktpunkte (Touchpoints) Informationen zu dem gegenständlichen Produktangebot, die ihn entweder zum Fortsetzen oder zum Abbruch seiner Reise veranlassen. Esch und Knörle beschreiben diese „Touchpoints" wie folgt (2016: 124):

> Customer Touchpoints (CTP) sind alle Orte, Personen, Produkte oder Marketingmaßnahmen, an denen Kunden mit einer (Unternehmens-)Marke interagieren. Jeder Einzelne dieser Kontaktpunkte, das heißt jede Berührung mit einer Marke, hinterlässt Spuren in unseren Köpfen. Die Gesamtheit dieser Eindrücke beeinflusst die Markenwahrnehmung entscheidend und prägt nachhaltig das ganzheitliche Image einer Marke.

Sprengler, Wirth und Sigrist kategorisieren Touchpoints gemäß ihrer Breitenwirkung als quantitative Verbreitungsgröße und gemäß ihrer Tiefenwirkung, als qualitative Wertgröße. Die Tabelle 4.3 zeigt eine entsprechende Touchpoint-Matrix sowie eine sich ableitende Typisierung der Kontaktpunkte.

Tabelle 4.3: Touchpoint-Matrix und Typisierung (in Anlehnung an Spengler/Wirth/Sigrist: 2010:18).

		Tiefenwirkung	
		schwach	stark
Breitenwirkung	stark	Aktualitäts-Touchpoints: steigern Markenpräsenz	Schlüssel-Touchpoints: großes Potenzial für Kundenzufriedenheit und Kundenloyalität
	schwach	Fragezeichen-Touchpoints: Einsparpotenziale durch Reduktion oder Verzicht	Potenzial-Touchpoints: Nischenansatz: mit Möglichkeit der Ausweitung

Dass es für den Produktanbieter bei der Mitgestaltung der Customer Journey noch nicht ausgeschöpfte Potenziale gibt, zeigt eine Studie von Millward Brown Digital (2016), nach der 55 % der befragten Marketing-Entscheider ihr Unternehmen für unfähig halten, die Customer Journey ihrer Kunden zu verstehen. Die Erkenntnisse der Customer-Journey-Diskussion lassen sich zusammenfassen wie folgt (Lemon/Verhoef 2016):

- Der Kaufentscheid durchläuft verschiedene chronologisch festgelegte Phasen, welche sich auf die Situation vor, während und nach dem Kauf beziehen. Die Reise kann in jeder dieser Phasen zum Abbruch kommen.
- Entscheidend für die Art und Weise, wie dieser Prozess durchlaufen wird, ist die Nachfrager-seitige Aufnahme von angebotsrelevanten Informationen an verschiedensten Kontaktpunkten.
- Die Kontaktpunkte sowie die Informationen selbst können vom Unternehmen her gesteuert werden; zunehmend entziehen sich diese Kontaktpunkte jedoch im Zeitalter der Sozialen Medien einer umfänglichen Kontrolle des Anbieters.
- Das Verhalten des Nachfragers während seiner Customer Journey lässt sich immer differenzierter und vollständiger mittels objektiver Indikatoren messen.

Um den Entscheidungsprozess des Käufers besser nachvollziehen zu können, sind die Phasen des Käuferentscheids möglichst differenziert abzubilden, wobei zunächst eine präsumtive (voraussetzende) Wirkungsebene zu durchlaufen ist. Dieser präsumtive Bereich beschreibt die Umstände, die es einem Produktangebot erst ermöglichen, Gegenstand eines Kaufprozesses zu werden. Dieser Wirkungsebene folgen dann die bereits vorgestellten affektiven, kognitiven und schließlich konativen Ebenen.

Ablaufschema des Käuferentscheids

Ein komplettiertes, ausdifferenziertes Ablaufschema ist in der Tabelle 4.4 wiedergegeben. Wegen der vier Wirkungsebenen mit jeweils drei Wirkungsphasen nenne ich diesen Ansatz „4 × 3-Customer-Journey-Modell". In der Tabelle 4.4 werden neben den zugrunde liegenden Prozessen aus Anbietersicht beeinflussende Aktivitäten sowie geeignete Methoden einer diesbezüglichen Erfolgsmessung angeführt. Diese Phasen werden nachfolgend näher erläutert.

Tabelle 4.4: 4 × 3-Customer-Journey-Modell.

	Phasen	Unternehmensbereiche z. B.	beeinflussende Maßnahmen z. B.
präsumtive Ebene	Zielgruppenerfassung	Marktforschung	Produktentwicklung
	Werbeträgerkontakt	Mediaplanung	Werbeträgerauswahl
	Werbemittelkontakt	Mediaplanung	Werbeplatzierung
affektive Ebene	Beachtung	Marketing	Werbegestaltung
	Produktwissen	Kommunikation	Schlüsselbotschaften
	Speicherung	Kommunikation	Werthaltigkeit
kognitive Ebene	Produktinteresse	Marketing	USP
	Erwägen	Marketing	Kundenansprache
	Kaufüberzeugung	Vertrieb, Innendienst	Verstärkung
konative Ebene	Erstkauf	Vertrieb, Innendienst	Verfügbarkeit
	Wiederholungskauf	Produktentwicklung	Produktqualität
	Loyalität	Customer Relations	Nachkaufdienste

Zielgruppenerfassung

Für wen stellt das Produktangebot einen Wert dar und wessen Bedürfnisbefriedigung ist vom Produktanbieter zu addressieren? Diese Frage mag trivial erscheinen, ist jedoch gerade bei technisch inspirierten Produktentwicklungen von vornherein als Leitfrage zu begreifen, ganz im Sinne eines Market-based-Views. Ein anfängliches, intuitives Gefühl sollte durch Marktbetrachtungen untermauert und weiter ausdifferenziert werden. Die Erfassung der Zielgruppe wird innerhalb der Marketingabteilung eines Unternehmens vor allem Sache der Marktforschung sein. Aber auch ohne eine Institutionalisierung dieser Rolle gibt es natürlich Bereiche im Unternehmen, die sich an der Schnittstelle zum Kunden befinden, etwa der Außendienst (Was wünschen sich derzeitige Kunden?), der Innendienst (Worüber beschweren sich derzeitige Kunden?) oder die Produktentwicklung (Wo gibt es funktionale oder emotionale Verbesserungspotenziale aus Sicht der anvisierten Zielgruppe?). Ein innovatives Produktangebot kann aber auch dazu dienen, neue Kundengruppen anzusprechen – in diesem Fall wird der Erkenntnisradius über den Stammkundenkreis hinaus zu erweitern sein.

Je besser eine Zielgruppe erfasst wird, desto besser kann das Unternehmen seine Entwicklungs- und Vermarktungsbemühungen auf diese Zielgruppe ausrichten. Abell (1980) beschreibt diesen ersten Schritt als „Defining the Business". Hierzu gehören Überlegungen, ob der Gesamtmarkt oder bestimmte Marktsegmente oder auch nur ein einzelnes Marktsegment mit dem Produktangebot zu erreichen sind. Entsprechend weit oder eng gefasst ist dann auch der Kreis der zu betrachtenden Wettbewerber, mit dem das Produktangebot in Konkurrenz tritt. Bei einer Ausrichtung auf den Gesamtmarkt werden weitgefasste, grundsätzliche Kundenbedürfnisse angesprochen. Die differenzierte Ausrichtung auf einen oder mehrere Teilmärkte (Marktsegmente) wird dagegen spezifischer auf Bedürfnisse bestimmter Kundencluster (letztlich verstanden als „Bedürfniscluster") eingehen.

Eine Zielgruppe lässt sich über folgende Dimensionen beschreiben:
- *geografische Merkmale*: z. B. Wohnsitz (Stadt/Land), Region, Klima, räumlicher Aktionsradius, Ort der Produktnutzung,
- *soziodemografische Merkmale*: z. B. Alter, Geschlecht, Familienstand, Nationalität, Religion, Haushaltsgröße, Ausbildung, Einkommen,
- *psychografische Merkmale*: z. B. Einstellungen, Meinungsbilder, Interessen, Lebensstil, Motive, Kaufabsichten sowie
- *verhaltensbezogene Merkmale*: z. B. Konsumgewohnheiten, Nutzungssituation, konsum- oder gebrauchsrelevante Gewohnheiten, funktionale Anforderungen, Markentreue, Kaufhäufigkeit, Kaufvolumen, Mediennutzung.

Die Bedeutung der verschiedenen Merkmale hängt ab von der jeweiligen Vermarktungssituation, also dem Produktangebot und der ins Auge gefassten Zielgruppe. In Angebotssituationen, bei denen Sachinformationen im Vordergrund stehen, werden vor allem verhaltensbezogene Merkmale geeignet sein, um sich ein Bild von der Zielgruppe zu verschaffen. Eine solche Situation ist tendenziell eher gegeben im Geschäft mit gewerblichen Kunden (Business-to-Business, B2B), wo eher funktionale Nutzungsmerkmale im Vordergrund stehen. Dagegen mögen bei Produktangeboten mit einer hohen emotionalen Wertigkeit (etwa Parfum oder Bekleidung) vermehrt soziodemografische oder psychografische Merkmale für eine Zielgruppenbeschreibung zweckdienlich sein.

Zielgruppenerfassung
Ein Berliner Off-Theater beklagt geringe Besucherzahlen und möchte sein bestehendes Programm überarbeiten: Ein neues Produktangebot steht an! An welchen Besuchern – jenseits des treuen Stammpublikums – soll man dieses Angebot ausrichten? Der Gesamtmarkt umfasste theoretisch alle Personen, die zu einem Theaterbesuch in der Lage sind. Entsprechend breit ist die Konkurrenz aufgestellt: das klassische Theater, die Oper, das Kino, der Fernseher usw. Eine – vermutlich sinnvollere – Betrachtung von Teilen dieses Gesamtmarktes, und somit die Erfassung differenzierterer Bedürfnisstrukturen, mag dagegen die kulturell innovativen Personengruppen im Raum Berlin ansprechen, im Alter zwischen 18–55 Jahren mit einer eher linksliberalen Gesinnung.

Über die Zielgruppenerfassung bestimmt sich die Größe des Marktes:
- Welche Kundenkreise kommen grundsätzlich für das Produktangebot in Frage?
- Welche theoretischen Absatzzahlen können durch diesen in Frage kommenden Kundenkreis veranschlagt werden (Absatzpotenzial)?[54]
- Welcher theoretische Umsatz lässt sich hierdurch herleiten (Umsatzpotenzial)?
- Wie verhält sich das tatsächliche Absatz- und Umsatzvolumen im Vergleich zu den Potenzialen? Die anteilige oder absolute Differenz dieser beiden Größen stellt die absolute bzw. anteilige Absatz- bzw. Marktausschöpfung dar.

Diese Überlegungen zur Zielgruppe begründen die Ausgangslage des Kaufprozesses, da hierdurch der Käufer definiert und – soweit möglich – vom geplanten Geschäftsvolumen her eingeschätzt wird. Diese Phase stellt daher die initiale Phase des Entscheidungsprozesses dar, als Vertreter des präsumtiven (voraussetzenden) Wirkungsfeldes.

Werbeträgerkontakt

Mit den Erkenntnissen der vorangegangenen Zielgruppenerfassung kann nun die Kontaktaufnahme zum Kunden näher geplant werden. Zunächst stehen hierbei Überlegungen zum Werbeträger an: Über welche Kommunikationskanäle kann die Zielgruppe am effizientesten erreicht werden? Diese Kanäle sollten eine hohe Zielgruppenaffinität haben,[55] sollten mithin tatsächlich den Zugang zum Kunden ermöglichen und gleichzeitig geringe Streuverluste aufweisen, also möglichst wenig „Nichtkunden" erreichen. Die Werbewirtschaft kennt in diesem Zusammenhang den „Tausenderkontaktpreis", welcher die Kosten der Werbeschaltung für eine Kontaktierung von 1.000 Personen wiedergibt. Dieser Personenkreis kann entweder allgemein gehalten bleiben oder sich auf das differenzierte Zielgruppenprofil beziehen.

> **Werbeträgerkontakt (fiktives Beispiel)**
> Ein Hersteller von luxuriösen Armbanduhren möchte ein neues Produkt, eine Herrenarmbanduhr mit Weißgoldgehäuse und Tourbillon, bewerben. Die Kernzielgruppe stellen Herren im deutschsprachigen Raum mit hohem Vermögen bzw. mit einem Jahreseinkommen über 500.000 EUR dar. Der Bildungshintergrund scheint dagegen eine untergeordnete Rolle zu spielen, da erfahrungsgemäß auch nichtakademische Neureiche und Autodidakten einen guten Teil der Stammkundschaft ausmachen.

---

54 Das Absatzpotenzial bezieht sich nicht auf die Zahl der Kunden, sondern auf die Zahl der verkauften Produkte innerhalb einer definierten Region und binnen eines definierten Zeitraums.
55 Der Zielgruppen-Affinitätskoeffizient drückt aus, welcher Anteil der erreichten Personen der definierten Zielgruppe entspricht. Ein Koeffizient von 0,6 würde beispielsweise für Streuverluste in Höhe von 40 % stehen.

Der Anbieter will seine Werbekampagne – wie in der Vergangenheit auch – über klassische Print-medien lancieren. Zeitungen kommen aufgrund der niedrigen Wertigkeit und der raschen zeitli-chen Vergänglichkeit nicht in Frage. In der Vergangenheit hatte man ganzseitige Anzeigen auf der Rückseite des „Spiegel" geschaltet, jedoch festgestellt, dass der Tausenderkontaktpreis hier zu hoch ist. Dies liegt an der geringen Zielgruppenaffinität (bzw. an der hohen Streuung jenseits der Zielgruppe) dieses Printprodukts. Wenn die Anzeigenserie beispielsweise 300.000 EUR kostete, bei einer Auflage von 225.000 Exemplaren und durchschnittlich 2,0 Lesern pro Exemplar, dann würden 450.000 Leser für 300.000 EUR erreicht werden. Hieraus ergäbe sich ein Tausenderkon-taktpreis bezüglich der Gesamtleserschaft in folgender Höhe:

(300.000 EUR Kosten/450.000 Leser × 1.000) = 667 EUR pro 1.000 Leser.

Hätte nun der Spiegel eine Zielgruppenaffinität von lediglich 5,0 %, (bzw. einen Streuverlust in Höhe von 95 %), ergäbe sich folgender Tausenderkontaktpreis für die Zielgruppe (als potenzielle Käufer) des werbenden Uhrenherstellers:

667 EUR/5 % Affinität = 13.340 EUR pro 1.000 Zielgruppen-Vertreter.

Stattdessen entschließt sich der Uhrenhersteller für eine Anzeigenkampagne in ausgewählten Fachzeitschriften, nämlich in „Yacht" und in „Golf". Hier liegt die Gesamtauflage bei 50.000, bei 2,5 Lesern pro Exemplar und somit bei einer Gesamtleserschaft von 125.000 – dies allerdings mit einer Zielgruppenaffinität von 35 %, also einem Streuverlust von lediglich 65 %. Bei Kosten für die Anzeigenschaltung in Höhe von 150.000 EUR ergäbe sich für diese Anzeigenkampagne der folgen-de zielgruppenspezifische Tausenderkontaktpreis:

150.000 EUR Kosten/125.000 Leser/35 % Affinität = 3.429 EUR pro 1.000 Zielgruppen-Vertreter.

Somit wäre der Werbeträgerkontakt für den Uhrenhersteller aus finanzieller Sicht sinnvoller über die Zeitschriften „Yacht" und „Golf" als über die Zeitschrift „Spiegel" zu gestalten.

Die Tabelle 4.5 stellt eine Auswahl von Werbeträgern dar. Hierbei werden die generel-len Werbeträgerbereiche und beispielhafte Unterbereiche nebst Beispielen angeführt.

Werbemittelkontakt

Der Werbeträger ist das Vehikel des Werbemittels: Die Zeitschrift trägt die Anzeige. Um einem Werbeträgerkontakt auch einen Werbemittelkontakt folgen zu lassen, ist das Werbemittel so zu platzieren, dass ein Sinneskontakt mit dem Kunden – in der Regel visuell oder akustisch – ermöglicht wird. Je nach Werbeträger bezieht sich eine solche Platzierung auf räumliche und zeitliche Festlegungen. So mag eine Radiower-bung für Staubsauger werktags am frühen Vormittag geschaltet werden, da hier die Kernzielgruppe (Hausfrauen und Hausmänner) am ehesten kontaktiert werden kann. Oder hat sich dieses traditionelle Rollenverständnis derweil gewandelt?

Die Beispiele der Tabelle 4.6 verdeutlichen die unterschiedlichen Herausforde-rungen für diverse Werbemittel in Bezug auf unterschiedliche Platzierungskriterien. Als Werbemittel sind sowohl klassische als auch digitale Maßnahmen angeführt. Ent-sprechend der Zielgruppenfestlegung werden diese Mittel geeignet sein, entweder pri-vate (z. B. über Plakatwerbung) oder gewerbliche Kunden (z. B. über eine Fachmesse) anzusprechen.

Tabelle 4.5: Werbeträger.

Werbeträgerart	Werbeträger	Beispiel
Printmedien	Publikumszeitschrift	Stern, Spiegel, Gala, Bravo, Playboy
	Fachzeitschrift	Triathlon, Sportpraxis
	Fachbuch	Entscheidungsorientiertes Management
	Zeitung	Bild, Süddeutsche Zeitung
Neue Medien	Homepage	Firmen-/Themen-Homepage
	Soziale Netzwerke	Facebook
	Plattformen	Xing-Diskussionsforen
	Mikroblog	Twitter
	Videoportale	Youtube
Klassische Werbeflächen	Plakat	Platzierung an S-Bahn-Stationen
	LED-Werbetafeln	Platzierung im Nahverkehr
	Net Screen	Anwendung in Großkinos
	digitale Plakatwand	Platzierung in U-Bahn-Stationen
	Litfaßsäule	Platzierung innerstädtisch
Fernsehen	lineare Fernsehsender	ARD, RTL ZDF
	Web-TV-Sender	Mediathek, Energy Clips
Hörfunk	terrestrische Radiosender	SWR 3, Antenne Bayern
	Internet-Radiosender	N-JOY, 1LIVE
Briefpost	Massensendung	IKEA-Katalog an Haushalte
	Direct Mailing	Autohersteller an Kundenstamm
Messen	Publikumsmesse	Grüne Woche, Boot
	Fachmesse	IFAT (Entsorgung), CeBIT
Händlerebene	Deckenposter	Preisinformation
	Aufsteller	Hinweis auf Werbeaktion
	Zweitplatzierung	Süßwaren im Kassenbereich

Tabelle 4.6: Werbemittel und Platzierungsaspekte.

Werbemittel	Platzierungsaspekte
Anzeige (Printmedien)	Größe, Farbigkeit, Platzierung, Schaltfrequenz
Werbespot (Fernsehen, Hörfunk)	Sendezeit, Sendedauer, Sendefrequenz
Plakat	Standort
digitale Bannerwerbung	Anmutung, Funktionalität, Platzierung
Homepage	Anmutung, Funktionalität, Platzierung
Fanpage	Informations- und Unterhaltungswert
Suchmaschinen-Optimierung (SEO)[a]	Suchbegriffe, Platzierung bei Internet
Messestand	Größe, Lage, aktivierende Maßnahmen
Anschreiben	Adressat, Anmutung
Aufsteller am Point of Purchase	Standort, Anmutung
Insertion (Einlage in Printmedien)	Anmutung, Umfang

[a] SEO = Search Engine Optimization, zu deutsch: „Suchmaschinen-Optimierung".

Beachtung

Mit der Beachtung setzen beim Käufer affektive Aktivitäten ein. Um hier – in einem generellen Umfeld der Reiz- und Informationsüberflutung – Beachtung beim Kunden zu generieren, sollte ein Werbemittel kurzfristig seine anziehende Wirkung entfalten und vom Inhalt her auf die Präferenzmuster der anvisierten Zielgruppe abstellen.

Die Inhalte eines Werbemittels können in unterschiedlichem Ausmaß emotional oder sachlich gestaltet sein. Im Regelfall gilt angesichts limitierter menschlicher Informationsverarbeitungskapazitäten: Weniger ist mehr. Dies erfordert auf Unternehmensseite die Reduktion der Produktbewerbung auf wenige Schlüsselaspekte – zumindest in dieser Phase der Vermarktung.

Sofern ein Anbieter bereits ein positives Image hat aufbauen können, wird der Kontakt mit einem Werbemittel eher beachtet werden. Neben direkt unternehmensgesteuerten Maßnahmen wie Sponsoring oder Anzeigen werden insbesondere neutrale, nichtunternehmerische Informationsquellen eine hohe Glaubwürdigkeit mit sich bringen. Geeignete Maßnahmen sind etwa Publizität – also eine Presseberichterstattung durch Dritte, die das Unternehmen oder das Produktangebot des Unternehmens zum Gegenstand hat – oder auch Aussagen von Referenzpersonen, die über ihre eigenen (positiven) Produkterfahrungen reden. Eine solche Glaubwürdigkeit gewähren insbesondere neue Soziale Medien (Social Media), wie etwa Blogs, soziale Netzwerke, Bewertungsportale, Weblogs und Webforen, Podcasts oder Wikis. Durch die Interaktion der (potenziellen) Kunden untereinander büßt der Produktanbieter Kontrollmöglichkeiten ein, kann andererseits aber selbst in einen Dialog mit dieser Zielgruppe eintreten. Gerade im B2C-Geschäft sind diese direkten Kundenbeziehungen wertvoll und eröffnen wichtige Erkenntnispotenziale für künftige Kundenwünsche, Entwicklungsvorhaben oder auch für Rekrutierungspläne. Professionell genutzt, eröffnen sich einem Unternehmen nicht nur innovative Möglichkeiten der Kundenakquisition, der Kundenbindung und der Kundenrückgewinnung, sondern auch Impulse für die laufende Produktentwicklung und Angebotsoptimierung. Hinzu kommt, dass sich das Spektrum und die Nutzung von mobilen, digitalen Marketing-Instrumenten fortlaufend ausweiten und somit eine Unmittelbarkeit zwischen Senden, Empfangen und Handeln ermöglichen (Rieber 2017).

Als Gestaltungsinstrument bieten sich für diese Entscheidungsphase Pre-Tests bei Zielgruppenvertretern an, um die Wirkung des Werbemittels differenziert überprüfen und gegebenenfalls optimieren zu können. Ein beispielhafter Versuchsaufbau bestünde darin, die Probanden verschiedene Zeitschriften (oder digitale Informationsplattformen) durchblättern zu lassen und sie danach zu befragen, an welche Anzeigen sie sich noch zu erinnern vermögen. Das Unternehmens-Image kann etwa über Press Clippings gemessen werden, welche die Resonanz des Unternehmens und des Produktangebots erfassen.

Produktwissen

Die ausreichend intensive Beachtung einer Werbebotschaft ist Voraussetzung, um dem Käufer Produktwissen zu vermitteln. Dieses Wissen kann faktische oder emotionale Inhalte zum Gegenstand haben, und die Wissensvermittlung mag beim Empfänger bewusst oder unbewusst ablaufen. Gerade im Bereich der Markenbildung (Branding) verlaufen Wissensprozesse eher unbewusst: Warum beispielsweise eine Sportschuhmarke angesagter ist als eine andere, wird der befragte Nutzer im Regelfall nicht mit harten Fakten, sondern eher mit emotionalen Inhalten begründen.

Natürlich ist der Anbieter bestrebt, der Zielgruppe Wissensinhalte zu vermitteln, die von ihm erwünscht und beabsichtigt sind. Die Werbewirkungsforschung bietet hier ein breites Instrumentarium, um Rezipienten von Werbebotschaften über Beobachtung, Befragung oder Experimente hinsichtlich des vermittelten Produktwissens zu erforschen.

Speicherung

Sofern Produktwissen als käuferrelevant erlebt wird, wird es im Gehirn abgespeichert. Dies ist insbesondere dann von Bedeutung, wenn die Wissensvermittlung nicht direkt am Verkaufsort (Point of Purchase) stattfindet, wie es etwa bei einer Zweitplatzierung im Kassenbereich eines Einzelhandelsgeschäfts der Fall wäre.

Ohne Speicherung würde sich aufgenommenes Wissen verflüchtigen und bliebe somit für den weiteren Kaufprozess wirkungslos. Die Speicherung kann begünstigt werden, indem dem Kunden Inhalte mitgegeben werden, etwa in Form eines Flyers. Hier wird der Speicherungsprozess verstärkt, ergänzt oder auch auf einen späteren Zeitpunkt verlagert. Letztlich gilt es, die erste, teils flüchtige Wissensvermittlung so lange beim Käufer zu vergegenwärtigen, bis sie beim Käufer ein Interesse hervorgerufen hat und dieser somit beginnt, sich zu motivieren und somit die nächste Kaufprozessphase zu erreichen.

Produktinteresse

Mit der Auswertung vermittelten Wissens beginnen die kognitiven Aktivitäten des Käufers. Letztlich gleicht der Käufer die von ihm aufgenommenen und interpretierten produktbezogenen Informationen mit seinem Bedarf ab. So wird beispielsweise bei einem Freiluftkonzert durch einen Bauchladenverkäufer ein Erfrischungsgetränk angeboten. Beim Anblick dieses Produktangebots fragt sich der potenzielle Nachfrager: Habe ich Durst?

Werbemaßnahmen können auch „Response Measures" beinhalten, also die Möglichkeit, mit dem Anbieter über Rückkoppelung in direkten Kontakt zu treten, etwa indem mittels einer Antwortkarte weitere Informationen angefordert werden. Bei personifizierten Direct Mailings, die sich direkt und mit persönlicher Ansprache an eine Person, einen Haushalt oder eine Organisation richten, gilt eine Rücklaufquote von mehr als 5 % bereits als Erfolg, bei einer unpersönlichen Massenpost fällt diese Quote deutlich niedriger aus.

Erwägen

Das Erwägen konkretisiert ein Produktinteresse mit Blick auf den Erwerb des Produktangebots. So mag sich der durstige Konzertbesucher nun fragen, ob sein Durstgefühl durch das konkret angebotene Getränk (etwa eine 0,5 Liter-Flasche Coca-Cola) gestillt werden kann: Ein diffuser Bedarf konkretisiert sich zu einem Bedürfnis.

Ein Kennzeichen für die Erwägungsphase ist es, wenn ein potenzieller Kunde dem Produktanbieter Rückfragen stellt, etwa telefonisch über eine Hotline oder auch durch postalische oder E-Mail-getragene schriftliche Rückfragen. Hier den Inhalt und das Ergebnis der Rückfragen systematisch festzuhalten und auszuwerten, ist für das Unternehmen ein wichtiger Wissensfundus, um möglichst viele erwägende Nachfrager in die nächste Entscheidungsphase zu überführen, zur Kaufüberzeugung.

Ein Instrument mit einem großen diesbezüglichen Potenzial stellen soziale Netzwerke dar. So kann der mit Elektromotor angetriebene BMW i3 über eine Fanpage auf Facebook (www.facebook.com/BMWi) auf 1,5 Millionen „Fans" zurückgreifen sowie auf 370.000 „Followers" auf Twitter (twitter.com/BMWi).[56] Diese Personen bezeugten bereits ihr Interesse am Fahrzeug und werden nun über eine Informations- und Interaktionsplattform – die beispielsweise eine wunschgemäße Fahrzeugkonfiguration ermöglicht – zu weiteren Erwägungsprozessen angeregt, um dann etwa über das Vereinbaren einer Probefahrt hin zu einem konkreten Kaufinteresse transformiert zu werden.

Kaufüberzeugung

Die Kaufüberzeugung bildet den finalen Denkprozess vor dem eigentlichen Kauf. Beim oben angeführten Konzertbesucher mögen nun Überlegungen wie der Getränkepreis oder die Verfügbarkeit anderweitiger Alternativen (etwa mitgebrachte Getränke) eine Rolle spielen.

Bei komplexeren Kaufentscheidungen können etwa Referenzlisten oder Erfahrungsberichte von zufriedenen Kunden den Ausschlag geben, um den überzeugten Kunden letztlich zum Kauf zu bewegen. Digitalisierten sozialen Medien kommt eine hohe Bedeutung zu, wenn es darum geht, Kaufinteressierte aufgrund von Drittmeinungen weiter zu überzeugen. Ausschlaggebende Aspekte mögen auch Wege der Kaufpreisfinanzierung, die Stundung des Kaufpreises oder etwa ein angebotsbezogenes Versicherungsangebot sein (etwa die inklusive Reiserücktrittsversicherung bei der Buchung einer Urlaubsreise).

Erstkauf

Mit dem verbindlichen Kaufakt endet der Kaufprozess – jedenfalls in einigen Modellen wie beim AIDA-Prozess. Der Erstkauf vermittelt dem Käufer die erste Nutzererfahrung

---

56 Zugriffe jeweils 28.11.2019.

mit dem betreffenden Produkt.[57] Ist mit einem solchen Erstkauf das finale Ziel des Vermarkters erreicht?

Aus Sicht eines Transaktions-Marketings konzentriert sich der Vermarkter auf die einzelne Transaktion. Dies mag erklären, warum bei Ausflugslokalen mit ständig wechselnden touristischen Gästen häufig Defizite bei Speiseangebot und Service zu beklagen sind: Der Erstkauf wird aus Anbietersicht als Endzweck erlebt, da hiernach der Kontakt zum Kunden mit großer Wahrscheinlichkeit abreißt. Sofern der Vermarkter den gewonnenen Kunden nicht nur mit einer einmaligen Transaktion assoziiert, wird ein Erstkauf nicht das Endziel, sondern erst den Beginn, den Einstieg in ein Geschäftsverhältnis zum Kunden darstellen, ganz im Sinne eines Beziehungs-Marketings bzw. eines Customer-Relationship-Managements (CRM).

Wiederholungskauf

Aus Sicht von Beziehungs-Marketing wird ein Käufer in einem weitergespannten Zeitrahmen erlebt. Einer befriedigenden Erstkauferfahrung sollen weitere Käufe beim Anbieter folgen, bezüglich des betreffenden Produktes – oder auch darüber hinaus. Die Bedeutung von Wiederholungskäufen wird bei kurzen Verkaufszyklen (Sales Cycles) besonders deutlich. Wenn sich ein Restaurant in der Nähe eines Bürokomplexes auf das Anbieten eines Mittagstisches ausgerichtet hat, so hat es besonderes Interesse an der Bildung einer Stammkundschaft. Im Abonnement-Geschäft mit seinen zyklischen Vertragsperioden kommt der Abwanderungsquote („Churn Rate") große Bedeutung zu: Welcher Kundenanteil nimmt bei einem auslaufenden Vertrag seine Kündigungsmöglichkeit wahr? Aber auch längere Sales Cycles scheinen ein aktives Zuarbeiten auf Wiederholungskäufe zu rechtfertigen. So wird sich jemand, der ein Neufahrzeug direkt bei der Niederlassung des betreffenden Automobilherstellers kauft, darauf einzustellen haben, von nun an regelmäßig per Glanzbroschüre über Neuerscheinungen, Events und sonstige Neuigkeiten dieses Anbieters informiert zu werden.

Eine Professionalisierung des Stammkundengedankens verkörperter das Customer-Lifecycle-Konzept. Hier wird der wirtschaftliche Nutzen eines Kunden – festgemacht etwa am theoretisch zu erwirtschaftenden Deckungsbeitrag – über die hypothetische Gesamtlaufzeit der Kunden/Anbieter-Geschäftsbeziehung betrachtet und im Regelfall statistisch untermauert. So mag z. B. ein Versicherungsunternehmen mit einem Kunden einen ersten Vertrag abschließen, welcher über eine voraussichtliche Laufzeit Prämien, aber auch Versicherungsleistungen generiert und somit vom kundenbezogenen Deckungsbeitrag her berechnet werden kann. Der Versicherer wird zudem über Erfahrungswerte verfügen, welche ergänzenden Versicherungen der

---

[57] Natürlich gibt es Produkte, bei denen die Kauferfahrung nicht zur unmittelbaren Nutzerfahrung führt (etwa der Erwerb von Babywindeln). In solchen Fällen erfolgt die Nutzererfahrung indirekt, über die Bewertung der unmittelbaren Nutzererfahrung bei einem Dritten (etwa beim Träger von Babywindeln).

Erstkunde im Laufe seiner Geschäftsbeziehung zum Unternehmen noch nachfragen könnte. Somit lässt sich das wirtschaftliche Gesamtpotenzial eines Kunden ermitteln. Dieses Wissen mag dann beispielsweise beim Abwägen von Kulanzfragen einfließen.

Loyalität

Ein loyaler Kunde ist für den Anbieter von großem Wert. Zunächst einmal ist ein loyaler Kunde ein Wiederholungskäufer. Diese Wiederholungskäufe beruhen jedoch nicht auf zufälligen Umständen – etwa, weil der Bäcker nun einmal der einzige Bäcker auf dem Weg zur Arbeit ist – sondern auf einer fundierten Überzeugung des Kunden, dass dieses Angebot schwerwiegende und dauerhafte Wertigkeitsvorteile gegenüber alternativen Angeboten aufweist. Der Firma Apple ist dies mit ihren Hauptgeschäftsfeldern wie dem Macintosh oder dem iPhone gelungen – und nur selten werden Kunden so an unternehmensinternen Geschehnissen eines Anbieters Anteil gehabt haben, wie an dem Tod des Mitgründers und Ideengebers Steve Jobs.

Was unterscheidet den loyalen Kunden in wirtschaftlicher Sicht vom Wiederholungskäufer? Zum einen wird ein loyaler Kunde ein glaubwürdiger und dauerhafter Befürworter und dadurch auch Fürsprecher und Bewerber des Produktes sein. Ein zufriedener Kunde, ein faszinierter Kunde strahlt für potenzielle Käufer eine Überzeugungskraft aus, die durch Anbieteraktivitäten nicht zu erwirken ist und die sich zudem für den Anbieter ohne direkte Zusatzkosten realisiert. Zum anderen wird die Verbundenheit des loyalen Kunden mit dem Unternehmen bzw. mit dem gegenständlichen Produkt auch bei negativen Produkt- oder Anbieterinformationen bis zu einem gewissen Grad unerschütterlich sein. Die Kundenloyalität kann bis hin zu einer „Advocacy"[58] führen, bei welcher der Kunde aktiv für die Belange des Produktanbieters eintritt (Magids, Zorfas und Leemon 2015). Kundenloyalität kann als das finale Ziel für anbieterseitige Vermarktungsbemühungen angesehen werden. Sie verheißt Preis- und Störungstoleranz und verschafft dem Anbieter gleichzeitig einen ehrenamtlichen Promotor.

Anwendbarkeit der Kaufprozess-Erkenntnisse

Der gesamte hier im Detail geschilderte Kaufprozess kann bei Spontankäufen (etwa dem geschilderten Getränkekauf beim Konzert) oder bei Routinekäufen (etwa dem Nachbestellen von Katzenfutter im Internet) in Minuten oder gar Sekunden ablaufen. Manche der geschilderten Entscheidungsphasen werden vom Kunden dann nur noch verkürzt oder implizit erlebt werden. Andere Entscheidungsprozesse werden jede der

---

58 Unter dem englischen „Advocacy" wird eine „Anwaltschaft" für ein Produkt oder auch einen Produktanbieter verstanden, in deren Rahmen der loyale Kunde aktiv für Unternehmen und/oder Produkt wirbt und argumentiert.

geschilderten Phasen bewusst durchleben und mögen sich im Zweifelfall über Jahre hinweg erstrecken.[59]

Die Intensität der verschiedenen Entscheidungsphasen sowie die Gestaltung des Vermarktungsinstrumentariums ist bei gewerblichen Kaufentscheidungen (B2B) naturgemäß anders angelegt als im Falle privater Verbraucherentscheidungen (B2C). So führen Homburg/Krohmer (2009: 146) für den organisationalen Kaufprozess 8 Phasen an, welche andere Schwerpunkte setzen, welche aber grundsätzlich kompatibel sind mit der Phasenstruktur des vorgestellten 4 × 3-Customer Journey-Modells. Ein entsprechender Abgleich erfolgt in der Tabelle 4.7.

Tabelle 4.7: Abgleich 4 × 3/organisationaler Kaufprozess (in Anlehnung an Homburg/Krohmer 2009: 146).

Ablaufphasen im Vergleich	
4 × 3-Customer-Journey-Modell	**organisationaler Kaufprozess**
Zielgruppenerfassung	Bedarfserkennung, -beschreibung
Werbeträgerkontakt	
Werbemittelkontakt	
Beachtung	Anbietersuche: Lieferantensuche
Produktwissen	
Speicherung	
Produktinteresse	Angebotseinholung: Präsentation
Erwägen	Anbietervorauswahl: Lieferanten?
Kaufüberzeugung	Verhandlungen: Auftragsmodalitäten
Erstkauf	Vertragsabschluss: Vergabeentscheidung
Wiederholungskauf	Leistungserbringung und -bewertung: Evaluierung
Loyalität	

Für vier Phasen des 4 × 3-Modells (Werbeträgerkontakt, Werbemittelkontakt, Produktwissen, Speicherung) wird bei dem vorgestellten organisationalen Kaufentscheidungsprozess kein Pendant angeboten; hier könnte dieses Modell noch weiter detailliert und komplettiert werden und von der Ausdifferenzierung von B2C-Entscheidungsprozesses profitieren. Denn natürlich gilt es auch bei gewerblichen Kaufentscheidungsprozessen darum, die richtigen Kommunikationskanäle zu wählen und entscheidungsrelevante Produktinformationen dauerhaft zu vermitteln.

Das organisationale Kaufentscheidungsmodell beginnt mit der Bedarfserkennung und Bedarfsbeschreibung. Im Detail konkretisiert sich ein allgemein angelegter Bedarf (z. B. Bedarf an mehr Datensicherheit) zu einem Bedürfnis (z. B. die Spezifi-

---

59 So lief ich im Sommer 2016 die „100 Kilometer von Biel", den traditionsreichsten Ultralangstreckenlauf Europas – 24 Jahre, nachdem ich auf dieses Lauf-Event erstmals aufmerksam geworden war und meinen Entscheidungsprozess initiierte.

kation zu erfüllender Sicherheitsstandards). Während dieser kundeninterne Prozess bereits stellenweise vom anbietenden Entscheider beeinflusst zu werden vermag, beginnt der eigentliche Vermarktungsprozess aus Anbietersicht erst, wenn der potenzielle Kunde sich für die anvisierte Zielgruppe qualifiziert.

Wiederum andere Geschäftsmodelle ergeben sich gegenüber öffentlichen Kunden (Business-to-Government, B2G) sowie, in Zeiten digitalisierter Informations-, Vermittlungs- und Verkaufsplattformen rasch zunehmend, durch die Verkaufsanbahnung zwischen privaten Verkäufern und Käufern (Business-to-Consumer-to-Consumer, B2C2C). Die Tabelle 4.8 stellt die Besonderheiten der genannten Geschäftsmodelle bezüglich der verschiedenen 4 × 3-Kaufentscheidungsphasen gegenüber. Hierbei lassen sich B2C und B2C2C sowie B2B und B2G zu zwei Gruppen zusammenfassen, deren Profile mit Blick auf die gegenständlichen Kaufentscheidungsphasen vergleichbar sind.

Tabelle 4.8: Kaufentscheid und Geschäftsmodelle.

Entscheidungsphase	B2C/B2C2C	B2B/B2G
Zielgruppenerfassung	anonym	persönlich bekannt
Werbeträgerkontakt	spontan	geplant
Werbemittelkontakt	spontan	geplant
Beachtung	un-/systematisch	systematisch
Produktwissen	emotional, sachlich	sachlich
Speicherung	informal	formalisiert
Produktinteresse	individuell	kollektiv
Erwägen	informal	formalisiert
Kaufüberzeugung	informal	formalisiert
Erstkauf	Transaktion, Beziehung	Beziehung
Wiederholungskauf	Motive emotional/sachlich	Motive sachlich
Loyalität	Personenbezug	Organisationsbezug

Typischerweise werden die Prozesse privater Nachfrager spontaner und überwiegend ohne direkten Kontakt zum Produktanbieter ablaufen, während gewerbliche Abnehmer dem Anbieter häufig persönlich bekannt sind und deren Kaufentscheidungsprozess im Regelfall formalisiert abläuft. Private Nachfrager werden zudem nicht nur sachgeleitet, sondern auch emotional motiviert sein, geprägt von ihren individuellen Bedürfnissen. Dem gewerblichen Nachfrager liegen demgegenüber im Regelfall kollektive Bedürfnisse zugrunde, die vor allem sachlich begründet sind.

Keine der 12 Phasen des Kaufprozesses geschieht automatisch oder zufällig – das Hinführen eines potenziellen Käufers zur jeweils nachgelagerten Phase muss durch das Unternehmen gezielt erarbeitet werden. Die unternehmerischen Entscheidungen, die hierbei im Vordergrund stehen, sollen nachfolgend näher betrachtet werden.

Optimieren der Käuferentscheidung aus Anbietersicht

Die 12 Phasen bauen aufeinander auf. Dies bedeutet, dass der Kaufprozess abbricht, sobald eine der Phasen nicht erreicht wird. Die Wahrscheinlichkeit, dass ein Kunde von einer Phase zur nachgelagerten Phase gelangt, kann als Prozentsatz ausgedrückt werden. Wenn beispielweise die Wahrscheinlichkeit, dass Produktwissen auch gespeichert wird, bei 20 % läge, so würde dies bedeuten, dass von 1.000 Personen, welche erstes Produktwissen über bestimmte Werbemittel aufnehmen, erwartet werden kann, dass 200 Personen dieses Wissen abgespeichert haben, um es für ein Konkretisieren der künftigen Kaufsituation abzurufen.

Angewandt auf alle 12 Phasen würde die Kette der Wahrscheinlichkeiten letztlich zum Ausdruck bringen, wie viele aus der Grundgesamtheit der als Zielgruppe erfassten Personen letztlich Erstkäufer, Wiederholungskäufer und schließlich loyale Stammkunden werden. Dieser Analyseansatz bedingt, dass Umwandlungsquoten (Conversion Rates) von einer Phase zur nächsten messbar gemacht und quantitativ erfasst werden können. Eine solche Analyse vermag dann, transparent zu machen, an welcher Stelle im Akquiseprozess Schwachstellen sind, wo also überproportional viele potenzielle Kunden verloren gehen.

Die Anwendung dieses Instrumentes soll anhand des Kaufprozesses für eine Triathlonmaschine illustriert werden.[60] Ein Hersteller hochwertiger Fahrräder möchte in das Triathlonsegment einsteigen und hat daher eine extrem leichte Triathlonmaschine entwickelt, die nun – zunächst im deutschsprachigen Raum (DACH)[61] – vermarktet werden soll. Der Hersteller konzentriert sich auf das Internet als Vertriebskanal. Auf der eigenen Homepage sind die Produkte ausführlich beschrieben. Zudem erlaubt die Seite, über einzugebende Körpermaße das passende Fahrrad zu konfigurieren. Als Zielgruppe für dieses neue Produkt sind Triathlonsportler in DACH anzusehen.

Die Abbildung 4.5 stellt den Kaufprozess dar, inklusive der ergriffenen Maßnahmen zur Kundenakquise sowie den Möglichkeiten der Wirkungsmessung. In der Darstellung sind beispielhaft die Umwandlungsquoten zwischen den jeweiligen Entscheidungsphasen sowie die resultierenden absoluten Zahlen angeführt. Letztere geben Auskunft darüber, wie viele Personen der als Grundgesamtheit anzusehenden Zielgruppe die jeweilige Entscheidungsphase erreichen. Der zugrundeliegende Vermarktungs- und Entscheidungsprozess wird nachfolgend ausgeführt. Im Beispiel der Abbildung 4.5 veranschlagt der Fahrradanbieter 120.000 Personen als Gesamtzahl seiner Kernzielgruppe im deutschsprachigen Bereich. Diese Zahl bezieht sich auf aktive Triathlonsportler, die entweder an Triathlon-Wettkämpfen der Sprint-, Kurz-, Mittel- oder Langdistanz teilnehmen und sich deshalb laufend mit ihrer Triathlonausrüstung,

---

60 Eine Triathlonmaschine ist grundsätzlich mit einem Rennrad vergleichbar, verfügt jedoch über einen Aerolenker mit Lenkerendschalthebeln und weist eine unterschiedliche Rahmengeometrie auf, insbesondere bedingt durch den größeren Sitzrohrwinkel von bis zu 78,5 Grad (statt 72 Grad beim Rennrad), der eine nach vorne ausgerichtete, aerodynamische Sitzposition ermöglicht.

61 DACH steht für die drei Länder Deutschland (D), Österreich (A für Austria) sowie der Schweiz (CH).

Phasen und Umwandlungsquoten	Unternehmens- maßnahmen	Erfolgsmessung
Zielgruppenerfassung: 120.000 Personen		
75%	2x Insertion in Fach- zeitschriften triathlon, tritime	Reichweite und Zielgruppenaffinität
Werbeträgerkontakt: 90.000 Personen		
80%	Insertionsgestaltung im Vierfarbdruck	Befragung: Beachtung Insertion
Werbemittelkontakt: 72.000 Personen		
30%	Verweis auf Homepage	Click Rates: Homepage
Beachtung: 21.600 Personen		
50%	2x Insertion in Fach- zeitschriften triathlon, tritime	Click Rate: Seiten mit Produktinformationen
Produktwissen: 10.800 Personen		
60%	Wettbewerbsposition, Produktbeschreibung	Befragung: gemerkte Inhalte
Speicherung: 7.200 Personen		
60%	Unique Selling Proposition, Schlüsselargumente	Click Rate: Seiten mit Produktkonfiguration
Produktinteresse: 4.320 Personen		
90%	Preisberechnung gemäß Produktkonfiguration	Click Rate: Seiten mit Preisinformationen
Erwägen: 3.888 Personen		
20%	Hotline für Produktnachfragen	Zahl der Anrufe, Anteil der Überzeugten
Kaufüberzeugung: 778 Personen		
90%	Bestellvorgang, Vertragsbedingungen	Widerrufsquote
Erstkauf: 700 Personen		
50%	After-Sales-Dienste, Treuerabatt	Net Promotor Score, Anteil Wiederholungskäufer
Wiederholungskauf: 350 Personen		
20%	kundenbindende, auch interaktive Maßnahmen	Kundenbefragung, Event-Teilnahme
Loyalität: 70 Personen		

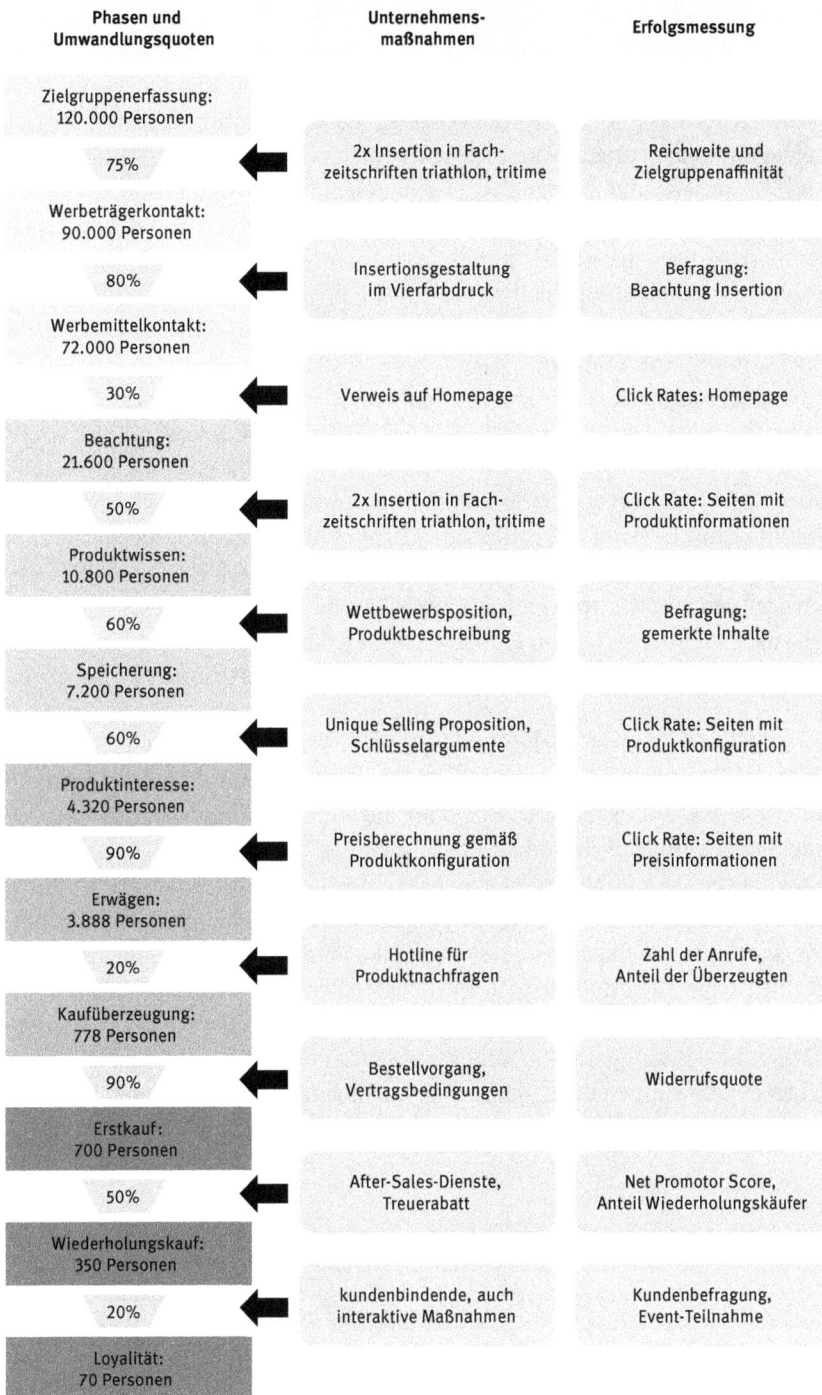

Abbildung 4.5: 4 × 3-Customer-Journey-Modell: Anwendung „Triathlonmaschine".

inklusive der Triathlonmaschine, auseinandersetzen. Mit etwas Branchenerfahrung kann diese Zahl anhand der existierenden Triathlonwettkämpfe überschlagen werden. Für den Hersteller stellt diese Personenzahl sein gesamtes Kundenpotenzial im deutschsprachigen Markt für das Marktsegment „Triathlonmaschine" dar.

Mit einer Kundenansprache über die Fachmagazine „triathlon" und „tritime" werden etwa 75 % dieses Kundenpotenzials erreicht. Somit rechnet der Anbieter mit einem Werbeträgerkontakt bei 90.000 potenziellen Kunden. Dieser Schätzung liegen folgende Überlegungen zugrunde:

– die Auflagenzahlen multipliziert mit
– dem Anteil der Leser, die zur Zielgruppe gerechnet werden können (Zielgruppen-affinität), multipliziert mit
– der durchschnittlichen Leserschaft pro verkauftes Exemplar und abzüglich
– der Überschneidungen (Nachfrager, die beide Zeitschriften lesen).

Als Werbemittel wird eine qualitativ hochwertige 16-seitige Einlage (Insertion) gewählt. Im Vierfarbdruck und mit zahlreichen Illustrationen soll sich diese Insertion abheben von minderwertigeren Einlagen, wie sie etwa Lebensmittel-Discounter wöchentlich bestimmten Zeitungen beifügen. Pre-Tests mit Lesern haben ergeben, dass etwa 80 % der Leser dieser beiden Fachzeitschriften die Insertion optisch wahrnehmen. Mithin kann von einem Werbemittelkontakt bei 72.000 Personen ausgegangen werden.

Der – mehr oder weniger flüchtigen – optischen Wahrnehmung folgt als nächste Phase die Beachtung. In der Einlage wurde für weitergehende Informationen auf die Internetseite des Anbieters verwiesen. Eine aus Anbietersicht relevante, nachfragegerichtete Beachtung würde voraussetzen, dass der Leser nähere Erkundigungen auf der Internetseite des Anbieters (Homepage) einholt, zumal diese – ganz im Sinne eines konsequenten E-Commerce – den einzigen Vertriebskanal des Herstellers darstellt. Gängige Content Management Systeme (CMS) können die Zugriffe auf die Homepage des Unternehmens stundengenau, teils sogar in Realzeit erfassen und darstellen. Insofern ist der Anbieter in der Lage, genau zu analysieren, inwiefern sich die Zugriffszahlen (Traffic) seit Erscheinen der Werbekampagne erhöht haben.[62] Mehrfachzugriffe derselben Person können dabei durch Bezugnahme auf die abfragenden IP-Adressen herausgefiltert werden.[63] Während des Zeitraumes der Werbekampagne (2 Mona-

---

[62] Um den werbebedingten Verkehr auf der unternehmerischen Internetseite (Homepage) zu analysieren, können Unternehmen heutzutage z. B. ein TV-Tracking mit einem Internet-Tracking verbinden. Hierbei wird der Zeitpunkt der Fernsehaussendung eines Werbespots in zeitliche Verbindung mit dem entsprechenden Homepage-Verkehr gesetzt und somit die spezifische Wirkung dieser Marketingmaßnahme ermittelt.

[63] Aus datenschutzrechtlichen Gründen dürfen in Deutschland nicht mehr die gesamten IP-Adressen von Internetnutzern erfasst und verarbeitet werden. Stattdessen sind die zur Datennutzung zugelassenen Adressen auf die letzten vier Ziffern beschränkt.

te) werden 21.600 über dem vergangenen statistischen Durchschnitt liegende Zugriffe festgestellt, was einer Umkehrquote von Werbemittelkontakt zu Werbemittelbeachtung von 30 % darstellt – eine beachtliche Quote, die als Erfolg gewertet werden kann.

Die Zugriffsstatistiken der Homepage erlauben es, die Besuchsfrequenz pro Seite zu ermitteln. Hierdurch kann festgestellt werden, welcher Anteil der zusätzlichen digitalen Besucher sich bis zu den Seiten mit den neuen Triathlonmaschinen durchgeklickt hat. Dies ist bei jedem zweiten dieser Besucher der Fall, mithin eignen sich 50 % der neu hinzugekommenen Internetbesucher weitergehendes Produktwissen an: 10.800 Personen.

Die Mechanik des Internets und die technischen Möglichkeiten eines CMS erlauben es dem Seitenbetreiber, das Sichtungsverhalten (Surfen) auf seiner Homepage differenziert nachzuvollziehen (digital footprint). Zudem kann das Homepage-Design systematisch und bis ins Detail zielgruppengerecht optimiert werden. So wird beispielsweise über ein „A/B-Testing" ermittelt, welche Farbe und Größe für einen auf die nächste Seite weiterführenden Button mehr Aufmerksamkeit hervorruft und im Ergebnis häufiger geklickt wird.

Die Auswertung späterer Kundenkontakte, ergänzt durch die Befragungen zur Homepage-Wahrnehmung im Rahmen eines Pre-Tests, ergeben, dass die Produktinformationen bei 60 % der Internet-Surfer wunschgemäß aufgenommen, verstanden und interpretiert werden. Eine Speicherung der Produktinformationen über den Zeitpunkt des ersten Internet-Zugriffs hinaus kann deshalb bei 7.200 Personen unterstellt werden.

Die Homepage des Anbieters ermöglicht es den Interessenten, durch Eingabe ihrer Körperdaten (Geschlecht, Größe, Gewicht) und Nutzungsgewohnheiten (Freizeitsport, Leistungssport) die Einzelteile der Triathlonmaschine (etwa den Vorbau oder die Rahmengröße) online individuell zu konfigurieren und als Merkzettel für sich abzuspeichern. Von dieser Funktion machen 4.320 Internetbesucher Gebrauch, was als Produktinteresse gewertet werden kann – und einer Umwandlungsquote vom speichernden zum produktinteressierten Nachfrager von 60 % entspricht.

Nach getätigter Produktkonfiguration kann man den errechneten Verkaufspreis sowie die Verfügbarkeit dieser Variante anzeigen und abspeichern lassen. Dies tun 3.888 Personen, 90 % der Interessierten.

Schließlich wird der Interessierte auf eine Seite geführt, wo verbliebene Fragen per E-Mail oder Telefon-Hotline gestellt werden konnten. Gerade bei einem solchen hochpreisigen, technischen Produkt kann davon ausgegangen werden, dass es einen solchen Bedarf überwiegend gibt; auch schützt sich der Anbieter vor später enttäuschten Spontankäufern, die anschließend die Transparenz des Produktangebots reklamieren mögen. Für die Beantwortung dieser schriftlichen oder telefonischen Anfragen sind zwei Mitarbeiter aus der Entwicklung vorgesehen, die sich detailliert mit den materiellen und funktionalen Vorteilen des Produktes auskennen. Leider führen Krankheits- und Urlaubsabwesenheiten während der Werbekampagnen-Zeit – verbunden mit einer fehlenden Stellvertreterregelung – dazu, dass das Telefon nur lückenhaft besetzt ist, und auch E-Mail-Anfragen nur stockend beantwortet werden können. Hierdurch bedingt werden nur 778 Personen, 20 % der Erwägenden, durch diese Art der rückfragenden Kontaktaufnahme zu Kaufüberzeugten.

Die Kaufüberzeugten lösen online einen Bestellvorgang aus. 10 % von den Bestellenden widerrufen ihre Bestellung innerhalb der gesetzlichen Frist gemäß Verbraucherschutzgesetz. Somit kann bei 700 Personen ein Erstkauf vermerkt werden. Dies entspricht 0,6 % des Absatzpotenzials von 120.000 Kunden.

Zu diesen 700 Personen gibt es nun direkte Kommunikationsmöglichkeiten, da die Kontaktdaten bekannt sind. Im Nachgang werden diese Erstkäufer nun auf weitere Produktangebote des Herstellers aufmerksam gemacht – etwa auf Mountainbikes, Fahrradanhänger oder auch assoziierte Produkt wie mobile Wattleistungsmessgeräte. Die Hälfte der Neukunden wird als Wiederholungskäufer gewonnen, 350 Personen.

Welcher Anteil dieser 350 Wiederholungskäufer kann als loyal angesehen werden? Der Hersteller versendet in der Nachkaufperiode auch verschiedene Angebote an seine Bestandskunden, so etwa Fragebögen, die Möglichkeit von digitalen Newsletter-Abonnements und die Einladung zu Radsport-Events und Produkttest-Veranstaltungen. Aus dem Kreis der Wiederholungskäufer kann eine aktive Beziehung zu 70 Personen festgestellt werden, 20 % der Wiederholungskäufer werden mithin als loyale Kunden eingestuft, 0,06 % des Absatzpotenzials.[64]

Insgesamt ist festzustellen, dass es vor allem bei der Überzeugung kauferwägender Interessenten – bei einer Umwandlungsquote von nur 20 % – größere Defizite gibt. Die mangelhaften Möglichkeiten der Rücksprache mit dem Hersteller schreckten viele Personen ab, die bereits kurz vor einem Kaufentscheid standen. Wäre statt der 20 % eine Quote von 60 % erwirkt worden, gäbe es im Resultat dreimal so viele Erstkäufer, Wiederholungskäufer und loyale Kunden.

> **?** **Informationserfordernis zur Analyse der Vermarktungseffektivität**
> a) Welche Unternehmensmaßnahmen sind geeignet, die Umwandlungsquote zwischen zwei betreffenden Entscheidungsphasen zu erhöhen?
> b) Wie lässt sich der Erfolg dieser Maßnahmen messen, und lässt sich hieraus die Zahl der betroffenen Personen für die jeweilige Phase ermitteln?
> c) Bei welchen Umwandlungen ist der Produktanbieter eher schwach aufgestellt, und welche Maßnahmen gilt es zu hinterfragen und zu optimieren?

Natürlich wird nicht jeder Kaufprozess aussagekräftig in 12 Entscheidungsphasen zerlegt und analysiert werden können. Im Zweifelfall bildet eine detailliertere Sichtweise jedoch die Grundlage für eine ebenso differenziertere Stärken/Schwächen-Analyse, mit darauf aufbauenden Lerneffekten und Optimierungsmaßnahmen des Anbieters.

Gleichzeitig zeigt dieses Beispiel auf, wie die fundierte Analyse von Stakeholder-Entscheidungsprozessen Anhaltspunkte für das eigene Entscheiden liefert: Je besser

---

64 Basierend auf der Annahme, dass jeder Käufer nur eine Triathlonmaschine bei dem betreffenden Anbieter erwirbt, werden Kundenzahlen und Absatzzahlen gleichgesetzt.

der unternehmerische Entscheider die Wahrnehmungs- und Wirkungsprozesse eines relevanten Stakeholders nachvollziehen kann, desto differenzierter wird er sich in seinem Verhalten auf diesen Stakeholder ausrichten können. Gerade bei dauerhafteren Beziehungen zu einem solchen Stakeholder ermöglicht ein derart strukturiertes Vorgehen, das Miteinander durch einen zunehmenden Erfahrungsschatz zu optimieren.

Kaufprozess
a) Wählen Sie einen Hersteller (im Zweifelsfall Ihren eigenen Arbeitgeber) und ein bestimmtes Produktangebot, neu oder etabliert.
b) Wie sieht bezüglich dieses Produktangebotes der typische Kaufprozess aus? Versuchen Sie auf Grundlage des 4x3-Customer-Journey-Modells, den Prozess so detailliert wie möglich darzustellen.
c) Mit welchen unternehmerischen Maßnahmen lässt sich die Umwandlung von einer Phase zu nachgelagerten Phasen beeinflussen, sodass möglichst viele potenzielle Käufer diesen Prozess bis zum Ende durchlaufen?
d) Wie lässt sich der Erfolg der angeführten Maßnahmen erfassen bzw. messen?

4.3 Kundenverhalten und Innovationsmanagement

Mit der Zuspitzung „Innovate or Die" beschreibt Seeger den Stellenwert von Innovationen (2015: 3). Das Feld der Angebotsentwicklung bietet ein breites Einsatzspektrum für den unternehmerischen Entscheider:

– Welche Produkte sind zu forcieren, welche sollten im Rahmen eines „Phasingout" aus dem Programm genommen werden?
– Bei welchen Produkten bietet sich eine Entwicklung von Varianten oder Sorten an, welche Produktprogramme sollten dagegen gesundschrumpfen?
– Wo sind ganz neue funktionale oder emotionale Denkansätze gefordert, wo ist dagegen Kontinuität gefragt?

Innovationsmanagement ist aus Sicht eines entscheidungsorientierten Managements von hoher Relevanz. Dennoch soll der diesbezügliche Fokus eng am gegenständlichen Thema ausgerichtet bleiben: Es geht um die Analyse der bestehenden Kaufprozesse für künftige Forschungs- und Entwicklungsentscheidungen des Unternehmens. Eine grundsätzliche Darstellung der Erforschung von Kundenbedürfnissen oder Marktpotenzialen oder auch ein Eingehen auf schutzrechtliche und markttaktische Überlegungen würde die gegebene Themenstellung dagegen sprengen.

Im Folgenden wird zunächst der Innovationsbegriff ausgedeutet, dann erfolgt eine Verknüpfung der unternehmerischen Informationsbedarfe mit nachfrageseitigen Entscheidungsprozessen. Schließlich werden Methoden vorgestellt und diskutiert, welche geeignet sind, Entscheidungsprozesse des Kunden mit den Innovationsentscheidungen im Unternehmen zu koppeln.

4.3.1 Innovation und Entscheidungsbedarf

Mit dem Innovationsbegriff verbinden sich im unternehmerischen Kontext Neuerungen bei der Angebotsstellung. Diese Neuerungen betreffen das Angebot selbst (das Gut, die Dienstleistung oder die Rechte) oder die Wege der Angebotsbereitstellung, also die wertschöpfenden Prozesse.

Aufgrund des technischen Grades der Novität können Neuangebote von geringer und hoher technischer Komplexität (low tech/high tech) unterschieden werden. Die geringkomplexen Neuentwicklungen – die zahlenmäßig den Großteil aller Innovationen ausmachen – beziehen sich auf laufende, im Rahmen von Entwicklungsroutinen realisierte Neuerungen. Diese weisen typischerweise niedrige Markteintrittsbarrieren auf, auch, weil die Neuerungen vom Käufer zum Teil gar nicht wahrgenommen werden. Dies ist etwa bei Materialneuerungen im Konsumgüterbereich der Fall, etwa mit der Zielstellung, Verpackungskosten zu reduzieren.

Bei technisch hochkomplexen Neuerungen sind der Entwicklungsaufwand und der hiermit verbundene Wissensaufbau ungleich größer, häufig verbunden mit höheren technischen, verhaltensbezogenen oder emotionalen Akzeptanzbarrieren. Ein Beispiel wäre das Ersetzen einer lokalen Serverlösung (on-premise) durch eine ausgelagerte Cloud-Lösung (off-premise) – verbunden unter anderem mit Fragen der Datensicherheit, der Datenkodierung, der Datenadministration sowie mit rechtlichen und operativen Fragen der Datennutzung.

Situatives Entscheiden im innovativen Umfeld

Haedrich und Jeschke postulieren mit Blick auf unternehmensinterne und -externe Stakeholder ein in der Tabelle 4.9 dargestelltes Analyseraster der Innovationsentscheidung. Hierbei leitet sich die Innovationsentscheidung ab aus der unternehmerischen Ressourcensituation sowie den zu erwartenden Reaktionen im Unternehmensumfeld.

Tabelle 4.9: Analyseraster der Innovationsentscheidung (Haedrich/Jeschke 1993: 11).

	Widerstand	Unterstützung
Schwäche	unattraktiv: keine Innovationsmöglichkeit	bedingt attraktiv: sofern Ressourcenaufbau möglich, attraktiv, ansonsten unattraktiv
Stärke	bedingt attraktiv: sofern Aufbau von Unterstützung möglich, attraktiv, ansonsten unattraktiv	attraktiv: Innovationsmöglichkeiten erarbeiten

Gemäß dem Neuerungsgrad können unterschiedliche Kategorien von Innovationen unterschieden werden. Die Tabelle 4.10 gibt einen Überblick über das Spektrum der sich hieraus ergebenden Innovationsarten.

Tabelle 4.10: Innovationsarten.

Innovation	Beschreibung	Ansatz	Informationsbedarf
marginale Optimierung	Detailverbesserung bei einem bestehenden Angebot, z. B. Öffnungsmechanismus bei Tüte	Kosteneinsparung oder Verbesserung von Nebenaspekten bei bestehendem Kunden	Qualitätswahrnehmung, Präferenzstruktur
Produktvarianten	Ausbau Programmtiefe durch Variierung des bestehenden Angebots, z. B. Geschmacksvariante bei Trinkjoghurt	Nachfrageausweitung bei bestehenden Kunden durch Variantenvielfalt im Angebot	Differenzierungspotenzial beim Kunden
Produktsorten	Ausbau Programmbreite durch funktionale Novität, basierend auf etabliertem Angebot, z. B. Einführung von Eistee zum bestehenden Trinkjoghurt	Gewinnung von Neukunden neben Nachfrageausweitung bei bestehenden Kunden	Potenzial für Line Extension ohne Markenverwässerung [a]
neue Generation	eigenständige Neuheit unter Bezugnahme auf in der Vergangenheit etabliertem Angebot, z. B. der neue „Beetle"	Gewinnung von Neukunden und früheren Kunden über Bezugnahme auf Altbewährtes	Akzeptanz für Kombination von Tradition und Innovation, potenzielles Nachfragevolumen
originäre Neuentwicklung	funktionaler und technischer Quantensprung, z. B. der Walkman	Gewinnung von Neukunden in neuen Marktsegmenten	Akzeptanz- und Systembarrieren

[a] Mit „Line Extension" oder auch „Brand Extension" ist die Ausweitung der Programmbreite gemeint, da hier eine markenbasierte Programmlinie durch die Hinzunahme weiterer Programmsorten verlängert wird.

Die Innovationsarten der Tabelle 4.10 nehmen von oben nach unten in dem vom Kunden empfundenen Grad der Neuartigkeit zu. Parallel mit diesem Empfinden werden auch die Akzeptanzschwellen beim Nachfrager sowie bei eingebundenen Absatzmittlern von oben nach unten höher werden, und zwar in technischer, psychologischer und wirtschaftlicher Hinsicht.

Innovationen setzen sich am Markt durch, wenn sie einen deutlichen Konkurrenzvorteil mit sich bringen und sich dieser leicht darstellen und erklären lässt. Zudem sollte die innovative Produktlösung mit einem geringen Nutzerrisiko einhergehen und möglichst kompatibel mit dem bisherigen Nutzungsumfeld sein.

Markteinführung von Biodiesel

Biodiesel wurde in Deutschland zunächst als biogener Kraftstoff angeboten, dort aber lediglich von freien Tankstellen und über die österreichische OMV angeboten; die großen Ölkonzerne nahmen Biodiesel dagegen nicht in ihr Sortiment auf. Dies war im Wesentlichen auf folgende Gründe zurückzuführen:

- Als deutlich aggressiverer Kraftstoff erfordert das Angebot von reinem Biodiesel unter anderem den Austausch von Dichtungen an den Zapfstellen.
- Tankstellen haben begrenzten Raum; die Hinzunahme eines neuen Kraftstoffes geht auf Kosten des Angebots und Vertriebs eines etablierten Kraftstoffes.
- Die Akzeptanz von Biodiesel beim Verbraucher war langfristig fraglich, angesichts auftretender technischer Probleme bei ungeklärter Rechtslage, etwa in Bezug auf ein Erlöschen der Betriebserlaubnis oder in Bezug auf Gewährleistungen des Autoherstellers. Zudem war – und ist – die Ökobilanz von Biodiesel angesichts der hierfür bereitzustellenden Agrarflächen für Ölpflanzen fraglich.
- Die Hinzunahme von Biodiesel war für die Kraftstoffanbieter mit keiner Incentivierung (etwa in Form höherer Margen) verbunden, zumal die Bundesregierung die Verbrauchssteuerbefreiung für Biodiesel (und andere biogene Kraftstoffe) vorzeitig aufhob und somit Spielräume bei der Endpreisbildung zunichtemachte.

Biodiesel konnte sich in Deutschland in Reinform nicht durchsetzen und wird stattdessen dem fossilen Dieselkraftstoff zu vorgeschriebenen Höchstanteilen beigemischt.

Mit dem Innovationstypus ändert sich auch der unternehmerische Informationsbedarf:

- Bei der *marginalen Optimierung* geht es einerseits darum, die Qualitätswahrnehmung beim Kunden besser zu verstehen: Welche Angebotslösungen können (etwa materiell) durch kostengünstigere Lösungen ersetzt werden, ohne als Qualitätsminderung wahrgenommen zu werden? Andererseits geht es darum, marginale, ergänzende oder standardmäßig erwartete Produktaspekte von profilierenden Aspekten zu unterscheiden und gemäß diesen unterschiedlichen Rollen in der Forschungs- und Entwicklungsplanung zu verorten (siehe Kleinschmidt/Cooper 1991, Morris/Esslinger 2011).
- Bezüglich der *Produktvarianten* sind Kundenpräferenzen mit Blick auf ein ausdifferenziertes Produktangebot zu eruieren. Bei welchen Produktaspekten werden Varianten gewürdigt und inwiefern sind diese kostenmäßig zu rechtfertigen? Umgekehrt ist auch denkbar, dass Produktvarianten reduziert und durch ein standardisiertes Produktangebot ersetzt werden.
- Bei den Entscheidungen zu *Produktsorten* geht es nicht um ein Variieren bestimmter Produktaspekte, sondern um die Neugestaltung einer Produktlösung unter einem bestehenden Programmdach. Insofern ist einerseits zu klären, welche Produktsorten aus Kundensicht noch kompatibel mit dem Markenimage des Produktprogrammes sind. Zum anderen ist das Nachfragepotenzial für diese neue Sorte von Produkt zu erkunden.

- Entscheidungen zu einer *neuen Generation von Produkten* bauen einerseits auf dem Markenwert des Referenzproduktes auf, aktualisieren diese Referenz aber andererseits mit neuartigen funktionalen und emotionalen Produktaspekten. Beide Käuferpräferenzen – die Würdigung etablierter Markenwerte sowie die Würdigung von Neuem – gilt es, aus dem bisherigen Käuferverhalten abzuleiten.
- Bei *originären Neuentwicklungen* ist vergangenes Käuferverhalten nur sehr eingeschränkt als valide Informationsquelle tauglich. Der hohe Grad der Neuartigkeit wird sich mit den auf vergangene Erfahrungen gründenden Kundenpräferenzen nur schwerlich verbinden lassen. Schutkin rät in diesem Falle „Don't ask your Customer" (2015: 81). Hier werden stattdessen explorative Erkenntnismethoden im Vordergrund stehen (siehe Christensen/Raynor 2003).

Entscheiden in Verbindung mit Künstlicher Intelligenz

Das Einflusspotenzial von Künstlicher Intelligenz (KI) auf das berufliche wie das private Umfeld ist gegenwärtig in der gesellschaftlichen Diskussion. Doch inwiefern beeinflusst und unterstützt Künstliche Intelligenz den Entscheider bzw. die Entscheidungsfindung?

Was ist unter Künstlicher Intelligenz zu verstehen? Künstliche Intelligenz ist eine Informatikanwendung, welche dem neuronalen Netzwerk des menschlichen Gehirns nachempfunden ist. Im Resultat kann Künstliche Intelligenz Ausschnitte der menschlichen Intelligenz nachahmen und, insbesondere, kann Künstliche Intelligenz lernen. Statt wie bei herkömmlichen Computerprogrammen die Rechenvorgänge zu spezifizieren, bekommt das KI-System eine Aufgabe zur selbständigen Lösung gestellt (vgl. o. V. 2019: 8). Ermöglicht werden die erforderlichen Rechenkapazitäten, weil Rechner immer schneller immer größere Datenmengen zu verarbeiten imstande sind. Gleichzeitig gilt es, Herausforderungen wie Energieverbrauch und Datenschutzfragen zu klären.

Die Grundlogik einer herkömmlichen elektronischen Datenverarbeitung gliedert sich in drei Stufen: Eingabe (z. B. mittels Tastatur), Verarbeitung (z. B. Berechnung) und Ausgabe (z. B. auf dem Bildschirm), also: Input – Prozess – Output (vgl. Fetzer 2019: 3). Bei der Künstlichen Intelligenz hat sich die „Eingabe" zur „Wahrnehmung" weiterentwickelt, so etwa bei Spracherkennung, Bilderkennung, logistischen Daten, Daten aus Sensoren unter Einschluss von Tastsinn und Geruchserkennung. So können Gerüche Alarme auslösen und beim autonomen Fahren werden mittels Sensoren im Auto die nächsten 500 Meter des Fahrfeldes wahrgenommen. Zudem hat sich die Ausgabe von der Anzeige zur Handlung weiterentwickelt: „Robotergreifarme oder Bewässerungssysteme ändern lernend ihr Verhalten, Fahrzeuge sind in der Lage, Geschwindigkeits- und Richtungswechsel vorzunehmen, Musikstücke werden aus vorhandenen Elementen ‚komponiert' " (Fetzer 2019: 3). Und die Zwischenstufe zwischen Wahrnehmung und Handlung gründet nun nicht auf definierten Rechenschritten, sondern aus statistisch-analytisch fundierten Prozessregeln oder aus Methoden des maschinellen Lernens. Als zusätzliche Verarbeitungsstufe ist Künstliche Intelligenz gekennzeichnet von der Weiterentwicklung zum Lern- oder Trainingssystem. Die Erfahrungen und Soll/Ist-Abgleiche mit den Handlungen führen zur Systemänderung – das System lernt selbständig.

Von den Einsatzgebieten her beeinflusst Künstliche Intelligenz bereits jetzt viele Bereiche des beruflichen und privaten Lebens: vom Autozoom über Sprachassistenten, Nervenimpulse aufnehmende Prothesen, medizinische Diagnostik, Gesichtserkennung bis hin zu digitalisierten Behördengänge (vgl. Merkel 2019: 3). Bitkom (2017) unterscheidet folgende Einsatzgebiete für Künstliche Intelligenz: Dialogprozesse (Mensch zu Maschine), Maschine-zu-Maschine-Prozesse, intelligente Automatisierung, intelligente Entscheidungsunterstützung sowie neue Anwendungsfelder der Innovationsdiffusion. Diese Einsatzgebiete können in der gesamten Breite des unternehmerischen Funktionsspektrums Anwendung finden, vom Einkauf über die Fertigungsautomatisierung, das Management, das Marketing, den Vertrieb, die Kundenbetreuung, die Logistik sowie die IT-Sicherheit.

Doch wie wirkt sich die Einbindung Künstlicher Intelligenz auf menschliche Entscheidungsprozesse aus? Und inwiefern werden menschliche Entscheidungen – und somit menschliche Arbeitsplätze – durch Künstliche Intelligenz ersetzt? Wo beginnt etwa beim autonomen Fahren die menschliche Entscheidungsgewalt – und wo endet Sie? Und inwiefern bezieht sich diese auf den Fahrzeughersteller, auf den Fahrenden oder auf regulative Dritte? Von staatlicher Seite heißt es in Bezug auf Arbeitsplätze und Künstliche Intelligenz (o. V. 2019: 16 f.):

> Jeder technologische Fortschritt bewirkt (…) Arbeitsplatzverschiebungen. Einige Berufe müssen neuen weichen, dafür werden mehr Beschäftigte für die Entwicklung, Steuerung und Kontrolle der menschlichen Arbeit gebraucht. Die Digitalisierung der Arbeitswelt wird insgesamt mehr Jobs bringen als nehmen. Laut einer Studie des Forschungs- und Beratungsunternehmens Gartner sollen weltweit bis 2018 1,8 Millionen Job wegfallen, dafür aber 2,3 Millionen neue Arbeitsplätze durch Künstliche Intelligenz entstehen: beispielsweise in der Energie- und Wasserversorgung, der Elektronikbranche und im Fahrzeugbau. Hinzu kommt: Jede Automatisierung führt zu einer Aufwertung jener Tätigkeiten, die nicht automatisierbar sind. (…) Nicht jeder möchte von einem Roboter betreut werden. Roboter können die Arbeit von Pflegekräften niemals ersetzen, aber erleichtern. Medikamente reichen oder Kranken beim Aufrichten aus dem Bett helfen, solche Tätigkeiten können Roboter schon heute übernehmen. Sie können auf Anforderung Pflegebedürftigen im Krankenhaus Getränke oder Zeitschriften bringen. Meistens sollen Roboter Routine-Tätigkeiten übernehmen, vor allem Hol- und Bring-Dienste.

Fetzer postuliert „Algorithmen entscheiden nie" (2019: 1). Begründet wird dieser Leitsatz durch den Umstand, dass die Handhabung Künstlicher Intelligenz letztlich auf menschliche Verantwortung zurückzuführen ist, welche die Suchrichtung bestimmt und von Anwendungsfehlern lernt. Jedoch beeinflusst die Nutzung Künstlicher Intelligenz Entscheidungsprozesse und Entscheidungsroutinen. Zu unterscheiden ist hierbei zwischen intelligenten Routinen und wohlüberlegten aktiven Entscheidungen. Zu beantworten ist hierbei die Frage, was der Mensch an Entscheidungsroutinen an die Künstliche Intelligenz übergeben möchte und wo und von wem tatsächlich menschliche Entscheidungen stattfinden sollen. Deloitte (2019) führt zu diesem Thema aus:

Künstliche Intelligenz soll nicht nur Abläufe im Unternehmen effizient steuern oder verwalten. Ihre Aufgabe soll es sein, Entscheidungen eines Tages schneller, präziser und zuverlässiger zu treffen als der Mensch. (…). Es muss klar sein, wann der Mensch die Kontrolle von der Maschine übernehmen muss (…).

Hier sieht Deloitte (2019) vor allem die Herausforderung eines angemessenen „Human Centered Designs", bei welchem intelligente Algorithmen menschliches Urteilsvermögen in jeder Stufe der Entscheidungsfindung einbeziehen. Hierzu haben Unternehmen festzulegen, in welchen Fällen Vorhersagen durch Künstliche Intelligenz zu konkreten Handlungsanweisungen für die Entscheider werden dürfen. Vorschriften und Richtlinien des Unternehmens müssen dem Rechnung tragen und entsprechend angepasst werden. Zudem muss klar sein, unter welchen Bedingungen Nutzer die Vorgaben der Algorithmen ignorieren oder ihre Ergebnisse mit anderen Informationen kombinieren dürfen oder müssen. Hierzu ist die Arbeitsweise der Algorithmen zu verstehen, auch hinsichtlich seiner Annahmen, Grenzen und Arbeitsweisen.

4.3.2 Methoden der prognostizierenden Kundenanalyse

Es würde den Rahmen der vorliegenden Themenstellung sprengen und verwässern, wenn die Betrachtung kundenseitiger Entscheidungsprozesse einherginge mit einer erschöpfenden Abhandlung über Markt- und Konsumentenforschung. Ohne auf die gängigen Methoden von Primär- und Sekundärforschung einzugehen, sollen hier zwei methodische Felder näher ausgeleuchtet werden: die physiologische Marktforschung zur Erforschung affektiven Nachfrageverhaltens sowie das Design Thinking als effiziente Methode der innovativen Produktentwicklung. Für beide Felder gilt, dass der unternehmerische Entscheider kundenbezogene Informationen zu generieren vermag, welche dienlich sind für die Steuerung des Nachfragers.

Physiologische, apparative Marktforschung

Insbesondere als Instrumente der Werbewirkungsforschung sind die physiologischen Methoden der Konsumentenforschung geeignet, die Aktivierung des Probanden mittels technischer Apparaturen objektiv zu erfassen und kausal auszuleuchten. Diese Aktivierung wird sich im Regelfall auf affektive Wirkungsphasen, teils aber auch auf das kognitive Wirkungsfeld beziehen. Theoretisch aufgearbeitet wird das Ringen um das Verstehen des unbewussten Kunden von den Neurowissenschaften; praktische Anwendung finden die hierdurch gewonnenen Erkenntnisse etwa im Neuromarketing, welches sich das implizite System der Kundenpsyche für eine optimierte Produktvermarktung erschließt (Weiß, Kirady und Sedlmair 2019: 107). Nachfolgend werden einige verbreitete Verfahren der Marktpsychologie erörtert, welche derzeit vorrangig Anwendung finden.

Elektrodermale Verfahren

Diese Verfahren beziehen sich auf die Messung von Veränderungen beim elektrischen Hautleitwiderstand (typischerweise über eine Elektrode an den Fingern) unter dem Einfluss verschiedener angebotsbezogener Reize (etwa alternative Werbeanzeigen). Es gilt: Nimmt der Hautleitwiderstand ab, so findet eine Aktivierung des autonomen Nervensystems statt (vgl. Gröppel-Klein und Baun 2004: 415). Ein derart aktiviertes Nervensystem ist mithin aufnahmebereit für emotionales Erleben, Aufmerksamkeit und Gedächtnisleistung. Somit kann diese Messgröße aussagekräftig sowohl für affektive wie auch für kognitive Abschnitte des Kaufentscheidungsprozesses sein. Ob die Reize für eine Aktivierung vom Probanden als positiver oder als negativ gewertet werden, wird dagegen über das elektrodermale Verfahren nicht erschlossen.

Thermografie

Bei diesem Verfahren erfolgt über eine Thermokamera die Erfassung der Infrarotlichtabstrahlung beim Probanden, typischerweise am Gesicht. Es gilt: Je höher die Aktivierungskraft des angebotenen Reizes, desto höher die Oberflächentemperatur. Analog zum elektrodermalen Verfahren gilt, dass die Aktivierung als solche nicht wertend ausgedeutet wird, etwa hinsichtlich eines Nachfrager-Interesses.

Stimmfrequenz- und Atemfrequenzanalysen

Mit der Stimmfrequenzanalyse wird die emotionale Intensität eines Reizes, jedoch nicht dessen Bewertung, aufgrund der Stimmfrequenzveränderung gemessen. Auch über eine Atemfrequenzanalyse können emotionale oder aufmerksamkeitsbedingte Reaktionen erfasst werden.

Pupillometrie

Mittels eines Pupillometers werden die Pupillen des Probanden über das Erfassen des Pupillendurchmessers bezüglich Weite und Lichtreaktionsfähigkeit erfasst, als Reaktion auf visuelle Stimuli im unmittelbaren Gesichtsfeld des Patienten. Es gilt: Als positiv empfundene Reize erweitern die Pupillen, analog bei für negativ befundenen Reizen.

Elektroenzephalografie und Magnetenzephalografie

Bei diesem neuropsychologischen Verfahren werden physiologische Indikatoren für psychologische Vorgänge direkt am Gehirn gemessen, typischerweise durch an der Kopfhaut angebrachte Elektroden. Die Echtzeit-Messungen beziehen sich auf sogenannte „ereigniskorrelierte Hirnpotenziale", hierunter fallen alle elektronischen Potenziale oder Magnetfelder, die vor, während oder nach eines sensorischen, psychischen oder motorischen Ereignisses auftreten (vgl. Thompson 2001: 424). Neben der augenblicklichen Reizaufnahme können über das Elektroenzephalogramm also auch die Voraussetzungen für eine Informationsspeicherung erfasst werden.

Als Weiterentwicklung der Elektroenzephalografie reagiert die Magnetenzephalografie auf die durch neuronale Aktivitäten erzeugten magnetischen Signale (Kwiatkowski 2017: 12). Hier können auch neuronale Aktivitäten innerhalb der Großhirnrinde dargestellt werden, welche weitergehende Möglichkeiten bieten, unbewusste und emotionale Entscheidungsvorgänge zu erforschen.

Funktionelle Magnetresonanztomografie

Mittels einer funktionellen Magnetresonanztomografie lässt sich der Sauerstoffverbrauch in verschiedenen Gehirnregionen ermitteln und über die Messung der Gehirndurchblutung auf die Aktivierung und Speicherungsfähigkeit des Probanden schließen. Grundlage dieser Methode ist die sogenannte „Hämodynamische Reaktion", als Folge einer vermehrten Aktivität einer Hirnregion.:

> Diese Aktivität führt zu einer höheren Versorgung mit oxygeniertem Blut der aktiven Hirnregion, dieses sauerstoffreihe Blut hat andere magnetische Eigenschaften als sauerstoffarmes Blut. Dieses sogenannte Blood-Oxygen-Level-DependentSignal (BOLD-Signal) wird gemessen und erlaubt erstaunlich genaue Rückschlüsse auf die Hirnaktivität. (Kwiatkowski 2017: 12–13).

Herzfrequenzmessung

Die größte Rolle bei der Erfassung kardiovaskulärer Aktivitäten spielt die Herzfrequenzmessung, typischerweise erfasst mittels Messelektroden an verschiedenen Ableitorten (beispielsweise Brustwand). Es gilt: Herzfrequenzschwankungen nach oben korrespondieren mit einem erhöhten Aufmerksamkeitsniveau des Probanden. Die Gründe, warum das Herz – zeitversetzt zur Reizaufnahme – „bis zum Hals" schlägt, lassen sich über diese Messmethode jedoch nicht eindeutig kausal herleiten, weshalb die Herzfrequenzmessung ergänzend, bei Hinzuziehung weiterer Methoden, Verwendung finden sollte (vgl. Fahr 2013: 605).

Tachistoskop-Verfahren

Über das Tachistoskop, einem elektronischen Gerät, werden extrem kurzzeitig optische Reize, etwa ein Anzeigenentwurf, dargeboten (Schnettler/Wendt 2011: 359). Der Proband gibt nun darüber Auskunft, was er meint, gesehen zu haben, und welche Eindrücke ihm dabei vermittelt wurden. Mittels dieses Verfahrens lassen sich neben ersten Anmutungen auch die Prägnanz fertigentworfener Werbemittel testen. Es gilt: Je eher Sinneseindrücke aufgenommen und in die beabsichtigte Richtung interpretiert wurden, desto prägnanter der angebotene Reiz.

Blickaufzeichnung (Eye-Tracking)

Über ein am Kopf des Probandes befestigtes, brillenähnliches Blickaufzeichnungsgerät erfolgt die Blickregistrierung des Probanden und gibt Aufschluss über automatisierte sensomotorische Prozesse bei der Verarbeitung visueller Informationen, etwa beim Erfassen einer Plakatwerbung oder einer Internet-Seite mit werblichen Inhalten. Beim Eye-Tracking wird „(…) mit der Reflexion eines Infrarotpunktes von dem scharf sehenden Bereich der Netzhaut auf das betrachtete Objekt (…)" gearbeitet (Gehrau 2013: 596). Es gilt: Bei einer Fixation (also einem ruhenden Auge) kann wahrgenommen werden, im Gegensatz zur Phase der Augenbewegung zwischen den Fixationen. Somit lassen sich bei diesem Verfahren Angaben über Selektionsphänomene von Mediennutzern erarbeiten, ohne dass der Proband zu verbalisieren braucht. Zu illuminierende Erkenntnisbereiche betreffen etwa die folgenden Fragen (vgl. Berekoven/ Eckert/Ellenrieder 2009: 172):

–   Fixierung von Blickfang, Markenname und Slogan?
–   Fixierung der für die Werbebotschaft wesentlichen Elemente?
–   Reihenfolge bei der Wahrnehmung der einzelne Bild- und Textbestandteile?
–   Verweildauer bei den verschiedenen visuellen Reizen?

Allerdings lässt sich mit der Blickaufzeichnung nicht ausdeuten, ob eine Fixation das Resultat positiver oder negativer Aktivierung ist. Insofern sollte auch diese Methode durch geeignete andere Methoden ergänzt werden.

Die physiologische Marktforschung muss sich den Vorwurf vom Hawthorne- und Interview-Effekt gefallen lassen: Probanden wissen, dass sie beobachtet werden und lassen sich daher durch den Versuchsaufbau und das im Testverfahren involvierte Personal beeinflussen. Dennoch spricht in Zeiten kontinuierlichen Ortungsmöglichkeiten und einer Omnivernetzung durch Wearables viel dafür, dass fortschreitende Datenmöglichkeiten diesen Marktforschungszweig anhaltend stimulieren werden.

Design Thinking

Wheelwright und Clark betonen die Rolle des „Prototyping" als wichtiges Management-Instrument zu Steuerung von Entwicklungsprojekten: „Prototypen geben Auskunft in puncto Kundenreaktionen, ästhetischer/formgebungsgerechter Gestaltung, Haltbarkeit, Passung und Oberflächenausführung, Fertigungskosten." (1993: 350). Durch Design Thinking ergeben sich für das Prototyping neue und effiziente Entfaltungsmöglichkeiten.

Design Thinking ist eine Methode, die ihren Ursprung in der kreativen Erarbeitung komplexer Angebote von Designern und Architekten hat (siehe Brown 2008, Liedtka/Ogilvie 2011, Poguntke 2014, Meinel/Weinberg/Krohn 2015). Ein diverses Team mit multiperspektivischer, nutzerorientierter Sichtweise gewährte dabei eine umfassende Anwenderorientierung. Durch die Prozesse des Design Thinking werden nach Grots und Pratschke (2009: 18) „(…) Probleme gelöst und durch kreative Techniken zielgerichtet Innovationen entwickelt, bei denen betriebswirtschaftliche Faktoren wie unterschiedliche Stakeholder oder Umsetzungsfähigkeit in den Problemlösungsprozess einbezogen werden."

Als zugrunde liegender Prozess ist zunächst ein umfassendes Verständnis des Kernthemas mit einer Problemlösungsdefinition zu erstreben (Empathiegewinnung). Hierauf aufbauend finden dann Ideenbildung, Ideenvisualisierung, Prototyping und das anwenderseitige Testen statt. Durch das Verproben von Ideen auf Basis von Prototypen[65] durch potenzielle Anwender bzw. Kunden wird das anbietende Unternehmen mit strategischen Entscheidungsbedarfen konfrontiert. Hierbei wechseln sich Phasen der Divergenz (unkritisches Sammeln von Ideen) mit Phasen der Konvergenz (Fokussierung und Verdichtung von Ideenansätzen) ab, um sich iterativ einer optimalen Lösung anzunähern. Eine zielorientierte Vorgehensweise ist durch einen Projektleiter – den „Design-Thinking-Moderator" – zu gewährleisten.

Design Thinking ist ein Beispiel dafür, wie Entscheidungsprozesse des Käufers simuliert und somit die Attraktivität eines Produktangebotes erhöht wird. In Bezug auf das dargestellte 4 × 3-Customer Journey-Modell werden vor allem die kognitiven Entscheidungsphasen „Produktinteresse", „Erwägen" und „Kaufinteresse" simuliert. Die Nutzermodelle des Design Thinking können aber auch konative Phasen simulieren, so wie Erstkauf und Kundenbindung, wobei sich Letztere in Wiederholungskäufen und Kundenloyalität niederschlägt.

---

65 Dies geschieht insbesondere durch „Rapid Prototyping", bei dem frühzeitig und mit geringem Aufwand eine grundsätzliche Angebotsfunktionalität dargestellt wird, um somit einen abstrakten Erkenntnisprozess zu veranschaulichen.

5 Entscheidungsunterstützende Instrumente

In diesem abschließenden Kapital werden entscheidungsunterstützende Instrumente (Decision Support Tools) vorgestellt, die geeignet sind, die Entscheidungsfindung zu systematisieren und zu strukturieren, um somit den Prozess der Entscheidungsfindung zu erleichtern und zu unterstützen. Die angeführten Instrumente sind vier Phasen der unternehmerischen Erkenntnisgewinnung zugeordnet, welche als „4S-Modell" bezeichnet werden sollen. Ausgangspunkt des 4S-Modells ist eine zentrale Prämisse, die Chandler bereits 1962 formulierte: „Structure follows Strategy!". Demnach haben sich die unternehmerische Aufbau- und Ablauforganisation nach den strategischen Vorgaben des Unternehmens auszurichten – und nicht umgekehrt. Das 4S-Modell erweitert nun diese unternehmerische Grundsatz-Sequenz um zwei weitere Phasen: die eine – die Situationsanalyse – vorgelagert, die andere – das Staffing – nachgelagert. Die Grundstruktur des 4S-Modells heißt demgemäß: „Staffing follows Structure follows Strategy follows Situation!". Die Abbildung 5.1 illustriert diese unternehmerische Erkenntnissequenz.

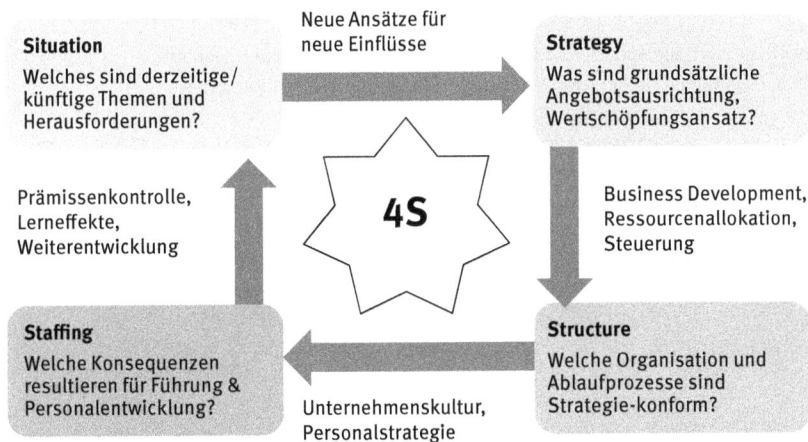

Situation

Welches sind derzeitige/künftige Themen und Herausforderungen?

Neue Ansätze für neue Einflüsse

Strategy

Was sind grundsätzliche Angebotsausrichtung, Wertschöpfungsansatz?

Prämissenkontrolle, Lerneffekte, Weiterentwicklung

4S

Business Development, Ressourcenallokation, Steuerung

Staffing

Welche Konsequenzen resultieren für Führung & Personalentwicklung?

Unternehmenskultur, Personalstrategie

Structure

Welche Organisation und Ablaufprozesse sind Strategie-konform?

Abbildung 5.1: 4S-Modell.

Ausgangspunkt des 4S-Modells ist die Situationsanalyse („Situation"), welche die Dynamik des unternehmerischen Mikro- und Makroumfeldes erfasst und hinsichtlich künftiger Themen, Herausforderungen und Entscheidungsbedarfe interpretiert. Diese werden dann der Strategiegestaltung („Strategy") zugeführt, um künftige Profilierungspotenziale bei der Angebotsgestaltung und der Art der unternehmerischen Wertschöpfung herauszuarbeiten. In der Folge geht es dann darum, die organisatorischen Rahmenbedingungen für eine Strategieumsetzung zu schaffen („Structure"), indem Aufbauorganisation und Ablauforganisation (Prozesse) kompatibel und kon-

https://doi.org/10.1515/9783110638196-005

sistent zum angestrebten Geschäftsmodell gestaltet werden. Schließlich gilt es, die Strategie innerhalb der angestrebten Strukturen personell umzusetzen („Staffing"), flankiert durch eine entsprechenden Personalbedarfsplanung sowie eine hierauf ausgerichtet Entwicklung von Führungs- und Mitarbeiterkompetenzen.

⚡ 4S-Erkenntnisgewinnung

Eine IT-Spezialistin spielt mit dem Gedanken, sich im Bereich der digitalen Transformation als Beraterin selbständig zu machen. Während genügend Fachwissen und auch Kontakte zu potenziellen Mitarbeitern vorhanden sind, ergeben sich Entscheidungsbedarfe auf jeder der 4S-Ebenen:

Situation:
- Wie sieht der deutsche Beratermarkt für das Themenfeld „digitale Transformation" aus?
- Kommt die Nachfrage eher von großen Konzernen oder vom Mittelstand?
- Ist der Beratungsbedarf eher kaufmännischer oder technischer Natur?

Strategie:
- Geht es um einmalige Beratungsprojekte oder um eine Beratungsbegleitung über Zeit?
- Sollte der Beratungsbedarf als Spezialisten-Input oder als „Hilfe zur Selbsthilfe" angelegt sein?
- Wie ist die Zielgruppe zu beschreiben – und wie am besten zu kontaktieren?

Struktur:
- Sollten die Beratungsleistungen als „One Woman Show" oder in der Gruppe dargestellt werden?
- In welchen Beratungsmodulen soll die Beratungsleistung gegliedert werden?
- Welche Vergütungsstruktur soll Gegenstand des Beratungsangebotes sein?

Staffing:
- Welche Kräfte aus dem Netzwerk der IT-Expertin kommen für eine Mitarbeit in Frage?
- Welche kurzfristigen Weiterbildungsmaßnahmen scheinen geraten?
- Wie soll die Steuerung der Projektteams vonstattengehen?

Die IT-Expertin merkt beim Studium der Fragestellungen, dass eine Abarbeitung von oben nach unten zu erfolgen hat: Staffing follows Structure – Structure follows Strategy – Strategy follows Situation!

5.1 Unterstützung bei der Situationsanalyse

Im Rahmen dieses Unterkapitels werden zwei instrumentelle Ansätze vorgestellt, die geeignet sind, den Entscheider beim möglichst realistischen und problemorientierten Erfassen der zugrundeliegenden Situation zu unterstützen: die Kausalanalyse als Methodik zum Aufspüren von – zumeist sachlichen – Ursache/Wirkungs-Zusammenhängen sowie die Stakeholder-Analyse zur Veranschaulichung der zugrunde liegenden menschlicher Interessengefüge.

5.1.1 Kausalanalyse

Das Streben nach Erkenntnisgewinn kann systematisiert werden und so zu einem laufenden Wissensfundus beitragen. Eine mögliche Methode zum Aufbau eines solchen Themenverständnisses bildet die Kausalanalyse. Methodisch baut diese auf Wirkungsdiagrammen auf. Wirkungsdiagramme stellen Kausalbeziehungen dar, ohne den Grad der Wirkung zu quantifizieren und ohne den Anspruch, ein gesamthaftes System mit all seinen Rückkoppelungen und Wechselwirkungen zu erfassen. Wirkungsdiagramme sind ein erkenntnisbringender erster Schritt zur Erforschung komplexer Wirkungsgefüge – und letztlich auch bei der Einschätzung vorherrschender Risiken und Risikotreiber. In der Abbildung 5.2 wird beispielhaft das Wirkungsdiagramm für den resultierenden Preis eines bestimmten Rohstoffes angeführt. Das Wirkungsdiagramm umfasst hierbei Wirkungsgrößen und Wirkungsrichtungen.

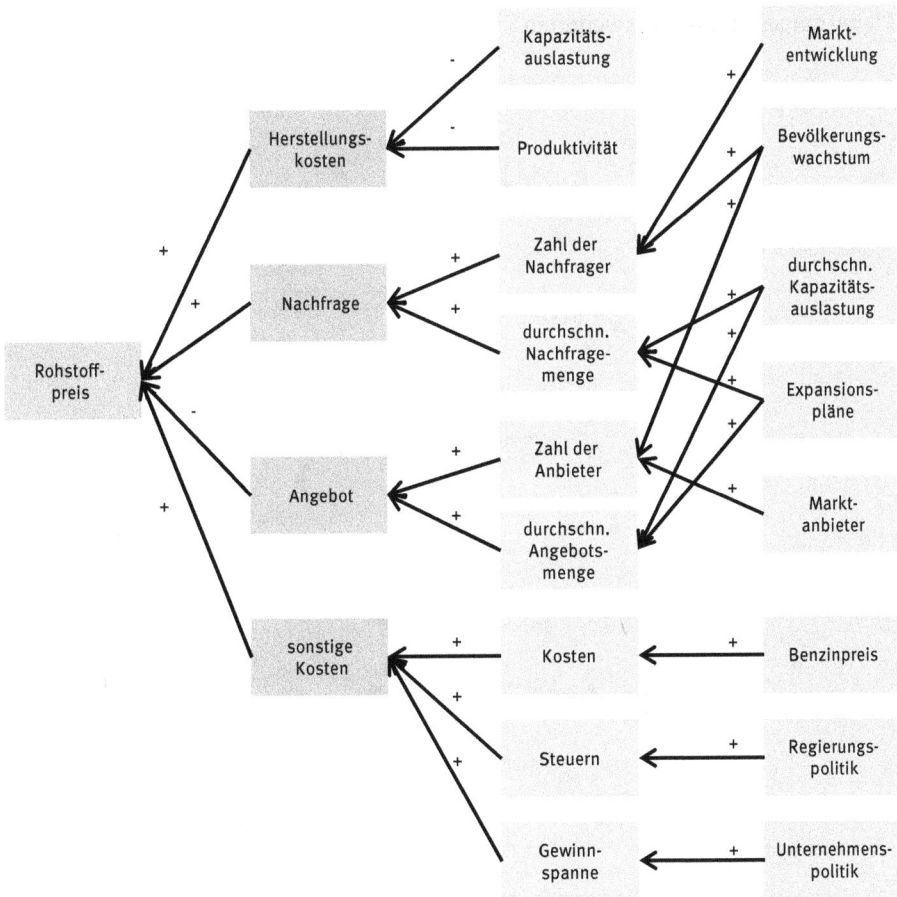

Abbildung 5.2: Wirkungsdiagramm für Indikator „Rohstoffpreis" (Narchal, Kittappa und Bhattacharya 1987: 100).

Ein Wirkungsgefüge kann Rückkoppelungen beinhalten, eine abhängige Variable mag also in einem anderen Wirkungsbereich die Rolle einer unabhängigen Größe einnehmen und umgekehrt. Diese Rückkoppelungen schließen dann Regelkreise, welche die Grundlage von Systemstabilisierung darstellen. Bezogen auf das Beispiel von der Abbildung 5.2 wird der resultierende Rohstoffpreis wiederum eine Rückwirkung etwa auf die Zahl der Anbieter und deren Angebotsmengen haben. Aus einem Wirkungsdiagramm wird somit ein „Wirkungsnetz-Diagramm", ein „Kontextdiagramm" oder auch ein „Wirkungskreislauf" (vgl. Andler 2012: 95 ff.).

Gomez und Probst stellen am Praxisbeispiel der Firma CIBA dar, wie ein Denken in Kreisläufen ein Grundverständnis für das Unternehmensumfeld zu schaffen vermag. Zudem zeigen sie, wie das schrittweise Erweitern eines Grundkreislaufs das unternehmerische Systemverständnis sukzessive zu schärfen und zu erweitern vermag (1995: 75 ff.). In der Abbildung 5.3 sind der mikroökonomische Grundkreislauf (schwarze Pfeile) sowie die hierüber hinausgehenden erweiterten Beziehungen (blaue Pfeile) dargestellt. Diese erweiterten Kreisläufe tragen auch Wirkungsgefügen aus dem

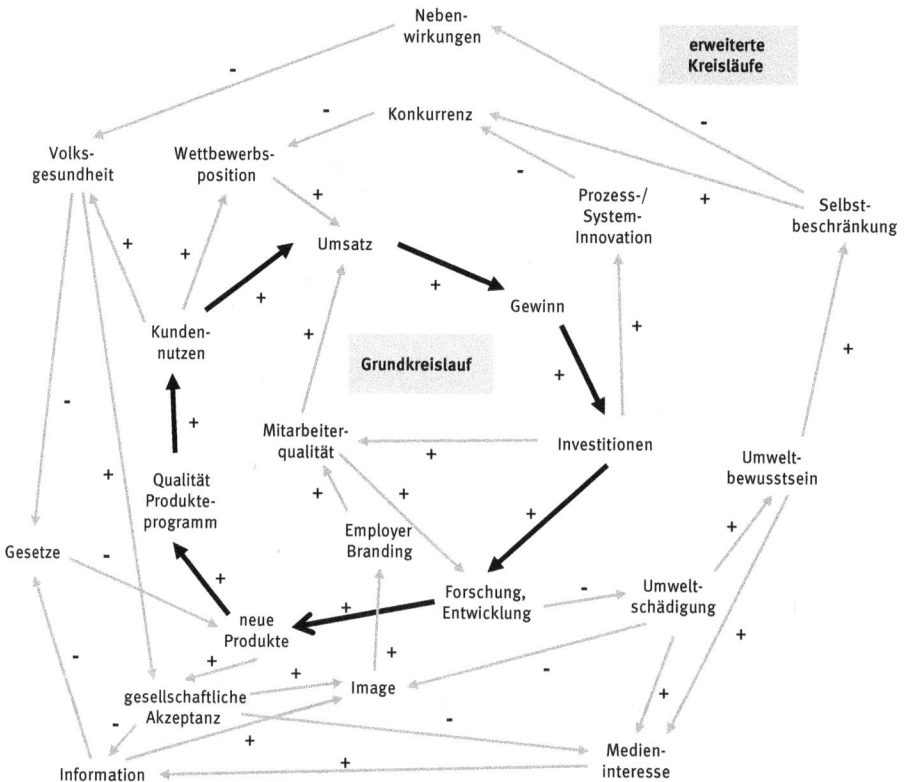

Abbildung 5.3: Beziehungsgeflecht am Beispiel der CIBA (in Anlehnung an Gomez und Probst 1995: 81).

politischen, ökologischen oder soziokulturellen Makroumfeld Rechnung und erweitern somit das Systemverständnis des unternehmerischen Entscheiders.

Die Darstellungslogik von Wirkungsdiagramm und Wirkungskreislauf fließen ein in die Vorgehensweise bei der Kausalanalyse. Hier werden Wirkungsketten antichronologisch (also auf vergangene Sachverhalte ausgerichtet) nachvollzogen. Das einzelne Wirkungsglied betrifft einen Ursache/Wirkungs-Zusammenhang: Eine unabhängige Variable steht in funktionalem Zusammenhang zu einer abhängigen Variablen. Die unabhängige Variable wird wiederum auf Abhängigkeiten hin erforscht und fungiert somit als abhängige Variable gegenüber einem kausal vorgelagerten Wirkungsglied. Mit jedem Erschließen vorgelagerter Wirkungsebenen vervollständigt sich das Bild eines vernetzten Wirkungsgefüges.

Eine Kausalanalyse rekurriert auf einem Verständnis der Wirkungsverknüpfungen. Die Kausalbeziehungen werden jedoch zusätzlich aufgrund ihrer relativen Einflussnahme gewichtet und einer Sensitivitätsanalyse zugeführt. Somit kann der Beeinflussungsgrad von Maßnahmen eruiert und den erforderlichen investiven Mitteln gegenübergestellt werden. Die Kausalanalyse durchläuft die folgenden Arbeitsschritte:

1. Unstrukturierte Sammlung von Einflussgrößen hinsichtlich eines zu problematisierenden Sachverhaltes: Hier sind Brainstorming, Dokumentestudium, stichwortbasierte Internet-Recherchen und informelle Erfahrungsaustausche probate Mittel.
2. Zuordnen der Einflussgrößen in Ursache/Wirkungs-Einheiten, sodass alle Einflussgrößen kausal zugeordnet werden: Dies kann in tabellarischer Form, an einem Whiteboard oder auch über eine geeignete Software geschehen.
3. Überprüfung jeder unabhängigen Variablen auf ein oder mehrere vorgelagerte Wirkungsglieder und entsprechende Vervollständigung. Hierbei hat die „5W-Methode" den Anspruch, bis zu fünf vorgelagerte Ursachenebenen zu ergründen, indem bis zu fünfmal ein beobachtbares Resultat durch ein „Warum?" kausal hinterfragt wird (vgl. Andler 2012: 127).
4. Prüfung der Gestaltbarkeit der Einflussgrößen aus Entscheidersicht: Eine Unterscheidung kann z. B. über die Kategorien „nicht gestaltbar/bedingt gestaltbar/gestaltbar" stattfinden.
5. Konkretisierung der Gestaltungsräume nach Maßnahmen und Entscheidungsbedarfen: Mit welchen unternehmerischen Maßnahmen lassen sich die gestaltbaren Größen beeinflussen?
6. Maßnahmengewichtung gemäß der vermuteten Einflussnahme auf die jeweilige Variable: Die Gewichtung sollte durch normierte Werte als Anteil von „100 %" ausgedrückt werden.
7. Budgetierung der angeführten Maßnahmen: Je genauer ein Budget veranschlagt werden kann, desto besser. Aber auch grobe Budgetschätzungen (etwa „geringes Budget" – „mittleres Budget" – „großes Budget") können bereits erkenntnisbringend sein.

8. Ermittlung der Sensitivitäten: Welcher Einfluss kann mit welchen Investitionen erwirkt werden? Welche Maßnahmen lassen den höchsten Wirkungsgrad erwarten?

Die Abbildung 5.4 stellt die Vorgehensweise bei der Kausalanalyse schematisch dar. Die Darstellung hat ein Endresultat (Symptom) als Ausgangspunkt, welches es zu beeinflussen gilt. Als abhängige Variable wird das Symptom hier von zwei Ursachen direkt beeinflusst, und zwar mit unterschiedlichen Beeinflussungsgraden (0,65 bzw. 0,35). Diese Ursachen sind wiederum das Resultat vorgelagerter Ursachen mit jeweiligen Beeinflussungsgraden. Durch eine Verrechnung dieser Beeinflussungsgrade kann die Relevanz vorgelagerter Ursachen auf das Endergebnis bestimmt werden. Das Ausmaß der Auswirkung einer Ursache auf das Endresultat wird „Einflussgrad" oder „Impact Factor" genannt. So ist etwa der Einflussgrad der Ursache 1.1 (0,16) mehr als dreimal so groß wie der Einflussgrad der Ursache 2.2 (0,05). Entsprechend werden Maßnahmen, die auf die Ursache 1.1 abstellen, grundsätzlich relevanter (sensitiver) für das Endresultat sein als Maßnahmen mit einer Ausrichtung auf die Ursache 2.2.

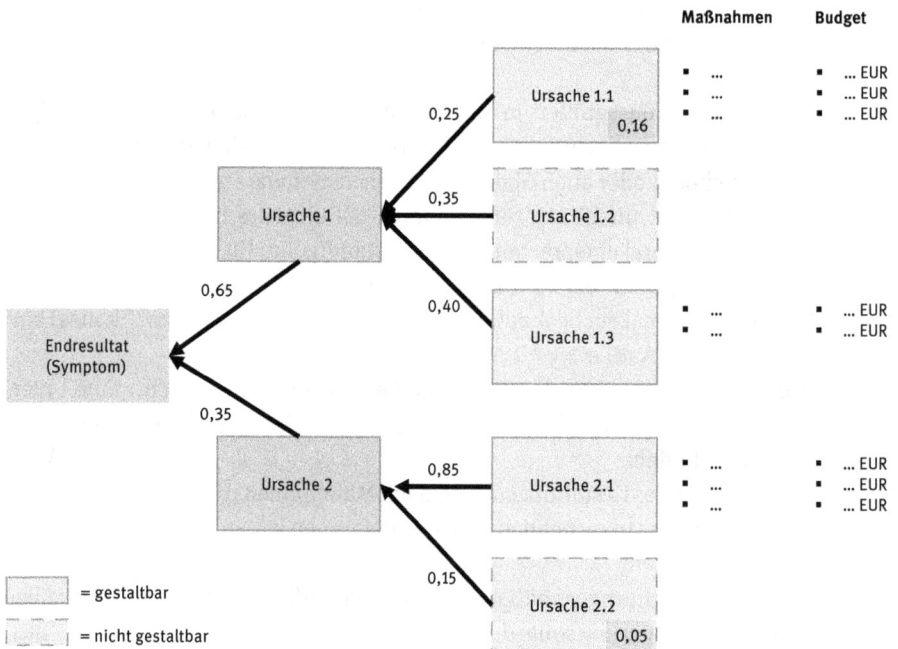

Abbildung 5.4: Schematischer Aufbau einer Kausalanalyse.

Nicht alle Ursachen der Kausalanalyse werden sich durch den unternehmerischen Entscheider gestalten lassen. So sind in der Abbildung 5.4 zwei Ursachen gekennzeichnet, welche sich außerhalb der Gestaltungsmöglichkeiten des Entscheiders befinden und deshalb nicht mehr den Gegenstand der weiteren Analyse darstellen. Die vom Entscheider grundsätzlich beeinflussbaren Ursachen werden nun mit konkreten Maßnahmen verknüpft, deren Budgeterfordernisse bestmöglich abzuschätzen sind.

Aufgrund dieser Informationsbasis kann der Entscheider bezüglich der in Frage kommenden Maßnahmen eine Sensitivitätsanalyse durchführen, die einen von zwei Blickwinkeln verfolgt:
- Wie kann ein gegebenes Budget maximalen Einfluss auf das Symptom ausüben?
- Wie kann ein definierter Einflussgrad am günstigsten ausgeübt werden?

Kausalanalyse – Pünktlichkeit bei der Bahn

Wege zu einer pünktlicheren Bahn! Erforschen Sie Maßnahmen zur Erhöhung der Pünktlichkeit beim deutschen Personenverkehr der Deutschen Bahn (DB). Als Ergebnis soll eine Präsentation vorbereitet und (fiktiv) vor dem DB-Vorstand gehalten werden. Folgende Inhalte gilt es hierbei zu reflektieren:
a) Welche Wirkungszusammenhänge gibt es die diesem Thema?
b) Welche Maßnahmen kommen grundsätzlich für die DB in Frage?
c) Welche Wirkungsgrade und Investitionsbeträge können den in Frage kommenden Maßnahmen zugeschrieben werden?
d) Wie kann ein Budget am besten eingesetzt werden, indem es Gegenstand besonders kosteneffizienter Maßnahmen ist („am meisten Pünktlichkeit für den Euro")?

5.1.2 Stakeholder-Analyse

Mit einer Stakeholder-Analyse verschafft sich der Entscheider einen systematischen Überblick der relevanten Interessenlagen und Einflusspotenziale, über Erwartungen, Bedürfnisse und Anforderungen dieser Personen, Personengruppen oder durch Personen repräsentierte Organisationen, mit denen der Entscheider konfrontiert wird. Eine solche Analyse ist geeignet, das Risiko, die unternehmerische Entscheidungssituation mit Blick auf die involvierten Interessen und den hiermit zusammenhängenden Widerstands- und Unterstützungspotenzialen falsch einzuschätzen, zu reduzieren. Mit einer solchen Fehleinschätzung kann das Ignorieren konsensfähiger Handlungsalternativen, die Fehlallokation von Unternehmensressourcen sowie eine unerwartete Behinderung bei dem Erreichen der gesetzten Ziele einhergehen. Mithin geht es bei diesem entscheidungsunterstützenden Instrument darum, Widerstandspotenziale zu mindern und Unterstützungspotenziale zu fördern.

Wie können die relevanten Stakeholder identifiziert und sinnvoll beschrieben werden? Und welche Schlussfolgerungen erlaubt eine solche Analyse für den situationsgerechten Umgang mit diesen Stakeholdern? Ein Stakeholder-Management vollzieht sich in fünf Phasen: 1. die Stakeholder-Identifizierung, 2. die Stakeholder-Priorisierung, 3. die Stakeholder-Strategiebestimmung, 4. die Stakeholder-Beziehungsgestaltung sowie 5. das Stakeholder-Monitoring. Diese Phasen des Stakeholder-Managements werden im Folgenden näher erläutert:[66]

1. *Stakeholder-Identifizierung:* Stakeholder sind unternehmensintern und unternehmensextern zu finden; zudem können sie unmittelbar und mittelbar mit dem Unternehmen verknüpft sein. Im Unterkapitel 2.2 („Entscheidungsumfeld") wurde bereits dargelegt, wie sich Stakeholder durch ein systematisches Durchforsten der unternehmerischen Mikro- und Makroumfelder und der hiermit verbundenen unternehmensrelevanten Themen identifizieren lassen. Wie detailliert sind Stakeholder zu erfassen? Sind beispielsweise die „Mitarbeiter" als ein Stakeholder zu begreifen? Stakeholder stehen für eine homogene unternehmensrelevante Interessenlage. Sofern also alle Mitarbeiter – beispielsweise allesamt Telefonisten in einem Call Center – gegenüber der Unternehmensleitung vergleichbare Interessen aufweisen, so ist die Zusammenfassung der Belegschaft als *eine* Stakeholdergruppe sinnvoll. Ist die Mitarbeiterschaft dagegen Interessen-heterogen, so bietet sich eine Ausdifferenzierung an, etwa in die Stakeholder „Auszubildende", „tariflich bezahlte Mitarbeiter", „außertariflich bezahlte Mitarbeiter" sowie „Geschäftsleitung".

2. *Stakeholder-Priorisierung:* Ein situativer Ansatz zur Priorisierung der Stakeholder-gerichteten Management-Bemühungen ist bereits im Unterkapitel 3.2 („Entscheiden gemäß Stakeholder-Profil") ausgeführt worden. Letztlich geht es darum, den Interaktionsaufwand, die Art der Einbindung und die Kompromissbereitschaft des Entscheiders in Abhängigkeit von den zugrundeliegenden Stakeholder-Charakteristika zu bestimmen. Einen interessanten Ansatz zur Prioritätenbildung gemäß bestimmter Stakeholder-Charakteristika bietet das Salience-Modell[67] (Mitchell, Agle und Wood 1997, Agle, Mitchell und Sonnenfeld 2017). Wie in der Abbildung 5.5 dargestellt, geht es hierbei um die Charakteristika „Macht", „Dringlichkeit" und „Rechtmäßigkeit". Das Charakteristikum „Macht" bezieht sich auf formelle Machtbefugnisse, auf informationelle Einflussnahme, auf charismatische Überzeugungskräfte, auf Sanktions- oder Belohnungskompetenzen und/oder auf Wissensvorsprünge. Das Charakteristikum „Dringlichkeit" stellt darauf ab, inwiefern es umständehalber einen akuten Zeitdruck bei der Auseinandersetzung mit dem jeweiligen Stakeholder-Anliegen gibt. Unter „Rechtmä-

---

66 Die nachfolgenden Ausführungen nehmen zum Teil Bezug auf den PMBOK-Guide (Project Management Institute 2017), der Projekt-Management-Bibel des Project Management Institutes (PMI). Zwar hat die von Freeman 1983 initiierte Diskussion eines Stakeholder-Managements zunächst die pluralistische Gesellschaft als Bezugsebene; in jüngster Zeit erfolgt eine operative, individualisierte Ausdeutung des Stakeholder-Ansatzes jedoch vor allem im Rahmen des Projektmanagements. Obwohl es beim Stakeholder-Management nicht zwingend um Entscheidungen innerhalb von Projektstrukturen geht; so lassen sich aus dem Projektmanagement heraus jedoch zweckdienliche Analogien ableiten.
67 Das englische „Salience" steht für das Auffallende und Hervorstechende: Welche Stakeholder stehen also prioritätsmäßig hervor – und welche dagegen nicht?

ßigkeit" ist zu verstehen, inwiefern die Anliegen im gesellschaftlichen Wertesystem mehrheitlich als moralisch gerechtfertigt bewertet werden. Die Ausprägung dieser drei Charakteristika führt zu sieben Konstellationen, denen sieben Prioritätsstufen zugeordnet sind. Demnach erfährt der „definitive Stakeholder" die höchste Priorität, da hier sowohl Macht wie auch Dringlichkeit und Rechtmäßigkeit gegeben sind. Dagegen erfahren die „fordernden Stakeholder" die geringste Priorität, da sie sich lediglich auf die Dringlichkeit ihres Anliegens berufen, ohne zur Durchsetzung ihrer Interessen über nennenswerte Macht oder Legitimität zu verfügen. Wäre eine solche Rechtmäßigkeit dagegen gegeben, würden diese „legitimen Stakeholder" die vierthöchste Priorität erfahren.

3. *Stakeholder-Strategiebestimmung*: Der Priorisierung innerhalb der Stakeholder-Map folgt die Ausgestaltung der jeweiligen strategischen Ansätze. Gemäß dem Salience-Modell werden vom Entscheider nur solche Interesseneinheiten als Stakeholder identifiziert, welche mindestens bei einem der drei Charakteristika (Macht, Dringlichkeit, Rechtmäßigkeit) eine deutliche Ausprägung ausweisen. Innerhalb dieser Stakeholder-Map wird die Intensität, mit der sich der Entscheider mit der jeweiligen Stakeholder-Gruppe auseinandersetzt, von dem jeweiligen Prioritätsgrad abhängen. Grundsätzlich gibt es ein Spektrum an Auseinandersetzungs-Intensität gegenüber dem betreffenden Stakeholder, beginnend mit 1. nichts tun, lediglich Monitorisieren, 2. Informationen bereitstellen, 3. Sicherstellen, dass Informationen ankommen und konstruktiv wahrgenommen werden, 4. in einen Dialog treten, also Rückmeldungen aufnehmen und bearbeiten, 5. beidseitiges Verständnis schaffen und über Verhandlung Akzeptanz sichern, 6. Mitwirkung ermöglichen und Stakeholder in die Arbeit einbeziehen, 7. dem Stakeholder eine aktive Rolle zugestehen und ihm somit Gestaltungsverantwortung übertragen sowie 8. gegenüber dem Stakeholder einseitige Zugeständnissen machen. Die Art und Weise, wie seitens des Entscheiders auf den jeweiligen Stakeholder eingegangen wird, lässt sich über das Einflusspotenzial (synonym mit der Machtposition) und über den Grad der Betroffenheit beschreiben. Die Tabelle 5.1 gibt eine solche Gegenüberstellung wieder und leitet hieraus situative Ansätze der Stakeholder-Einbindung her.

Tabelle 5.1: Einbindung von Stakeholdern (in Anlehnung an Löbel 2019).

		Einflusspotenzial	
		gering	groß
Betroffenheit	gering	überwachen mit geringem Aufwand	zufriedenstellen, Bedürfnisse stillen
	groß	informiert halten, Beachtung schenken	aktiv, engmaschig managen

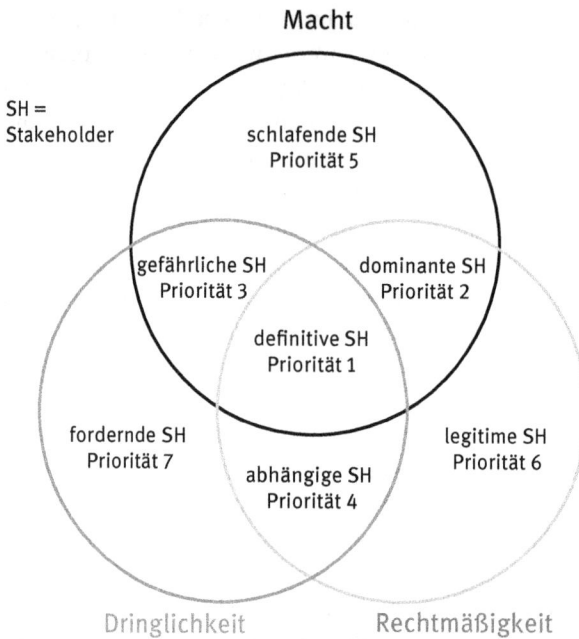

Abbildung 5.5: Stakeholder-Priorisierung gemäß Salience-Modell (in Anlehnung an Mitchell, Agle und Wood 1997).

Die in der Tabelle 5.1 abgebildete Matrix gibt pauschale Hinweise für die Einbindung involvierter Stakeholder. Auf die vier Konstellationen lässt sich dieses Spektrum wie folgt anwenden (vgl. Löbel 2019):

- *Geringe Betroffenheit* bei *geringem Einflusspotenzial*: Hier sind zunächst keine Maßnahmen nötig; die hierunter fallenden Stakeholder sollten allerdings beobachtet werden, da Entwicklungen sowohl bei der Betroffenheit wie auch bei dem Einflusspotenzial möglich sind und diese frühzeitig wahrgenommen werden sollten.
- *Geringe Betroffenheit* bei *großem Einflusspotenzial*: Zumeist sind diese Stakeholder zufrieden zu stellen, wenn sie regelmäßig informiert und somit in die Überlegungen des Entscheiders mit einbezogen werden. Ein Austausch ist auch vor dem Hintergrund wichtig, dass hierunter fallende Stakeholder aufgrund ihres Einflusspotenzials von anderen Stakeholdern instrumentalisiert werden könnten, um deren Interessen zu unterstützen.
- *Große Betroffenheit* bei *geringem Einflusspotenzial*: Bei diesen Stakeholdern zahlt sich ein proaktives Kommunizieren aus; die betreffenden Stakeholder sollten frühzeitig über anstehende Entscheidungen und damit einhergehende Veränderungen informiert werden. Unnötiger Widerstand lässt sich hiermit vermeiden und ein Verständnis der Betroffenen erzeugt.

– *Große Betroffenheit* bei *großem Einflusspotenzial*: Diese Stakeholder brauchen besondere Aufmerksamkeit, ihre Ziele und Präferenzen sollten im Detail bekannt sein; über das reine Kommunizieren hinaus wird es hier auch einer gewissen Kompromissbereitschaft des Entscheiders bedürfen. Diese Stakeholder müssen entweder von Beginn an stark eingebunden werden, so dass eine ernsthafte Lösungsbereitschaft entsteht. Alternativ ist ein etwaiger negativ Einfluss dieser Stakeholder gezielt und wirksam einzudämmen.

4. *Stakeholder-Beziehungsgestaltung*: Gemäß der strategischen Stoßrichtung ist nun die Beziehung zum jeweiligen Stakeholder situationsgerecht auszugestalten. Hierbei gilt es, im Detail zu erfassen inwiefern die Stakeholder-Interessen in Bezug auf die Entscheider-Interessen konsensual, konfliktär oder neutral sind. Und inwiefern schlägt sich diese Interessenlage als verhindernd oder unterstützend nieder? Welches sind die zugrundliegenden Interessen, Anforderungen und Erwartungen, Stärken und Schwächen der Stakeholder? Sind die Stakeholder bezüglich des Vorhabens des Entscheiders als neutrale Mitläufer, als Unterstützer oder Skeptiker, als Vorreiter oder Bremser, als Visionär oder Blockierer einzuschätzen? In welcher Form sind die Stakeholder derzeit in die gegenständlichen Entscheidungen eingebunden? Gibt es eine Pflicht zur Einigung, zur Zusammenarbeit, zur Berichterstattung, zur Erlaubniseinholung? Oder ist die Art des Involvements eher informeller oder auch indirekter Natur? Bei einer indirekten Einflussnahme wären dann die Einflussmittler herauszuarbeiten. Die Tabelle 5.2 zeigt beispielhaft auf, wie die Umsetzung der Beziehungsgestaltung systematisch erfasst und monitorisiert werden kann.

Ausgangspunkt der Betrachtungen der Tabelle 5.2 ist die Beschreibung des jeweiligen internen oder externen Stakeholders anhand seiner über das Salience-Mo-

Tabelle 5.2: Stakeholder-Beziehungsgestaltung.

	Priorität (Salience!)	Informations-austausch	Handlungs-Ebene	zeitliche Gestaltung	Art der Einbindung	Ist/Soll-Abgleich
Auspra-gungen	1–7	keiner – einseitig – dialogisch	keine – verhandeln – zugestehen	proaktiv – fortlaufend – reaktiv	keine – kooperativ – kollaborativ	zeitlich – sachlich – personell
interner SH 1						
...						
interner SH n						
externer SH 1						
...						
externer SH m						

dell ermittelten Priorität. Es folgt die Festlegung von Intensitäten hinsichtlich des Informationsaustauschs, der Handlungsebene sowie der zeitlichen Ausrichtung der Beziehungsgestaltung. Zudem ist festzulegen, welche Art der Einbindung in die gegenständlichen Entscheidungsprozesse angestrebt wird. Schließlich sind die geplanten Beziehungskomponenten im Soll/Ist-Vergleich mit Blick auf die Erreichung der gesetzten Ziele abzugleichen und gegebenenfalls korrektive Maßnahmen zu bestimmen und einzuleiten.

5. *Stakeholder-Monitoring*: Gerade in einem dynamischen Unternehmensumfeld macht es Sinn, die einem Stakeholder-Management zugrundeliegenden Einschätzungen in regelmäßigen Abständen zu revidieren und mit Blick auf eine künftige Entwicklung und hiermit einhergehenden Veränderungen zu eruieren.

5.2 Unterstützung bei der Strategiegestaltung

Wie können nun – gemäß des 4S-Modells – die herausgearbeiteten situativen Informationen zum Unternehmen und seinem Umfeld zur Ableitung einer strategischen Unternehmensausrichtung herangezogen werden? Zwei Instrumente werden hier im Folgenden näher vorgestellt: die SWOT-Analyse sowie die Conjoint-Analyse. Während mit einer SWOT-Analyse endogene und exogene Informationen einander gegenübergestellt werden, um hieraus strategische Antwortmuster herzuleiten, bewertet die Conjoint-Analyse unternehmerische Leistungs-Cluster bin Blick auf Kundenpräferenzen sowie einer Kosten/Nutzen-Analyse – und unterstützt hiermit die Wahl einer kunden- und margengerechten Angebotsgestaltung.

5.2.1 SWOT-Analyse

Die SWOT-Analyse" kombiniert die Unternehmensanalyse mit einer Umfeldanalyse, um hieraus Normstrategien abzuleiten. Sie erfreut sich weitreichender Bekanntheit und Beliebtheit – wird jedoch häufig nur unzureichend angewendet. In meiner Zeit als Venture Capitalist erhielt ich Hunderte Geschäftspläne, in denen die entkontextualisierte Auflistung von Chancen, Risiken, Stärken und Schwächen als SWOT-Analyse etikettiert war. Eine Anwendung als Instrument bedingt jedoch, dass dem Entscheider konkrete Impulse zur Entscheidungsfindung vermittelt werden. Eine derartige Explizierung soll im Folgenden unternommen werden.

Ausgangspunkt der SWOT-Analyse ist eine Umfeldanalyse des Unternehmens, deren Themenfelder mit Blick auf das unternehmerische Geschäftsmodell gemäß ihren Wirkungspotenzialen in „Chancen" und „Risiken" eingeteilt werden. Die hierunter gelisteten Themen sollten branchen- und nicht unternehmensspezifisch sein und somit auch die Wettbewerber betreffen. Als Ergebnis einer Analyse der eigenen Unternehmensressourcen in Verbindung mit einer Konkurrenzanalyse werden diesen externen

Chancen und Risiken nun die internen Stärken und Schwächen des Unternehmens gegenübergestellt. Hierdurch ergeben sich vier grundsätzliche Konstellationen, denen situationsadäquate Normstrategien zugeordnet werden können; die Tabelle 5.3 stellt diese Zusammenhänge dar.

Tabelle 5.3: SWOT-Analyse: Ableitung der Normstrategien.

	externe Chancen	**externe Risiken**
interne Stärken	Ausbauen	Absichern
interne Schwächen	Aufholen	Vermeiden

In Geschäftsbereichen, in denen Unternehmensstärken auf ein begünstigendes Umfeld treffen, gilt demnach als Normstrategie das *Ausbauen* der Aktivitäten. Dem Unternehmen wird in einer solchen Situation daran gelegen sein, seinen Status abzusichern, die eigene prospektive Positionierung weiter herauszuarbeiten und diese gegen kommende Konkurrenten – denn diese zieht ein chancenreiches Umfeld an – zu schützen. Ein *Absichern* ist dagegen opportun, wenn ein Unternehmen widrigen Umfeldbedingungen mit vergleichsweisen Stärken zu begegnen vermag. Im Vordergrund stehen hier Überlegungen, wie kritische Entwicklungen vermieden werden können und wie man seine relativ starke Marktposition nutzen kann, um von den Wettbewerbern Marktanteile zu gewinnen und das Geschäftsrisiko zu gering wie möglich zu halten. Treffen dagegen günstige Umfeldbedingungen auf Unternehmensschwächen, so gilt es *aufzuholen*, um die gegebenen Möglichkeiten besser auszuschöpfen. Dies hat einherzugehen mit einer Reallokation der unternehmerischen Ressourcen. Wird nun ein Unternehmen in einer Position der Schwäche mit widrigen Umfeldbedingungen konfrontiert, so gilt es, diesen Geschäftsbereich möglichst zu *vermeiden*. Geschäftsziele sollten entsprechend revidiert und Verlustperspektiven aktiv vermieden werden.

Die beschriebenen Normstrategien können als generische Empfehlungen verstanden werden. Im Sinne eines entscheidungsunterstützenden Instruments ist diese Analyse aber noch weiter im Sinne der spezifischen Entscheidungssituation auszudeuten. Hierzu sind die einzelnen aufgeführten Stärken und Schwächen den jeweiligen Chancen- und Risiko-Aspekten gegenüberzustellen. Anhand einer solchen Systematik lassen sich die unternehmerischen Stärken und Schwächen mit Blick auf ihre Relevanz gegenüber den jeweiligen Umfeldbedingungen differenziert betrachten, wie in der Tabelle 5.4 dargestellt.

Die beispielhaften Zellenwerte zeigen auf, welche Bedeutung den unternehmerischen Kompetenzen oder Inkompetenzen bei der Ausrichtung auf das Unternehmensumfeld zukommt. Für die Ausgestaltung der jeweiligen Normstrategien sind nun insbesondere die relevanten Stärken bzw. Schwächen heranzuziehen und miteinander zu einer konsistenten Strategie zu verknüpfen. Im Beispielfall kann die „Stärke C" zu keinem Umweltaspekt in Beziehung gesetzt werden. Im Rahmen der SWOT-Analyse ist diese Stärke somit irrelevant – und sollte aus den weiteren Betrachtungen ausgeklammert werden.

Tabelle 5.4: Vernetzung von Unternehmensressourcen und Umfeldbedingungen.

Relevanz: ⓪ = keine ① = gering ② = hoch	Chance A	Chance B	Chance C	Risiko A	Risiko B	Risiko C
Stärke A	①	⓪	⓪	②	⓪	②
Stärke B	⓪	②	①	①	②	①
Stärke C	⓪	⓪	⓪	⓪	⓪	⓪
Schwäche A	②	⓪	②	②	②	⓪
Schwäche B	②	⓪	①	②	⓪	①
Schwäche C	①	②	⓪	①	②	②

5.2.2 Conjoint-Analyse

Die Zahl grundsätzlich vorstellbarer Entscheidungsalternativen kann den Entscheider rasch überfordern. Ein Unternehmen möchte z. B. über eine Konsumentenbefragung Erkenntnisse zum Design eines einzuführenden Produktes gewinnen. Das Produkt könnte theoretisch in Dutzenden Varianten auf den Markt kommen – die Entscheidungsalternativen wären entsprechend zahlreich. Ein Lösungsweg bestünde darin, die einzelnen Funktionalitäten abzufragen und diese dann aufgrund der gewonnenen Erkenntnisse zu einem fertigen Produkt zu kombinieren. Häufig gibt es in der Wahrnehmung einer subjektiv empfundenen Produktwertigkeit jedoch Verbundeffekte, die einem Aufaddieren einzelner Nutzenwerte zu einem Nutzengesamtwert entgegenstehen: Bestimmte Eigenschaftskombinationen werden mit einem überproportionalen Nutzen assoziiert, andere mit einem unterproportionalen. Hier stellt der multivariate Ansatz der Conjoint-Analyse ein probates Instrument dar, um etwaige Verbundwirkungen aufzuspüren, somit verheißungsvolle Alternativen herauszuarbeiten und den Aktionsraum zu reduzieren. Ein derartiges Ausloten von Präferenzstrukturen bildet die Informationsgrundlage für eine nutzenorientierte Produktgestaltung und Preisfindung (vgl. Laakmann 1995: 211 ff.).

Eine Möglichkeit, um sich den theoretischen Aktionsraum zu veranschaulichen und diesen letztlich auf einen realistischen Aktionsraum zu reduzieren, bildet der morphologische Kasten (Zwicky 1966). Der Kasten ist dergestalt aufgebaut, dass seine horizontalen Ebenen der diskreten Zahl von denkbaren Ausprägungen der jeweiligen Gestaltungsdimension einer zu beurteilenden Alternativen gewidmet sind. In der Tabelle 5.5 ist als Anwendungsbeispiel für einen morphologischen Kasten der Aktionsraum für die Wahl einer neuen Konzernzentrale dargestellt (Grünig und Kühn 2017: 83).

In dem Beispiel der Tabelle 5.5 werden auch kontinuierliche, quasi unendliche Ausprägungsvarianten (wie etwa die Gebäudekapazität) auf eine überschaubarer Zahl von Ausprägungsvarianten (typischer Weise nicht mehr als vier) verdichtet. Als theoretischer Aktionsraum ergäben sich als Alternativenzahl das Produkt aus der Zahl der Ausprägungsvarianten der verschiedenen Gestaltungsdimensionen; im Fall der neuen Konzernzentrale wären dies $3 \cdot 3 \cdot 3 \cdot 2 \cdot 2 = 108$ Alternativen. Für eine praktikable Entscheidungsfindung ist dieser theoretische Aktionsraum auf einen realistischen zu reduzieren. So mag es etwa keine herausragende Architektur in Peripherielage geben, womit diese Variantenkombination hinfällig wäre.

Tabelle 5.5: Morphologischer Kasten für eine neue Konzernzentrale (Grünig und Kühn 2017: 83).

Dimension	Ausprägungen		
Stadtlage	Zentrum mit ÖV-Anbindung	Peripherie mit Parkplätzen und ÖV-Anbindung	Peripherie mit Parkplätzen
Kapazität	aktueller Bedarf	aktueller Bedarf +20 %	aktueller Bedarf + 40 %
Gebäudezustand	Neubau	Bestandsbau mit Totalsanierung	Bestandsbau mit Renovierung
Image	herausragende Architektur	Standardbau	
Besitzverhältnisse	Eigentum	langfristiger Mietvertrag	

Ein solches Herausarbeiten von Entscheidungsalternativen ist eine Grundvoraussetzung für die Anwendung der Conjoint-Analyse. Diese vollzieht sich in den folgenden Schritten:

1. Identifizierung der einzelnen produktmäßigen Gestaltungsdimensionen: Die hierunter zu fassenden Produktmerkmale haben unabhängig von den anderen herangezogenen Merkmalen für das Produkt realisierbar zu sein. Sollte dies nicht der Fall sein, wären die Produktmerkmale mit gekoppelter Realisierbarkeit zu einem Produktmerkmal zusammenzufassen.

2. Definition der in Frage kommenden Merkmalsausprägungen (beispielsweise mittels des morphologischen Kastens): Welche Varianten erscheinen sinnvoll, um die Gesamtzahl der Kombinationen überschaubar zu halten, gleichzeitig aber den möglicherweise für den Abnehmer relevanten Gestaltungsraum nicht einzuengen?

3. Kombination der vorstellbaren Merkmalbündel zu Produktalternativen: Hier sollten maximal 20 Produktalternativen Gegenstand der weiteren Betrachtungen sein, um die Informationsverarbeitungskapazitäten der Befragten nicht zu überfordern. Bei Bedarf könnten bestimmte, präferierte Varianten in einem zweiten Befragungszyklus auf weiter ausdifferenzierte Merkmalsausprägungen hin untersucht werden.

4. Abfragen der Produktpräferenzen anhand von Verhältnis-, Intervall- oder Ordinal-Skalen:[68] Die Wahl der Skalierung hängt von dem Variantenprofil der zu vergleichenden Merkmale ab. Die Informations- und Interpretationsqualität ist bei Verhältnisskalen höher als bei Intervallskalen und am niedrigsten bei Ordinalskalen.

5. Auswertung der Präferenzstruktur mit Blick auf das gegenständliche Produktangebot: Diese kann – je nach Komplexität des Untersuchungsgegenstandes – Software-gestützt oder über simple mathematische Vergleichswerte wie Mittelwerte oder Rangmittel erfolgen.

Conjoint-Analyse für ein Kreditkartenangebot

Eine Bank plant die Herausgabe einer Kreditkarte und möchte gerne herausfinden, welche Zusatzfunktionen besonders geschätzt und auch per Jahresgebühr bezahlt würden. Folgende Merkmale und Merkmalsausprägungen sind für den Anbieter grundsätzlich vorstellbar und unabhängig voneinander realisierbar:

- Reiserücktrittsversicherung: ja/nein
- Buchungsprivilegien:[69] ja/nein
- Überziehungsrahmen: ja/nein
- Informationsdienste: umfassend/fokussiert/nein

Werden alle grundsätzlich vorstellbaren Merkmalsausprägungen miteinander kombiniert, so ergeben sich 24 theoretische Merkmalskombinationen ($2 \cdot 2 \cdot 2 \cdot 3$) und somit auch 24 theoretische Entscheidungsalternativen. Nach interner Rücksprache mit dem Vertrieb werden diese 24 Produktvarianten auf die in der Abbildung 5.6 dargestellten 12 Varianten reduziert.

---

68 Die Verhältnisskala bezieht sich auf einen gegebenen absoluten Nullpunkt (z. B. Körpergröße, Alter), während der Nullpunkt bei einer Intervallskala willkürlich festgelegt ist (z. B. Intelligenzquotient, Zeitrechnung). Beides sind metrische (oder kardinale) Skalen, deren Abstanderfassung – die Abstände zwischen zwei Ausprägungen – objektiv definiert sind. Bei der Ordinalskala werden die Ausprägungen in eine Rangfolge gebracht, wobei die Abstände zwischen den Rängen nicht definiert sind (z. B. Podiumsplätze, Schulnoten).

69 Beispielsweise kostenloses Umbuchen von Reisen.

Angebot 1:		Angebot 2:		Angebot 3:		Angebot 4:	
• RRV	nein	• RRV:	ja	• RRV:	ja	• RRV:	ja
• BP:	nein	• BP:	nein	• BP:	ja	• BP:	ja
• ÜK:	nein	• ÜK:	nein	• ÜK:	nein	• ÜK:	ja
• ID:	nein	• ID:	nein	• ID:	nein	• ID:	nein

Angebot 5:		Angebot 6:		Angebot 7:		Angebot 8:	
• RRV:	ja	• RRV:	ja	• RRV:	nein	• RRV:	nein
• BP:	ja	• BP:	ja	• BP:	ja	• BP:	ja
• ÜK:	ja	• ÜK:	ja	• ÜK:	nein	• ÜK:	ja
• ID:	fokussiert	• ID:	umfassend	• ID:	nein	• ID:	nein

Angebot 9:		Angebot 10:		Angebot 11:		Angebot 12:	
• RRV:	nein	• RRV:	nein	• RRV:	nein	• RRV:	nein
• BP:	ja	• BP:	ja	• BP:	nein	• BP:	nein
• ÜK:	ja	• ÜK:	ja	• ÜK:	ja	• ÜK:	nein
• ID:	fokussiert	• ID:	umfassend	• ID:	nein	• ID:	umfassend

RRV = Reiserücktrittversicherung
BP = Buchungsprivilegien
ÜK = Überziehungskredit
ID = Informationsdienste

Abbildung 5.6: Beispielhafter Aktionsraum einer Conjoint-Analyse.

Die zwölf Produktangebote werden den Probanden nun im Rahmen einer persönlich-mündlichen Befragung vorgelegt. Zur Erfassung der Alternativenbewertung sind verschiedene Skalierungsverfahren vorstellbar, etwa die Vergabe von Punkten zwischen 0–100 (metrische Intervallskalierung) oder die Bildung von Präferenz-Rangfolgen von 1–12 (Ordinalskalierung). Im vorliegenden Fall werden die Probanden gebeten, die mit dem jeweiligen Produktangebot einhergehende Jahresgebühr zu schätzen und aus dem Angebot die am besten für den jeweiligen Probanden passende Karte auszuwählen.

Wenig überraschend wird dem Angebot 1 (minimale Nutzenkombination) die geringste und dem Angebot 6 (maximale Nutzenkombination) die höchste Jahresgebühr zugewiesen. Zwischen diesen beiden Extremwerten sind die einzelnen Merkmalsvarianten angesiedelt, die gemäß der Bedürfnisclusterung der Probanden unterschiedliche Nutzenwahrnehmungen bezeugen. So mögen manche Befragte reisebezogene Zusatzdienstleistungen als sehr nützlich finden und deshalb Dienste wie Reiserücktrittversicherung und Buchungsprivilegien besonders schätzen (Favorit: Angebot 3). Anderen mag die Möglichkeit von Überziehungskrediten besonders vorteilhaft erscheinen, wohingegen sie den anderen Diensten wenig abgewinnen (Favorit: Angebot 11). Wieder andere mögen die umfassenden Informationsdienste wertschätzen (Favorit: Angebot 12).

Die Auswertung erfolgt durch Mittelwertvergleiche sowohl bei den vergebenen Punkten wie auch bei der geschätzten Jahresgebühr. In einem weiteren Analyseschritt ist vorstellbar, dass bei den Befragten über eine Clusteranalyse statistisch fundierte Untergruppen gebildet werden – etwa in die oben angesprochenen Untergruppen der Reisenden, der Kreditnachfragenden sowie der Informationssuchenden. Innerhalb dieser Gruppen können dann die präferierten Angebote über Mittelwertvergleiche weiter herausgearbeitet werden.

Im Resultat hat der Kreditkartenanbieter belastbare Hinweise gewonnen, welche Merkmalskombinationen besonders wertgeschätzt werden – und somit näher zu betrachtende Entscheidungsalternativen, also den Aktionsraum, darstellen. Andere Kombinationen werden dagegen als in sich nicht stimmig oder wertig wahrgenommen und sind aus dem Aktionsraum zu eliminieren. Sofern sich Präferenzschwerpunkte bei mehr als einer Angebotsvariante abzeichnen, ist auch vorstellbar, dass der unternehmerische Entscheider mehrere Angebotsvarianten parallel verfolgt und letztlich gegenüber unterschiedlich disponierten Zielgruppen vermarktet.

5.3 Unterstützung bei der Strukturierung

Wie können unternehmerische Strukturen nach der strategischen Positionierung des Unternehmens ausgerichtet werden? Zwei entscheidungsunterstützende Instrumente werden als mögliche Hilfestellung für diese Herausforderung näher vorgestellt: die Prozessanalyse, bei der es um die Strukturierung der umsetzenden Ablauforganisation geht, sowie die Cross-Impact-Analyse, welche sich insbesondere der Schnittstellenproblematik bei der Prozessumsetzung widmet.

5.3.1 Prozessanalyse

Der Ablauf repetitiver Entscheidungen kann als Prozess abgebildet werden. Unter einem Prozess ist eine strukturell grundsätzlich gleichbleibende, sequentielle oder parallele Verknüpfung von Aktivitäten und zugeordneten Zuständigkeiten im Rahmen einer übergeordneten Zielsetzung zu verstehen. Prozesse sind naturgemäß temporär, mit objektiv definiertem Anfang und Ende.

⚡ Entscheidungsprozess und Beschwerde-Management (Complaint Management)
Ein globaler Hersteller von Gelddruckmaschinen ist international tätig, mit staatlichen Kunden sowohl in Industrie- wie auch in Schwellen- und in Entwicklungsländern. Entsprechend politisch geprägt sind Auftragsanbahnung und -abwicklung. Während der mehrjährigen Projektphase können Parteienlandschaften und Regierungen des betreffenden Landes wechseln und auch sonstige wirtschaftliche, rechtliche und politische Ereignisse mit direktem Einfluss auf die Auftragsabwicklung eintreten (dynamisches Makroumfeld).
Die Natur der jeweiligen Aufträge ist einmalig, Stammkunden und routinierte Kundenbeziehungen gibt es nicht. Diese Dynamik spiegelt sich auch wider beim Beschwerdemanagement: Im Laufe der Projektabwicklung bis hin zur Projektabnahme können sich vielfältige Bedürfnisse (zum Beispiel mit Blick auf die Zahlungsabwicklung, die Sicherheitsstandards bei den Geldscheinen oder der Maschinenkapazität) ändern, kein Kunde wird im Detail direkt vergleichbar sein mit einer vergangenen Kundenbeziehung. Natürlich macht sich das Unternehmen seine jahrzehntelangen Erfahrungen zu eigen und greift über ein Wissensarchiv und über weltweit vernetzte Regionalkompetenzen punktuell auf problemspezifische Expertise zurück. Durch einen routinemäßigen

Prozessablauf, der operativ auf Sachbearbeiterebene abgearbeitet werden kann, wird sich das Beschwerdemanagement jedoch nicht abbilden lassen.

Anders bei einem Online-Anbieter von Fotodruckerzeugnissen wie Kalendern, Triptychons oder Fotoalben. Hier bezieht sich der Großteil der Reklamationen auf einige wenige Sachverhalte, wie Druckqualität, Fotoanordnung, Formate, Lieferzeiten oder die Rechnungstellung. Für den Entscheider im Unternehmen stellen sich mithin immer die gleichen Fragen zur Klärung des Sachverhalts: Wurde fristgemäß reklamiert? Liegt gemäß der Anzeigefrist die Beweislast beim Anbieter oder beim Kunden? Ist der reklamierte Sachverhalt – insbesondere mit Blick auf die Allgemeinen Geschäftsbedingungen des Unternehmens – gerechtfertigt? Während dem bearbeitenden Mitarbeiter ein klar definierter Gestaltungsspielraum beim Kulanzverhalten zusteht, sind die übrigen Entscheidungsabläufe weitestgehend vorgegeben, auf Grundlage festgelegter Prozesse.

Eine Prozessdarstellung hat mindestens folgende Inhalte zum Gegenstand zu haben:
1. Welche quantifizierbaren *Ziele* liegen dem Prozess zugrunde, in Bezug auf Qualität, Zeitabläufe oder Kosten?
2. Mit welchem objektiv beschreibbaren Ereignis *beginnt* der Prozess (Auslöser)?
3. Welche abgrenzbaren, klar definierten *Aktivitäten* sind Gegenstand des Prozesses?
4. Wo sind im Laufe des Prozesses welche *Entscheidungen* zu fällen, um den weiteren Ablauf nachgelagerter Aktivitäten zu bestimmen?
5. Welche *zeitlichen Erfordernisse* sind bei der Prozessplanung zu berücksichtigen?
6. Welche *Meilensteine*[70] lassen sich im Prozessverlauf festlegen?
7. Mit welchem objektiv beschreibbaren Ereignis *endet* der Prozess?
8. Welche *Stakeholder* (Abteilungen bis hin zur einzelnen Stelle bzw. Person) sind beim Unternehmen oder auch unternehmensextern in der jeweiligen Aktivität involviert?
9. Welche *Rolle* nimmt dieser Stakeholder bei der Aktivität ein? Als mögliche Rollen sind zu unterscheiden: a) verantwortlich, b) ausführend, c) informativ.

Der Detaillierungsgrad von Prozessdarstellung kann variieren. So mag es bei umfangreicheren Abläufen Sinn machen, zunächst eine Grobstruktur darzustellen, um diese dann in Unterprozesse zu gliedern, die dann wiederum ausdetailliert werden. Die Darstellung von Prozessabläufen erfolgt üblicherweise über Flussdiagramme. Die gängigen Standardflussdiagramm-Symbole sind in der Abbildung 5.7 dargestellt. In Ergänzung dieser hauptsächlichen Symbole gibt es eine Reihe ergänzender Symbole, auf deren Darstellung und Diskussion hier jedoch verzichtet werden soll.

---

70 Unter einem Meilenstein versteht man einen objektiv ermittelbaren Prozessfortschritt.

Symbol	Bedeutung
(Ellipse)	Startpunkt oder Endpunkt des Prozesses
(Rechteck)	einzelner Prozess-Schritt
(Rechteck mit Linien)	Einzelner Teilprozess-Schritt
(Raute)	Entscheidung bezüglich nächstem Prozess-Schritt (i.d.R. ja/nein)
(Dokument-Symbol)	Prozess-relevantes Dokument

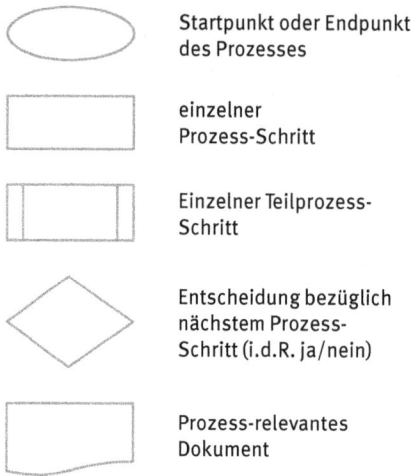

Abbildung 5.7: Gängige Standardflussdiagramm-Symbole.

In der Abbildung 5.8 ist eine Prozessdarstellung schematisch wiedergegeben. Ausgangspunkt ist ein definiertes Ereignis, welches den Prozess auslöst, etwa der Eingang einer Kundenbeschwerde per Post, E-Mail oder Telefonanruf. Dieses Ereignis wird dann den zuständigen Abteilungen (im Schema dem Innendienst, der Verwaltung sowie der Kasse als Auszahlungsstelle) zugeordnet, die mit festgelegten, auf einem Zeitstrahl angeordneten Aktivitäten (im Schema die Aktivitäten 2–4) auf das ausgelöste Ereignis reagieren. Bei Gestaltungsspielräumen ist die entscheidungsbefugte Instanz in Form des Abteilungsleiters hinzuzuziehen, wie im Schema beim Entscheid A. Je nach Entscheid werden nun unterschiedliche Aktivitäten, Aktivität 5 oder Aktivität 6, ausgelöst, die letztlich zum definierten Ende 1 oder Ende 2 des Prozesses führen, hier im Beispiel etwa zur Ablehnung der Schadensausgleichsfor-

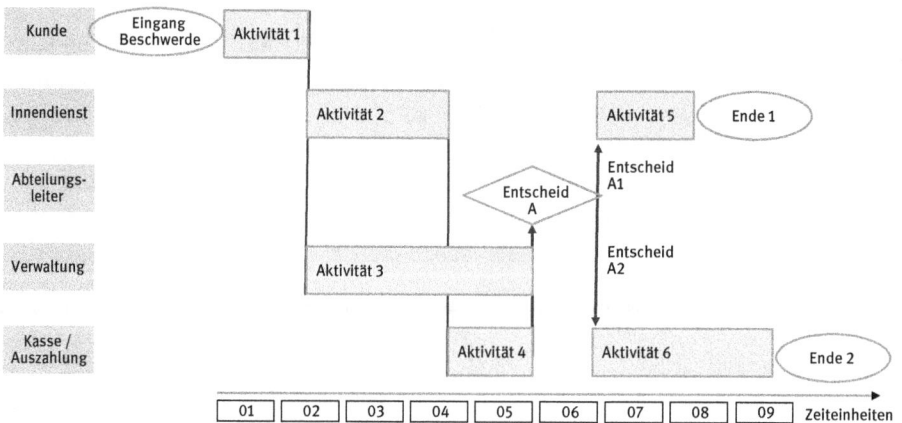

Abbildung 5.8: Schematische Prozessdarstellung.

derung durch den Innendienst oder zur Schadensbegleichung durch die Kasse. Alle Prozesselemente sind – beispielsweise innerhalb des jeweiligen Zeichenelementes oder als beigefügte Erklärung – näher und möglichst eindeutig zu beschreiben; diese Beschreibungen werden bei größeren Prozessgefügen im Rahmen eines Projekthandbuchs kompiliert.

Eine Prozessdefinition automatisiert innerhalb definierter Gestaltungsspielräume Entscheidungsregeln. Zuständigkeiten, koordinative Erfordernisse und Entscheidungsabläufe werden standardisiert und somit transparent gemacht. Beim Prozess „Beschwerdemanagement" würden etwa folgende Aspekte zu klären sein:

- Ist der Käufer privat (Verbraucher) oder gewerblich?
- Findet der Widerruf innerhalb der gesetzlichen Widerrufsfrist statt?
- Findet ein Gewährleistungsanspruch innerhalb der gesetzlich oder vertraglich geregelten Gewährleistungsfrist statt?
- Wer trägt im Falle eines Gewährleistungsanspruches die Beweislast, der Käufer oder der Verkäufer?
- Sofern der Verkäufer keine Verpflichtungen bezüglich Rückgängigmachung oder Gewährleistung hat, sollte aus Verkäufersicht eine Kulanzregelung greifen, etwa gegenüber besonders wichtigen Kunden? Dies wäre ein Fall für eine übergeordnete Entscheidungsinstanz.

Die Güte eines Prozesses macht sich an drei Parametern fest: Welche Qualität wird in welchem Zeitraum zu welchen Kosten gewährleistet? Es wird Situationen geben, in denen diese drei Güteparameter in einem Trade-off-Verhältnis zueinanderstehen, untereinander also eine entgegengerichtete Wirkung entfalten. So kann etwa eine Prozessbeschleunigung mit höheren Kosten verbunden sein. Wie das nachstehende Beispiel zeigt, ist es aber ebenfalls möglich, alle drei Gütekriterien parallel zu befriedigen und somit repetitive Entscheidungsprozesse umfassend zu optimieren.

Prozessoptimierung bei Arbeitsabläufen

Bei einem Großbauprojekt kommt dem Projektsteuerer die Rolle zu, Arbeitstreffen zu koordinieren und im Interesse des Bauherrn die verschiedenen Gewerke gemäß den existierenden Vertragsgrundlagen einzubinden. Die bisherige Praxis läuft folgendermaßen ab: Bei den zweiwöchentlich stattfindenden Arbeitstreffen erscheint der Projektsteuerer in Begleitung einer Assistenz, welche die Diskussionsergebnisse protokolliert. Zwei Tage darauf wird das Protokoll an die Teilnehmer des Treffens ausgesandt und von diesen – oder auch von nicht anwesenden Kollegen – binnen der nächsten drei Tage kommentiert, ergänzt oder nach eigenem Ermessen korrigiert. Dieser Rückmeldevorgang löst teils weitere Nachfragen, Abstimmungen und Klärungen aus, welche weitere drei Tage in Anspruch nehmen. Das schließlich konsensfähig verabschiedete Protokoll wird kurz vor dem Folgetreffen an alle Teilnehmer ausgereicht.

Neben dem multiplen Arbeitsaufwand hat diese Praxis vor allem die Konsequenz, dass wichtige Entscheider den Treffen nicht beiwohnen und sich stattdessen auf das ex-post Redigieren des Ergebnisprotokolls konzentrieren. Die eigentliche Funktion des Arbeitstreffens – basierend auf einer Fachdiskussion Entscheidungen zu treffen – wird hiermit ad absurdum geführt.

Der neue Prozess sieht eine Live-Protokollierung vor. Mit einem Projektor (Beamer) wird während des Arbeitstreffens eine Tabelle an die Wand projiziert, welche die Themen, die hiermit verbundenen Aufgabenstellungen und Verantwortlichkeiten sowie die Stichtage zur Abarbeitung aufzeigen. Diese Tabelle fungiert gleichermaßen als Diskussionsleitfaden für das Arbeitstreffen, indem das Abarbeiten von Aufgaben sowie neue Aufgabenstellungen thematisiert und entsprechend in der Tabelle vermerkt werden. Der Projektsteuerer bedarf nun keiner Assistenz mehr, sondern aktualisiert parallel zur Diskussion die Tabelle. Diese wird abschließend von allen Teilnehmern verabschiedet (ggf. sogar unterzeichnet) und gilt somit als beschlossenes Sitzungsprotokoll. Können Entscheider am Arbeitstreffen nicht teilnehmen, so haben sie für bevollmächtigten und gebrieften Ersatz zu sorgen.

Mit den geänderten Prozessen geht eine dreifache Güteverbesserung einher: Der Ablauf der Protokollerstellung konnte reduziert werden auf die Zeit des eigentlichen Arbeitstreffens, ein mehrtägiger Nachlauf entfällt. Dies geschieht zu geringeren Kosten, da nicht nur die Schreibassistenz des Projektsteuerers wegfällt, sondern auch die Arbeitszeiten für die Nachbearbeitung des vormals zur Sichtung ausgereichten Protokollentwurfes. Schließlich verbessert sich durch die Änderungen auch die Qualität des Prozesses, da die Rolle des Arbeitstreffens aufgewertet wird.

Business Process Management

Eine gesamthafte konzeptionelle Verortung erfährt das Denken in Prozessen im Rahmen eines Business-Process-Managements (BPM). Dumas beschreibt den Anspruch eines BPM wie folgt:

> Business Process Management is the art and science of overseeing how work is performed in an organization to ensure consistent outcomes and to take advantage of improvement opportunities. (Dumas et al. 2013: 1)

Gemäß der jeweiligen organisationalen Rolle unterscheidet BPM zwischen:

- Kernprozessen,
- Unterstützungsprozessen und
- Management-Prozessen (Jeston/Nelis 2008: 94 f.).

Während sich die *Kernprozesse* mit der eigentlichen unternehmerischen Wertschöpfung befassen, werden diese durch *Unterstützungsprozesse* erst ermöglicht. Unterstützungsprozesse haben somit eine direkte – aber nicht direkt kommerzialisierbare – Relevanz für das Auftreten des Unternehmens am Markt. *Management-Prozesse*, etwa Qualitätsmanagement, Personalwirtschaft und die Unternehmensführung, stehen dagegen in einem indirekten Wirkungsbezug zur unternehmerischen Wertschöpfung (vgl. Zentes/Swodoba/Morschett 2004: 164 f., Harmon 2007: 86 ff.).

Mit einem derart umfassenden Prozessverständnis umspannt ein BPM Ereignisse, Aktivitäten, Informationsflüsse und Entscheidungen als Schlüssel zur Zielerreichung. Standardisierte Abläufe werden jedoch nur solchen Unternehmensentscheidungen gerecht werden, die keiner hohen Veränderlichkeit unterworfen sind, die also extrapolierend auf einem unternehmerischen Erfahrungsschatz aufbauen können.

5.3.2 Cross-Impact-Analyse

Die Dichte und die inhaltliche Ausprägung eines zugrunde liegenden, Stakeholder-ba-sierten Wirkungsgefüges kann über eine Cross-Impact-Matrix dargestellt werden. Der Anteil der tatsächlich anzunehmenden Stakeholder-Beziehungen an der theoretisch maximal vorstellbaren Beziehungsintensität („jeder mit jedem", mathematisch dar-gestellt durch: $n^2 - n$) beschreibt die Komplexitätsdimension der „Interdependenz" (siehe Unterkapitel 3.1.1). Die betroffenen Schnittstellen sollten ferner inhaltlich aus-gedeutet werden; vier Informationsbestandteile sind hierbei relevant:

- Wie ist die *Wirkungsrichtung* gegenüber den postulierten Entscheiderzielen – z. B. „konfliktär", „neutral", „konsensual"?
- Wie ist die *Wirkungsintensität*, mit der in die betreffende Richtung beeinflusst wird – z. B. „sehr stark", „eher stark", „mittel", „eher schwach", „sehr schwach"?
- Wie verläuft die *Wirkung im Zeitverlauf*, linear oder nicht linear? Und im Falle ei-nes nicht linearen Verlaufs: progressiv (mit steigenden Grenzwerten) oder degres-siv (mit abnehmenden Grenzwerten)?
- Auf *welche Art entfaltet* sich die Wirkung im Zeitverlauf: sofort, mit Zeitverzöge-rung oder bei Überschreiten eines Schwellenwertes?

Finanzmathematisch werden weiter in der Ferne liegende – als positiv oder negativ gewertete – Wirkungen für weniger relevant betrachtet als kurzfristigere, die weniger stark diskontiert werden und sich deshalb stärker auf den Gegenwartswert auswirken. Dies ist von direkter Auswirkung auf das Systemverständnis und auf ein Eingehen auf systemische Zusammenhänge. So bemerkt Vester (2011: 76):

> Wir wehren uns dagegen, Änderungen, etwa beim Energie- und Wasserverbrauch oder in der Steuergesetzgebung, einzuleiten und entsprechende Auflagen in Kauf zu nehmen, deren eigent-licher Nutzen oft erst die nächste oder übernächste Generation zu spüren bekommt.

Die Tabelle 5.6 gibt eine solche Cross-Impact-Matrix schematisch wieder. Die Diagona-le der Matrix der Tabelle 5.6 bezieht sich auf Eigenbezüge und ist daher für eine Stake-holder-Analyse irrelevant. Die Zeilen der Matrix beziehen sich jeweils auf einen die be-treffende Beziehung initiierenden Stakeholder, also dem *Agierer*. Dieser unterhält im Rahmen seines Wertschöpfungsbemühens diverse direkte – gewollte oder auch nicht gewollte – Beziehungen zu den in den Spalten dargestellten Stakeholdern, die somit als *Reagierer* fungieren. In den Zellen kann etwa über Symbole oder Farben dargestellt werden, welche Interessenrichtung und -intensität die Beziehung zu dem jeweiligen Stakeholder kennzeichnet, z. B.:

−− = stark konfliktär

− = eher konfliktär

○ = neutral

+ = eher konsensual

++ = stark konsensual

Tabelle 5.6: Analyse von Interdependenzen mittels Cross-Impact-Matrix.

		Reagierer: Wer beeinflusst meine Wertschöpfung?				
		Entscheider	Stakeholder 1	Stakeholder 2	...	Stakeholder n
Agierer: Um wessen Wertschöpfung geht es?	Entscheider		Stakeholder 1 beeinflusst Entscheider	Stakeholder 2 beeinflusst Entscheider	...	Stakeholder n beeinflusst Entscheider
	Stakeholder 1	Entscheider beeinflusst Stakeholder 1		Stakeholder 2 beeinflusst Stakeholder 1	...	Stakeholder n beeinflusst Stakeholder 1
	Stakeholder 2	Entscheider beeinflusst Stakeholder 2	Stakeholder 1 beeinflusst Stakeholder 2		...	Stakeholder n beeinflusst Stakeholder 2
	...	...	...	...	...	
	Stakeholder m	Entscheider beeinflusst Stakeholder m	Stakeholder 1 beeinflusst Stakeholder m	Stakeholder 2 beeinflusst Stakeholder m	...	

Das Ausfüllen einer solchen Cross-Impact-Matrix ermöglicht es dem Entscheider, einen Überblick auch jenseits der direkten Stakeholder-Beziehungen zu erarbeiten und somit vernetzte Wirkungsmuster und entsprechende Einflussmöglichkeiten besser zu eruieren. Füllen die diversen involvierten Stakeholder eine solche Matrix parallel aus, eröffnet das Gegenüberstellen von Selbst- und Fremdbild effektive Ansätze des Stakeholder-Managements. Ausgangspunkt wäre die Beurteilung eines jeden initiierenden Stakeholders (Agierers), welche Rolle die anderen Stakeholder an den Schnittstellen spielen. Der betreffende Stakeholder würde also die Zellen seiner Zeile ausfüllen und sein Urteil durch textliche Erläuterungen für andere nachvollziehbar machen. Dieser Stakeholder wäre wiederum Gegenstand eines Fremdbildes, indem ein anderer Stakeholder seine Rolle im Wertschöpfungsprozess des anderen Stakeholders beurteilt (als Reagierer). Die Spalte eines jeweiligen Stakeholders gibt Auskunft über die erlebte Rolle dieses Stakeholders gegenüber dem in Beziehung stehenden anderen Stakeholdern.

Wendet man die Stakeholder-Analyse innerhalb des Unternehmens an, so können Reibungspunkte identifiziert und näher analysiert werden. Sofern konträre Interessen nicht bewusst vom Unternehmen gewollt sind (etwa, um über ein Spannungsfeld zwischen Kostenmanagement und Produktentwicklung gesunde Kompromisse zu erwirken), zeigt eine solche Gegenüberstellung Ineffizienzen und zielkonträres Verhalten auf, als Grundlage für weitergehende Optimierungsbemühungen, etwa in Form von Workshops oder moderierten Aussprachen.

Entscheidern, die nur geringen Interdependenzen ausgesetzt sind, ist es möglich, sich auf die unmittelbare Interaktion mit den relevanten Stakeholdern zu konzentrieren. Je mehr Interdependenzen die Situation des Entscheiders kennzeichnen, desto mehr wird es jedoch darauf ankommen, das Wirkungsgefüge auch jenseits der gepflegten Direktkontakte zu erfassen. Listet man in der Cross-Impact-Matrix zunächst die internen Stakeholder und danach die externen, so lassen sich – wie in Tabelle 5.7 dargestellt – vier Schnittstellentypen herleiten.

Tabelle 5.7: Typologisierung unternehmerischer Schnittstellen.

	interne Stakeholder als Reagierer	externe Stakeholder als Reagierer
interne Stakeholder als Agierer	interne Schnittstellen-Problematik (indirekte Wirkungen auf das Umfeld)	Abhängigkeiten des Unternehmens gegenüber seinem Umfeld
externe Stakeholder als Agierer	Abhängigkeiten des Umfeldes gegenüber dem Unternehmen	externe Schnittstellen-Problematik (indirekte Auswirkungen für das Unternehmen)

Bezugnehmend auf die in der Tabelle 5.7 abgeleiteten Typologisierung lässt sich feststellen, dass die Reibungsverluste im Rahmen einer *internen Schnittstellen-Problematik* hausgemacht, sprich: unternehmensintern, sind. Obwohl die internen Stakeholder bezüglich übergeordneter Zielstellungen ihres gemeinsamen Arbeitgebers Konsens haben sollten, zeigt dieser Bereich Defizite im internen Umgang miteinander auf, Defizite, die sich negativ auf unternehmerische Prozesse auswirken, indem sie Zeitverzug, Kosten oder Qualitätseinbußen begründen.

Treffen unternehmensinterne Agierer auf externe Reagierer, so kommen in den hier angesiedelten Konflikten die *Abhängigkeiten des Unternehmens gegenüber seinem Umfeld* zum Ausdruck. Hier wird zunächst das Mikroumfeld auf dem unternehmerischen Radar sein, um Abhängigkeiten gegenüber Lieferanten, Kunden, Wettbewerbern, Absatzmittlern, Substituierern oder auch Beeinflussern zu eruieren. Aber auch aus dem Makroumfeld des Unternehmens mögen Stakeholder mit konträren Zielvorstellungen auf das Unternehmen einwirken.

Umgekehrt spiegeln sich *Abhängigkeiten des Unternehmensumfeldes gegenüber dem Unternehmen* wider in dem Schnittstellenbereich, der sich mit externen Stakeholdern als Agierer gegenüber unternehmensinternen Stakeholdern als Reagierer befasst.

In dem Bereich der Cross-Impact-Matrix, der sich mit den externen Stakeholdern sowohl als Agierer wie als Reagierer auseinandersetzt, kommt die *externe Schnittstellen-Problematik* zum Ausdruck. Während unternehmerische Entscheider hier nicht als direkte Akteure angesprochen sind, können diese externen Schnittstellen einen bedeutenden mittelbaren Einfluss auf unternehmerische Belange ausüben.

Stakeholder-Interdependenzanalyse
Beschreiben Sie einen Wertschöpfungsprozess, für den Sie in Ihrem Unternehmen (mit) verantwortlich sind:
a) Auf welche Zuarbeit sind Sie hierbei angewiesen und welche (internen oder externen) Stakeholder können das Gelingen Ihrer Wertschöpfung positiv oder negativ beeinflussen?
b) Stellen Sie Ihre Analyse als eine Zeile in einer Cross-Impact-Matrix dar, gemäß der Tabelle 5.6. Als erste Spalte stehen Sie bzw. Ihre Abteilung oder Organisationseinheit. Die folgenden Spalten sollten sich zunächst auf unternehmensinterne Stakeholder beziehen, gefolgt von etwaigen unternehmensexternen Stakeholdern.
c) Vermerken Sie in den Matrixzellen die Wirkungsrichtung und -intensität sowie Stichpunkte, wie sie zu diesem Urteil gelangt sind.

5.4 Unterstützung beim Staffing

Das letzte Element des 4S-Modells bezieht sich auf das "Staffing", mithin auf die Überlegungen, wie ein Entscheider eine strukturgerechte Personalplanung und -entwicklung realisieren kann. Auch für diese Ebene sollen im Folgenden zwei entscheidungsunterstützende Instrumente näher beschrieben werden: die Personalpositionierungs-Typologie sowie das Change-Management-Erfolgsfaktorenmodell.

5.4.1 Personalpositionierungs-Typologie

Die Personalpositionierungs-Typologie bezieht sich auf die vier personalstrategischen Grundtypen von Gmür und Thommen (2011). Diese Grundtypen werden hergeleitet aus zwei Dimensionen: 1. der personalpolitischen Ausrichtung mit den beiden gegensätzlichen Ausprägungen „langfristige Personalbindung und -entwicklung" und „kurzfristige flexible Personalbeschaffung" und 2. der marktpolitischen Ausrichtung mit den beiden gegensätzlichen Ausprägungen „Effizienz" und „Innovation". Wie Lippold (2019: 81–82) anmerkt, so ergeben sich aus diesen Dimensionen weniger Unternehmensstrategien, sondern vielmehr Grundverhaltensmuster einer personalbezogenen Positionierung; entsprechend soll hier von einer Personalpositionierungs-Typologie gesprochen werden. Die Herleitung der vier Personalpositionierungs-Typen ist in der Tabelle 5.8 dargestellt.

Gmür und Thommen (2011) sowie Bartscher, Stöckl und Träger (2012) kommentieren diese Typen wie folgt:

– Im Rahmen der *Positionierung I* baut das Unternehmen ein eingeschworenes Team aus, welches langfristig an das Unternehmen gebunden und entsprechend entwickelt wird. Zielsetzung ist die Optimierung einer Kosten/Qualitäts-Relation über ein „eingespieltes Team", wie es beispielsweise bei Manufakturen, Einzel- und Auftragsfertigungen der Fall ist.

Tabelle 5.8: Personalpositionierungs-Typologie (in Anlehnung an Bartscher, Stöckl und Träger 2012: 135).

| | | Marktpolitik | |
		Effizienz	Innovation
Personalpolitik	langfristige Bindung und Entwicklung	Positionierung I: das eingespielte Team	Positionierung II: die intelligente Organisation
	kurzfristige flexible Beschaffung	Positionierung III: das perfekte System	Positionierung IV: die kreative Evolution

- Bei der *Positionierung II* bildet ebenfalls ein langfristig aufgebautes Personal den Ausgangspunkt; hierbei ist die Zielsetzung jedoch, über eine „intelligente Organisation" innovativ neue Angebotsdifferenzierungen zu erwirken. Beispiele hierfür sind Pharmakonzerne und High-Tech-Unternehmen.
- Mit der *Positionierung III* wird – wie bei der Positionierung I – Effizienz angestrebt. Im Gegensatz zum „eingespielten Team" wird hier jedoch der Weg einer kurzfristigen, flexiblen Personalpolitik gewählt, da das Humankapital in diesem Falle als weitestgehend austauschbar angesehen wird. Beispiele für ein derartiges „perfektes System" sind Zeitarbeitsunternehmen, Call-Center und Fast-Food-Ketten.
- Ein vergleichbarer personalpolitischer Ansatz wird bei der *Positionierung IV* verfolgt. Hier soll eine kurzfristig angelegte Personalpolitik jedoch marktpolitisch innovativ wirken. Beispiele für eine somit verfolgte „kreative Evolution" sind Beratungsunternehmen und Werbeagenturen.

Wie austauschbar ist mein Personal? Inwiefern ist eine langfristig angelegte Personalentwicklung zielführend? Wie wollen wir uns mit unserer Personalpolitik am Markt profilieren? Diese Typologie der Personalpositionierung unterstützt den Entscheider bei derlei personalpolitischen Aufgabenstellungen. Im Vordergrund stehen hierbei zwei grundsätzliche Überlegungen:
- Soll sich das Unternehmensgeschäft über Effizienz oder über Innovation am Markt profilieren?
- Und soll diese Profilierung mittels eines langfristig aufgebauten oder eines flexibel austauschbaren Personalbestands realisiert werden?

5.4.2 Change-Management-Erfolgsfaktorenkonzept

Ein wesentlicher Faktor für die erfolgreiche Umsetzung von Strategien oder Restrukturierungen ist die zielgerechte Steuerung des involvierten Personals im Vorfeld, während und im Nachgang des Veränderungsprozesses. Als weiteres entscheidungsunterstützendes Instrument für die Staffing-Ebene des 4S-Modells soll daher mit dem Change-Management-Erfolgsfaktorenkonzept ein Ansatz vorgestellt werden, der eine erfolgreiche Personalsteuerung in dynamischen Zeiten unterstützt. Ausgangspunkt des Konzeptes sind die drei nicht miteinander korrelierenden (also voneinander unabhängigen) Voraussetzungen für den Erfolg von unternehmerischen Veränderungsprojekten bzw. Change-Projekten (vgl. Reger 2009: 14):

- *Veränderungsbedarf*: die grundsätzliche Erkenntnis und Überzeugung, dass die geplante Veränderung für das Unternehmen eine verbesserte Ausgangssituation mit sich bringt und somit wettbewerbsrelevant und unternehmerisch geboten ist.
- *Veränderungsfähigkeit*: die Befähigung der betroffenen Führungskräfte und der betroffenen ausführenden Mitarbeiter, die Veränderung erfolgreich umzusetzen.
- *Veränderungsbereitschaft*: die Befähigung der betroffenen Führungskräfte und der betroffenen ausführenden Mitarbeiter, die Veränderung erfolgreich umzusetzen.

Es wird einen Mindesterfüllungsgrad bei jeder der drei Voraussetzung bedürfen, um erfolgreich Veränderungen auf den Weg zu bringen. In der Abbildung 5.9 sind die Zusammenhänge von Veränderungsbedarf, Veränderungsfähigkeit und Veränderungsbereitschaft dargestellt.

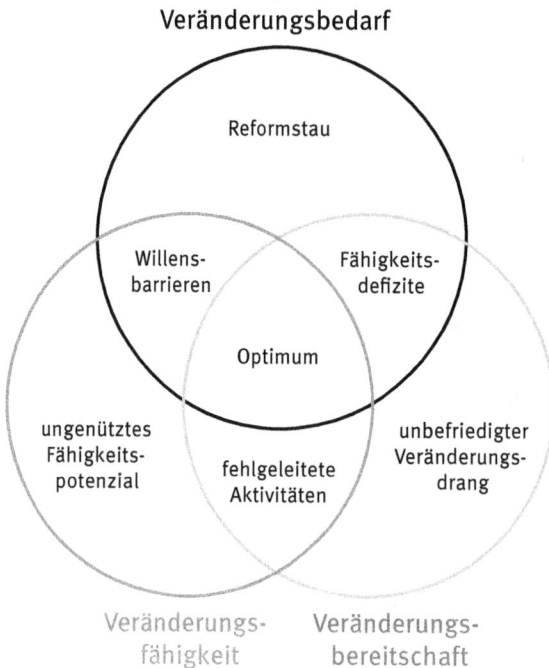

Abbildung 5.9: Veränderungsbedarf, -fähigkeit und -bereitschaft (Reger 2009: 14).

Bezüglich der Umsetzung von Change-Management-Vorhaben hält Lippold fest (2019: 403):

> Jedes Change Management-Team sollte sich darüber im Klaren sein, dass sich ohne Ziele, Aktionspläne, Ressourcen, Fähigkeiten, Anreize und Informationen die gewünschte Veränderung nicht einstellen wird. Im Gegenteil, fehlt bereits eine dieser Komponenten, so (…) (sind) Aktionismus, Chaos, Frustration, Angst oder Verwirrung vorprogrammiert.

Die Abbildung 5.10 veranschaulicht die Ursachen fehlgeschlagener Change-Management-Projekte und ordnet diese Umsetzungsbausteine den drei vorgenannten Voraussetzungen (Veränderungsbedarf, Veränderungsfähigkeit und Veränderungsbereitschaft) zu. Das jeweilige Fehlen eines entscheidenden Umsetzungsbausteins resultiert jeweils in eine andere Art von Umsetzungsdefizit: Ziellosigkeit führt zu Aktionismus, Planlosigkeit zu Chaos, Ressourcenmangel zu Frustration, mangelnde Fähigkeiten zu Angst, das Fehlen von Anreizen zu einer stockenden Veränderungsbereitschaft und Informationsmangel zu Verwirrung.

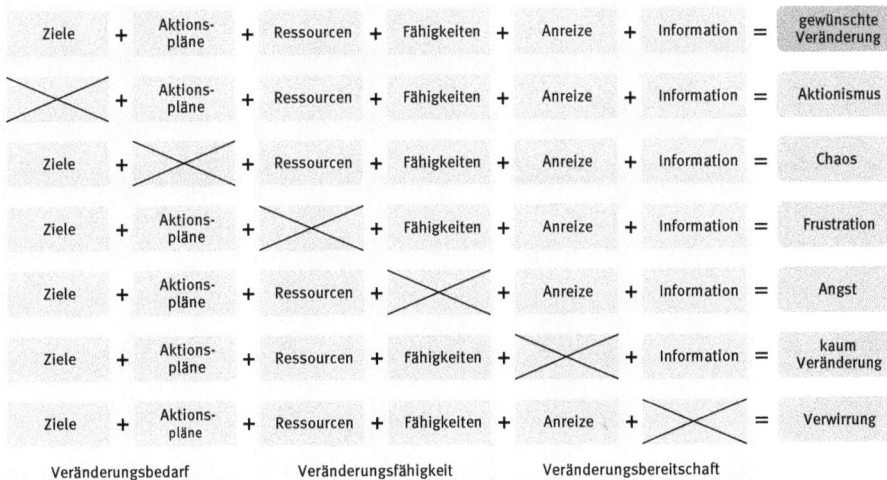

Ziele	+ Aktionspläne	+ Ressourcen	+ Fähigkeiten	+ Anreize	+ Information	= gewünschte Veränderung
✕	+ Aktionspläne	+ Ressourcen	+ Fähigkeiten	+ Anreize	+ Information	= Aktionismus
Ziele	+ ✕	+ Ressourcen	+ Fähigkeiten	+ Anreize	+ Information	= Chaos
Ziele	+ Aktionspläne	+ ✕	+ Fähigkeiten	+ Anreize	+ Information	= Frustration
Ziele	+ Aktionspläne	+ Ressourcen	+ ✕	+ Anreize	+ Information	= Angst
Ziele	+ Aktionspläne	+ Ressourcen	+ Fähigkeiten	+ ✕	+ Information	= kaum Veränderung
Ziele	+ Aktionspläne	+ Ressourcen	+ Fähigkeiten	+ Anreize	+ ✕	= Verwirrung
Veränderungsbedarf		Veränderungsfähigkeit		Veränderungsbereitschaft		

Abbildung 5.10: Komponenten der gewünschten Veränderung (in Anlehnung an Unkrig 2005: 45).

Das Change-Management-Erfolgsfaktorenkonzept hilft dem Entscheider, etwaige Defizite frühzeitig zu identifizieren und hinsichtlich der Auswirkungen für den Umsetzungserfolg einzuschätzen.

Ausblick

Werden wir aufgrund eines individuellen oder kollektiven Erfahrungs- und Theoriewissens zu besseren Entscheidern? Kriegerische Auseinandersetzungen mit ihren allseitigen Verlustperspektiven scheinen angesichts des tragisch großen historischen Erfahrungsschatzes in diesem Bereich das Gegenteil zu bezeugen, ungeachtet einer „kooperativen Spieltheorie". Ein anderes Feld, welches sich exemplarisch einer Entscheidungsrationalität entzieht, ist das Streben gen Nachhaltigkeit: Während der Bedarf einer kollektiven Vernunft zur Sicherung des Gemeinwohls weitestgehend unbestritten ist, verhält sich das Individuum im Regelfall bar jeder Schwarmintelligenz. Selbstverwirklichung und kurzfristiger Lustgewinn gehen vor.

Psychologisch oder soziologisch inspirierte Ansätze mögen helfen, derartige Verhaltensdefizite aufzudecken, zu erklären und deren Wirkung einer superioren Zielsetzung unterzuordnen. So postulierte etwa Hardins „Tragik der Allmende" bereits 1968, dass in einer zunehmend anonymisierten Gesellschaft individuelle Egoismen dem Erwirken eines Gemeinschaftswohls im Wege stehen (siehe Anhang). Hier gilt es offensichtlich, Individualverhalten transparent zu machen und zu entanonymisieren. Gerade in einer als „postfaktisch" etikettierten Ära der Meinungsbildung und Entscheidungsfindung[71] wird die Reduzierung auf objektivierbare Fakten nur ungenügend imstande sein, Denkmuster zu erklären und zu prognostizieren.

Aber psychologische Anomalien dominieren nicht jeden Entscheidungsprozess. Und nicht zuletzt die selektierende Logik von Marktmechanismen führt im Regelfall dazu, dass sich unternehmerische Entscheidungsprozesse im Zeitverlauf professionalisieren und versachlichen. Schließlich führten wiederkehrende unternehmerische Fehlentscheidungen letztlich zum Entzug der Existenzgrundlage, ausgehend von nicht erreichten Strategiezielen über nicht erreichte Ergebnis- und Liquiditätsziele bis hin zur Insolvenz des Unternehmens. Es gibt mithin eine natürliche Motivation, unternehmerische Entscheidungsprozesse zu hinterfragen, zu optimieren und hierbei als Organisation aktiv zu lernen. Instrumente wie die Customer Information Technology (vgl. Jeschke 1994), der Wissensaufbau über neuronale Netze (vgl. Jeschke 1995) sowie Anwendungen der Künstlichen Intelligenz sind seit längerem bestehende methodische Grundlagen, deren Aussagekraft auch jenseits des Stakeholders „Kunde" gefordert ist.

Das Zeitalter der Digitalisierung wird immer differenziertere Informationsmöglichkeiten erschließen, gleichzeitig aber auch die Taktung von Entscheidungsnotwendigkeiten beschleunigen.[72] Was geschieht im Jahre 2019 in einer einzigen Minute weltweit im Internet? (Lewis und OfficiallyChadd 2019):

---

71 Das Wort „postfaktisch" wurde von der Gesellschaft für deutsche Sprache zum Wort des Jahres 2016 gewählt.
72 Ausführlich widmet sich Lippold (2017) diesem Thema.

https://doi.org/10.1515/9783110638196-006

- 188 Millionen E-Mails werden verschickt,
- 3,8 Millionen Google-Suchanfragen werden gestellt,
- im Wert von 996.956 USD wird online eingekauft,
- 4,5 Millionen Youtube-Videos werden abgespielt,
- 41,6 Millionen Whatsapp- und Facebook Messenger-Nachrichten werden versandt,
- 390.030 Apps werden heruntergeladen und
- 1,4 Millionen „Swipes" finden über Tinder statt.

Mit der Vielfalt an Informationsquellen geht die Gefahr der Informationsüberflutung einher. Ein der jeweiligen Entscheidungssituation angemessenes Analyseraster kann hier eine wichtige Orientierungshilfe sein.

Das Internet wandelt sich vom Informations- zum Interaktionsmedium. Über mobile Endgeräte, wie z. B. Smartphones und Tablets, können Nutzer zeit- und ortsunabhängig Informationen erhalten, eigene Inhalte publizieren und interaktiv Meinungen, Eindrücke und Erfahrungen austauschen. Der Kunde scannt mit seinem Smartphone Barcodes und erschließt sich somit am POP Hintergrundinformationen etwa zu möglichen produktbezogenen Schadstoffen, wie bei dem ToxFox-Kosmetikcheck, die bereits von Millionen Verbrauchern genutzt wird (Kallee 2016: 8). Für Unternehmen bietet dies neue Herausforderungen und Möglichkeiten des Kundenkontaktes. Werden diese neuen Informations- und Interaktionskanäle auch jenseits des Verhältnisses zum Kunden, gegenüber anderen Stakeholdern des unternehmerischen Mikro- und Makroumfeldes – in Zukunft eine Rolle spielen? Vieles spricht dafür.

Ein Entscheider tut gut daran, beide Disziplinen zu beherrschen und zusammenzuführen: das Handwerkszeug des Entscheidens mit all seinen Strukturierungs- und Analyseansätzen sowie das Wissen um psychologische Stolpersteine und unbewusste, nicht formalisierte Beeinflussungsfaktoren „unterhalb der Wasseroberfläche": Es bedarf sowohl des hochseetauglichen Kreuzers wie auch der richtigen Navigation. Und sollte Ihnen auf hoher See, fernab von den flachen Gestaden bestandsverwaltender Sachbearbeiter-Sphären, ein Eisberg begegnen – dann verpassen Sie es nicht, die Gewässer auch in ihrer Tiefe auszuloten!

Anhang: Psychologische Entscheidungsanomalien

(Vgl. großteils Dobelli 2015)

Bezeichnung	Motto	Wirkungsweise	Quellen
Action Bias	Warum abwarten und nichts tun eine Qual ist.	Unklare Situationen provozieren Aktionismus – egal ob es hilft oder nicht.	Bar-Eli et al. (2007: 606 ff.)
alternative Pfade	Gratulation! Sie haben im Russisch Roulette gewonnen.	Riskante Erfolgsoptionen werden greifbarer gemacht, indem alternative Pfade Berücksichtigung finden.	Taleb (2001: 23 ff.)
Anfängerglück	Vorsicht, wenn zu Beginn alles gut läuft.	Zufälliger Erfolg verführt zu fehlerhafter Selbst- und Situationseinschätzung.	Taleb (2007: 109)
Anker-Phänomen	Wie uns ein Glücksrad den Kopf verdreht.	Bekannte Informationen werden ohne sachlogische Verknüpfung für die Schätzung unbekannter Informationen herangezogen.	Ritov (1996: 16 ff.), Englich/Mussweiler/Strack (2006: 188 ff.)
Association Bias	Warum Erfahrung manchmal dumm macht.	Nicht entscheidungsrelevante Assoziationen beeinflussen die Qualität der Entscheidung – so werden Überbringer schlechter Nachrichten nicht gemocht.	Baumeister (2005: 280), Munger (2008: 472)
Auswahl-Paradox	Warum mehr weniger ist.	Auswahl macht glücklich – trotz der Qual der Wahl.	Iyengar/Wells/Schwartz (2006: 143 ff.) Botti/Orfali/Uyengar (2009: 337 ff.)
Authority Bias	Warum Sie gegenüber Autoritäten respektlos sein sollten.	Der Meinung von Autoritäten wird unkritisch gefolgt.	Milgram (1974)
Availability (Verfügbarkeits-) Bias	Lieber einen falschen Stadtplan als gar keinen verwenden.	Die uns leicht verfügbaren Beispiele bestimmen unsere Einschätzungen.	Tversky/Kahneman (1973: 207 ff.)
Base Rate Neglect	Wenn du in Wyoming Hufschläge hörst und schwarz-weiße Streifen siehst.	Grundwahrscheinlichkeiten werden bei Situations-beurteilungen nur unzureichend berücksichtigt.	Kahneman/Tyersky (1973: 237 ff.)
Bauchgefühl	Intuition verheißt trügerische Sicherheit.	Komplexe Entscheidungen transzendieren intuitive Entscheidungslogik.	ohne wissenschaftliche Referenzquelle
Chauffeur-Wissen	Warum Sie Nachrichtensprecher nicht ernstnehmen dürfen.	Vorgetragenes Wissen wird für wirkliches Wissen gehalten.	Munger (2008: 436)

https://doi.org/10.1515/9783110638196-007

Bezeichnung	Motto	Wirkungsweise	Quellen
Confirmation Bias (Teil 1)	Passen Sie auf, wenn das Wort „Spezialfall" fällt.	Neue Informationen werden so interpretiert, dass sie mit bestehenden Anschauungen kompatibel sind.	Taleb (2007)
Confirmation Bias (Teil 2)	Murder your darlings.	Aus Einzelbeispielen werden regelhafte Wahrheiten abgeleitet.	Baumeister (2005: 198 f.)
Conjunction Fallacy	Warum plausible Geschichten verführen können.	Intuitives Denken ist bequem, aber bei Komplexität bewusstem Denken und Analysieren unterlegen.	Tversky/Kahneman (1983: 293 ff.)
Easterlin-Paradox	Reichtum macht nicht glücklich.	Materieller Wohlstand macht nicht glücklicher.	Easterlin, R. (1974: 89 ff.)
Endowment-(Besitztums-)Effekt	Klammern Sie sich nicht an die Dinge.	Was wir besitzen, erscheint uns wertvoller, als was wir nicht besitzen.	Kahneman/Knetsch/Thaler (1990: 1325 ff., 1991: 193 ff.)
Equity-Premium-Rätsel	Vollkommene Märkte sind schlechte Märkte.	Verringerte Eintrittsbarrieren in die Finanzmärkte verringern das Gewinnniveau.	Mehra/Prescott (1985: 145 ff.)
Es-wird-schlimmer-be-vor-es-besser-kommt-Falle	Spricht jemand von einem „schmerzvollen Weg", sollten Ihre Alarmglocken läuten.	Pessimistische Vorhersagen können nicht falsch sein, sondern nur besser verlaufen.	ohne wissenschaftliche Referenzquelle
exponentielles Wachstum	Warum ein gefaltetes Blatt unser Denken übersteigt.	Wachstumsraten können intuitiv nicht erfasst und vorgestellt werden, insbesondere exponentielle nicht.	Dörner (2011: 161 ff.), Munger (2008: 366)
falsche Kausalität	Warum Sie nicht an den Storch glauben sollten.	Zusammenhänge sind nicht Kausalität, da sie nichts über die Wirkungsrichtung aussagen.	Dubben/Beck-Bornholdt (2006: 175 ff.)
Framing-Effekt (Rahmeneffekt)	C'est le ton qui fait la musique.	Auf gleiche Sachlage wird unterschiedlich reagiert, wenn die (faktisch richtige) Darstellungsweise negative oder positive Assoziationen hervorruft.	Tversky/Kahneman (1981: 453 ff.) Sheperd et al. (1992: 147 ff.)
fundamentale Attributionsfehler	Fragen Sie nie einen Schriftsteller, ob der Roman autobiografisch ist.	Komplexe Vorkommnisse werden auf einzelne Ursachen reduziert.	Jones/Harris (1967: 1 ff.)
Geldwertillusion	nominales Denken als Wahrheit	Einschätzung von Wertigkeit ignoriert den Inflationseffekt.	Shafir/Diamond/Tversky (1997: 341 ff.)
Groupthink	Warum Konsens gefährlich sein kann.	Gruppengefühle unterdrücken abweichende, gerechtfertigte Einzelmeinungen.	Janis (1982)

Bezeichnung	Motto	Wirkungsweise	Quellen
Halo-Effekt (Heiligenschein-Effekt)	Warum schöne Menschen leichter Karriere machen.	Äußerlichkeiten versperren den Blick auf tatsächlich entscheidungsrelevante Eigenschaften.	Nisbet/Wilson (1977: 250 ff.), Rosenzweig (2007)
Hedonic Treadmill	Warum Sie Ihren Arbeitsweg kurzhalten sollten.	Eigene Zufriedenheit ist relativ zu dem jeweils wahrgenommenen, zum Vergleich herangezogenen Umfeld.	Gilbert et al. (1998: 616 ff.), Taleb (2007: 91)
Hindsight Bias (Rückschaufehler)	Warum Sie ein Tagebuch schreiben sollten.	Rückblickend folgt alles einer einsichtigen Notwendigkeit mit verzerrten Logikmustern.	Fischoff (2007: 10 ff.), Blank/Musch/Pohl (2007: 1 ff.)
Hyperbolic Discounting	Carpe Diem – aber bitte nur am Sonntag.	Unmittelbare Belohnung wiegt schwerer als künftige – aber größere – Belohnung.	Thaler (1981: 201 ff.)
Incentive-Superresponse-Tendenz (Anreizsensitivität)	Warum Sie Ihren Anwalt nicht nach Aufwand bezahlen sollten.	Die Reaktion auf individuelle Anreizsysteme dominiert das Verfolgen von Organisationszielen.	Munger (2008: 450 ff.)
Induktion	Wie Sie Leute um ihre Millionen bringen.	Vergangene Gewissheiten werden in die Zukunft fortgeschrieben.	Taleb (2001: 158)
Solidaritäts-Reflex	nur nicht allein dastehen	Die Mehrheitsmeinung hat recht, die sich hiervon abgrenzende Einzelmeinung dagegen nicht.	Dörner (2011: 283)
Knappheitsirrtum	Warum knappe Kekse besser schmecken.	Ein knappes Angebot wird zum wertvollen Angebot.	Cialdini (2007: 237 ff.)
Kognitive Dissonanz-Reduktion	Wie Sie mit kleinen Lügen Ihre Gefühle in Ordnung bringen.	Nachträgliches Uminterpretieren verhindert innere Bewertungswidersprüche.	Plous (1993: 22 ff.), Taleb (2008: 239)
Kontrasteffekt	Warum Sie Ihre Fotomodellfreundinnen zu Hause lassen sollten.	Einschätzungen relativieren sich durch vergleichsweise Bezüge.	Kahneman/Tversky (1979: 263 ff.)
Kontrollillusion	Sie haben weniger unter Kontrolle, als Sie denken.	Tendenz zu glauben, dass wir etwas kontrollieren oder beeinflussen, über das wir objektiv keine Macht haben.	Jenkins/Ward (1965: 1 ff.), Rothbaum/ Weisz/Snyder (1982: 5 ff.)
Liking Bias	Sie handeln unvernünftig, weil Sie geliebt werden wollen.	Je sympathischer uns eine Person ist, desto mehr kommen wir ihr entgegen.	Girard (1977)
Loss Aversion	Verluste sind bedeutender als Gewinne.	Verlust bedeutet mehr Nutzenentgang als ein Gewinn gleichen Ausmaßes Nutzengewinn verheißt.	Kahneman/ Knetsch/Thaler (1991: 193 ff.)

Bezeichnung	Motto	Wirkungsweise	Quellen
Neglect of Probability	Warum die Jackpots immer größer werden.	Risikowahrscheinlichkeiten werden nur unzureichend erfasst und für die Entscheidung herangezogen.	Monat/Averill/ Lazarus (1972: 237 ff.)
Omission Bias	Warum Sie entweder die Lösung sind – oder das Problem.	Ein künftiger Schaden wird aufgrund von Beharrungskräften durch heutiges Handeln nicht abgewendet.	Asch et al. (1994: 118–124), Baron/ Ritov (2004: 74 ff.)
Outcome Bias	Beurteilen Sie nie eine Entscheidung aufgrund des Ergebnisses.	Entscheidungen werden anhand des Resultats bewertet und nicht anhand des zugrunde liegenden Prozesses.	Baron/Hershey (1988: 569 ff.)
Overconfidence- (Überdurch- schnittlich- keits-) Illusion	Warum Sie systematisch Ihr Wissen und Ihre Fähigkeiten überschätzen.	Wissen und Fähigkeiten werden systematisch überschätzt, oberhalb des statistischen Medians.	Vallone et al. (1990: 582 ff.), Pallier et al. (2002: 257 ff.)
Prognose- Illusion	Wie die Kristallkugel Ihren Blick verzerrt.	Prognosen täuschen Sicherheit vor, die statistisch gesehen nicht berechtigt ist.	Koehler/Brenner/ Griffin (2002: 686), Tetlock (2006)
Regression zur Mitte	Die zweifelhafte Leistung von Ärzten, Beratern, Coachs und Psychotherapeuten	Extremleistungen pendeln sich im Zeitverlauf in Richtung des statistischen Durchschnitts ein.	Frey/Frey (2009: 169 ff.)
Reziprozität	Warum Sie sich keinen Drink spendieren lassen sollten.	Was einer einem gewährt oder antut, dass gebe ich in ähnlicher Weise zurück.	Trivers (1971: 35 ff.)
Saliency Bias	Keep it stupid and simple	Die bequemste Erklärung (einfach, interessant) muss auch die wahre sein.	ohne wissenschaftliche Referenzquelle
Self Selection Bias (Selbstse- lektionsfehler)	Staunen Sie nicht, dass es Sie gibt.	Beurteilungen werden systematisch verzerrt durch Bezugnahme auf eine die repräsentative Situation verzerrende Teilstichprobe.	Vollmer (2002: 135 ff.), Taleb (2008: 158)
Self Serving Bias	Warum Sie nie selber schuld sind.	Positives rechnet man sich zu, für Negatives wird die Verantwortlichkeit woanders gesucht – und gefunden.	Schlenker/Miller (1977: 755 ff.)
Social Loafing	Warum Teams faul sind.	Menschen verhalten und entscheiden sich anders in Gruppen, als wenn sie allein sind.	Kravitz/Martin (1986: 936 ff.)
Social Proof	Wenn Millionen von Menschen eine Dummheit behaupten, wird sie deswegen nicht zur Wahrheit.	Je mehr eine Idee oder ein Verhalten für richtig befinden, desto richtiger (nachahmenswerter) ist dieses Verhalten.	Cialdini (2008: 114 ff.)

Bezeichnung	Motto	Wirkungsweise	Quellen
Spieler-fehlschluss	Warum es keine ausgleichende Kraft des Schicksals gibt.	Unabhängige Ereignisse (Farbe beim Roulette) werden in einer Sequenz als abhängig gewertet: Nach einer Schwarzserie muss Rot folgen.	Lehrer (2009: 66)
Status quo Bias	Alles gut so!	Beharrungstendenzen überschätzen die Wertigkeit der gegenwärtigen Situation gegenüber dem Nutzenpotenzial von Veränderungen.	Kahneman/ Knetsch/Thaler (1991: 193 ff.)
Story Bias	Warum selbst die wahren Geschichten lügen.	Geschichten vereinfachen bzw. verzerren die komplexere Wirklichkeit.	Turner (1998), Dawes (2001: 111 ff.)
Sunk CostFallacy	Warum Sie die Vergangenheit ignorieren sollten.	Vergangene Investitionen (etwa ein Aktienkaufpreis) bestimmen künftige Entscheidungen (Aktien halten?), obwohl sie mit deren Aussichten nichts zu tun haben.	Arkes/Ayton (1999: 591 ff.)
Survivorship Bias	Warum Sie Friedhöfe besuchen sollten.	Weil Erfolge größere Sichtbarkeit erzeugen als Misserfolge, wird die Aussicht auf Erfolg überschätzt.	Elton/Gruber/Blake (1996)
Swimmer's-Body-Illusion	Ist Harvard eine gute oder schlechte Universität? Wir wissen es nicht.	Selektionskriterium wird mit Ergebnis vertauscht.	Taleb (2007: 109 f.)
Tragik der Allmende	Warum vernünftige Menschen nicht an die Vernunft appellieren.	Eine anonymisierte Gesellschaft steht dem Verhalten gemäß einem Gemeinwohle im Weg.	Hardin (1968: 1243 ff.)
Ungleichheits-Aversion	Fairness siegt!	Außerhalb einer rein ökonomischen Logik strebt der Mensch nach fairen Verhältnissen.	Fehr/Schmidt (1999: 817 ff.)
Verlustaversion	Warum uns böse Gesichter schneller auffallen als freundliche.	Böses fällt stärker auf als Gutes, aus Angst vor Verlust.	Kahneman/Tversky (1979: 273), Silberberg et al. (2008: 145 ff.)
Winner's Curse	Wie viel würden Sie für einen Euro bezahlen?	Starke Nachfrage verzerrt die wahrgenommene Wertigkeit des Angebots.	Thaler (1988, 1994)
Wunder	Die Notwendigkeit unwahrscheinlicher Ereignisse	Unwahrscheinliche Zufälle sind möglich und keine Wunder.	Plous (1993: 164)
Zero Risk Bias	Warum Sie für das Nullrisiko zu viel bezahlen.	Nullrisiko ist eine Illusion und wird dennoch unverhältnismäßig hoch wertgeschätzt.	Rottenstreich/Hsee (2001: 185 ff.)

Glossar

4 × 3-Customer-Journey-Modell	Prozessmodell der Kaufentscheidung, basierend auf 4 Wirkungs-feldern à 3 Wirkungsphasen: 1. präsumtives Wirkungsfeld (Ziel-gruppenerfassung, Werbeträgerkontakt, Werbemittelkontakt), 2. affektives Wirkungsfeld (Beachtung, Produktwissen, Speiche-rung), 3. kognitives Wirkungsfeld (Produktinteresse, Erwägen, Kaufüberzeugung), 4. konatives Wirkungsfeld (Erstkauf, Wieder-holungskauf, Loyalität)
Aktionsraum	die einer Entscheidung zugrunde liegenden, aus Sicht des Entscheiders grundsätzlich in Frage kommenden Entscheidungsalternativen
Bottom-up	unternehmensinterner Kommunikationsfluss, der von ei-ner untergeordneten Hierarchiestufe zu einer oder mehreren übergeordneten Hierarchiestufen verläuft, etwa in Form von Verbesserungsvorschlägen
Business-to-Business, B2B	Geschäftsbeziehung zwischen gewerblichem Verkäufer und ge-werblichem Käufer
Business-to-Consumer, B2C	Geschäftsbeziehung zwischen gewerblichem Verkäufer und priva-tem Käufer (Verbraucher)
Business-to-Consumer-to-Consumer, B2C2C	Geschäftsbeziehung zwischen gewerblichem Kaufvermittler, privatem Verkäufer und privatem Käufer
Business-to-Government, B2G	Geschäftsbeziehung zwischen gewerblichem Verkäufer und öf-fentlichem Käufer
Change-Management	Ganzheitlicher Ansatz, der Veränderungen im Unternehmen vor-bereitet, begleitet und nachhaltig einführt (Hanschke 2014: 437)
Defektieren	unkooperatives, absprachewidriges Verhalten, welches nicht darauf ausgerichtet ist, ein gesamthaftes Nutzenoptimum zu erwirken; in der Spieltheorie auch mit dem „Ausbeuten" der anderen Partei gleichgesetzt
Diversität (Parameter der Entscheidungskomplexität)	Unterschiedlichkeit der entscheidungsbeeinflussenden Aspekte von Entscheidungssituation und Entscheidungsumfeld
Dynamik (Parameter der Entscheidungskomplexität)	Grad der Unsicherheit, mit dem Umfeldbedingungen und sich ab-leitende Wirkungsweisen vom Entscheider eingeschätzt werden können
Entscheidung	bewusste Handlungsfestlegung innerhalb eines Gestaltungsraums
Entscheidungsalternativen	grundsätzlich bei einer Entscheidung in Betracht kommende Möglichkeiten; im unternehmerischen Kontext beziehen sich die-se Möglichkeiten auf verschiedene Objekte, Regeln, Handlungen, Strategien

https://doi.org/10.1515/9783110638196-008

Entscheidungskomplexität	Profil einer spezifischen Entscheidung, festgemacht an fünf Parametern: Multiplizität (Vielgestalt), Interdependenz (Beziehungsdichte), Diversität (Unterschiedlichkeit), Dynamik (Veränderbarkeit) sowie Imponderabilität (Unwägbarkeit)
Entscheidungsobjekte	in einen Entscheidungskomplex involvierte bzw. betroffene tangible und intangible, wirtschaftliche, soziale oder ökologische Ressourcen
Entscheidungsprozess	Zusammenspiel von Entscheidungsumfeld, Entscheidungszielen, Entscheidungssituation, Entscheidungsregeln und resultierender Entscheidungswirkung
Entscheidungsregel	Analyse- und Bewertungsmuster, welches Anwendungslogik für das Entscheiden liefert, als Verbindungsglied zwischen wahrgenommener Entscheidungssituation und getroffener Entscheidung, gewährleistet Rationalität und Nachvollziehbarkeit
Entscheidungssituation	Konstellation von Entscheidungsalternativen und Entscheidungskriterien
Entscheidungssubjekte	beim Entscheidungskomplex involvierte Stakeholder
Entscheidungsumfeld	Kontext, aus dem heraus sich konkrete Entscheidungsbedarfe ergeben
Ergebnismatrix	Ableitung hypothetischer Entscheidungsergebnisse durch Gegenüberstellung von Aktionsraum und Zustandsraum
Gatekeeper	formale oder informale Rolle, welche in der Lage ist, Informationen zurückzuhalten oder auch priorität weiterzuleiten; typisches Beispiel: Geschäftsleitungs-Sekretariat
Gestaltungsraum	ergibt sich, wenn mindestens zwei Entscheidungsalternativen bestehen
Homo oeconomicus	wirtschaftswissenschaftliches Menschenbild, dessen Entscheiden und Handeln durch vier Eigenschaften gekennzeichnet ist: Gewinnmaximierung, zweckrationales Handeln, vollkommene Markttransparenz, sofortige Reaktionen
Imponderabilität (Parameter der Entscheidungskomplexität)	Veränderbarkeit des Entscheidungsumfeldes im Zeitverlauf
Interdependenz (Parameter der Entscheidungskomplexität)	Beziehungsdichte zwischen Entscheidungssituation, Entscheidungsumfeld und Entscheider
Intuition	Urteil, welches rasch im Bewusstsein auftaucht, dessen tiefere Gründe uns nicht vollkommen bewusst sind und welches stark genug ist, um handlungsleitend zu sein
Issue (im Zusammenhang mit Issues-Management)	Streitpunkt oder konfliktäres Thema zwischen einem unternehmerischen Entscheider oder einem oder mehreren Stakeholdern

Issues-Management	Ansatz, welcher auf Themenbereichen einer Umfeldanalyse rekurriert, diese im Sinne eines Stakeholder-Managements personalisiert und einen themenspezifischen Handlungsansatz entwickelt
Kennzahl	Absolute oder relative rationale Zahlen als Messgrößen zur Kennzeichnung einzelner, quantifizierbarer Tatbestände oder Sachverhalte (Corsten 2000: 448)
Makroumfeld	politische, wirtschaftliche, soziokulturelle, technische, ökologische und juristische Themenbereiche, welche als übergeordnete Einflussinstanz einseitig auf Unternehmen einwirken (siehe auch PESTEL)
Marketing-Mix	Vermarktungsinstrumentarium eines Produktanbieters
Mikroumfeld	unternehmensinterne, Lieferanten-, Kunden-, Wettbewerbs-, Absatzmittler-, Beeinflusser- oder Substitutions-bezogene Themenbereiche, welche auf die unternehmerischen Entscheidungen mittelbar oder unmittelbar einwirken
Multiplizität (Parameter der Entscheidungskomplexität)	Vielgestalt der Entscheidungssituation, ausgedrückt in der Zahl der Entscheidungsalternativen und/oder der Entscheidungskriterien
PESTEL	Akronym für politische (political), wirtschaftliche (economic), soziokulturelle (social), technische (technical), ökologische (ecological) und juristische (legal) Themenbereiche des unternehmerischen Makroumfelds
Point of Purchase (POP)	Vermarktungsmaßnahmen, die sich auf die Örtlichkeit beziehen, wo das Produkt gegenüber dem Kunden physisch angeboten und verfügbar gemacht wird, typischerweise in den Verkaufsräumlichkeiten des Einzelhandels
Point of Sales (POS)	siehe „Point of Purchase"
Produkt	Gut (tangibles Produkt), Dienstleistung oder Rechte (intangible Produkte)
Prozess	grundsätzlich gleichbleibende, sequentielle oder parallele Verknüpfung von Aktivitäten und zugeordneten Zuständigkeiten mit objektiv definiertem Start und Ende
psychologische Entscheidungsanomalie	irrationale, heuristische Entscheidungsprozesse des Menschen, bedingt durch limitierte Informationsverarbeitungskapazitäten des menschlichen Hirns
Single Point of Contact (SPOC)	Bündelung der Kommunikation einer multipersonellen Organisationseinheit nach außen und nach innen durch eine einzelne Person
Stakeholder	Personen, Personengruppen oder Organisationen, welche mittelbar oder unmittelbar, faktisch oder potenziell vom Entscheider in ihren Interessen betroffen sind und in der Lage sind, Entscheider bzw. Entscheidung zu beeinflussen

Stakeholder-Map	Gesamtheit der entscheiderrelevanten Stakeholder und deren Beschreibung anhand entscheidungsrelevanter Merkmale
Szenario	Simulieren einer für das Unternehmen relevanten Geschäftsentwicklung, als Ergebnis bestimmter Umfeldfaktoren
Target Costing (Zielkostenrechnung)	marktbezogenes Kostenmanagement, bei dem über eine Verkaufspreisvorgabe ein verbindlicher Kostenrahmen für die Produktrealisierung bestimmt wird
Tit-for-tat	steht für deutsche Redewendung „Wie Du mir, so ich Dir", also für eine imitativ auf vorausgehende Verhaltensweisen der anderen Partei ausgerichtete eigene Verhaltenswahl
Top-down	unternehmensinterner Kommunikationsfluss, der von einer übergeordneten Hierarchiestufe zu einer oder mehreren untergeordneten Hierarchiestufen verläuft, etwa in Form einer Weisung
Umweltanalyse	frühzeitiges Aufspüren für das Unternehmen relevanter Trends und Ereignisse sowie die kontinuierliche Beobachtung von deren Entwicklung und der hiermit verbundenen künftigen Einflussnahme auf die Unternehmenspolitik
Zielhierarchie	Stufenmäßig aufgebaute Ordnung der Elemente eines Zielsystems in Form einer Rangordnung mit von oben nach unten abnehmender Bedeutung (Heinrich, Riedel und Stelzer 2014: 415)
Zieloperationalität	Messbarkeit der Zielerreichung bzw. des Zielerreichungsgrades aufgrund der vier Parameter Zielgegenstand, Zielrealisierungsgrad, Zeithorizont sowie Verantwortlichkeit
Zielsystem	Geordnete Menge von Zielen, zwischen denen Beziehungen bestehen (Heinrich, Riedel und Stelzer 2014: 415)
Zustandsraum	bezüglich des unternehmerischen Umfelds vorstellbare, mit Blick auf eine bestimmte Unternehmensentscheidung relevante Entwicklungsszenarien

Literaturverzeichnis

Abell, D. F. (1980). Defining the Business. The Starting Point of Strategic Planning. Englewood Cliffs.

Ackermann, R. W. (1975). The social challenge to business. Cambridge.

Agle, B. R. / Mitchell, R. K. / Sonnenfeld, J. A. (2017). Who Matters to CEOs? An Investigation of Stakeholder Attributes and Salience, Corporate Performance, and CEO Values. Academy of Management Journal, 42(5): 507–525.

Ahmed, A. / Bwisa, H. / Otieno, R. / Karanja, K. (2014). Strategic Decision Making: Process, Models, and Theories. Business Management and Strategy, 5(1): 78–104.

Altintas, K. / Keuschen, A. / Saur, M. / Klumpp, M. (2010). Analytical Hierarchy Process for Location Problems in Logistics. In Grubbström, R. W. / Hinterhuber, H. H. (Hrsg.), 16th International Working Seminar on Production Economics, Band 3, 1–12, Innsbruck.

Andler, N. (2012). Tools für Projektmanagement, Workshops und Consulting. Kompendium der wichtigsten Techniken und Methoden. Erlangen, 4. Aufl.

Ansoff, H. I. (1980). Strategic issue management. Strategic Management Journal, (1): 131–148.

Ansoff, H. I. (1984). Implanting strategic management. Englewood Cliffs.

Anteneh, S. (1993). Zur Lösung komplexer mehrkriterieller Entscheidungsprobleme mittels Decision Support Systemen. Frankfurt am Main.

Arkes, H. R. / Ayton, P. (1999). The Sunk Cost and Concorde Effects: Are Humans Less Rational Than Lower Animals? Psychological Bulletin, 125(5): 591–600.

Arora, S. / ter Hofstede, F. / Mahajan, V. (2017). The Implications of Offering Free Versions for the Performance of Paid Mobile Apps. Journal of Marketing, 81(6): 62–78.

Asan, U. / Bozdag, C. E / Polat, S. (2004). A Fuzzy Approach to Qualitative Cross Impact Analysis, Department of Industrial Engineering. Istanbul.

Asch, D. A. / Baron, J. / Hershey, J. C. / Kunreuther, H. / Meszaros, J. / Ritov, I. / Spranca, M. (1994). Omission Bias and Pertussis Vaccination. Vaccination and Omission Bias, 14(2): 118–124.

Ashby, W. R. (1954). Design for a brain. London.

Ashby, W. R. (1965). An introduction to Cybernetics. London.

Assael, H. (1987). Consumer Behavior and Marketing Action. Boston.

Axelrod, R. (1980). Effective Choice in the Prisoner's Dilemma. Journal of Conflict Resolution, 24(1): 3–25.

Axelrod, R. (1988). Die Evolution der Kooperation. München.

Bach, M. / Poloschek, C. M. (2006). Optical Illusions. ACNR, 6(2): 20–21.

Bamberg, G. / Coenenberg, A. (2004). Betriebswirtschaftliche Entscheidungslehre. München, 12. Aufl.

Bamberg, G. / Coenenberg, A. G. (1996). Betriebswirtschaftliche Entscheidungslehre. München, 9. Aufl.

Bange, C. / Grosser, T. / Janoschek, N. (2015). Big Data Use Cases 2015 – Getting real on data monetization, BARC Research Study. Würzburg.

Bar-Eli, M. / Azar1, O. H. / Ritov, I. / Keidar-Levin, Y. / Schein, G. (2007). Action Bias among Elite Soccer Goalkeepers: The Case of Penalty Kicks. Journal of Economic Psychology, 28: 606–621.

Baron, J. / Hershey, J. C. (1988). Outcome Bias in Decision Evaluation. Journal of Personality and Social Psychology, 54(4): 569–579.

Baron, J. / Ritov, I. (2004). Omission bias, individual differences, and normality. Organizational Behavior and Human Decision Processes, 94: 74–85.

Bartlet, J. / Chapman, C. / Close, P. / Davey, K. / Desai, P. / Groom, H. et al. (2004). Project Risk Analysis and Management Guide. Buckinghamshire.

https://doi.org/10.1515/9783110638196-009

Bamberg, G. / Coenenberg, A. G. / Krapp, M. (2019). Betriebswirtschaftliche Entscheidungslehre. München, 16. Aufl.

Bartscher, T. / Stöckl, J. / Träger, T. (2012). Personalmanagement. Grundlagen, Handlungsfelder. München.

Baumeister, R. F. (2005). The Cultural Animal: Human Nature, Meaning, and Social Life. Oxford.

Bayes, T. (1763). An Essay towards solving a Problem in the Doctrine of Chances. Philosophical Transactions of the Royal Society of London, (53): 370–418.

Beer, S. (1970). Kybernetik und Management. Frankfurt am Main, 4. Aufl.

Benartzi, S. / Thaler, R. H. (1995). Myopic Loss Aversion and the Equity Premium Puzzle. The Quarterly Journal of Economics, 110(1): 73–92.

Bendl, R. / Eberherr, H. / Mensi-Klarbach, H. (2012). Vertiefende Betrachtung zu ausgewählten Diversitätsdimensionen. In Bendl, R. / Hanappi-Egger, E. / Hofmann, R. (Hrsg.), Diversität und Diversitätsmanagement, 79–136. Wien.

Bennett, N. / Lemoine, J. (2014). What VUCA Really Means for You. Harvard Business Review, 92(1, 2): 27.

Berekhoven, L. / Eckert, W. / Ellenrieder, P. (1991). Marktforschung. Methodische Grundlagen und praktische Anwendung. Wiesbaden, 5. Aufl.

Berekoven, L. / Eckert, W. / Ellenrieder, P. (2009). Marktforschung. Methodische Grundlagen und praktische Anwendung. Wiesbaden, 12. Aufl.

Berens, W. / Delfmann, W. / Schmittling, W. (2004). Quantitative Planung. Stuttgart, 4. Aufl.

Bertsimas, D. / Freund, M. (2004). Data, models and decisions: The fundamentals of management science. Belmont.

Bestmann, U. (2009). Kompendium der Betriebswirtschaftslehre. München, Wien.

Bihr, D. / Deyhle, A. (2000). Risiko-Früherkennungssystem – Checkliste. Controllermagazin, (4). Gaubing.

Bitkom (2017). Künstliche Intelligenz. Wirtschaftliche Bedeutung, gesellschaftliche Herausforderungen, menschliche Verantwortung. Berlin.

Blank, H. / Musch, J. / Pohl, R. F. (2007). Hindsight Bias: On Being Wise After the Event. Social Cognition, 25(1): 1–9.

Bollmann-Zuberbühler, B. / Frischknecht-Tobler, U. / Kunz, P. / Nagel, U. / Hamiti, S. W. (2010). Systemdenken fördern. Systemtraining und Unterrichtsreihen zum vernetzten Denken, 1.–9. Schuljahr. Bern.

Bortz, J. / Lienert, G. A. / Boehnke, K. (2008). Verteilungsfreie Methoden in der Biostatistik. Heidelberg, 3. Aufl.

Bossel, H. (2004a). Systeme Dynamik Simulation. Modellbildung, Analyse und Simulation komplexer Systeme. Norderstedt.

Bossel, H. (2004b). Systemzoo 2: Klima, Ökosysteme und Ressourcen. Norderstedt.

Bossel, H. (2004c). Systemzoo 3: Wirtschaft, Gesellschaft und Entwicklung. Norderstedt.

Bossel, H. (2007). Systemzoo 1: Elementarsysteme, Technik und Physik. Norderstedt.

Botti, S. / Orfali, K. / Iyengar, S. S. (2009). Tragic Choices: Autonomy and Emotional Response to Medical Decisions. Journal of Consumer Research, 36(3): 337–352.

Brauchlin, E. (1990). Problemlösungs- und Entscheidungsmethodik. Bern, 3. Aufl.

Brito, M. (2011). Smart Business, Social Business: A Playbook for Social Media in Your Organization. Indianapolis.

Bronner, R. (1989). Planung und Entscheidung: Grundlagen – Methoden – Fallstudien. München, Wien.

Brown, T. (2008). Design Thinking. Harvard Business Review, (06): 84–92.

Bunn, M. D. (1993). Taxonomy of Buying Decision Approaches. Journal of Marketing, 57(1): 38–56.

Butler, A. (1996). Team Think. New York.

Cartwright, E. (2014). Behavioral Economics. London, New York, 2. Aufl.

Chandler, A. D. (1962). Strategy and Structure: Chapters in the History of the Industrial Enterprise. Cambridge.

Charnes, A. / Cooper, W. W. (1961). Mathematical models and industrial applications of linear Programming. New York, London, Sydney.

Chase, W. H. (1977). Public issue management: the new science. Public Relations Journal, (10): 25–26.

Chlupsa, C. (2017). Der Einfluss unbewusster Motive auf den Entscheidungsprozess. Wiesbaden.

Christensen, C. / Raynor, M. (2003). The Innovator's Solution. Creating and Sustaining Successful Growth. Boston.

Cialdini, R. B. (2007). Influence: The Psychology of Persuasions. Toronto.

Clarkson, M. E. (1995). A Stakeholder Framework for Analyzing and Evaluating Corporate Social Performance. Academy of Management Review, 20(1): 92–117.

Coenenberg, A. G. / Schultze, W. (2002). Das Multiplikator-Verfahren in der Unternehmensbewertung: Konzeption und Kritik. Finanz-Betrieb, 4(12): 697–703.

Colsman, B. (2013). Nachhaltigkeitscontrolling. Strategien, Ziele, Umsetzung. Wiesbaden.

Corsten, H. (2000). Lexikon der Betriebswirtschaftslehre. München, 4. Aufl.

Cruse, H. (1981). Biologische Kybernetik – Einführung in die lineare und nichtlineare Systemtheorie. Weinheim.

Dawes, R. M. (2001). Everyday Irrationality: How Pseudo-Scientists, Lunatics, and the Rest of Us Systematically Fail to Think Rationally, Bolder.

Daxhammer, R. / Facsar, M. (2012). Behavioral Finance. München.

Bono, De / E. (2010). De Bonos Neue Denkschule. Kreativer denken, effektiver arbeiten, mehr erreichen. München.

Delahye, J. P. / Mathieu, P. (1996). Random Strategies in a Two Levels Iterated Prisoner's Dilemma: How to Avoid Conflicts? West Sussex.

Deloitte (2019). Künstliche Intelligenz für eine neue Dimension der Entscheidungsfindung. Wie kann KI in der Praxis einen Mehrwert für Unternehmen schaffen? https://www2.deloitte.com/de/de/pages/technology-media-and-telecommunications/articles/kuenstliche-intelligenz-ki.html. Zugriff 10.11.2019.

Diekmann, A. (2009). Spieltheorie. Einführung, Beispiele, Experimente. Reinbek.

Dobelli, R. (2015). Die Kunst des klaren Denkens. 52 Denkfehler, die Sie besser anderen überlassen. München, 11. Aufl.

Doran, G. T. (1981). There's a S.M.A.R.T. way to write management's goals and objectives. Management Review, 70(11): 35–36.

Dörner, D. (2011). Die Logik des Misslingens. Strategisches Denken in komplexen Situationen. Reinbek, 10. Aufl.

Dörsam, P. (2013). Grundlagen der Entscheidungstheorie – anschaulich dargestellt. Heidenau, 6. Aufl.

Dubben, H.-H. / Beck-Bornholdt, H.-P. (2006). Der Hund, der Eier legt. Erkennen von Fehlinformation durch Querdenken. Reinbek.

Dumas, M. (2013). Fundamentals of Business Process Management. Berlin.

Easterlin, R. A. (1974). Does Economic Growth Improve the Human Lot? In David, P. A. / Melvin, W. R. (Hrsg.), Nations and Households in Economic Growth: Essays in Honor of Moses Abramovitz, 89–125. New York.

Edwards, W. (1954). The Theory of Decision Making. Psychological Bulletin, (51): 380–417.

Eisenführ, F. / Weber, M. (1994). Rationales Entscheiden. Berlin, 2. Aufl.

Elkington, J. (1999). Cannibals with Forks: The Triple Bottom Line of 21st Century Business. Oxford.

Elton, E. J. / Gruber, M-J. / Blake, C. R. (1996). Survivorship Bias and Mutual Fund Performance. The Review of Financial Studies, 9(4): 1097–1120.

Englich, B. / Mussweiler, T. / Strack, F. (2006). Playing dice with criminal sentences. The influence of irrelevant anchors on experts' judicial decision making. Personality and Social Psychology Bulletin, (32): 188–200.

Erbacher, C. E. (2011). Grundzüge der Verhandlungsführung. Zürich, 3. Aufl.

Ernst, D. / Schneider, S. / Thielen, B. (2012). Unternehmensbewertungen erstellen und verstehen. Ein Praxisleitfaden. München, 5. Aufl.

Esch, F.-R. / Knörle, C. (2016). Omni-Channel-Strategien durch Customer-Touchpoint-Management erfolgreich realisieren. Wiesbaden.

Evers, M. (2017). Detektivin der Stürme. Der Spiegel, (38): 122–123.

Fahey, L. / King, W. R. (1977). Environmental scanning for corporate planning. Business Horizons, (4): 61–71.

Fahey, L. / King, W. R. / Narayanan, V. K. (1981). Environmental scanning and forecasting in strategic planning – the state of the art. Long Range Planning, (1): 32–39.

Fahey, L. / Narayanan, V. K. (1986). Macroenvironmental Analysis for Strategic Management. St. Paul.

Fahr, A. (2013). Physiologische Ansätze der Wirkungsmessung. In Schweiger, W. / Fahr, A. (Hrsg.), Handbuch Medienwirkungsforschung, 601–625. Wiesbaden.

Fässler, E. (1989). Gesellschaftsorientiertes Marketing. Marktorientierte Unternehmenspolitik im Wandel. Bern, Stuttgart.

Fehr, E. / Schmidt, M. K. (1999). A theory of fairness, competition, and cooperation. The Quarterly Journal of Economics, (3): 817–868.

Feigenbaum, E. / Feldmann, J. (1963). Artificial intelligence: Introduction. In Feigenbaum, E. / Feldmann, J. (Hrsg.), Computers and thought, 1–10. New York.

Fernbusse.de (2018). Pressemitteilung: Deutscher Fernbusmarkt wächst 2017 vor allem im Umsatz. https://www.fernbusse.de/wp-content/uploads/2013/05/pm-fernbusse-10-01-18.pdf. Zugriff 21.11.2019.

Fetzer, J. (2019). Algorithmen entscheiden nicht, und sie werden es auch niemals. Analysen & Argumente, (358). Konrad-Adenauer-Stiftung e. V., Berlin.

Fifka, M. / Adaui, R. L. (2015). Managing Stakeholders for the Sake of Business and Society. In O'Riordan, L. / Zmuda, P. / Heinemann, S. (Hrsg.), New Perspectives on Corporate Social Responsibility. Locating the Missing Link, 71–87. Wiesbaden.

Fisher, R. / Ury, W. / Patton, B. (2004). Das Harvard-Konzept. Frankfurt am Main.

Fischhoff, B. (1975). Hindsight foresight: Effect of outcome knowledge on judgement under uncertainty. Journal of Experimental Psychology, Human Perception and Performance, (3): 288–299.

Fischoff, B. (2007). An early history of hindsight research. Social Cognition, 27: 10–13.

Fisher, J. G. / Frederickson, J. R. / Pfeffer, S. A. (2006). Budget Negotiations in Multi-Period Settings. Band 31 von Accounting, Organizations and Society.

Fisher, R. / Brown, S. (1988). Getting Together. Building Relationships As We Negotiate. London.

Fisher, R. (1964). International conflict and behavioral science: the Craigville Papers. New York.

Forrester, J. (1972). Grundzüge einer Systemtheorie. Wiesbaden.

Forrester, J. W. (1968). Industrial Dynamics – After the First Decade. Management Science, 14(7): 398–415.

Forrester, J. W. (1977). Industrial Dynamics. Cambridge, 9. Aufl.

Franken, S. (2015). Personal: Diversity Management. Wiesbaden.

Freeman, R. E. (1984). Strategic Management. A Stakeholder Approach. Boston.

Freeman, R. E. / Harrison, J. S. / Wicks, A. C. / Parmar, B. L. / de Colle, D. (2010). Stakeholder Theory. The state of the art. Cambridge.

Freeman, R. E. / Reed, D. L. (1983). Stockholders and stakeholders: a new perspective on corporate governance. California Management Review, (3): 88–106.

French, J. / Raven, B. (1959). The Bases of Social Power. In Cartwright, E. (Hrsg.), Studies in Social Power, 150–167. Ann Arbor.

Frey, U. / Frey, J. (2009). Fallstricke. München.

Gardenswartz, L. / Rowe, A. (1998). Managing diversity. A complete desk reference and planning guide. New York.

Gehrau, V. (2013). Beobachtung. In Schweiger, W. / Fahr, A. (Hrsg.), Handbuch Medienwirkungsforschung, 581–600. Wiesbaden.

Gelbrich, K. / Wünschmann, S. / Müller, S. (2008). Erfolgsfaktoren des Marketing. München.

Gigerenzer, G. (2001). Decision making: Non-rational theories. In Smelser, N. J. / Baltes, B. P. (Hrsg.), International Encyclopedia of the Social and Behavioral Sciences, Band 5, 3304–3309. Oxford.

Gigerenzer, G. / Gaissmaier, W. (2012). Intuition und Führung. Wie gute Entscheidungen entstehen. Gütersloh.

Gilbert, D. T. / Pinel, E. C. / Wilson, T. D. / Blumberg, S. J. / Wheatley, T. P. (1998). Immune neglect: A source of durability bias in affective forecasting. Journal of Personality and Social Psychology, 75(3): 617–638.

Gillenkirch, R. M. / Arnold, M. C. (2008). State of the Art des Behavioral Accounting. WiSt – Wirtschaftswissenschaftliches Studium, 37(3): 128–134.

Girard, J. (1977). How to Sell Anything To Anybody. Fireside.

Glazer, H. / Dalton, J. / Anderson, D. / Konrad, M. / Shrum, S. (2008). CMMI or Agile: Why Not Embrace Both! Pittsburgh.

Gmür, M. / Thommen, J.-P. (2011). Human Resource Management: Strategien und Instrumente für Führungskräfte und das Personalmanagement. Zürich, 3. Aufl.

Goleman, D. (1996). Emotionale Intelligenz. München.

Gomez, P. / Probst, G. (1995). Die Praxis des ganzheitlichen Problemlösens. Vernetzt denken, unternehmerisch handeln, persönlich überzeugen. Bern.

Grant, J. H. / King, W. R. (1982). The logic of strategic planning. Boston, Toronto.

Gröppel-Klein, A. / Baun, D. (2001). The role of customers' arousal for retail stores, Results from an experimental pilot study using electrodermal activity as indicator. In Gröppel-Klein, A. / Marc, C. G. / Meyers-Levy, J. (Hrsg.), Advances in consumer research, Band 28, 412–419. Valdosta.

Grots, A. / Pratschke, M. (2009). Design Thinking – Kreativität als Methode. Marketing Review St. Gallen, (2): 18–23.

Grünig, R. / Kühn, R. (2017). Prozess zur Lösung komplexer Entscheidungsprobleme. Ein heuristischer Ansatz. Berlin, 5. Aufl.

Gussek, F. / Jeschke, B. G (1990). The Analytic Hierarchy Process as a Decision Support System. In How to Cope with Data Overload. The Impact of New Technology on Marketing Information. 133. Congress of the European Society for Opinion and Marketing Research, 39–54, Paris.

Gussek, F. / Tomczak, T. (1989). Ressourcenallokation mit dem "Analytic Hierarchy Process (AHP)". Eine praktische Anwendung des AHP als "Decision Support-System" bei der Ressourcenverteilung auf die strategischen Geschäftsfelder einer Portfolio-Kategorie. Arbeitspapier Nr. 25. Berlin, 2. Aufl.

Haedrich, G. / Jeschke, B. G. (1992). Der Handlungsspielraum als Entscheidungsdimension in der strategischen Unternehmensführung. Zeitschrift Führung + Organisation, (3): 173–177.

Haedrich, G. / Jeschke, B. G. (1993). Zur Integration sozio-politischer Interessen beim Innovations-Management. Thexis, (5–6): 8–13.

Haedrich, G. / Jeschke, B. G. (1994). Zum Management des Unternehmensimages. Die Betriebswirtschaft, (2): 211–220.

Haedrich, G. / Tomczak, T. (1988). Analyse von Konfliktpotenzialen im Hersteller- und Handelsmarketing mit Hilfe des Verfahrens Analytic Hierarchy Process (AHP). DBW, (5): 635–650.

Haedrich, G. / Tomczak, T. / Kaetzke, P. (2003). Strategische Markenführung. Planung und Realisierung von Marketingstrategien. Bern, Stuttgart, Wien, 3. Aufl.

Hainsworth, B. E. (1990). The distribution of advantages and disadvantages. Public Relations Review, (1): 33–39.

Hamel, G. / Välikangas, L (2003). The Quest for Resilience. Harvard Business Review, (Reprint R0309C): 1–13.

Hamman, P. / Erichson, B. (1978). Marktforschung. Stuttgart, New York.

Hanschke, I. (2014). Lean Management – einfach und effektiv. Der Erfolgsfaktor für ein wirksames IT-Management. München.

Hansson, S. (2005). Decision theory: A brief introduction. Stockholm.

Hansmann, K.-W. (1983). Kurzlehrbuch Prognoseverfahren. Wiesbaden.

Hanusch, H. (2010). Nutzen – Kosten – Analyse. München.

Hardin, G. (1968). The Tragedy of the Commons. Science, (162): 1243–1248.

Harmon, P. (2007). Business Process Change. A Guide for Business Managers and BPM and Six Sigma Professionals. Burlington, 2. Aufl.

Heath, R. L. / Nelson, R. A. (1986). Issues Management. Corporate public policymaking in an information society. Beverly Hills, London, Delhi.

Hedin, H. / Hirvensalo, I. / Vaarnas, M. (2011). The Handbook of Market Intelligence – Understand, Compete and Grow in Global Markets. New York.

Heinen, E. (1976). Grundlagen der betriebswirtschaftlichen Entscheidungen. Wiesbaden.

Heinrich, L. J. / Riedel, R. / Stelzer, D. (2014). Informationsmanagement: Grundlagen, Aufgaben, Methoden. München, 11. Aufl.

Herbig, N. (2016). Nutzwertanalyse. Eine Methode zur Bewertung von Lösungsalternativen und zur Entscheidungsfindung. Norderstedt, 2. Aufl.

Hertwig, R. (2019). Wir müssen lernen, Unsicherheit zur ertragen. GEO Wissen, (64): 72–77.

Heukelom, F. (2014). Behavioral Economics. A History. Cambridge.

Höffe, O. (2002). Art. Entscheidung. In Lexikon der Ethik, 51–52. München, 7. Aufl.

Holler, M. J. / Illing, G. (1991). Einführung in die Spieltheorie. Heidelberg, 8. Aufl.

Holroyd, P. (1980). Change and discontinuity. Futures, (12): 31–43.

Homburg, C. / Krohmer, H. (2009). Marketingmanagement. Strategie – Umsetzung – Unternehmensführung. Wiesbaden, 3. Aufl.

Horváth, P. / Niemand, S. / Wolbold, M. (1993). Target Costing – State of the Art. In Horváth, P. (Hrsg.), Target costing. Marktorientierte Zielkosten in der deutschen Praxis, 1–27. Stuttgart.

Imboden, C. / Leibundgut, A. / Siegenthaler, P. (1978). Klassifikation heuristischer Prinzipien. Ein methodologischer Beitrag zur Entwicklung heuristischer Verfahren. Die Unternehmung, 32(3): 295–330.

International Group of Controlling (2010). Controller-Wörterbuch. Deutsch – Englisch, Englisch – Deutsch. o. O., 4. Aufl.

Iyengar, S. S. / Wells, R. E. / Schwartz, B. (2006). Doing Better but Feeling Worse: Looking for the 'Best' Job Undermines Satisfaction. Psychological Science, 17(2): 143–150.

Jahnke, D. (1995). Öko-Auditing. Handbuch für die innere Revision des Umweltschutzes im Unternehmen. Berlin.

Jain, S. C. (1984). Environmental scanning in U.S. corporations. Long Range Planning, (2): 117–228.

Janis, I. L. (1982). Groupthink: Psychological Studies of Policy Decisions and Fiascoes. Independence.

Jenkins, H. H. / Ward, W. C. (1965). Judgement of contingency between responses and outcomes. Psychological Monographs, 79(1): 1–17.

Jeschke, B. G. (1993). Konfliktmanagement und Unternehmenserfolg. Ein situativer Ansatz. Wiesbaden.

Jeschke, B. G. (1994). Customer Information Technology als Grundlage unternehmerischen Lernens – Planungsoptimierung am Beispiel des Trade Promotions-Management. In Tomczak, T. / Belz, C. (Hrsg.), Kundennähe realisieren. Ideen – Konzepte – Methoden – Erfahrungen, 263–278. St. Gallen.

Jeschke, B. G. (1995). Neuronale Netze. Promotions-Planung – von der Daten- zur Entscheidungsgrundlage. BAG Handelsmagazin, (7): 24–25.

Jeschke, B. G. (2015). Managing Assets in a complex Environment: An innovative Approach to Sustainable Decision-Making. In Wendt, K. (Hrsg.), Responsible Investment Banking. Risk Management Frameworks, Sustainable Financial Innovation and Softlaw Standards, 641–657. Berlin, Heidelberg.

Jeschke, B. G. (2016). SUDEST – Ein innovativer Ansatz zur Unterstützung nachhaltiger Investment-Entscheidungen. In Wendt, K. (Hrsg.), CSR und Investment Banking. Investment und Banking zwischen Krise und Positive Impact, 297–316. Berlin, Heidelberg.

Jeschke, B. G. (2019). Zum Systemverständnis und seiner Anwendung in der Unternehmenspraxis. In Herlyn, E. / Lévy-Tödter, M. (Hrsg.), Die Agenda 2030 als Magisches Vieleck der Nachhaltigkeit, 95–112. Berlin, Heidelberg.

Jeschke, B. G. / Breinlinger, H. (2019). Nachhaltige Agrarwirtschaft – ein holistischer Ansatz für Boden, Pflanze und Mensch. In Herlyn, E. / Lévy-Tödter, M. (Hrsg.), Die Agenda 2030 als Magisches Vieleck der Nachhaltigkeit, 149–178. Berlin, Heidelberg.

Jeschke, B. G. / Mahnke, N. (2013a). SUDEST – Sustainable Decision Support Tool. Ein entscheidungsorientierter Ansatz zur Unterstützung nachhaltigen Managements. In O'Riordan, L. / Heinemann, S. (Hrsg.), KCC Schriftenreihe der FOM, Band 1. Essen.

Jeschke, B. G. / Mahnke, N. (2013b). An innovative Approach to sustainable Decision-Making in Complex Environments. Business Systems Review, 2(3): 94–111.

Jeschke, B. G. / Mahnke, N. (2016). Systematizing Corporate Decision-Making in a complex World. International Journal of Managerial Studies and Research, 4(8): 53–68.

Jeschke, B. G. / Mahnke, N. / Mader, H. / Gillhuber, S. (2014). Neues Tool unterstützt komplexe Entscheidungen bei der Kiesgewinnung. Gesteins Perspektiven, (8): 18–21.

Jeston, J. / Nelis, J. (2008). Business Process Management. Principal Guidelines to Successful Implementations. London, New York, 2. Aufl.

Jones, B. L. / Chase, W. H. (1979). Managing public policy issues. Public Relations Review, (2): 3–23.

Jones, E. E. / Harris, V. A. (1967). The attribution of attitudes. Journal of Experimental Social Psychology, (3): 1–24.

Jungermann, H. / Pfister, H.-R., Fischer K. (1998). Die Psychologie der Entscheidung. Eine Einführung. München, 2. Aufl.

Kachelmeier, S. J. / King, R. R. (2002). Using Laboratory Experiments to Evaluate Accounting Policy Issues. Accounting Horizons, 16: 219–232.

Kahneman, D. / Knetsch, J. L. / Thaler, R. H. (1990). Experimental Test of the Endowment Effect and the Coase Theorem. Journal of Political Economy, (98): 1325–1348.

Kahneman, D. / Knetsch, J. L. / Thaler, R. H. (1991). Anomalies: the endowment effect, loss aversion and status quo bias. The Journal of Economic Perspectives, 5: 193–206.

Kahneman, D. / Lovallo, D. / Sibony, O. (2011). Before you make that big decision.... Harvard Business Review, R1106B(6): 1–12. Reprint.

Kahneman, D. / Tversky, A. (1979). Prospect theory: An Analysis of Decision under Risk. Econometrica, 31(2): 263–292.

Kaiser, H. F / Serlin, R. C. (1978). Contributions to the Method of Paired Comparisons. Applied Psychological Measurement, 3(2): 423–432.

Kallee, U. (2016). Gescannt, gefragt, getan. Stellen Sie die Giftfrage. Natur + Umwelt BN-Magazin, (4): 8.

Kaplan, R. S. / Norton, D. P. (1992). The Balanced Scorecard – Measures that Drive Performance. Harvard Business Review, 78(1): 71–79.

Kendall, M. G. / Gibbons, J. D. (1990). Rank correlation methods. New York, 5. Aufl.

Kieser, A. / Kubicek, H. (1983). Organisation. Berlin, New York, 2. Aufl.

Kindel, C. (2019). Der mutige Schritt ins Ungewisse. GEO Wissen, (64): 126–133.

Kirchgräßner, A. (1983). Vergleiche von Verfahren zur Lösung von Entscheidungsproblemen mit mehrfacher Zielsetzung. Frankfurt am Main.

Kleinschmidt, E. / Cooper, R. (1991). The Impact of Product Innovativeness on Performance. Journal of Product Innovation Management, (8): 240–251.

Koehler, D. J. / Brenner, L. / Griffin, D. (2002). The Calibration of Expert Judgement. Heuristics and biases beyond the laboratory. In Gilovich, T. / Griffin, D / Kahneman, D. (Hrsg.), Heuristics and Biases. The Psychology of Intuitive Judgement, 686. Cambridge.

Kornmeier, M. (2007). Wissenschaftstheorie und wissenschaftliches Arbeiten. Eine Einführung für Wirtschaftswissenschaftler. Heidelberg.

Kotler, P. (1997). Marketing Management. Analysis, Planning, Implementation, and Control. Upper Saddle River, 9. Aufl.

Kranke, A. (2010). So ermitteln Sie den CO_2-Fußabdruck. VerkehrsRundschau, 51–52: 36–38.

Kravitz, D. A. / Martin, B. (1986). Ringelmann rediscovered: The original article. Journal of Personality and Social Psychology, 50(5): 936–941.

Kreilkamp, E. (1987). Strategisches Management und Marketing. Berlin, New York.

Kühn, R. / Fuhrer, U. (2016). Marketing – Analyse und Strategie. Thun, 15. Aufl.

Kühnapfel, J. B. (2014). Nutzwertanalysen in Marketing und Vertrieb. Wiesbaden.

Kurtz, C. / Snowden, D. J. (2003). The new dynamics of strategy. IBM Systems Journal, 42(3): 462–483.

Kuß, A. (1987). Information und Kaufentscheidung. Berlin, New York.

Kwiatkowski, C. (2017). Den unbewussten Konsumenten verstehen – marketingrelevante Erkenntnisse und Methoden der Neurowissenschaften. In Gansser, O. / Krol, B. (Hrsg.), Moderne Methoden der Marktforschung. Kunden besser verstehen, 1–16. Wiesbaden.

Laakmann, K. (1995). Value-Added-Services als Profilierungsinstrument im Wettbewerb – Analyse, Generierung, Bewertung. Frankfurt.

Laux, H. / Gillenkirch, R. M. / Schenk-Mathes, H. Y. (2014). Entscheidungstheorie. Wiesbaden, 9. Aufl.

Laux, H. / Gillenkirch, R. M. / Schenk-Mathes, H. Y. (2018). Entscheidungstheorie. Berlin, 10. Aufl.

Lavidge, R. J. / Steiner, G. A. (1991). A Model for Predictive Measurements of Advertising Effectiveness. Journal of Marketing, (10): 61.

Lehrer, J. (2009). How We Decide. Houghton Mifflin Harcourt.

Lemon, K. N. / Verhoef, P. C. (2016). Understanding Customer Experience Throughout the Customer Journey. Journal of Marketing, 80(6): 69–96.

Lester, R. / Water, J. (1989). Environmental scanning and business strategy. The British Library Board, London.

Lewis, E. E. (1903). Catch-line and argument. Business, the Magazine for the Office, Store and Factory, 15: 122–124.

Lewis, L. / OfficiallyChadd (2019). Visualizing an Internet Minute. This is what happens in an 2019 Internet Minute. https://www.visualcapitalist.com/what-happens-in-an-internet-minute-in-2019/. Zugriff 27.11.2019.

Libby, R. / Bloomfield, R. / Nelson, M. (2002). Experimental Research in Financial Accounting. Accounting, Organizations and Society, 27: 777–812.

Lieberman, S. / Simons, G. F. / Berardo, K. (2004). Putting diversity to work. How to successfully lead a diverse workforce. Menlo Park.

Liedtka, J. / Ogilvie, T. (2011). Designing for Growth – A design Thinking Tool Kit for Managers. New York.

Lippold, D. (2015). Die Marketing-Gleichung. Einführung in das prozess- und wertorientierte Marketingmanagement. Berlin, Boston, 2. Aufl.

Lippold, D. (2017). Marktorientierte Unternehmensführung und Digitalisierung. Management im digitalen Wandel. Berlin, Boston.

Löbel, S. (2019). Stakeholder-Management. https://sl-beziehungsarbeit.de/stakeholder-management/. Zugriff 27.10.2019.

Magids, S. / Zorfas, A. / Leemon, D. (2015). The New Science of Customer Emotions. A better way to drive growth and profitability. Harvard Business Review, 2015, Reprint R1511C: 1–11.

Malik, F. (1996). Strategie des Managements komplexer Systeme. Ein Beitrag zur Management-Kybernetik evolutionärer Systeme. Bern, 5. Aufl.

Malik, F. (2013). Führen, Leisten, Leben: Wirksames Management für eine neue Zeit. Frankfurt.

Mathieu, P. / Delahye, J. P. (1995). Complex Strategies in the Iterated Prisoner's Dilemma. Band 29 von Chaos and Society. Amsterdam.

McCarthy, E. J. (1964). Basic Marketing. Homewood.

Mehra, R. / Prescott, E. C. (1985). The Equity Premium: A Puzzle. Journal of Monetary Economics, (15): 145–161.

Meier, M. (2002). Auswählen und bewerten, the key to innovation, Educational Material. Eidgenössische Technische Hochschule Zürich, Zürich.

Meinel, C. / Weinberg, U. / Krohn, T. (2015). Design Thinking Live. Wie man Ideen entwickelt und Probleme löst. Hamburg.

Merkel, A. (2019). Editorial. Schwarzrotgold. Das Magazin der Bundesregierung, 2019(3).

Milgram, S. (1974). Obedience to Authority – An Experimental View. Bishopbriggs.

Miller, J. G. (1978). Living Systems. New York.

Millward Brown Digital (2016). Getting Digital Right 2016. https://millwardbrown.de/getting-digital-right-2016/. Zugriff 29.10.2019.

Mitroff, I. I. (1983). Stakeholders of the organizational mind. San Francisco, Washington, London.

Mitchell, R. K. / Agle, R. A. / Wood, D. J. (1997). Toward a Theory of Stakeholder Identification and Salience: Defining the Principle of who and What Really Counts. Academy of Management Review, 22(4): 853–886.

Monat, A. / Averill, J. R. / Lazarus, R. S. (1972). Anticipatory stress and coping reactions under various conditions of uncertainty. Journal of Personality and Social Psychology, 24(2): 237–253.

Morris, L. / Esslinger, H. (2011). Permanent Innovation. Proven strategies and methods of successful innovators. Walnut Creek.

Muench, G. A. (1960). A clinical psychologist's treatment of labor-management conflicts. Personnel Psychology, (13): 165–172.

Müller, G. / Zeiser, B. (1980). Zufallsbereiche zur Beurteilung der Marktattraktivität. Ein offenes Problem der strategischen Analyse. Die Unternehmung, (2): 105–119.

Müller, G. (1981). Strategische Frühaufklärung. München.

Müller-Stewens, G. / Lechner, C. (2011). Strategisches Management. Wie strategische Initiativen zum Wandel führen. Stuttgart, 4. Aufl.

Munger, C. (2008). Poor Charlie's Almanack. Donning, 3. Aufl.

Narchal, R. M. / Kittappa, K. / Bhattacharya, P. (1987). An environmental scanning system for business planning. Long Range Planning, (6): 96–105.

Neumann-Cosel, R. v. (1983). Verfahren zur Lösung von Problemen mit mehrfacher Zielsetzung. Frankfurt am Main.

Nisbet, R. E. / Wilson, T. D. (1977). The halo effect: Evidence for unconscious alternation of judgements. Journal of Personality and Social Psychology, 35(4): 250–256.

Nitsch, R. v. (2002). Entscheidungslehre: Wie Menschen entscheiden und wie sie entscheiden sollten. Stuttgart.

Obermaier, R. / Saliger, E. (2013). Betriebswirtschaftliche Entscheidungstheorie: Einführung in die Logik individueller und kollektiver Entscheidungen. München, 6. Aufl.

O. V. (2019). Künstliche Intelligenz kurz erklärt. Schwarzrotgold. Das Magazin der Bundesregierung, 2019(3).

Pallier, G. / Wilkinson, R. / Danthiir, V. / Kleitman, S. / Knezevic, G. / Stankov, L. / Roberts, R. D. (2002). The Role of Individual Differences in the Accuracy of Confidence Judgments. The Journal of General Psychology, 139(3): 257–299.

Parasuraman, A. / Zeithaml, V. A. / Berry, L. L. (1985). A conceptual model of service quality and its implications for future research. Journal of Marketing, 49(4): 41–50.

Pennekamp, J. (2012). Der homo oeconomicus lebt. Frankfurter Allgemeine Zeitung vom, 25.10.2012: 10.

Pepels, W. (2007). Market Intelligence. Moderne Marktforschung für Praktiker – Auswahlverfahren, Datenerhebung, Datenauswertung, Praxisanwendungen und Marktprognose. Erlangen.

Perrow, C. (1984). Normals Accidents. Living with High-Risk Technologies. New York.

Pfister, H.-R. / Jungermann, H. / Fischer, K. (2017). Die Psychologie der Entscheidung. Eine Einführung. Heidelberg, 4. Aufl.

Plous, S. (1993). The psychology of judgment and decision making. New York.

Poguntke, S. (2014). Corporate Think Tanks: Zukunftsgerichtete Denkfabriken, Innovation Labs, Kreativforen & Co. Wiesbaden.

Pompian, M. (2006). Behavioral Finance and Wealth Management. How to build optimal portfolios that account for investor biases. Chichester.

Porter, M. E. (1980). Competitive Strategy. New York.

Porter, M. E. (1986). Competition in Global Industries. A Conceptual Framework. In Porter, M. E. (Hrsg.), Competition in Global Industries, 15–60. Boston.

Porter, M. E. (1995). Wettbewerbsstrategie. Frankfurt, New York, 8. Aufl.

Porter, M. E. (2008). The Five Competitive Forces that Shape Strategy. Harvard Business Review, (1): 86–104.

Poundstone, W. (1992). Prisoner's Dilemma: John von Neumann, Game Theory, and the Puzzle of the Bomb. Anchor.

Probst, H.-J. / Haunerdinger, M. (2007). Projektmanagement leicht gemacht. Projekte erfolgreich planen, steuern und abschließen. Heidelberg, 2. Aufl.

Project Management Institute (2017). A Guide to the Project Management Body of Knowledge. PMBKOK Guide. Newtown Square, 6. Aufl.

Pruckner, M. (2014). 1. Sinn und Unsinn. In Komplexität im Management. Norderstedt.

Puhlmann, A. (2016). Messung und Controlling der Touchpoints mit der Marke. In Esch, F.-R. / Langner, T. / Bruhn, M. (Hrsg.), Handbuch Controlling der Kommunikation. Grundlagen – Innovative Ansätze – Praktische Umsetzungen, 311–327. Wiesbaden.

Rausch, A. (2011). Reconstruction of decision-making behavior in shareholder and stakeholder theory: implications for management accounting systems. Review of Management Science, (5): 137–169.

Reger, G. (2009). Innovationsmanagement – Change Management, Präsentationsvorlage, 12.12.2009. Potsdam.

Rehkugler, H. / Schindel, V. (1990). Entscheidungstheorie. Erklärung und Gestaltung betrieblicher Entscheidungen. München, 5. Aufl.

Reibnitz, U. v. (1988). Scenario techniques. Hamburg.

Reinhardt, W. A. (1984). An early warning system for strategic planning. Long Range Planning, (3): 25–34.

Rieber, D. (2017). Mobile Marketing. Grundlagen, Strategien, Instrumente. Wiesbaden.

Ritov, I. (1996). Anchoring in a simulated competitive market negotiation. Organizational Behavior and Human Decision Process, (67): 16–25.

Rogers, E. M. (1995). Diffusion of Innovations. New York, 4. Aufl.

Röhler, R. (1974). Biologische Kybernetik. Regelungsvorgänge in Organismen. Stuttgart.

Rosenzweig, P. (2007). The Halo Effect: and the Eight Other Business Delusions That Deceive Managers. New York.

Rösler, F. (1996). Target Costing für die Automobilindustrie. In Becker, W. / Weber, J. (Hrsg.), Unternehmensführung und Controlling. Wiesbaden.

Rossiter, J. R. / Percy, L. (1987). Advertising and Promotion Management. New York.

Rothbaum, F. / Weisz, J. R. / Snyder, S. S. (1982). Changing the world and changing the self: A two-process model of perceived control. Journal of Personality and Social Psychology, 42(1): 5–37.

Rothlauf, J. (2010). Total Quality Management in Theorie und Praxis. München, 3. Aufl.

Rottenstreich, Y. / Hsee, C. K. (2001). Money, kisses, and electric shocks: on the affective psychology of risk. Psychological Science, (12): 185–190.

Rowley, T. J. (1997). Moving beyond dyadic ties: A network theory of stakeholder influences. Academy of Management Review, 22: 887–910.

Russel-Jones, N. (2000). The Decision Making Pocket Book. Hants.

Saaty, T. L. (1977). The Sudan transport study. Interfaces, (1): 37–57.

Saaty, T. L. (1980). Analytical Hierarchy Process. New York.

Saaty, T. L. / Kearns, K. P. (1985). Analytical Planning. Oxford.

Salecl, R. (2011). The Tyranny of Choice. London.

Sargut, G. / McGarth, R. G. (2011). Learning to live with Complexity. Harvard Business Review, (9): 1–10.

Schaltegger, S. / Herzig, C. / Kleiber, O. / Klinke, T. / Müller, J. (2007). Nachhaltigkeitsmanagement in Unternehmen. Von der Idee zur Praxis: Managementansätze zur Umsetzung von Corporate Social Responsibility und Corporate Sustainability. Berlin.

Scherle, N. (2016). Kulturelle Geographien der Vielfalt. Von der Macht der Differenzen zu einer Logik der Diversität. Bielefeld.

Schlenker, B. R. / Miller, R. S. (1977). Egocentrism in groups: Self-serving biases or logical information processing? Journal of Personality and Social Psychology, (35): 755–764.

Schmalen, H. (1992). Grundlagen und Probleme der Betriebswirtschaft. Studienausgabe. Köln, 8. Aufl.

Schnettler, J. / Wendt, G. (2011). Marketing und Marktforschung. Berlin, 4. Aufl.

Scholz, C. (1987). Strategisches Management. Ein integrativer Ansatz. Berlin, New York.

Schutkin, A. (2015). Das Geheimnis des Neuen: Wie Innovationen entstehen. Ein Plädoyer für mehr Abenteuer im Unternehmen. Wiesbaden.

Schutz, W. C. (1958). The interpersonal underworld. Harvard Business Review, (4): 123–135.

Schwaninger, M. (1997). Intelligente Organisationen. Konzepte für turbulente Zeiten auf der Grundlage von Systemtheorie und Kybernetik. Berlin.

Sciarelli, M. / Tani, M. (2013). Network Approach and Stakeholder Management. Business Systems Review, 2(2): 175–190.

Seeger, C. (2015). Innovate or Die. Harvard Business Manager, (37): 3.

Seidel, M. (2013). Die Anwendung heuristischer Regeln. Eine Übersicht am Beispiel von Fusionen, Arbeitspapier der FOM, Nr. 39. Essen.

Seidenschwarz, W. (1993). Target Costing. Marktorientiertes Zielkostenmanagement. München.

Senge, P. (2011). Die fünfte Disziplin. Kunst und Praxis der lernenden Organisation. Stuttgart, 11. Aufl.

Shafir, E. / Diamond, P. / Tversky, A. (1997). Money illusion. Quarterly Journal of Economics, 112(2): 341–374.

Sharpe, W. F. (1964). Capital Asset Prices: A Theory of Market Equilibrium under Conditions of Risk. Journal of Finance, 19(3): 425–442.

Shefrin, H. (2007). Beyond Green and Fear: Understanding behavioral finance and the psychology of investing. Oxford.

Sheperd, R. / Sparks, P. / Bellier, S. / Raats, M. M. (1992). The effects of information on sensory ratings and preferences: The importance of attitudes. Food Quality and Preferences, 3(3): 147–155.

Shleifer, A. (1999). Inefficient Markets: An Introduction to Behavioral Finance. Oxford.

Simon, H. A. (1957). Models of man: social and rational. Mathematical essays on rational human behavior in a social setting. New York.

Silberberg, A. / Roma, P. G. / Warren-Boulton, F. R. / Sakagami, T. / Ruggiero, A. M. / Suomi, S. J. (2008). On loss aversion in capuchin monkeys. Journal of the Experimental Analysis of Behavior, (89): 145–155.

Snower, D. J. (2014). Adieu, Homo oeconomicus. Süddeutsche Zeitung vom, 11.10.2014: 24.

Snowden, D. J. / Boone, M. W. (2007). A Leader's Framework for Decision Making. Harvard Business Review, R0711C(11): 1–8. Reprint.

Sonntag, A. (2015). Instrument Paarweiser Vergleich. PROMIDIS Handlungsleitfaden. Bundesministerium für Bildung und Forschung.

Spengler, C. / Wirth, W. / Sigrist, R. (2010). 360-Grad-Touchpoint-Management – Muss unsere Marke jetzt twittern? Marketing Review St. Gallen, 27(2): 14–20.

Stachowiak, H. (1973). Allgemeine Modelltheorie. Wien, New York.

Staehle, W. H. (1976). Der situative Ansatz in der Betriebswirtschaftslehre. In Ulrich, H. (Hrsg.), Zum Praxisbezug der Betriebswirtschaftslehre, 33–50. Bern, Stuttgart.

Staehle, W. H. (1987). Management. München, 3. Aufl.

Steinbuch, P. A. (2001). Organisation. Ludwigshafen, 12. Aufl.

Strong, E. K. (1925). The Psychology of Selling. New York.

Tabucanon, M. T. (1988). Multiple Criteria Decision Making in Industry. Amsterdam, Oxford, New York.

Taleb, N. N. (2001). Fooled by Randomness. New York.

Taleb, N. N. (2007). The Black Swan. New York.

Taleb, N. N. (2008). Fooled by Randomness. New York, 2. Aufl.

Tetlock, P. E. (2006). How Accurate Are Your Pet Pundits? Projected Syndicate, Institute for Human Sciences. Prag.

Thaler, R. H. (1981). Some Empirical Evidence on Dynamic Inconsistency. Economic Letters, (8): 201–207.

Thaler, R. H. (1988). Anomalies: The Winner's Curse. Journal of Economic Perspectives, (1): 191–202.

Thaler, R. H. (1994). The Winner's Curse: Paradoxes and anomalies of economic life. Princeton.

Thompson, R. F. (2001). Das Gehirn – von der Nervenzelle zur Verhaltenssteuerung. Heidelberg, 3. Aufl.

Todeschini, O. (2012). Wie entwickeln Sie eine Vision? OrganisationsEntwicklung, (4): 28.

Torgler, B. (2002). Speaking to Theorists and Searching for Facts: Tax Morale and Tax Compliance in Experiments. Journal of Economic Surveys, 16: 657–683.

Trivers, R. L. (1971). Evolution of Reciprocal Altruism. The Quarterly Review of Biology, 46(1): 35–57.

Tucker, A. W. (1950). A Two-Person Dilemma – The Prisoner's Dilemma. Two-Year College Mathematics Journal, 14(3): 228–232. Nachdruck in: Straffin, O. F. (1983): The Mathematics of Tucker – A Sampler.

Turner, M. (1998). The Literary Mind: The Origins of Thought and Language. Oxford.

Tversky, A. / Kahneman, D. (1973). Availability: A heuristic for judging frequency and probability. Cognitive Psychology, 5(2): 207–232.

Tversky, A. / Kahneman, D. (1974). Judgement under Uncertainty: Heuristics and Biases. Science, 185: 1124–1131.

Tversky, A. / Kahneman, D. (1981). The Framing of Decisions and the Psychology of Choice. Science, 211: 453–458.

Tversky, A. / Kahneman, D. (1983). Extension versus intuitive reasoning: The conjunction fallacy in probability judgement. Psychological Review, 90(4): 293–331.

Ulrich, H. (1970). Gesammelte Schriften: Die Unternehmung als produktives soziales System. Bern.

Ulrich, H. (1984). Die Unternehmung als produktives soziales System. In Dyllick, T. / Probst, G. (Hrsg.), Management, 21–30. Bern.

Ulrich, P. / Fluri, E. (1995). Management. Eine konzentrierte Einführung. Bern, Stuttgart, Wien, 7. Aufl.

Unkrig, R. (2005). Business Partner Personalmanagement. Auf dem Weg von der Verwaltung zur Wertschöpfung, Präsentationsvortrag RWE Solutions, 27.04.2005. Pforzheim.

Vahs, D. / Schäfer-Kunz, J. (2007). Einführung in die Betriebswirtschaftslehre. Stuttgart, 5. Aufl.

Vallone, R. P. / Griffin, D. W. / Lin, S. / Ross, L. (1990). Overconfident predictions of future actions and outcomes by self and others. Journal of Personality and Social Psychology, 58(4): 582–592.

Vester, F. (2011). Die Kunst vernetzt zu denken. Ideen und Werkzeuge für einen neuen Umgang mit Komplexität. Der neue Bericht an den Club of Rome. München, 8. Aufl.

Vester, F. (2012). Die Kunst vernetzt zu denken. Ideen und Werkzeuge für einen neuen Umgang mit Komplexität. Ein Bericht an den Club of Rome. München, 9. Aufl.

Vollmer, G. (2002). Evolutionäre Erkenntnistheorie. Stuttgart, Leipzig, 8. Aufl.

Vroom, V. / Yetton, P. (1976). Leadership and Decision Making. Pittsburgh.

Walton, R. E. (1965). Two strategies of social change and their dilemmas. The Journal of Applied Behavioral Science, (2): 167–179.

Weisbach, C.-R. (2000). Verhandeln und moderieren für Wirtschaftsstudierende: logisch argumentieren, psychologisch verhandeln. Berlin.

Weiß, B. / Kirady, M. / Sedlmair, S. (2019). Kauf mich! GEO Wissen, (64): 104–110.

Wheelwright, S. C. / Clark, K. B. (1993). Revolution der Produktentwicklung. Spitzenleistung in Schnelligkeit, Effizienz und Qualität durch dynamische Teams. Frankfurt a. Main.

Wiener, N. (1948). Cybernetics. New York.

Wilde, K. D. (1983). Strategische Problemdiagnose: Konzeption und Methoden. Zeitschrift Führung + Organisation, (7): 375–381.

Wind, Y. J. (1982). Product policy: concepts, methods, and strategies. Reading.

Wind, Y. J. / Saaty, T. L. (1980). Marketing Applications of the Analytic Hierarchy Process. Management Science, 26(7): 641–658.

Wohlschlägl-Aschberger, D. (2011). Praxiswissen Geldwäsche. Frankfurt.

Wood, D. J. (1990). Business and society, Library of Congress Cataloging-i–Publications Data. Washington.

Wood, D. J. (1991a). Corporate social performance revisited. Academy of Management Review, (4): 691–718.

Wood, D. J. (1991b). Social issues in management: theory and research in corporate social performance. Journal of Management, (2): 383–406.

World Business Council for Sustainable Development (2010). The WBCSD's approach to engagement. http://www.wbcsd.org/doc-root/xxBp16bdV46Ui2JpR1CC/stakeholder.pdf. Zugriff 22.12.2016.

Yoffie, D. / Kwak, M. (2001). Judo Strategy: Turning Your Competitors' Strength to Your Advantage. Boston.

Zaremba, M. A. (1984). AFS Orientation Handbook. Band 4. New York.

Zentes, J. / Swodoba, B. / Morschett, D. (2004). Internationales Wertschöpfungsmanagement. München.

Zwicky, F. (1966). Entdecken, Erfinden, Forschen im morphologischen Weltbild. München.

Stichwortverzeichnis

https://doi.org/10.1515/9783110638196-010